许钧翻译论丛

翻译学概论

许钧 穆雷 主编

译林出版社

图书在版编目（CIP）数据

翻译学概论／许钧，穆雷主编．—南京：译林出版社，2021.11
（许钧翻译论丛）
ISBN 978-7-5447-8614-0

I.①翻… II.①许… ②穆… III.①翻译理论
IV.①H059

中国版本图书馆 CIP 数据核字（2021）第 047948 号

翻译学概论　许　钧　穆　雷／主编

责任编辑　韩继坤
装帧设计　侯海屏
校　　对　王　敏
责任印制　颜　亮

出版发行　译林出版社
地　　址　南京市湖南路 1 号 A 楼
邮　　箱　yilin@yilin.com
网　　址　www.yilin.com
市场热线　025-86633278
排　　版　南京展望文化发展有限公司
印　　刷　江苏凤凰新华印务集团有限公司
开　　本　718 毫米 ×1000 毫米　1/16
印　　张　28.75
插　　页　4
版　　次　2021 年 11 月第 1 版
印　　次　2021 年 11 月第 1 次印刷
书　　号　ISBN 978-7-5447-8614-0
定　　价　98.00 元

翻译的价值是无可估量的
——“许钧翻译论丛”总序

从大学毕业至今，已经近45年了。回想这40多年走过的路所做的事，我自己觉得最有意义的是翻译。我曾不止一次地说过，我做的工作，基本上只与翻译有关。我做翻译，包括口译与笔译，口译做过同声传译，也做过学术翻译、陪同翻译，有机会认识了联合国前秘书长加利、著名哲学家德里达、诺贝尔文学奖得主勒克莱齐奥等先生，有的还成了很好的朋友。笔译主要是文学翻译，也译过一些重要的学术著作。在做翻译的基础上，我对翻译进行思考，进行研究。除了做翻译，研究翻译，我的主要工作是教翻译，培养做翻译、研究翻译的人才。这几十年来，我之所以坚持不懈地做翻译、研究翻译和教翻译，是因为我对翻译重要性的认识在不断深入，因为我们都知道不同民族的交流离不开翻译，社会的发展离不开翻译，世界的和平也离不开翻译。

我从翻译出发，通过翻译研究，把目光投向了人类悠久的翻译历史，在历史的审视中，对翻译的本质、翻译的作用、翻译主体的活动、翻译研究的发展和翻译学科的建设进行思考。感谢译林出版社的厚爱，系列推出我的翻译研究成果。可以说，这套“许钧翻译论丛”记录的就是我40余年来在翻译与翻译研究的道路上对翻译的思考与探索的印迹。

翻译活动是丰富的，有多种形态。雅各布森将翻译活动分为三种类型：符际翻译、语际翻译和语内翻译。符际翻译和语际翻译，我们译学界有过不少研究，但对语内翻译，似乎关注不多。我在《绕不过去的翻译问题》一文中曾谈到，"一个民族的文化是不断创造、不断积累的结果。而翻译，在某种意义上，则是在不断促进文化的积累与创新。一个民族的文化的发展，不能没有传统，而不同时代对传统的阐释与理解，会赋予传统新的意义与内涵。想一想不同时代对'四书五经'的不断'翻译'，不断阐释，我们便可理解，语内翻译是对文化传统的一种丰富；是民族文化得以在时间上不断延续的一种保证"。

翻译的价值是无可估量的。在我看来，翻译的价值是多方面的，有社会价值、文化价值、语言价值、创造价值和历史价值。对于翻译的社会文化价值，我们现在了解得比较多了。从整个人类社会发展来看，翻译能够克服语言差异造成的阻碍，达成双方的相互理解，为交流和对话打开通道。正是借助翻译，人类社会才从相互阻隔走向了相互交往，从封闭走向了开放，从狭隘走向了开阔。从某个具体国家民族的社会文化发展来看，翻译通过对别国先进科技和文化的介绍，能够引进知识，开启民智，塑造民族精神和国人思维，在特殊时期甚至能对社会重大政治运动和变革实践产生直接的影响，成为一种文化的构建力量。

而翻译的语言价值观，从根本上说，就是如何认识翻译活动对语言产生的作用和影响问题。翻译是一种特殊的写作活动，又与写作活动不同，两种语言的交锋很容易创生"第三种语言"，进入译者母语后，能够从句法、词汇等方面丰富并拓展后者。梁启超曾讨论过佛经翻译文学对汉语的直接影响，据他介绍，当时日本人编了一部《佛教大辞典》，其中收录"三万五千余语"，暂不论这"三万五千余语"是否完全进入汉语系统，可以肯定的是，创造新词的过程是汉语逐渐丰富的过程。另外很重要的一点是，新词汇也意味着新观念，语言上的变化也会对思想观念、思维方式造成影响，如是观之，我们就会明白为何"五四"运动前后，几乎所有进步报刊都登载了翻译作品，而鲁迅、刘半农、沈雁冰、郑振铎、瞿秋白等人又为何会如此热衷于翻译了。

关于翻译的创造性，学界关注不够。翻译本身是一种创造性活动，只有凭借译者的创造才能实现。而且当我们讨论翻译的社会、文化和语言价值时，实际上已经涉及了翻译在这些层面所表现出的创造力。而当"本我"意欲打破封闭的自我世界，向"他者"开放，寻求交流，拓展思想疆界时，自我向他者的敞开，本身就孕育着一种求新求异的创造精神。与此同时，翻译中导入的任何“异质”因素，都是激活目的语文化的因子，具有创新作用。

在当今的时代，我特别关注在全球化的语境下，翻译应该承担的使命。在我看来，全球化和世界一体化给翻译提供了更广阔的发展前景，另一方面也赋予了翻译更为重要的使命。2002年，联合国前秘书长布特罗斯-加利曾访问南京大学。当他得知我多年来一直从事翻译实践与研究后，充分肯定了这一工作的重要性，还为我正在撰写的《翻译论》题写了一句话：“翻译有助于发展文化多样性，而文化多样性则有助于加强世界和平文化的建设。”我认为这句话很好地定义了翻译在全球化时代的使命。全球化有其积极的一面，但其负面影响也不容小觑。加利访问南京大学时，曾发表了题为《多语化与文化的多样性》的重要演讲。在演讲中他指出，世界化进程会对文化产生直接的影响，甚至有可能危及文化多样性。他的这种担忧并非没有根据。在当今的国际社会，某些国家以强大的经济势力为基础，以经济利益为诱饵，在推动经济一体化的过程中，谋求强势文化的地位，甚至表现出十足的“文化霸权主义”。面对这种现状，不难理解会有越来越多的人呼吁对“文化多样性”的维护，而翻译因其本质属性，能够而且必须在维护“文化多样性”过程中承担重要使命。

那么，翻译要怎么做，才能承担起维护文化多样性、加强世界和平建设的使命呢？通过研究，我认识到，我们应该从跨文化交流的高度去认识翻译。有几点特别重要：一是在理解翻译的本质时，要坚持将翻译视作一种“跨文化的交流活动”。翻译不仅仅是一种语言转换活动，更是一种跨文化的交流活动，它在世界文明进程中扮演着重要而独特的角色。作为不同语言、文化之间的“转渡人”，译者对“文化多样性”及其重要性的体认应该更为深刻，也因此承担了更为重大的责任。只有正确认识翻译，充分看到翻译的跨文化交流本质，译者才有可能在自己的实践活动中对文化因素更为敏感，对保存和传达文化因素更为谨慎。二是在翻译中，要以平等的态度去善待各种不同的语言。加利在南京大学所做的题为《多语化与文化的多样性》的演讲中就曾指出，语言多样性与文化多样性之间存在着千丝万缕的联系，语言多元是维护文化多样性的基本条件，而世界的民主与和平有赖于语言与文化的多元，因为在他看来，“一门语言，它所反映的是一种文化和一种思维方式。说到底，它表达了一种世界观。如果我们听凭语言单一化，那将导致一种新型的特权群体，即‘话语’的特权群体的出现！”翻译如要为维护语言多样性做出贡献，就要坚持开放与交流的文化心态。三是要发扬翻译精神，勇敢承担历史赋予翻译的使命。南京大学的程章灿教授在读了我的《翻译论》后，曾写过一篇富有真知灼见的读后感。在文章里，他指出，我们正处于一个翻译的时代，而翻译的时代不可缺少的是翻译精神。他从我对翻译本质的定义出发，将翻译精神总结为“交流、传承、沟通、创造与发展”五个方面。实际上，我们所提倡的对不同文化的尊重，在翻译中努力再现语言、文化差异，都是这翻译精神的体现。发扬这一翻译精神，实际上便是在准确定位翻译的同时，勇敢承担起语言、文学、文化、社会、历史等种种层面的使命，而加利所说的“发展文化多样性，加强世界和平文化建设”的历史使命自然也被包括在了里面。

在对翻译进行思考与研究的同时，30多年来，我和翻译教学与研究界的同行一起，一直致力于翻译学科的建设。在这方面，我们的努力一直没有停止。在中国翻译协会成立30周年之际，我为《中国翻译》撰写了一篇长文，题目为《翻译研究之用及其可能的出路》。过去常有人说“翻译无理论”，现在翻译理论实实在在地存在了，不少人又说“理论无用”，这种对翻译研究的实用主义态度危害不小，它在很大程度上限制了我们对翻译本质的形而上思考、对翻译过程的多层面研究以及对翻译价值的多元化追求。我本人在翻译实践过程中是有明确的理论追求的，而且我认为这非常重要。理论意识在译者选择原作、研究原作、确定翻译策略、解决具体问题等方面都有很大的帮助。而翻译活动的经验总结、理论升华更能对今后自己和他人的翻译实践有所启迪和助益，避免实践的盲目性。本论丛所收入的《文学翻译批评研究》《文学翻译的理论与实践——翻译对话录》《文字·文学·文化——〈红与黑〉汉译研究》等著作，就是在这一方面探索的结晶。

事实上，从最朴素的翻译思考到今天多视角多方法的科学理论，翻译研究在不断加深人们对翻译本身的理解，深化了人们对翻译复杂性和重要性的认识。如果没有翻译的语言学研究，翻译活动可能还囿于经验主义的层面。如果没有翻译的文化研究，我们可能还无法对制约翻译产生与接受的机制具有如此全面自觉的意识。而对翻译理解的深化也促使人们从社会交流、文化传承、语言沟通、创造精神和历史发展等多元角度来看待翻译的价值，对翻译的重要性有了更加全面的认识，有利于在维护文化多样性、促进世界和平方面进一步凸显翻译的重要性。回顾我的翻译探索之路，可以看到自己的学术视野不断拓展，对翻译的理论思考也不断深入，《翻译论》《翻译学概论》《二十世纪法国文学在中国的译介与接受》《傅雷翻译研究》等著述，集中地展现了我和翻译界的同仁在翻译理论、文学译介与翻译家研究等方面所做的重要工作。

翻译研究为我们理解和探索人类交流的历史开辟了一条新路。翻译是人类跨文化交流的一种重要形式，我们甚至可以毫不夸张地说，一部翻译史，就是一部文化交流史。作为一个翻译学者，我清醒地认识到，翻译历史悠久，形态丰富，翻译的许多问题需要我们继续研究与探索。鉴于此，这一论丛是开放性的，我会加倍地努力，不断给读者奉献有关翻译研究的新成果。

许钧

2020年10月22日

于南京黄埔花园

目　录

前　言

在严格意义上说，“翻译学”（Traductology）或者“翻译研究”（Translation Studies）应该是一门有关翻译的学科体系。我们在本书第二章中对翻译学的历史发展作了简要回顾，指出同任何学科一样，翻译学的发展不是，也不可能是一蹴而就的，而是经历了一个漫长的探索过程。无论在东方还是西方，早在两千多年前，就已经有人开始对翻译现象进行思考、探索和研究。根据我们所掌握的资料，中文里的“翻译学”或者“翻译科学”一词，或英语学术界的 the science of translation（翻译科学）的提法，到了20世纪初才出现。在中国，蒋翼振于1927年编著了《翻译学通论》[1]。到了30年代，也有林语堂等学者多次使用“翻译学”一词（林语堂，1933）。然而，尽管此时有不少东西方学者主张将他们的翻译研究冠以“科学”或“学”之名，但他们实际上并未有意识地把“翻译学”作为一门独立学科加以系统地研究并进行建设。在某种意义上说，此时的“翻译学”有名而无实。这一现象直至20世纪中叶开始才逐步得到改变。40年代末、50年代初，西方学者在语言学的启发下，借助现代语言学的最新研究成果，从语言学的视角来探视翻译的理论和实践问题，开始赋予了翻译研究以一定的科学性与系统性，使得西方翻译理论发展史上

1　蒋翼振，1927，《翻译学通论》，上海：上海美利印刷公司印刷（商务印书馆发行）。

出现了第一次真正“质”的飞跃，为之后翻译研究的进一步发展奠定了科学的基础。西方翻译理论发展史上出现的第二次飞跃应该说是在1972年。这一年，美国荷兰裔翻译理论家霍姆斯（James S. Holmes）在一次国际应用语言学会议上发表了题为《翻译研究的名与实》（“The Name and Nature of Translation Studies”）的论文，提出要把翻译研究作为一门独立学科的基本构想。同年，加拿大学者哈里斯（Brian Harris）第一次提出了Traductologie（翻译学）这一术语[1]，并于次年发表了《翻译学、人工翻译、自动翻译和语义学》[2]一文。也是在这一年，法国学者拉德米拉尔（Jean-René Ladmiral）也使用了“翻译学”（traductologie）一词，随后开始在巴黎第十大学教授这门课程。这几位学者的成果无疑标志着翻译研究或者说翻译学又开始有了更明确的学科建设目标。至“20世纪80年代，翻译研究已经成为一门独立学科”（Lefevere，2004），“翻译研究是独立学科”的理论意识已较为广泛地出现在理论家们的著述当中，因而也就使翻译研究，亦即我们所认识的“翻译学”的独立学科地位在西方学术领域（包括大学教育领域）逐渐得到了确立和巩固。

在中国，20世纪50年代初期，董秋斯先生首次提出了发展我国“翻译学”的主张。尽管这一主张未能在其后的20多年中产生重大影响或直接的学术成果，但它却为唤醒我们的翻译“科学”意识，特别是为我国当代翻译理论研究中第二次“质”的飞跃奠定了基础，起到了重要的启迪与促进作用。这第二次飞跃，或者说我国新时期翻译理论发展的第二个重要标志，是自80年代后期中国的翻译理论研究界再次旗帜鲜明地呼吁建立翻译学以来出现的。经过一二十年持续不断的关于“翻译是科学还是技术、艺术”、“究竟有没有翻译学”或“究竟要不要建立翻译学”以及“翻译学”究竟应不应该成为一门独立（人文）科学学科的争论，争论的各方最终就一个基本问题达成了（较多的）共识，那就是：翻译学的确应当享有独立的学科地位，并作为独立学科而得到发展。近30年来，在众多学者的不懈努力之下，国外翻译研究的众多成果被介绍入中国，从各角度、

1 参见 *Qu'est-ce que la traductologie?* Etudes réunies par Michel Ballard, Arras, Artois Presses Université, 2006, p.7。

2 Brian Harris, «La traductologie, la traduction naturelle, la traduction automatique et la sémantique». Dans les *Problèmes de sémantique* (Cahier de linguistique 3), dirigé par J. McA'Nulty et al., Montréal, Presses de l'Université du Québec, pp. 133–146.

各层次探讨翻译的理论著述不断涌现，学科专业性杂志《中国翻译》经过20多年的发展，以其开放的视野、开拓的精神和不断提高的学术质量在中国学术界得到了普遍的认可，而“翻译学”作为二级学科博士点在一些高校已经得以建立并已培养出第一批翻译学博士，涵盖老、中、青三代的翻译学术研究梯队已初步形成，作为一门近年来得到了快速发展的学科，中国的翻译学已经具备了坚实的基础和良好的发展前景。

在这样的背景之下，我们看到了编撰一部翻译学基础理论教材的重要性和必要性。一方面，我们需要对历史上，特别是过去30年的研究成果进行梳理、反思与总结，进一步明确“翻译学”的内涵、研究对象、研究方法等，以便更好地规划翻译学的未来。另一方面，一门学科的建设必须以学科理论建设为依托，学科理论是将在特定学科内从事研究的学者联系起来的纽带，也为人们从事研究提供了可参照的依据。应该说迄今为止，国内外已陆续出版了一些翻译学导论性质的著作，例如中国学者黄龙早在1988年就出版了《翻译学》（江苏教育出版社），英国学者曼迪（Jeremy Mundy）于2001年出版了*Introducing Translation Studies: Theories and Applications*一书（该书中译本为《翻译学导论——理论与实践》）。这些著作对我们了解翻译学的主要内容和发展，具有一定的参考意义，但这些著作或由于编著年代较早，无法全面、系统地反映翻译学学科发展现状，或由西方学者编撰，关注和反映的主要是西方进行翻译学研究的情况和取得的成果，对中国的翻译研究状况很少涉及或者根本没有涉及。鉴于此，我们觉得有必要以开阔的视野，在系统性与科学性上下一番功夫，尽可能集全国翻译学者之力，编撰一部能反映当今翻译学概貌、把握翻译学发展轨迹和为翻译学研究者提供方法论参照的《翻译学概论》。为此，我们与国内翻译学界的一些重要的学者进行了商讨，对编写这样一部《翻译学概论》的可能性进行了探讨，对如何安排全书的理论框架和主要内容逐渐达成了共识。在具体的编写工作中，谭载喜、廖七一、刘军平、林克难、郑海凌、王克非、穆雷等教授结合自己的研究方向，担纲有关章节的写作，南京大学刘云虹副教授，广东外语外贸大学博士生蓝红军副教授、吕立松，香港浸会大学邵璐博士等也为本书的编写作出了努力，或参与部分章节初稿的撰写，或参与后期文稿整理和校订工作。具体分工如下：第一章和第四章谭载喜、邵璐，第二章和第九章穆雷，第三章廖七一，第五章刘军平，第六章林克难，第七章郑海凌，第八章刘云虹、许钧，第十章王克非、吕立松。许钧、穆雷负责全书理论框架的制定、文稿的修订和统一。南京大学哲学系张亮教授审读了第五章。需要说明的是，这部书在某种意义上是相关的学者多年来从事有关研究工作结晶的集成，所以有的章节的部分内容已经在公开出版的专著或刊物上发表过，敬请读者理解。

在这部概论中，我们致力于展现中西方翻译学研究发展的轨迹，对近几十年来中西方学者在翻译研究领域所取得的成果作出比较全面的梳理，概述了不同流派的研究视角、研究内容、研究方法，尤其关注研究者们所取得的最新成果及其影响。与其他同类型的著作相比，本书具有明显的特色。首先，它注重融合性，在把握翻译学现状和发展的基础上，融合中西视野，对翻译学的内涵和主要流派进行了较为全面与深刻的研究。我们深知，作为一门独立的学科，翻译学应该是全人类的事业，因此，我们并不主张将翻译学人为地划分为“西方翻译学”和“具有中国特色的翻译学”，而是在吸取中西翻译学研究特色的基础上，致力于建立并发展一门具备全球性视野的翻译学学科。其次，本书追求体系性，在编撰过程中，我们没有采取传统的按照时间或流派进行分类并加以点评的方法，而是重在比较、归纳，以基本理论问题为中心，采取中西比较的方法，在比较分析中凸显翻译学的内涵和学科特色，在严格把握翻译学理论脉络的基础上，清晰地归纳出中西翻译研究中的“哲学”“语言学”“文艺学”这几大重要导向，并以此为理论线索来安排全书的框架和主要内容。与此同时，我们将“翻译批评”“翻译教学研究”“机器翻译”等领域也纳入了研究范围，因而具有了更为广阔的探索空间。再次，本书坚持发展性，采用一种历史的、发展的目光来审视与思考翻译研究。应该说，任何理论的发展都离不开前人的研究成果，同时也为后人的研究奠定基础，开拓方向，提供具有更多可能性的研究空间。本书正是基于这样的历史、发展的目光，一方面注重凸显理论发展过程中和各种流派或理论之间内在的、历史的联系；另一方面，在梳理前人研究成果的基础上，根据每一章的内容，提出了10个与该章相关的开放式问题。全书共有思考题100个。这些问题涉及翻译学的基本问题，也涉及翻译学研究的新课题，旨在启迪读者对翻译活动、翻译研究作出自己的独立思考，并为有志从事翻译研究的读者提供新的思考空间和学术思考线索。最后，本书也注重方法论层面的培养和指导。科学研究需要科学的方法，因此在讨论各流派及其理论的过程中，我们着重对其研究方法作出分析和点评，在向读者介绍和传授知识的同时，也为其从事翻译研究提供多重的探索途径和方法参照。

本书的编写目的是多重的，除上文中所阐述的理论追求之外，还具有明确的针对性。据有关调查显示，目前国内有约 1 200 所高校设置外语专业，其中大多开设翻译课程，约 150 所高校招收翻译方向的硕士研究生，约 30 个博士点设有翻译学方向，另外还有 40 所高校开设翻译硕士专业学位点，19 所高校开设翻译本科专业。本书显然是针对这些学生的培养和教师的培训工作而编写的，我们希望能为开设有关翻译与翻译研究课程的教师和人数众多的翻译方向的研究生，包括将会越来越多的翻译硕士专业学位的学生，提供一部既具有理论指导价值又具有翻译研究方法论参照意义的著作。同时，在学科建设的意义上，我们也希望通过编写一部能反映当今翻译学研究水平的《翻译学概论》，力图引起国内人文社会学科学者对翻译学研究的关注，在与其他学科学者的互动中，发掘新的研究课题，深化旧有的研究，对翻译活动和翻译研究作出更为深刻的思考，为翻译学进一步向纵深发展作出贡献。

许 钧
2009 年 4 月 28 日
于南京大学

第一章 概 论[1]

第一节 翻译的定义

我们学习翻译理论，首先要讨论的问题，就是翻译的定义，即：翻译是什么？

自古至今，翻译定义层出不穷。限于篇幅，我们不拟罗列翻译史上出现过的所有翻译定义，而只从传统、现代和比喻三个不同层面来作一简单回顾与分析，以期对翻译是什么的问题有个提纲挈领的认识。

首先从传统定义入手。从辞书解释来看，所谓翻译，是指：(a) The action or process of turning from one language into another; also, the product of this; a version in a different language（从一种语言到另一种语言的转换行为或过程；亦指译作；用另一种语言表述出来的文本）或 to turn from one language into another; to change into another language retaining the sense ...（把一种语言转换到另一种语言；把一种语言转换成另一种，保留原意……）（《牛津英语词典》）；(b)“【翻译】fānyì ① 把一种语言文字的意义用另一种语言文字表达出来（也指方言与民族共同语、方言与方言、古代语与现代语之间一种用另一种表达）；把

1 本章第四节“翻译的价值”与第八节“翻译学与相关学科”由邵璐执笔。

代表语言文字的符号或数码用语言文字表达出来……② 做翻译工作的人”(《现代汉语词典（修订本)》。

在上述传统定义里，有两点值得注意：

第一，在英语中，“翻译”这个概念须由两个单独条目即名词和动词来表示，而在汉语中，“翻译”既是名词也是动词，同时还可以表示“翻译者”的意思。同时，定义（a）被严格限制在语际翻译中，而定义（b）则包括雅各布森翻译三分法中的两项——语内翻译和符际翻译，它们被作为次要信息置于括号里。翻译定义中这些明显的差异表明：各种语言之间，不同的事物在表述上可以有不同的对等物；这一点间接触及了本章第二节将着重讨论的关于翻译本质的两个基本点之一，即“翻译对等”概念的相对属性。

第二，就“翻译”的基本解释而言，(a) 与（b) 有一个共同点，就是都提到了翻译中的两个重要内容：(1)“从一种语言到另一种语言的转换”；(2)“保留或表达意义”。无疑，这与传统上对翻译的理解是一致的。事实上，英汉语之间“翻译行为”和“翻译结果”的核心都涉及“转换”和“意义保留”。然而，“转换”与“意义保留”的涵义如何，是指无条件的完全“转换”和“意义保留”，还是指非完全的、有条件的，对于这些问题，(a) 和（b) 所代表的传统定义均未言明。

现代翻译研究领域出现的定义，则主要包括以下几种解释：翻译是（1)“用其他语言来解释语言符号，并将翻译过程理解为将一种语言中的信息替换为另一种语言中的完整信息，而非替换为孤立的语码单位”(Jakobson，1959/2000：233)；(2)“把一种语言（源语）的文本材料替换为另一种语言（译入语）中对等的文本材料”(Catford，1965：20)；(3)“从一套语言符号到另一套语言符号的‘意义’转移”(Lawendowski，1978：267)；(4)“从语义到文体，用贴近的自然对等语在接受语言中再现源语信息”(Nida and Taber，1969：12)；(5)“生成一种与特定源文本有关系的功能型目标文本，这个关系是根据目标文本应达到或需要达到的功能（翻译目的）来加以说明的”(Nord，1991：28)；等等。其中，最重要的思想是定义（1）的“解释”和“信息”、定义（2）的“对等的文本材料”、定义（3）的“‘意义’转移”、定义（4）的“贴近的自然对等语”以及定义（5）的“根据目标文本应达到或需要达到的功能”或“翻译功能”。将这些概念作一互文参照，我们就或多或少能对翻译学现状有个大致了解，基本知晓翻译学家们对于翻译基本意义和功能的看法。对于多数翻译学家来说，翻译是“意义”的“转移”；是用“其他符号”或“其他语言”进行的“语言符号”的“解释”；是“源语信息”的“重现”；是源文本、目标文本与目标信息与原文信息之间的“对等”。然而，目标文本跟源语信息或功能的对等程度为多少，是完全对等还是部分对等，以及怎样从根本上来诠释所谓的“完全对等”和“部分对等”，对于这些问题，现有的当代翻译学定义也未能给予合理的阐释。

关于翻译的第三类定义来自一种完全不同的描述语言，即翻译比喻。严格说来，翻译比喻不是翻译定义，但使用翻译比喻的目的，是通过形象的语言来解释翻译及相关事物的特征和意义，因而具有与“翻译定义”相同的功用，我们或可把它视为对翻译的另类定义。

自古翻译比喻即已成为描述翻译语汇之组成部分。我们可根据各个翻译比喻的基本意义及其所用“喻体”的基本属性，将此类“翻译定义”粗略地归为如下几种[1]：(1) 把翻译比作绘画、音乐、演戏等；(2) 比作桥梁、启明星、中介、媒人、媒婆等；(3) 比作脚戴镣铐跳舞，把译者比作奴隶、仆人等；(4) 比作叛逆、投胎转世、灵魂再造等；(5) 比作竞赛、游戏等。当然，古今中外的翻译比喻形形色色，并非只有以上五类，但我们可以说至少有这五类比喻涉及了对翻译本质的解释。这些比喻使我们能以不同的视野去观察翻译的本来面貌、它的行为规律以及它的指导原则和操作方法等。尤其在文学翻译领域，在前翻译学时期，对于翻译的定义是什么、翻译是怎样进行的、翻译过程以及翻译和翻译批评中有什么样的原则和规则在发挥作用等问题，往往都通过使用各种形象的比喻而得到诠释。而且，翻译比喻不仅是探索翻译本质和面貌的窗口，更是翻译意义及其社会文化价值的载体。例如，17 世纪法国译评家梅纳日（Gilles Ménage）批评德·阿布朗古尔（d'Ablancourt）的“优美而不准确的”翻译作品时，所联想到的是一位他“爱恋过的女人，她很美，但不忠”。通过这个比喻，我们一方面了解到翻译的一个基本特性，即在保持译文优美和对原

1 关于翻译比喻的总体分类及其翻译学意义、文化价值等问题的详细讨论与举例，可参阅谭载喜撰写的相关文章，如《翻译比喻中西探幽》（《外国语》，2006 年第 4 期）、《翻译比喻衍生的翻译学思索》（《中国翻译》，2006 年第 2 期）等。

文忠实方面，很难做到两全其美，文学翻译尤其如此；另一方面，我们透过这个似乎反映法国人“浪漫情怀”的比喻，从更深的、关涉性别研究的政治层面上看到了并不“浪漫”的另一面，即它所折射出的某种“男子沙文主义”的意识形态。再如，17 世纪英国大文豪德莱顿（John Dryden）把译者比作“奴隶”，这个比喻既有“译者必须时刻听从原作者”即“忠于原作”的基本翻译学涵义，同时也表达了对“卑微”译者深切同情的文化内涵。至于我国佛经翻译时期出现的（关于直译的）翻译比喻，如鸠摩罗什的“有似嚼饭与人，非徒失味，乃令呕秽也”、道安的“葡萄酒之被水者也”以及道朗的“如乳之投水”等，不仅道明了对“直译文”有失原文神韵的顾虑，同时也反映出所用比喻密切联系我们“民以食为天”文化的特性。如此等等，不一而足。不过，对任何事物进行意义界定，比喻语言毕竟不如非比喻语言那么严谨、科学。因此，我们并不提倡用比喻语言取代非比喻的、“科学”的语言来阐释翻译的本质和现象，而只是呼吁对它的翻译学解释功能予以足够的肯定和关怀。

毋庸置疑，上述各类定义和解释，无论是传统的、现代语言学和翻译学的，还是比喻的，都有助于我们认识翻译的本质是什么。然而，传统的、词典的释义也好，专家的言论或形象生动的比喻也罢，虽然林林总总，门类繁多，却都没能把翻译的真正属性诠释清楚，尤其是没能把翻译本质中跨语言文化“对等”这个基本概念诠释清楚。要真正认识和理解翻译的本质，根本问题就在于弄清楚这些概念，弄清楚这些概念的属性是什么。

第二节　翻译本质的双重属性

从以上对翻译定义的讨论，以及从人们对翻译的一般认识中，我们可以得出这样一个结论：不论在语际转换还是语际对等层面，翻译本质其实都具有两个基本属性，一是翻译的“绝对性”，另一是翻译的“相对性”；二者在翻译过程和翻译结果这个整体中相辅相成，相互作用。也就是说，就翻译的本质而言，它有绝对的一面，也有相对的一面；有些东西是翻译的绝对成因，有的则是相对成因。我们只要认同并弄清了这两个基本属性，对涉及翻译的许多根本问题，包括目标文本与源文本应否对等、能否对等、在何种程度上对等以及何为“翻译”、何为“非翻译”等问题，就有了合理的解释，对前面讨论到的各种翻译定义也会有合理的解释。

为了进一步认识这类看似简单、实际上却十分复杂的关于翻译定义和翻译本质的问题，我们可以采用一种与以上“词典释义”、“专家言论”和“比喻描述”均不相同的方法来解释，即“图示法”。先看图一、图二：

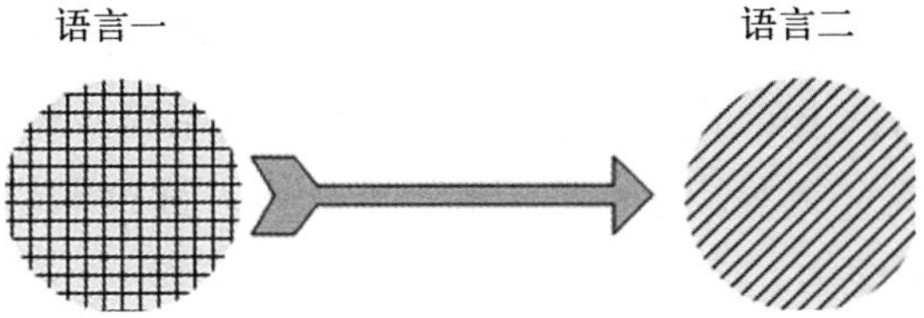

图一

图二

简单地说，图一箭头表示语言一与语言二之间存在转换关系，因此它所代表的是一种翻译活动，即语言一与语言二之间发生了翻译；相反，图二没有箭头，语言一与语言二之间不存在任何转换关系，因此表示语言一与语言二之间没有发生翻译。以下作进一步阐释。

我们在前面审视传统翻译定义时指出，（语际）翻译的重要概念之一是“转换”。这是“翻译”的第一“绝对成因”。就是说，如果在特定的两种语言之间发生了“转换”行为，那么也就发生了（语际）翻译；如果特定的两种语言之间没有任何互动或“转换”行为，两者互为孤立，那么也就没有（语际）翻译发生。这个简单公式说明了一个最基本的道理：要发生翻译，就必须发生转换；没有转换，翻译就无从谈起。换言之，构成翻译的最基本的“绝对”条件，就是“转换”。英文 translate（翻译）一词的词源意义即“转换”“转变”，实际上也蕴涵了这个条件。

举例来说，如果某个目标文本是由特定源文本转换而来，即使是两者之间的相似度少而又少，我们仍可认为这个目标文本是译自相关源文本的产物。假定目标文本并非由源文本转换而来，而是译入语言中的原创，即使在两个相关文本之间存在很高的相似度，我们也不能认为目标文本是某个源文本的翻译品，最多也只能说它们彼此相似，或它们构成了一种“双文本”现象。在某种意义上说，具有完全等同效力或作用的两个文本，是一种最典型的“双文本”，如香港特别行政区基本法的中英文版本。撇开基本法中英文两个文本的实际形成过程不谈，即撇开两个文本形成过程中孰先孰后、在语言学的层面是否互为译本的问题不谈，至少从政治和法律的角度看，这两个文本是意义“等同”的文本，谁也不是谁的目标文本，或者说谁都是源文本。

再如，在严复的“信达雅”三字原则与 19 世纪英国翻译理论家泰特勒（Alexander Fraser Tytler）的翻译三原则之间，的确存在着很大程度的相似，以至于有人曾经怀疑严复的“信达雅”是否“译自”泰特勒的三原则，但由于我们至今都没有真凭实据证明如此，因此我们只能说严复的“信达雅”与泰特勒的翻译三原则是彼此相似的“双文本”现象，彼此均为各自语言体系中的原创“文本”。当然，特别就香港特别行政区基本法中英文双语版本而言，或就作者自译作品或根据同一主题撰写的双语、多语文本（如英国文学之父乔叟在 14 世纪用英、法、拉丁三种语言撰写的同题诗）而言，我们或许可以说，相关的“双文本”或“多语文本”其实都有一个共同的“源文本”，那就是存在于“撰写者”脑中的“思想文本”。由“思想”作为“源文本”的转换虽然也是一种宽泛意义上的“翻译”，却不属于本文讨论的严格意义上的“语际转换”范畴，因而不被视作“翻译”。

另一方面，近年来国内出版市场出现了这样一种现象：出于某种商业目的，某些出版物常予人以“译自名家”“译自名著”的假象，而实际上却是没有倚重任何源文本的、由作者“自编”出来的作品。我们将此称为“伪译本”。“伪译”即“假翻译”，之所以是“伪造的”“假的”翻译，正是因为它缺少了“从特定源文本转换而来”这个翻译的“必备条件”。

然而，虽然“转换”是构成“翻译”的“必备条件”即绝对条件，但认定什么叫“转换”、转换的“质”和“量”又如何衡量等等，却是一个因人而异的相对条件。例如，在正常情况下把某个英语源文本翻译成中文，或把某个汉语源文本翻译成英文，人们一般指望源文本的一切都会正确地转换成目标文本，但在实际翻译中“百分之百”的“转换”，尤其是“百分之百”的“正确转换”并不存在。或许，我们可以把每一个英文单词转换成汉字，或把每一个汉字转换成英文单词或类英文单词（如汉字的拼音形式），但从绝对意义上看，一种语言中总是有些东西无法“转换”成另一种语言。形式转换了，音韵转换不了；音韵转换了，意义转换不了；意义转换了，形式又转换不了；等等。如《红楼梦·好了歌》的各个英译本，包括大家甚为称颂的杨宪益、戴乃迭译本和霍克斯（David Hawkes）译本，虽然不能说它们没有把“好”“了”转换成英文，但也很难说它们把“好”“了”所包含的一切信息都转换成了英文。再如，广州、深圳等城市地铁列车播报站名时，英语译名统一采用音译，如把“下一站是科学馆”“下一站是世界之窗”等分别译成 The next station is Kexueguan，The next station is Shijiezhichuang 等。尽管我们通常也把音译界定为翻译，但它所涉及的“转换”只不过是一种“注音”，而没有把源文本的意义转换过去，因此很难称得上是“百分之百”的“转换”。这就说明，在构成“翻译范畴”的“转换”里，无论在不同语言之间、同一语言内部，还是在不同符号系统之间或之内，由于“百分之百”的“转换”并不存在，因此“百分之百”的“翻译”也不会存在。

翻译本质中却又存在除“转换”之外必须“百分之百”发生的另一“绝对属性”，就是目标文本与源文本之间的“对等性”。这是构成“翻译范畴”的一个必需因素。至少就什么是“标准的”、“合格的”或“合适的”翻译而言，目标文本和源文本必须（至少在某种程度上）“对等”。就像“转换”是构成“翻译”的先决条件一样，没有了“对等性”，也就不存在“翻译”了。例如，假定某个目标文本号称是从另一种语言转换而来的，但两者之间不存在丝毫对等之处，那我们又凭什么去判定该目标文本是从另一种语言转换而来的呢？严格地说，完全脱离或完全不同于源文本的“改写本”不能算作“翻译”。例如，冯小刚导演的电影《夜宴》似乎带有莎剧《哈姆雷特》的某些痕迹，但由于它既未涉及真正意义上的“语际转换”，也不具备与莎剧中的人物、情节、场景等真正“对等”的关系，因此即使有人认为它与《哈姆雷特》有相似之处，我们也不会把它当作“翻译”作品来评价。

或许，电影剧本《夜宴》本来就不是翻译，剧作者也未必要争做翻译者，因此评说它是不是译本也没有实际意义。在翻译的实际过程中，可能的确存在完全脱离甚至违背源文本意思的“语际转换”现象。不论脱离和违背原意的做法是出于“无意”还是“故意”，只要如此“转换”出来的产品与相关源文本之间没有任何“对等”关系，那它就应该被视为失去了作为译品而存在的资格。

不过，实际上问题并非如此简单。在评判“翻译对等”的问题上，我们只能说，目标文本和源文本之间的“对等”是判定目标文本是否属于翻译范畴的绝对因素和基本参数。“对等”是模糊概念，而不是精确概念。根据《现代汉语词典（修订本）》的解释，所谓“对等”，是指“（等级、地位等）相等”，如：“（双方应派）对等人员（进行会谈）”“（大学之间的）对等文凭”“（医药行业要求）利责对等”“（不同民族之间的）对等性”等等。翻译中所表现出的“对等”，也正是这种非精确意义上的“对等”。从这个意义出发，图三至图五表述的就是“翻译对等”程度或“标准、典型翻译”的种种可能。

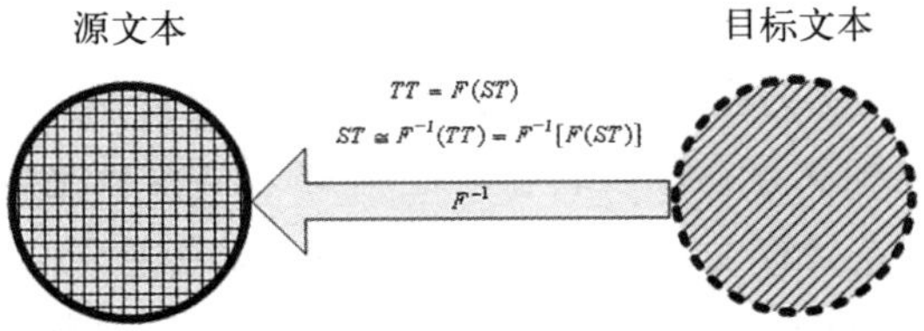

图三

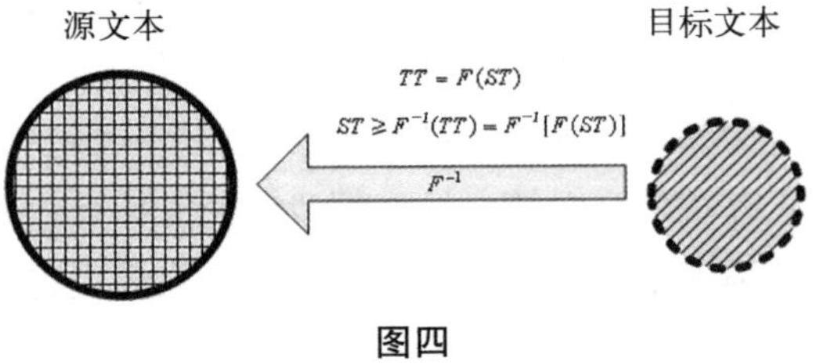

图四

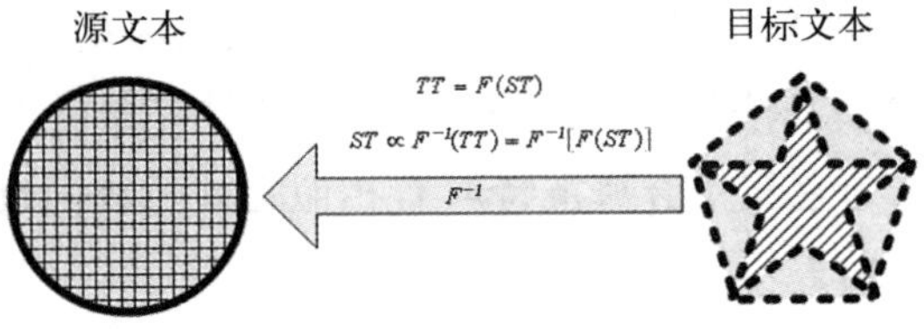

图五

对以上各个图例，必须作出相应说明，它们才有意义。

第一，图三至图五的各个公式均基于“信号处理理论”中的“傅里叶变换”思想，不同之处在于“傅里叶变换”是介于“时域”与“频域”之间的转化，而翻译则是介于两种不同语言文本之间的转化。我们把“傅里叶变换”的这个基本思想运用于翻译，认为能合理解释翻译“转化”过程所涉及的各种客观现象。现对各个图例中的数学公式作个简单描述：

$TT=F(ST)$：源文本 ST 在过程的作用下被转化为目标文本 TT。

$ST \cong F^{-1}(TT)=F^{-1}[F(ST)]$：源文本 ST 在过程的作用下被转化为目标文本 TT。当为一个无损或近似无损的转化过程时，则存在一个与之对应的逆过程将目标文本 TT 还原，且保持还原后的文本与源文本在内容上一致或近似一致。

$ST \geqslant F^{-1}(TT)=F^{-1}[F(ST)]$：源文本 ST 在过程的作用下被转化为目标文本 TT。当为一个有损的转化过程时，则转化过程的逆过程对目标文本 TT 还原后的文本所包含的信息量将小于或等于源文本所包含的信息量。

$ST \propto F^{-1}(TT)=F^{-1}[F(ST)]$：源文本 ST 在过程的作用下被转化为目标文本 TT。当转换过程中有噪声存在（如对原始信息的创新、删减、修改等行为）时，则逆过程对目标文本 TT 还原后的文本所包含的信息量可能小于、等于或大于源文本所包含的信息量，但两者所包含的信息内容必定存在一定的相似性。

第二，在图三、图四、图五中，箭头都是从右至左，这跟图一不同，图一的箭头是从左至右。箭头指向有特殊意义。在图一中，箭头表示“文本的变化”以源语言为起点，如语言一。任何一种语言，无论它是语言一，还是语言二或语言三，只要它是源语言，就会放置在左边位置上。同样，任何文本只要是源文本，也本应放在左侧，目标文本则应占右边位置，这样会有利于理解。然而，值得注意的是，图三、图四、图五中箭头的指向是从右至左，而不是从左至右。这是因为：就翻译“对等”而言，我们所谈论的是目标文本是否与源文本“对等”，而不是源文本是否与目标文本“对等”，因此图中箭头由目标文本指向源文本，即由右指向左，而非由左指向右。

第三，源文本和目标文本圆形周围的实线和虚线表示所使用的语言不同：实线表示一种语言（源语言），虚线表示另外一种语言（译入语言）。

第四，在这三个图例中，源文本的圆形不变，表示在这些情况下翻译来自同一源文本。但是，对于用圆形来代表源文本的做法却是任意的，改用其他形状同样适用，只要源文本和目标文本的形状有所区别即可。

第五，在图三中，圆形既代表源文本，也代表目标文本（但目标文本的圆形以虚线表示）。两个形状的大小相同，这表示：目标文本是源文本的“理想”或“标准”对等文本，但是“对等”在我们的定义中却并不是“等同”或“完全对等”。我们的基本认识是：世上没有两样东西完全相同，就连“复印”和“克隆”出来的东西也不是百分之百相同。这一点不言而喻。我们所要强调的是：在翻译活动中谈论“对等”问题，是取“在价值、功能等方面大致相同”，而非数学意义上“绝对同一”的涵义。

当然，可以肯定的是，目标文本和源文本之间必须有一定的相似性。换句话说，目标文本与源文本的所谓“对等”，是指对源文本的“完全翻译”或“绝对翻译”。在“绝对翻译”（absolute translation）的情况下，“整个源文本被转换成译入语，对原文内容和形式都不加以改动”(Shuttleworth et al.，1997：1)。中国经典名著《红楼梦》的英译可提供较为典型的例子，杨宪益、戴乃迭夫妇的译本可以说是较具代表性的“完全翻译”或“绝对翻译”。

反过来说，如图四和图五所示，任何非“绝对”翻译都会被当成“部分对等”。然而，值得注意的是，这两个图例中代表目标文本的形状是不同的，图五甚至有两个目标文本图形。这些不同图形表示的是：虽然它们均指目标文本部分对等于源文本，但它们的表现形态各异。图四指源文本的部分信息或内容在目标文本中已被缩减，因而目标文本短于源文本。“摘要翻译”“摘译”“选译”“节译”即属此类。图五中目标文本有两个形状，即五边形和五角形。这表示：目标文本部分对等于源文本，其变化之处可能远远大于图四所显现的变化。例如，这里的“部分对等”可能是相当自由的译法的结果，也可能涉及更大的变化，有更多的译者操纵；或可能是最大限度的改编或完全重写，如将莎士比亚剧作改编成京剧，或将源文本的“莫斯科”改编为目标文本的“上海”［如黎翠珍用粤语翻译契诃夫作品《姊妹仨》（演出本）时所采用的变通手法］，等等。

我们也可以说，各个图例中的所谓“部分对等”，可指在形式、内容、意义、价值、神韵、词汇、语法、风格、功能、效果、读者反应等不同方面或层次上的对等。也就是说，按照这一“部分对等”的翻译观，在翻译实际而非翻译理论上，翻译中并不存在“完全对等”现象。

这样一来，在我们对翻译本质的认知中，“对等”作为“翻译”的二元“绝对成因”之一，其实际表象是在两个“百分之百”，即“百分之百的对等”与“百分之百的不对等”之间的任一表现形式。假定我们的命题是“译本即源文本在译入语言中的对等文本”，那么命题的涵义是“目标文本既不是与源文本‘绝对相同’的文本，也不是与源文本‘绝对不同’的文本”。原因是：假如某个目标文本跟某个源文本“完全对等”或“一模一样”，那么它也就不可能是翻译，而是同一原作。按照一种看似荒谬、实则符合逻辑的推理，假如一个文本跟另一个文本一模一样，那么它怎么可能是用另一种语言所写？而如果两个文本是用两种完全不同的语言所写，那它们又怎么可能是“一模一样”的文本？同理，假如某个从源语“转换”而来的目标文本与相关源文本毫无“对等”之处，那它根本就不是翻译产品，或至少说根本不是合格的翻译产品。

在上述两个极端之间，却可以出现无限多个与源文本“对等”的目标文本。假设可以用百分比来量度，那么我们可以将此简单地诠释为：最高的“对等度”仅低于百分之百，最低的“对等度”则必定大于零。这样，我们在理论上就把各种程度的“语际转换”，从“整个源文本被转换成译入语，对原文内容和形式都不加以改动”的“全译”、“绝对翻译”或直译、死译，到目标文本大大短于或不同于源文本的各种所谓“变译”，如“摘要翻译”“摘译”“选译”“节译”，再到经由译者自由操纵的“编译”和“改写”等等，都可以包括在“翻译”的范畴里面。

换一个角度来看，既然任何一个经由语际转换得来的目标文本都不可能绝对对等于源文本，那么可以说，所有翻译文本都是“部分对等于原文”的文本。因此，在任何翻译语境里，所谓“对等”即“部分对等”，亦即相对意义而非绝对意义上的对等。而这个“翻译对等”上所显现的“相对属性”，我们还可以通过对“第三形态”概念的解释，来进一步加以印证。所谓“第三形态”，是指产生于译入语言文化与源语言文化之间的一个形态，即传统意义上的翻译作品，但与传统意义不同的是，在“第三形态”的思想框架里，这个翻译作品不被看作必须首先依附另一作品（源文本）或另一语言（译入语言）的产品，而是首先被看作具有自己独特身份的产品。这个翻译作品以及由该种作品代表的文化身份，既不属于源语言，也不属于译入语言，而是一种介乎两者之间、相对独立的个体。

这个第三形态所蕴涵的基本概念，在语言学和翻译学领域被广泛讨论过，如波波维奇（Popovič，1976）的“中介语言”（mediating language）、达夫（Duff，1981）的“第三语言”（third language）、弗劳利（Frawley，1984）的“第三语码”（third code）、巴巴（Bhabha，1994）的“中介状况”（in-betweenness）、艾柯（Eco，1995）的“第三对比项”（tertium comparationis）、沃尔夫（Wolf，2000）的“第三空间”（third space）以及形形色色的其他常见提法，如“翻译体”（translationese）、“翻译腔”（translatese）或“译者腔”（translatorese）等，而这种种说法又都可以追溯到瓦尔特·本雅明（Benjamin，1916/1979; 1923/1997）的所谓“纯语言”（pure language）。以前人们对这些问题的讨论，主要都是围绕语言问题展开的。我们在探讨翻译本质基本属性时再提出这个概念，主要是要说明，翻译本质中的“相对性”，或“翻译对等”这个翻译“绝对属性”所包含的“相对”意义，它不单涉及语言，而更多的是个文化问题。

打个比方，翻译的结果就像混血儿或杂交繁育的后代一样，不可能是另一个个体的“绝对替换物”。虽然在外表和性情方面，它会传承其“父母”的种种特征，但其身份却是相对独立的。将比喻推进一步：在“翻译血统”的这个链条上，源语系统为母体，译作为该母体所生成的孩子，而译入语系统是这孩子的父体。没有父体的参与，这新生儿也不可能成形。父母在生育过程中的相对角色和影响会决定这个新生儿（译作）到底长什么样儿，各种状况都有可能出现。如果受母体影响多，孩子会拥有较多的母体特征；受父体影响多，就更像父体。在极端情况下，一方面有逐词对译或词素对词素的死译，另一方面也有面目全非的改写。更多存在的，应当是在两极之间的种种其他可能，包括杨宪益、戴乃迭夫妇的“异化式”翻译和霍克斯的“归化式”翻译。

从根本上说，两极之间的这无数可能的中间体——这个在文化身份上与源文本并不“完全对等”也无法完全对等，与译入语言并不“完全同化”也不应完全同化的第三形态，才是翻译者所应追寻的目标。大概，当这个“第三形态”以其最高“对等度”靠近源文本，即在形式、内容、意义、价值、神韵、词汇、语法、风格、功能、效果、读者反应等各个方面和层级都贴近源文本时，我们就得到了理想中的“对等”文本，也就是前面曾提到的“标准的”、“合格的”或“合适的”翻译文本。这或许就是可能存在于人们心目中的“翻译原型”。然而，在实际翻译工作中，所谓“最高对等度”和“最低对等度”，乃至“对等度”本身，又都是无法从绝对意义上量度和控制的概念。于是，译者或译评者所能做的，就又回到了翻译“相对属性”的层面，即在尽可能多的方面和层级而非在一切方面和层级上要求目标文本对等于源文本。这，既是我们诠释翻译本质中“绝对属性”和“相对属性”的翻译学理论意义之所在，也是对于指导翻译和译评工作的实际意义之所在。

第三节　翻译的策略、方法与单位

翻译策略、翻译方法和翻译单位是与翻译实务密切相关的三个概念，是翻译工作者与翻译研究者都需要弄明白的问题。三者互为关联而又互不相同，不可混淆。根据《现代汉语词典（修订本）》的定义，所谓“策略”，是指“根据形势发展而制定的行动方针和斗争方式”。据此推演，所谓“翻译策略”，则可界定为：根据所涉语言文化的诸多因素及要求而制定的行动方针和翻译方式。具体而言，“翻译策略”主要关涉三个基本任务：一是明确翻译目的，解决为什么而译、为谁而译的问题；二是确定所译文本，解决翻译什么、为什么要翻译这个文本的问题；三是制定操作方式，解决怎么译、为什么要这么译的问题。由于文化因素的多面性和翻译“形势发展”的多变性，因此在理论上，翻译策略的采用是没有固定模式的。虽然在翻译过程中，翻译工作者采用的翻译策略可以各种各样，但自古以来的种种翻译策略却又可以大致分为两大类：一类为“归化式”翻译策略；另一类为“异化式”翻译策略（Baker，1998：240）。前者的目的在于“征服”源语文化，试图从内容到形式将源文本“完全本地化”，使目标文本读起来像译入语中的原创作品一样；后者则相反，其目的在于“译介”源语文化，试图从内容到形式将源文本“原封不动”地搬入译入语，使目标文本读起来像源语作品一样。

与“翻译策略”相比，“翻译方法”更为具体。所谓“方法”，就是“关于解决思想、说话、行动等问题的门路、程序等”(《现代汉语词典（修订本）》)。“翻译方法”也就是解决把源文本转换成目标文本问题的门路和程序。与翻译策略一样，翻译方法也可以多种多样，历史上常按传统二值逻辑来加以区分，即直译与意译、死译与活译、字译与句译，其中直译、意译两种方法在传统翻译理论里讨论得最多。自 20 世纪 60 年代以来，西方翻译领域还出现了许多新的二元方法论，如奈达（Nida，1964）提出的“形式对等”(formal equivalence）与“动态对等”(dynamic equivalence)、豪斯（House，1977）的“显性翻译”(overt translation）与“隐性翻译”(covert translation)、格特（Gutt，1991）的“直接翻译”(direct translation）与“间接翻译”(indirect translation)、图里（Toury，1980；1995）的“适当的翻译”(adequate translation）与“可接受的翻译”(acceptable translation)、纽马克（Newmark，1988）的“语义翻译”(semantic translation）与“交际翻译”(communicative translation）等等。

此外，翻译实务者关心的还有各种各样不以二元对立归类的、更加具体和微观的翻译操作方法和技巧。据张美芳的统计（2005：202），我国在 20 世纪 80 年代初出版的统编翻译教程讲述的翻译方法与技巧包括：词义的选择、引申和褒贬，词类转移法，增词法，重复法，省略法，正反、反正表达法，分句、合句法，被动语态的译法，名词从句的译法，定语从句的译法，状语从句的译法，长句的译法，习语、拟声词、外来词语等特别语词的译法等。90 年代出版的翻译教程也基本上沿用以上方法与技巧，或在此基础上有些改进，例如增加变通和补偿手段：加注、增译、视点转换、具体化、概略化、释义、省略与重复、重构、移植等等。也有的教材或翻译专著用不同的术语指称相同的一些概念，例如分切、转换、词性转换、语态转换、肯定与否定、阐释或注释、引申、替代、拆离、增补、省略与重复、重构、移植等等。凡此种种，均属“翻译方法”的讨论范畴。

必须指出，翻译和翻译研究界在对以上翻译术语的理解和使用上，有时存在误区。例如，有些学者把韦努蒂（Lawrence Venuti）所提的“异化”“归化”与传统翻译理论中的“直译”“意译”等同起来，认为“异化”“归化”就是“直译”“意译”的翻版，并无新意。显然，这是对“异化”与“归化”概念的误读。其实，从以上讨论中可以看出，这两个概念的内涵并不相同。至少，“异化”与“归化”作为“翻译策略”，其所指涵盖面大于作为“翻译方法”的“直译”与“意译”。或者说，翻译中采用什么样的“方法”，是由译者所采用的“策略”来决定的，而不是相反。就翻译策略而言，我们必须把它放在更大的社会政治、文化和历史的范围里来考察，才能正确理解。例如，在韦努蒂眼中，“归化”这一术语含有贬义，因为它被看作主导文化（特别是西方文化）中的通用原则。这些主导文化“是一些带有侵略性的单语文化，它们不接受外来的东西……（这些文化）习惯于行文流畅的翻译，这些翻译用（译入语的）价值，通过隐形的方式，来刻画外来文本，并使读者在他者文化中意识到自己的文化而自我陶醉”(Venuti，1995：15)。基于归化策略之上的翻译方法就会包括如下步骤：精心选择有助于以这种方式翻译的文本；有意识地采用流畅、顺耳的译入语风格；改编目标文本以符合目标话语类型；添加解释性材料；删除源语独有特征以及以译入语的预设与取向来使目标文本变得总体和谐。韦努蒂指出，归化翻译是英美文化中占支配地位的翻译策略，并认为它和存在于英美文化与其他文化之间的不平衡文学关系是一致的（谭载喜，2005：59—60)。而异化翻译则是“在世界事务的现行状态里一种战略性文化干预”(Venuti，1995：20)，因为它将对优势文化那种试图压制译文中的异国情调（或称“他者”）的心理提出挑战（谭载喜，2005：80)。韦努蒂把异化翻译称为“抵抗”，是抵御译入语文化的民族中心主义和种族主义，反对文化上的自我欣赏和反对帝国主义的一种形式，以维护民主的地缘政治的关系（郭建中，2000：192)。可见“归化”与“异化”和“直译”与“意译”是不同层面上的问题，二者不可相提并论。前者的提出是在文化层面上特定历史、政治之中翻译策略的考量，而后者是具体的微观的翻译“门路”、“程序”和“操作技巧”。当然，“异化”与“归化”、“直译”与“意译”之间并不矛盾和对立。例如，译者在采用“归化”翻译策略时，通常会择取“意译”的翻译方法和技巧；而在采用“异化”翻译策略时，则通常会“直译”。必须强调的是，我们不能因此而武断地说它们相同，而排斥掉“异化”与“归化”作为“策略”所蕴涵的重要翻译学价值。

此外还要指出，虽然翻译方法上的二元对立是人们最为熟悉的传统，但它不是，也不应该是翻译方法论的唯一传统。事实上，作为对翻译方法二分法的补充，自古以来就有将二元对立调和起来的三分法，如我国佛经翻译传统中玄奘等人所提倡的“厥中”法，古罗马《圣经》翻译家哲罗姆（St. Jerome）所提倡的综合采用直译和意译的方法，17 世纪英国翻译家德莱顿所提的“词译”、“释译”与“拟译”，以及 19 世纪德国文豪歌德所提的“词译”（“死译”）、“句译”（“直译”）与“改编”（“意译”）等。凡有实际翻译经验的人大概都会认为，“词译”“句译”也好，“直译”“意译”也罢，无论哪一种方法，都会各有优点、各有不足，很难一种译法用到底。用现代翻译学的眼光看，翻译方法上既不应沿袭“词译”“句译”或“直译”“意译”的二元对立，也不应机械地坚持所谓“死译”“直译”“意译”的三元对应。翻译的策略和方法不是一成不变的，最恰当的做法是根据不同的文本类型、不同的翻译目的和不同的读者对象来制定“多元互补”的翻译策略和方法，量体裁衣，灵活处理。只有这样，才能真正反映出翻译的客观实际，满足翻译的实际要求。

在很大程度上，翻译方法所涉及的，其实就是在翻译操作过程中以什么为基本“翻译单位”的问题。例如，所谓“词译”、“字译”或“死译”，就是以“词”“字”或“词素”“字素”“语素”为基本单位的翻译；所谓“句译”是指以“句子”为基本单位的翻译；而所谓“意译”则是指以“句子、段落或整个文本意义”为基本单位的翻译。因此，我们在讨论翻译方法时，如能引入“翻译单位”的概念，或许能对各种译法的实际内涵和外延有更清楚、更科学的认识。

根据《翻译研究词典》（Mark Shuttleworth & Moira Cowie, 1997）的解释，所谓“翻译单位”（Unit of Translation 或 Translation Unit），是指源文本在译入语中被重新编码的语言层次的术语。巴尔胡达罗夫（Leonid Barkhudarov）将翻译单位界定为“在译入语中有对等项的最小源语单位”。他认为，虽然“一个翻译单位的各组成部分单独‘不可译’，因为无法在目标文本中建立对等项”，但这个翻译单位本身可以有“复杂的结构”（1969：3）。举例来说，不仅“generally”（大体上）这个词，而且 by and large（大体上）这个由三个词组成的表达形式，都会被看作一个单位。对巴尔胡达罗夫来说，翻译单位可以是音素、词素、词、词组、句子以及整个文本。最恰当的翻译单位是由源文本中特定一点上的措辞来决定的，并且在文本中，甚至单个句子中，都有可能发生变化。此外，一个源文本单位可能常常被译成不同大小的译入语单位。例如，一个词可能译成一个词组，一个词组也可能译成一个词。如果译者传达源文本基本意义时，所用的翻译单位过大，这会导致“自由译”；同样，翻译单位过小，则会导致“直译”、“字译”或“死译”。然而，正如科勒（Koller，1979/1992：100）所指出的，通常情况下，在两种没有亲缘关系的语言之间翻译时，所涉及的翻译单位要大于在关系紧密的源语和译入语之间翻译所涉及的翻译单位。巴尔胡达罗夫（1993）提出了翻译单位究竟应当是指语言形式还是指内容而言的问题；而维纳与达尔贝勒纳（Vinay & Darbelnet，1958; 1958/1995）则认为思维单位、词汇单位和翻译单位是同义的。巴尔胡达罗夫（1969）认为，有时候整个语篇都可以充当一个翻译单位，只不过在实践中，他把这种情况只局限于指诗歌翻译。同样，科勒（1979/1992）也将这种可能性局限于诗歌和广告翻译。然而巴斯奈特（Susan Bassnett）在谈论文学翻译时，扩大了这种观点的应用范围，将散文文本（并暗示其他体裁也一样）也包括进来。她认为，在此类翻译中，语篇是基本单位，因为每个语篇都“由一系列相互链接的系统组成，每一个系统都有一个与整体相关的可确定功能”（1980/1991：118）。如果译者将这样的语篇逐句翻译，就可能会失去某些重要的结构特征；如果译者采用一种并非严格逐行逐句的翻译方法（其中也许包括采用“补偿”之类的策略），就有可能让这些结构特征得到保留。

第四节 翻译的价值

翻译的价值可从多个角度加以探讨，这里主要关注三个方面，即美学价值、社会文化价值和理论价值。[1]

就美学价值而言，译文应该“具有读者能领悟的、在审美上令人满意的本土风格”（马丁·路德语，转引自 Bassnett，1980：44—46）。意境为语言艺术作品通过形象描写所表现出来的境界和情调。它是所描述的

1 此段内容曾由毛荣贵用于他 2005 年出版的《翻译美学》（第 13、42—44、96—97 页）。现将原本由邵璐（本节执笔者）撰写的内容纳入本节，特此说明。纳入本节时作了修改和调整。

景象和所表现的情意相交融的产物。意境的追求和创造，是修辞上获得最佳表达效果所必需的。在文学翻译中，译者以追求原作的意境为己任，以再创造等同的意境为目标，以实现翻译之美学价值。具体而言，译者不仅要动笔，而且要动情。莎士比亚的“和泪之作”，与曹雪芹的“一把辛酸泪”，同是文情相生，挥笔挥泪！又如“横眉冷对千夫指”（鲁迅）中的“冷”，“漫卷诗书喜欲狂”中的“喜”，皆是情溢于词，词形于笔。创作如此，翻译是再创作，亦须入人、入景、入情，方能译出精神境界，攀登意境美的高峰。译者通过翻译走近创作者的创作过程，了解他们的心理活动、心理状态及个性，甚至追寻他们的“艺术思维”，获得其审美意象。成功的艺术作品，总是真实地折射着创作者灵魂深处的人格特征。译者从作品中了解作者，认识作者，甚至变成作者，实现与作者的共识，这是一种由此及彼、由浅及深的认识。译者对作者的认识以及与作者的心理同构是交叉进行的。在认识作品过程中认识作者，认识作者又反过来帮助更好地认识作品；对作品的进一步认识又加深译者对作者的进一步了解。传统心理学将人们的认识界定为“知”“情”“意”心理运动三阶段（陈良运，1992：51），即由逐渐广泛而深入地认识（感性认识），继而有相应的、投入性的情绪体验（情感交融），然后有了主体意识的觉醒而发生有行为倾向的意志（主体意识）。在整个艺术鉴赏与创造过程中，译者的心理活动呈有意识→无意识→意识的走向。译者意向性地认识作品与作者，在不知不觉中与作者心神交融，与作品心物交融；然后译者再走出客体，回到自我意识中进行信息的加工制作，由形象感知转为抽象思维，在与作者达成美的共识之后，进而实现艺术再创造。这是一个逐渐形成的意象整合的过程。译者在认识过程中不断地将作品各个部分在心理上加以整合。译者通过心理综合对作品形成审美意象之后，再回过头来感知审美意象。这是更高一级的感知，有别于认识开始时的感知。新的感知将进一步作用于意象的心理综合，直至形成一个整体意象。文学翻译的艺术再现活动是“超然的”，其中译者所操作的不是有形结构，而是超越时空的物象。因此在“有意识的”心理建构中，另有“直觉”发挥作用，凭借直觉对形式结构之外的意义加以抽象概括与形象整合。译者与作者之间贵在默契。译者根据从作品中所获得的感性信息，建构与作者相近的审美意象，与作者心神交融，合二为一，从而“看到”原作中的艺术意境。这是心灵的共鸣。有了这一共鸣，译者将循着作者的想象，跟着作者的思路，进入原作的美的意境。

其次，翻译的价值还主要体现在社会文化层面。社会的变革，文化的发展，往往和蓬勃开展的翻译活动有关。翻译可以引发对特定文化乃至社会制度的“颠覆”，也可以推动不同文明向前演进。古罗马的希腊文学翻译导致了拉丁文学的诞生，五四时期的西学东渐及大规模翻译活动促进了现代白话文的形成和发展，这些无疑都是翻译的社会文化价值的最佳佐证。再者，从社会文化的角度来考察翻译现象，可以使不同时期的翻译文学得到更为合理的解释。这里，我们试以中国 20 世纪大致存在的三种社会形态模式为例，对翻译与社会文化的关系，进而对翻译的社会文化价值作一分析和讨论。

从政治文化的角度分析，20 世纪中国的社会政治形态可大致分为三种模式，而翻译文学亦有同样的三种模式。

一是“非整合模式”。从辛亥革命到新中国建立，中国的政治文化形态应属于非整合模式。所谓非整合模式，是指社会成员对官方政治价值取向以及政治操作方式普遍缺乏认同感。由于少数社会成员攫取过多的物质利益，普通民众付出的代价过高，社会矛盾尖锐。民众的政治取向多倾注于对次级国家组织及团体的认同上。尤其是国民党政权建立后，实行了种种文化控制方略，这就造成了权力主体与权力客体之间的紧张，引起了包括文化界、文艺界人士在内的广大人民群众的强烈不满。由于翻译在政治文化传播中担当传媒的重要地位，所以翻译界便成了权力主体与权力客体双方激烈争夺的战场。20 世纪 30 年代作为权力客体的持不同政治见解的文学群体和个人，都不约而同地关注出版与言论的自由，这无疑是针对国民党的限制思想和言论自由的手段而来的。他们的文学主张虽各不相同，但都具有反权力主体的政治意识。如自由主义作家胡秋原、苏汶等均反对文学上的“干涉主义”，提倡“文艺自由论”以及“第三种文学”，要求给作家充分的创作自由。30 年代特殊的政治文化语境构成了特殊的文学氛围，它在很大程度上决定了翻译的生存和生产状况，产生了特殊的翻译文学现象，并由此形成了翻译文学发展在总体上的政治化趋向。

这种政治化趋向具体表现为：第一，20 世纪 30 年代的译者多少在承担着“次级国家组织的团体”的功能，因而都明显呈现出“亚政治文化”

形态。多数译者在重大政治文化问题上均对统治者的主体政治文化采取对立或游离的态度；在政治倾向上，各派翻译家都多少代表了各种不同的"政治利益"；每一派译者内部在重要的翻译观念上大体一致，而这种一致性往往不是出自审美性追求，或可以说首先并非出于诗学方面的思考，而常常是从自身的政治立场、政治态度出发，针对自身对当时政治文化形势的理解而采取的某种翻译策略。从 30 年代后期开始，由于马克思主义在中国广泛传播并占据重要话语地位，中国文化重新恢复了稳定，因而翻译策略以归化为主导。例如傅东华在 30 年代翻译美国畅销小说《飘》时，便采取了比较自由的译法，把人名地名中国化。"对话方面也力求译得像中国话……一些冗长的描写和心理的分析……我就老实不客气地将它整段删节了。"（傅东华，1984：442）第二，这一时期，围绕翻译展开的各种论战不断，从文学研究会跟创造社的笔战，到鲁迅与梁实秋的相互批判，还有所谓"直译"与"意译"、是否可以接受"重译"的争论等。各派所依据的常常是其政治文化立场，而文学自身的要求则往往被隐去。其间，备受重视的是说话人的政治态度，即站在何种立场上讲话，是论争各方最关注的。例如鲁迅与梁实秋所争论的是文学的阶级性问题，这是非常复杂的文学和政治课题，跟翻译本身没有具体的直接关系。第三，30 年代译者对翻译文本的选择明显受其政治意识的引导，译者的政治价值观在很大程度上决定了译本选择、翻译策略以及翻译标准。譬如，不管是以鲁迅为实际首领的"弱国模式"[1]派译者，还是以胡适为代表的"强国模式"派的一大批翻译家，他们都受政治意识形态影响，出于唤醒国民的动机从事文学翻译。不过前者是取同病相怜的态度，"以展示伤痕与屈辱的方式来唤醒国民"（王友贵，2003：14），后者是"挺进到强国之中，试图揭开强国之'秘密'，或介绍强国之立国之本、现代意识、现代思想来唤醒国民，造就或涵养新国民"（同上注）。第四，非官方的普遍的政治风气、政治需求和普遍的政治心态，导致了主导的审美倾向的形成，造成了某些特殊的文体形式的盛行。中国现代文学样式的诞生和发展，如白话小说、新诗、话剧等等，都和翻译活动密切相关。新小说使用的白话文体"没有译者的方言乡音影响，语法结构和辞气有一些外国语现象"（王克非，1997：

1 "弱国模式"概念由王友贵（2003：11—15）提出。

154)，和“实质上还是一种书本白话”（同上注）的传统小说不一样。话剧的产生更是直接脱胎于翻译文学。“中国第一个话剧团体——春柳社，最初上演的剧目就是根据翻译小说改编的剧本《茶花女》和《黑奴吁天录》。”（陈玉刚，1989：14）诗歌的形式和语言也发生了变化。例如，穆木天、王独清、刘半农等人的诗歌在形式和音律上都抛弃了中国诗歌的传统写法。在他们的大多数诗歌里，我们看不出中国传统诗歌的痕迹，倒觉得像是翻译过来的外国诗歌。

二是“半整合模式”。20 世纪 50 年代直至“文革”时期中国的政治文化形态属半整合模式。它是指在同一政治体系下，权力主体与权力客体并不处于政治对抗之中，相反，社会成员在意识形态领域里，存在一定的协调机制，保持着一定的融洽和谐气氛；这种模式明文规定了各种民主程序，但法律本身不健全，法制常易被人治所取代。主流意识形态在一些场合下允许非主流意识形态的存在，但总是伴随着前者对后者的严格的限制。在这段时期，翻译活动受到了严格的控制，翻译与意识形态的关系被抬升到相当重要的位置。

在这种半整合模式的政治文化氛围中，翻译与政治结缘的方式呈现出非常复杂的态势，大致体现为：一、由于政治权威对政治运行过程有相当的控制能力，因而在这样的年代中，翻译的主流意识形态非常明显，任何文学组织都无一例外地被纳入政府的管理体系之中。这一方面使译者的生存等权利有了基本的保障，但另一方面，翻译活动又在诸多方面受到了限制。在 1949 年以后，翻译活动被纳入为社会主义建设改造的一部分。在外文局以及各个官方出版社有组织有计划的策划下，翻译失去了那种把各式各样的意识形态及诗学引进来的重要功能，而被用以进一步巩固社会文化系统以及加强这一系统中的主导意识形态的位置。译者只能遵从“赞助人”的指示，接受“赞助人”的监管[1]。“赞助人”首先要确保翻译工作符合意识形态的标准。翻译是否“忠实”于这类标准，明显居于次要地位。只要从这个角度去看，就不难明白为什么有关胡适的脚注会无缘无故地加上了“著名的反动政客与作家”（Yang & Gladys Yang，1960：69）。文

1 当然，也不能一概而论。很多时候，译者会揣摩“赞助人”的思想，主动对译文作出修改，迎合“赞助人”的意识形态或诗学准则，以求取得好处。有另外一些情形，是译者自身的意识形态跟“赞助人”的完全相同。参见王宏志（1999：53、67）。

学翻译政治化的择取标准使外国文学翻译的范围越来越小。为主流意识形态认同的俄苏文学、欧洲古典文学和社会主义国家的文学作品占据中国文学翻译的中心地位。西方现当代小说在意识形态上与中国社会的主流文学观念相抵触，因此也就理所当然地完全被排斥在译界视野之外。二、翻译成为主流意识形态的宣传工具，不能自由传播任何非主流意识形态，即通常所谓的不允许“脱离政治”。这样，译者文本选择的空间就很小，他们要么放弃翻译，如有一些在30年代与40年代知名的翻译家在新中国成立后就选择了辍笔；要么就是自觉不自觉地顺应当时政治文化要求的选择，如草婴、冯春（郭振宗）、荣如德、萧乾、绿原等翻译家[1]；而另一部分人则总是因为难以完全顺应而苦恼于找不好自己的位置，如翻译家穆旦[2]。三、翻译观念的空前一致，即绝大多数翻译主张、翻译理论，基本上都是源于对文艺政策作的种种阐释，或者就是一定政策的直接传声筒。与之相关的翻译评价标准也主要基于当时的政治意识形态，对文学作品也常常是从政治角度找寻臧否之处，而很少顾及原文作者的创作意图和愿望。譬如，在《阿Q正传》的英译本里，译者杨宪益、戴乃迭夫妇为陈独秀附加了跟小说内容扯不上关系的脚注：“后来，他沦为中国共产党的叛徒”（同上：68）。显然，这样的注脚是出于政治上的考虑，目的是要和陈独秀这个“中国共产党的叛徒”划清界限。当然在这段时期，也出现了短暂时期的政治策略性的“松动”，如“百花文艺”时期和1962年“大连会议”前后等，但伴随而来的又常常会是更严格的限制。四、由于意识形态对普通民众的灌输力量，由此形成了相当普遍的政治心态和浓厚的政治风尚，这又直接导致了主导的审美倾向的形成，并导致了诸多特殊文体的流行，如附在译作前后的编译者的导读文章（以“前言”或“按语”等形式）。这些导读性文字大多不是引导读者欣赏译作，而是引导他们作政治化读解，以防止读者产生文学化的“误读”。

1　上海新闻出版系统“五·七干校”翻译组和北京的由国家出版局各直属出版社外语人才组成的翻译组是当时两个主要的翻译集体，前者包括草婴、冯春（郭振宗）、荣如德等翻译家，后者成员中有萧乾、绿原等人。

2　穆旦在翻译取材上基本超越了意识形态的影响，选的都是像《荒原》一类最难懂也最难译的诗作。这些同当时的主流意识形态和文学观念格格不入的作品直到诗人去世八年之后的1985年才得以出版（《英国现代诗选》，湖南人民出版社）。而翻译家本人的教书和著译的权利却在1958年均被剥夺，他从1962年起在单位图书馆从事勤杂工作。

三是“整合模式”。20世纪的最后20年，中国的政治文化形态属于整合模式，其基本特征为：政局长期稳定，经济持续增长，人们对政府具有高度的政治认同，社会各团体彼此协商并建立起合作关系，社会流动和生活方式逐渐同质化。整合的政治文化是多元主义的，此时“文革”期间的思想禁锢被打破了，人们的思想重新获得了解放。随着经济改革和对外开放过程的不断深化，大量的西方当代思想、文化、艺术被介绍到国内，人们的思想意识形态与价值取向开始呈现出多元状态。人们对主流文化、中心话语不再采取绝对认同的方式，而是采取离异的态度。主要表现为对主流文化的批判和扬弃，原来的价值观、审美观和意识形态都受到怀疑和否定。从政治文化的角度考察，我国翻译文学在这一时期呈现以下几个方面的特点。

一是文化的多样性导致了翻译选择的全方位性。现代社会的一个基本特征是从中心走向边缘，从单极走向多元，兼容性是文化的一个基本现实特征（刘宓庆，2000：21）。这一时期，各个学术领域都得到了空前发展，当然翻译理论与实践也同样获得了新的活力与生机。由于政策的宽松和实际的需要，各类书籍如雨后春笋般被翻译传播到了中国，学术研究得到了极大推动。除了文学翻译依旧繁盛外[1]，社会科学方面的翻译，在1978年至1987年的10年里，竟高达5 000余种（陈久仁，1994：1；王宏志，1999：54）。在选材方面，这一时期翻译活动的一个特殊现象是：来自西方国家的原著占了主流的地位[2]，这明显跟1949年以后大量翻译苏联、东欧以及其他社会主义国家作家作品很不相同。

二是“专业人士”充当了另一层次的“赞助人”，组织大型的翻译活动，并采取不同策略[3]，确保有全部的支配权。推动80年代的社会科学论

1　文学作品翻译方面，人民文学出版社翻译出版过“世界文学名著文库”，漓江出版社出版过“获诺贝尔文学奖作家作品丛书”及“法国20世纪文学丛书”，花城出版社出版过“世界文学名著新译丛书”，上海译文出版社出版过“世界文学名著珍藏本”，福建教育出版社出版过“世界文学名著选介丛书”，春风文艺出版社出版过“世界文学精品大系”，上海文艺出版社出版过“世界文学大师小说名作典藏本”，广州出版社出版过“世界文学大师文丛”等。参见王宏志（1999：54、67—68）。

2　王晓明曾作过统计：“美学译文丛书”50种选题中，马克思主义的美学著作只有6种，苏联和东欧学者的共占7种，而当代美国学者的著作则有17种；另外，“走向未来丛书”24种译作中，非西方的只有3种，美国学者则占了一半。参见王宏志（1999：55、68）。

3　据王晓明的分析，李泽厚在主编“美学译文丛书”时，成功地建立了“主编负责制”，由他和他的助手选择原著和译者，并把丛书分散给四家出版社出版，避免由一家出版社单独对主编施加压力的情况。另外，金观涛和刘青峰在策划“走向未来丛书”时，也刻意把丛书的编委“挂靠”在中国社会科学院青少年研究所内，以取得“合法”身份，从而可以独立于出版社的形式，全权负责丛书的运作。参见王宏志（1999：55、68—69）。

著翻译的是美学、思想史和哲学方面的学者，即“专业人士”。

三是翻译从政治需求向文学追求转变、回归，注重以文学性和审美价值为翻译择取标准。这一时期翻译的文化语境在意识形态方面比前一时期要宽松得多。在翻译准则上摈弃了翻译的政治化标准，而代之以审美原则。译介择取具有开放性特点，不论是否现实主义作品，各种流派的文学作品和理论著作都有译介。譬如接受美学的代表作《接受美学与接受理论》（辽宁人民出版社 1987 年版）、耶鲁学派的《影响的焦虑》（三联书店 1989 年版）、女权主义的《女权主义文学理论》（湖南文艺出版社 1989 年版）等，不胜枚举。

在 20 世纪许多政治敏感时期，政治形式、政治文化往往是构成翻译文学生成、生存和发展的一个重要生态环境。在这种时期，各种翻译现象，基本上是在对这样的生态环境或顺应或违逆、或适应或不适应的反应中得以形成并呈现出种种态势的。当我们回顾 20 世纪翻译文学发展历程时，我们看到的是这样一个基本的历史事实：在 20 世纪的大多数年代里，时代的政治需求成为翻译文学择取的首要准则，即“外国文学作品的思想性是决定介绍与否的一个重要的条件”。翻译与政治的特殊关系，无疑是翻译文学发展最为显性的特征之一。当然，我们研究翻译文学时，最终的落脚点还是应该在文本的文学性和审美价值上。在涉及文学翻译时，应将其摆到与政治文化的关系中来加以探讨，即看它对翻译的影响程度和在译入语文本特征形成中所起的作用。说到底，应该是尽可能真实地再现特殊历史时期翻译文学所处的政治文化氛围，尽可能以翔实准确的史料去研究政治文化制度的运作，以及由此形成的普遍的政治心理、政治意识、政治价值，并由此来认识各派译者的实际反应，以及所采取的不同翻译策略，找到许多翻译文学现象（包括选材、译者、范型、赞助人、文学论争、文学派别、文体现象的形成等）的产生根源，达到对翻译文学的准确把握和中肯的评价。

最后是翻译的理论价值。翻译本身并非理论，它的所谓理论价值，并不是指它有作为理论的价值，而是指它对于翻译研究和翻译理论有价值。换言之，翻译作为翻译理论的直接研究对象，是翻译理论赖以发生和发展的“物质基础”，因而它对于翻译理论有价值。翻译理论乃至翻译学作为独立学科的健全和发展，在很大程度上都依赖于翻译这一“物质基础”的存在和发展。离开了这个基础，翻译理论的存在和发展就无从谈起。反过来，翻译理论通过对翻译的描写和总结，又可以给这个活动提供指导，带动翻译实践的更好发展，使它在人类文明向前发展中不可或缺的作用得到更好的彰显。在这个意义上，翻译实践是前提，它不会因为翻译理论的存在而存在，但因为有了它的存在，翻译理论的存在才成为可能，同时又往往因为它的发展，翻译理论的发展才成了有源之水、有本之木。翻译对于翻译理论的价值也在于此。

当然，我们讨论翻译的理论价值，不能局限于以上这个范围，而更多的是必须把这种讨论同翻译理论的讨论结合起来。这样，我们就需要由翻译实务的层面，进入翻译理论的层面，运用现代翻译学研究的观点和方法来探讨翻译理论的本质，特别是探讨作为完整体系的翻译学以及与之相关的种种问题。以下各节即对这些问题展开讨论。

第五节　翻译学的缘起与体系

翻译是一项既古老而又不断蓬勃发展的活动。然而，长期以来，翻译的研究工作受经验主义、教条主义、片面观点和某些客观因素的影响，其发展却是滞后的、缓慢的。究其原因，就是翻译研究一直未能享受其作为独立科学的地位。特别是在第二次世界大战以前的漫长历史中，人们根本不把或很少把翻译研究看作一门有其自身特点、可以独立存在的学科。古代西方的西塞罗（Cicero）、贺拉斯（Horace）、哲罗姆、奥古斯丁（St. Augustine）和中国的支谦、道安、鸠摩罗什、玄奘，中古世纪和近代西方的波伊提乌（Boethius）、伊拉斯谟（Desiderius Erasmus）、德莱顿、阿诺德（Matthew Arnold）、歌德、普希金和中国的林纾、严复、鲁迅等人，虽然对翻译有过精辟的理论见解，但他们谁也没有把翻译研究当作一门独立的科学学科。他们的观点大多散见于有关其他内容的著作里，散见于译本的序言跋语中，或散见于各种译著的书评中。即使那些发表过重要翻译论著或论文的理论家，如法国 16 世纪的多雷（Étienne Dolet）、英国 18 世纪的泰特勒、德国 19 世纪的洪堡（Wilhelm von Humboldt）和施莱尔马赫（Friedrich Schleiermacher）、苏联十月革命后的丘科夫斯基（Kornei Chukovsky）以及我国 20 世纪上半叶的吴曙天、杨镇华、林语堂等等，也同样没有提出发展翻译学的问题。

前人的理论见解或观点对翻译学的建立是有重要贡献的。如果没有前人对翻译问题的开拓性研究，没有前人的翻译实践经验和理论成果的积累，要凭空创立一门翻译学是根本不可能的。西方自西塞罗起，我国自支谦、道安的时代起，翻译理论研究的实际工作就开始了。到了19世纪，德国语言学家洪堡在其著作《依照语言发展的不同时期论语言的比较研究》（*Üeber das vergleichende Sprachstudium in Beziehung auf die verschiedenen Epochen der Sprachentwicklung*）和《论人类语言结构的差异及其对于人类精神发展的影响》（*Üeber die Verschiedenheit des menschlichen Sprachbaus und ihren Einfluss auf die giestige Entwicklung des Menschengeschlechts*）中，从比较语言学的角度对语言的本质作了深入研究，促使西方的翻译研究向前发展。就连“翻译学”这个词也并非第二次世界大战后的创新。早在20世纪初，英语翻译理论界就出现了“the science of translation”（翻译科学）的提法；我国在1927年，蒋翼振就编著了《翻译学通论》（蒋翼振，1927）[1]；30年代，也有林语堂等学者多次使用“翻译学”这个词（林语堂，1933）。然而，如前所述，从古代到20世纪上半叶，不论是西方还是中国的翻译研究，研究者都不是有意识地把（翻）译学作为一门独立学科加以系统研究的。因此，从严格意义上说，一直到20世纪中期，翻译研究才开始在实质上超越传统翻译理论所关注的范围，而迈入更加广阔的、以追求理论的科学性和系统性为发展目标的新时期。

新时期翻译理论的这种科学性和系统性，其发展标志在西方的翻译研究领域较为明显。它主要体现在当代西方翻译理论发展过程中出现的两大“质”的飞跃上。这里所说之“质”，是指翻译研究的“性质”，指研究界对这个“性质”的认识。在20世纪中叶之前漫长的传统翻译研究时期，虽然西方翻译理论遗产相当丰富，但正如笔者在上面提到的，千百年以来人们对翻译问题的研究大都是随感的、经验式的、不够系统的。在传统翻译研究者的眼里，所谓“翻译研究”即“对翻译问题的研究”，仅此而已。到了20世纪40年代末、50年代初，随着现代语言学的发展，不少

1　蒋翼振，1927，《翻译学通论》，上海：上海美利印刷公司印刷（商务印书馆发行）。

学者开始从科学的、现代语言学的视角来探讨翻译问题。从非科学的、随感的、经验式的、不够系统的研究视角，发展到奈达、费道罗夫（Andrei V. Fedorov）率先运用科学的、系统的、现代语言学的新视角来审视翻译问题——这就是西方翻译理论发展史上出现的第一个真正“质”的飞跃。翻译研究开始被定位到了语言科学的范围之内。

然而，把翻译研究定位于语言科学，即语言学或应用语言学的范围，并未能真正反映出翻译研究的实质所在。经过 60—70 年代的持续研究和探索，西方翻译学术界逐步有了一种明显的共识，就是不应当满足于把翻译研究当作语言学的一个分支，而是应当把它当作一门独立的学科来对待。当代西方翻译研究领域又一次出现“质”的飞跃。催生这第二次飞跃的人物是美国荷兰裔翻译理论家霍姆斯。他于 1972 年在一次国际应用语言学会议上发表题为《翻译研究的名与实》的论文，提出把翻译研究作为一门独立学科的基本构想。霍姆斯的文章无疑标志着翻译研究又开始有了更新的目标。后来，正如巴斯奈特与勒弗维尔（André Lefevere）在评述翻译研究学科发展历程时所说，西方到了“20 世纪 80 年代，翻译研究已经成为一门独立学科”。当然，巴斯奈特与勒弗维尔作此宣示时，并未深入阐释他们是根据什么来断言翻译研究的学科地位是 80 年代确立的。但的确，在 20 世纪 80 年代，“翻译研究是独立学科”的理论意识，已经较为广泛地出现在理论家们的著述当中，因而也就使翻译研究，亦即我们所认识的“翻译学”的独立学科地位在西方学术领域（包括大学教育领域）逐渐得到了确立和巩固。

在某种意义上，我国新时期翻译研究的发展也同样有着两个重要的标志。第一个标志，是在 20 世纪 50 年代初期，董秋斯先生首次提出了发展我国“翻译学”的主张。他的这一翻译“科学”主张，与费道罗夫的翻译“语言学”主张，是在差不多同一时期提出来的。虽然令人遗憾的是，本来可以有所作为的我国翻译理论研究，由于国内种种非学术因素的影响，在 50—70 年代的 20 多年当中并未能产生重大成果，但董秋斯的翻译学主张，却为唤醒我们的翻译“科学”意识，特别是为我国当代翻译理论研究中第二次“质”的飞跃奠定了基础。这第二次飞跃，或者说我国新时期翻译理论发展的第二个重要标志，是自 80 年代后期再次旗帜鲜明地呼吁建立翻译学以来出现的。经过近 20 年持续不断的关于“翻译是科学还是技术、艺术”、“究竟有没有翻译学”或“究竟要不要建立翻译学”以及“翻译学”究竟应不应该成为一门独立（人文）科学学科的争论，不论争论各方原来的观点如何，现在我们在一个基本问题上达成了较多共识，这就是：翻译学的确应当享有独立的学科地位，并作为独立学科而得到发展。

任何一套完整而系统的翻译理论都应当是普通翻译学、特殊翻译学和应用翻译学研究的结晶，因为在这样的理论中，既应包含泛论翻译的成分(适用于一切语言甚至一切符号系统之间的翻译)，又应包含专论具体语言互译的成分（适用于具体的双语翻译，如英汉互译、俄汉互译、俄英互译等)；既应具有帮助人们认识翻译实质的理论价值，又应具有指导具体翻译操作的实用价值。正是从这个意义上说，翻译学的具体任务，就是要着眼于普通翻译学、特殊翻译学和应用翻译学三方面的研究，建立起各种既有理论价值又有实际意义的翻译理论，使翻译学真正成为一个有关翻译的科学体系。

具体论之，普通翻译学主要研究人类语言、文化及其翻译的一般规律，研究翻译的一般过程和翻译在整个科学体系中的地位及其与其他科学的关系，从宏观上探讨翻译的性质、功能、标准以及译者的一般职责和条件等问题，并从历时和共时翻译学的角度研究翻译的历史，其中不仅包括翻译的国别史、地域史，而且更应包括翻译的世界史，然后，在这个基础上提出涉及一般语言的普通翻译学理论。特殊翻译学不同于普通翻译学，它的范围较小，主要研究两种具体语言的互译问题，涉及这两种语言和文化的对比，揭示出它们之间有规律的和无规律的、对应的和不对应的、彼此融和的和彼此冲突的东西，然后提出能指导两种具体语言互译的理论。可以说，这是一种比较翻译学或对比翻译学的理论。应用翻译学主要研究如何把普通翻译学和特殊翻译学的理论运用于翻译实践、翻译教学、翻译批评、翻译工具书的编纂和机器翻译研制等，从微观上对翻译的目的、功能、标准、程序和方法等问题，以及它们之间的相互关系作出说明，以使普通翻译学理论和特殊翻译学理论在实际运用中得到检验。应用翻译学与翻译实践直接相关，因此是一般译者最为关心的部分。

然而，翻译学的这三个组成部分是不可截然分开的。研究普通翻译学的人必须有特殊翻译学知识和应用翻译学（包括翻译实践经验）作为基础，研究特殊翻译学的人必须有普通翻译学的知识作为指导，而研究这两者的人则同时都应注意对应用翻译学的探讨，从理论的实际运用中获取反馈信息，不断使理论得到发展和完善。另一方面，也不能把翻译学研究的这三大内容和具体翻译理论的建立割裂开来。

第六节 翻译学的研究范围

本节讨论翻译学的具体研究范围、方法及翻译理论如何发展的问题。先讨论研究范围和方法。翻译学是研究翻译的科学。对于这个定义，应当从广义上来理解。就是说，翻译学研究的，不应仅仅局限于翻译活动本身，而应包括与翻译活动有关的一切领域。由于翻译（指语际翻译）涉及的是两种语言，因此研究翻译时始终离不开比较的或对比的方法。综合起来看，翻译学的具体研究对象首先应包括：（1）翻译的实质；（2）翻译的原则和标准；（3）翻译的方法和技巧；（4）翻译的操作过程和程序；（5）翻译过程中出现的各种矛盾，如目的和手段的矛盾，内容和形式的矛盾，作者与译者与译文读者的矛盾等等。这五个方面是翻译时必须考虑的基本因素，因而是翻译学研究的重点，但在翻译的具体操作中，译者面临的一个重要问题是如何理解和表达原文的意思。这就涉及语义学，而意思的产生来自言语符号和与所指物的所指关系方面，还来自言语符号与言语使用者及使用场合的关系方面，言语符号的相互关系方面，等等。对这些方面的研究，应当运用对比的手段，才对翻译有实用价值。我们认为，翻译学的研究领域除上述五个基本方面外，还可包括：（6）对比语义学；（7）对比句法学；（8）对比修辞学；（9）对比社会符号学；（10）对比文化学；（11）对比民族语言学；（12）对比心理学；等等。

从更具体的意义上说，翻译学这个独立系统究竟由什么构成呢？很显然，它必须由具体的翻译理论和具体的研究领域构成，并且不是由一种而是由许多种理论、不是由一个而是由许多个研究领域构成。换言之，翻译学任务的具体落实，就是具体翻译理论的发展和具体研究领域的开拓。以翻译理论的建立和发展为例。原则上，翻译理论的种类和数量是无限的。科学每前进一步，人们对客观世界的认识每加深一层，都有可能更新人们对翻译问题的看法，提出新的翻译概念，产生新的翻译理论。例如，现代科学中信息论的诞生促进了翻译研究中交际学翻译理论的提出，话语语言学的出现也随即引出了翻译的话语语言学理论，等等。这就是说，翻译学不是一门封闭的，而是开放的、不断发展的科学。在实际研究中，我们可以把一部分翻译理论视为构成翻译学体系的基本理论，这些理论在数量上虽不可人为地加以限制，却也不可能太多。由于研究翻译的几个主要角度无外乎语言学的、文艺学的、交际学的、社会学的、符号学的、心理学的、信息论的和数控论的，因此，基本的翻译理论也可粗线条地分为翻译的语言学理论、翻译的文艺学理论、翻译的交际学理论、翻译的社会符号学理论、翻译的心理学理论、机器翻译的理论和集各种理论于一体的综合性翻译理论等等。当然，各个基本（或主干）理论又可发展出若干个更具体的、更有特色的分支（或派生）理论。

任何性质的翻译理论，如要经得起科学的检验，都必须具备客观、系统、实用三个特征，即能客观地反映翻译的真实面目，系统地总结出翻译的内在规律，并有效地指导翻译的实际工作。翻译理论的涉及面极其广泛，凡是翻译实践中出现的问题，或与翻译有关的问题，都是翻译理论的研究对象。而翻译理论的首要任务，并不是也不可能是为每一个细小的翻译问题提供现成的解决办法。它只能从整体上对翻译的主要矛盾加以理论说明，而无法对那些枝节的，特别是无规律的现象都一一加以详细阐释。

翻译理论的主要组成部分即它必须说明的主要问题到底有哪些，这是翻译学必须予以系统说明的一个基本问题。根据前面对于翻译学具体研究对象的讨论，我们认为，一套完整的翻译理论应当包括五个组成部分：(1) 阐明翻译的实质；(2) 描述翻译的过程；(3) 厘定翻译的原则和标准；(4) 描述翻译的方法；(5) 揭示翻译中的各类矛盾。其中，第一至第三是基本部分，第四和第五是辅助部分，因为翻译方法是受翻译目的、标准等支配的，对翻译中各类矛盾的揭示也是为了更好地阐明翻译的性质。不论从哪个角度看，这五个部分都是翻译理论的重要组成部分。各种不同的翻译理论之间的区别，只体现在它们对这五个部分的解释不同，立足点不同。如果只对其中的一两个部分作了阐述，而未对所有部分，特别是前三个基本部分进行系统说明，那么就不能称其为完整的理论，甚至只能算作某种理论见解或观点。然而，对于以上五个部分，特别是第一至第三部分，还必须作出更加具体的说明才能使我们的讨论具有真正的意义。下面，我们就按照这一思路，对翻译理论的这几个组成部分进行具体说明：

一、阐明翻译的实质。这是翻译理论的第一要素，其内容主要包括阐明翻译是什么或翻译的性质是什么的问题。对于这个问题，本章第一节已从传统和现代定义以及比喻意义的层面作了较多讨论。这里再强调一点，即历史上对翻译的解释可以说是五花八门，多不胜数，我们对这些解释的认识和分析也可以多种多样。例如，除了把各种翻译定义分析归纳为“传统的”、“现代的”或“比喻层面的”定义以外，其实还可以根据各个定义的基本特点，把它们分门别类成如下三种：（1）通俗的定义；（2）文艺学的定义；（3）语言学的定义。

所谓“通俗的定义”，它与前面所提“传统定义”的指称范围大同小异，指一般人对于翻译的看法，常见于人们的一般性交谈和一般性词典、百科全书中。

所谓“文艺学的定义”，是从文艺学角度对翻译所作的解释，是指把翻译看作艺术创作的一种形式。它强调语言的创造功能，要求译者具有天赋的艺术才能，译文能产生原文所具有的那种艺术感染和效果。用茅盾的话说：“文学的翻译是用另一种语言，把原作的艺术意境传达出来，使读者在读译文的时候能够像读原作时一样得到启发、感动和美的感受。”（茅盾，1954：511）苏联的加切奇拉泽和捷克的列维等文学翻译理论家，则从现实主义的立场出发，认为翻译就是“创造性地反映原作的艺术现实”（加切奇拉泽，1987）。总之，文学翻译家大都强调一个“创”字，认为既然原作是创造而成的作品，译作也应经过译者的创造性劳动而得出。创造的目的，都是为了给读者提供具有美感的艺术品。

翻译的“语言学的定义”起步比较晚。从某种意义上说，上面所提“通俗的定义”也是一种语言学的定义，不过那是传统语言学的定义。现代语言学解释翻译实质的一个主要特点，是区分语言和言语两个概念，认为翻译是具体言语而不是语言系统的转换。语言学的翻译定义认为，翻译的直接对象是话语而不是语言。这一观点是基于索绪尔（Ferdinand de Saussure）的语言理论上的，即把语言区分为语言（langue）即语言体系和言语（parole）即语言的实际运用。毋庸置疑，翻译中要处理的不可能是整个语言体系，而只能是具体的言语材料，因为人们所说的或所听的不会是整个语言，而只能是产生于特定场合、特定时间的具体的言语。指出这一点，就意味着说明了一个极其重要的问题，即任何一篇翻译都必须产生于特定的上下文里。也就是说，译者必须受特定的原文作者、译文读者以及翻译目的等因素的制约。我们在前面讨论到的所谓现代层面的翻译定义，其实都是现代语言学的定义，如卡特福德（John Catford）、雅各布森（Roman Jackobson）、奈达等人对翻译所作的解释都属于这一范畴。

必须指出，对翻译定义进行如此分类，也同样只能说是一种可行的分析和解释方法。事实上，随着翻译研究的不断发展，其他类别的翻译定义也相继出现，其中包括“翻译即交际”的“交际学”定义、“翻译必须为特定目的服务”的“目的论”定义以及强调综合特性的“翻译学”定义等等。总之，不论何种翻译理论，它们的首要任务，就是对翻译的性质作出正确的、合理的解释。

二、描述翻译的过程。翻译的过程有两种，可指心理的过程，也可指实际操作的过程。对翻译的心理过程特别感兴趣的是翻译的心理学理论，它的目的在于研究人脑究竟怎样接收信息，又怎么转换信息，以便发现人脑中可能存在的转语机制，帮助人们对翻译的操作过程有个最本质的认识。由于科学尚未发展到能对翻译的心理现象作出客观的描写，因此现阶段对翻译过程的描写主要处于一种设想阶段，大都通过语言学的方式用各种模式表现出来。例如，我国译界相当盛行“理解→翻译”的两步模式，这两个动作都在译者脑子里瞬间完成，好比脑子是一个“黑匣子”，进去的是原文，出来的是译文，但究竟原文语码怎么被破解，又怎么转换成了译文语码，却很难作出科学解释。西方译界在传统上也流行类似的模式，不过他们强调的是从原文到意义，再从意义到译文，意义是原文和译文的共同点或枢纽，转换就在这一点上进行。可到底怎么转换，同样也是个谜，于是“意义”就成了他们的黑匣子。

由于两步模式对翻译过程不能作出客观的令人满意的翻译，人们便纷纷另辟蹊径，提出各式各样的其他模式，有三步、四步的，也有更多步的。比较有影响的，是奈达的“分析→转语→重组→检验”四步模式。就是说，拿一篇原文，对它进行语义、语法、风格等层次的分析，把经过分析的材料转换成译文语言，然后对这些转换过来的东西进行重新组织，使其符合译文要求，最后拿这篇译文同原文进行对照检查，使其在最大程度上切近原文信息，同时又做到行文自然。很明显，这种四步模式较为具体，比较能说明翻译的操作过程，至少能使人对翻译过程感到不那么抽象、难以捉摸了。它的弱点仍然是没能从心理学上解释清楚怎样进行转语。此外，它的第四步即对译文进行检验的那步，在许多方面涉及超语言现象的实际调查，例如，通过朗读译文、解释内容等方式征求读者意见，收集读者反应，因而已超越了心理学研究的范畴，而最好被视为实际翻译时可能采取的操作手段。换言之，这类多步模式与其说反映了翻译的心理过程，毋宁说只是说明了翻译的实际操作过程。

就现阶段的翻译理论研究而言，我们首先需要的正是这种能解释实际翻译操作过程的模式。从拿到一篇原文到生出一篇译文，到底要不要经过一个由分析到理解到转换到译文的过程？如果确认翻译是一个过程，那这个过程到底包括哪些步骤？什么样的理论模式最能客观地反映和解释这个过程？所有这些都是翻译理论所必须解决的重要课题。

三、厘定翻译的标准。这是翻译理论的关键任务所在。在厘定翻译标准时，必须说明：（1）翻译标准的含义和功能；（2）翻译标准的层次和类型；（3）所定标准的适用范围。翻译是一项有规律可循的活动，人们通过实践认识翻译活动，并对之加以总结，确定具有普遍意义的原则，以指导翻译的实际操作，衡量翻译的结果。为了做出理想的翻译，译者在翻译过程中必须有明确的努力方向，在翻译完成后又必须有明确的尺度对译品进行衡量，因此，凡是翻译标准都应具备这双重功能，不可孤立地谈论翻译标准。任何翻译标准的厘定，都不能脱离特定的上下文，特别包括翻译的目的、所译题材的内容、译品的服务对象等等。这样便产生了在什么层次上厘定翻译标准和可以厘定多少翻译标准的问题。回顾一下翻译研究的历史和现状，不难发现翻译标准的多样性。例如，国外提出的翻译标准主要有泰特勒的“译文应完全复写出原作的思想；译文的风格和笔调应与原文的性质相同；译文必须具有原文的流畅”；17—19 世纪流行于西方各国的“译本应当读起来不像译本，而像地道的原本”；20 世纪语言学翻译理论的“等值”标准、“行文对等”标准、“场合对等”标准，交际性翻译理论的“动态对等”即“灵活对等”标准、“功能对等”标准、“读者反应对等”标准，文艺学翻译理论的“艺术效果对等 ”标准、“译本应当使读者产生错觉”（即错把译作当原作）的标准，等等。国内提出的翻译标准主要有严复的“信、达、雅”，傅雷的“神似”标准，钱锺书的把原作“化”成地道译语的“化”的标准，等等。为什么会出现这样或那样的标准？原因在于，翻译是一个复杂的、具有多种目的和多面功能的活动，绝不可从一个平面加以研究。任何想把某一特定标准举为绝对意义上的最高标准，或以不变应万变、死守教条的做法，都是不符合翻译法则的，是不科学的。苏联学者科米萨罗夫在这个问题上所坚持的立场，无疑是正确的。他在《翻译语言学》一书中指出，厘定翻译标准不应限止在一个方面，而要从五个方面加以考虑，即翻译的等值标准、翻译的体裁标准、翻译的言语标准、翻译的实用标准和翻译的约定俗成标准（Комиссров, 1980）。当然，这几个方面未必提得很全面，但我们必须分不同层次厘定不同的标准，却是一个不容置疑的问题。是不是根本不存在可以普遍遵循的翻译标准呢？ 我们的回答是：肯定存在。因为不论是文艺翻译、宗教翻译、科技翻译，还是商业翻译、旅游翻译，终归是翻译，彼此之间不会没有共同的规律。我们的任务就是找出这些共同点，厘定各类翻译都必须依从的总标准。这个总标准在各个低层次的具体标准中，可有不同程度和性质的体现。例如，假定我们的总标准是"一切译文都必须忠实于原文"，那么，在这个抽象的标准下，可以产生"忠于原文内容""忠于原文形式""忠于原文效果""忠于原文功能"等一系列的为不同目的服务的具体标准。

四、描述翻译的方法。翻译的方法，指的是翻译实际操作过程中具体采用的方法和技巧，直接牵涉译者的遣词造句、译文的结构布局，因此是译者普遍关心，也是翻译理论不能忽视的部分。翻译实践中常用的方法各种各样，如增词法、省略法、重复法、转换法、变位法、分句合句法、长句切分法、外来词语吸收法以及直译法、意译法、折中法，等等。对于这些译法，翻译理论必须加以科学的总结，使之系统化、条理化，以利于译者掌握和发挥。同时，翻译理论还必须把它们和翻译理论体系中的其他组成部分有机地联系起来，使方法服务于目的。

五、揭示翻译中的各类矛盾，这应当贯穿于翻译理论建设的整个过程。这些矛盾可以包括内容与形式的矛盾、目的与方法的矛盾、作者与译者的矛盾，等等。

对于翻译理论的上述五个组成部分，还要补充说明一点。我们在前面说过，凡是完整的翻译理论都必须包括这五个部分，然而，在衡量它们时却只有一个量的标准，而很难确定一个质的标准。也就是说，我们可以硬性要求完整的翻译理论至少要对其中两三个主要部分作出理论说明，但说明到什么程度、能解决什么实际问题才算圆满，却无法作出完全客观的判断。也许正因为如此，翻译理论的科学性是不能用自然科学的尺度来严格检查的。

第七节 翻译与翻译学的区别

在讨论翻译与翻译学的关系之前，有必要先从学科层面来审视翻译的性质。如果对前面讨论过的种种翻译定义加以综合，并用较宽泛的语言把〔语际〕翻译说成是“把一种语言文字的意义用另一种语言文字表达出来”的活动，那么在这个意义上，翻译就是一门技术；同时，翻译具有许多艺术特征，如它的创造性特征，但它不是科学。

所谓科学，是指“关于自然、社会和思维的知识体系……科学的任务是揭示事物发展的客观规律，探求客观真理，作为人们改造世界的指南”(《辞海》，1979：1764)。在这个关于“科学”的定义中，有两点值得特别注意：(1) 科学是一个“知识体系”；(2) 科学的任务是“揭示事物发展的客观规律”。翻译是言语产物即话语的一种语际（或语内、符际）转换过程，而不是“知识体系”；它的任务只涉及双语双文化意义的理解和表达，而不是“揭示事物发展的客观规律”。因此，翻译本身不可能是科学，而只能是技术和艺术。然而，把翻译当作研究对象的那门学问即翻译学，则应被视为科学，因为它是一个由各种理论构成的“知识体系”，其任务是“揭示”翻译过程的“客观规律”，探求并描述关于翻译问题的“客观真理”，同时给实际翻译工作提供可能的“范式”或“指南”。

显然，翻译作为一门技巧或技术，在某种程度上只是一个基本层级的活动，常见于一般供外语教学的翻译、科技文献的翻译、工具书的翻译以及机器翻译中。在较复杂的层级上，翻译又应当是艺术，因为翻译操作的基本技能，在实际运用中必须加以创造性的发挥。在文艺翻译领域，既然原作是创作而成的作品，译品也应理所当然地经过译者的创造性劳动而得出。即使是非文学作品的翻译，也同样存在一个再创造的问题。因此，翻译不仅是一门技术，而且还是一种艺术，一种需要译者像画家、表演家那样具有高超创造才能的艺术。

翻译不是一个知识体系。诚然，翻译是一种需要复杂知识的活动，因为要做好一篇翻译，我们需要有娴熟的语言知识和有关的文化背景知识，译专业文献需要有较好的专业知识，同时还需要有关具体翻译方法和技巧的知识。但是，需要知识并不等于知识本身，正如驾驶宇宙飞船需要关于宇宙飞船的知识，包括操纵技术，但这个知识并不等于驾驶。此其一。

其二，翻译的任务不是“揭示”翻译活动的“客观规律”。赞成翻译是科学的人，其论据主要是：(1) 翻译是一项有客观规律可循的活动，用英国翻译理论家纽马克的观点解释，是因为有些东西只有一种译法，不可随意更改（王宗炎，1983：11)；(2) 可以像描写语言一样，对翻译程序和方法进行客观的、科学的描写。应当承认，翻译确是一项有客观规律可循的活动。然而，这一命题只能说明一个问题，即翻译活动内部存在着一定的规律，有些译法基本固定，如汉语的“纸老虎”、“一见钟情”、“一箭双雕”和“空中楼阁”等表达法可以相对固定地译成英语的 paper tiger，to fall in love at first sight，to kill two birds with one stone 和 castles in the air；再如英语结构 noun + of + noun 可表所属关系（the brothers of John——约翰的兄弟）、动宾关系（the destruction of the city——毁坏城市）、同位关系（the City of New York——纽约市），等等，这些都可说是有一定规律可循的东西。但是，某个事物有规律可循，并不简单地等于该事物就是科学。宇宙间万事万物，有规律可循的恐不在少数。有规律可循的东西，其本身不一定就是科学，它往往只是给科学或科学研究提供了素材。

翻译即科学论的另一个论据是：研究者可以像描写语言一样，对翻译这项活动进行客观的、科学的描写。应该说，这一点不无合理之处，但它所论证的却并非翻译本身，而恰恰是关于翻译的那门学问即翻译学。

任何一门科学，都必须能“揭示事物发展的客观规律”；不“揭示”客观规律，而单单具有客观规律，是不成其为科学的。对翻译可以进行科学的描写，这一命题的真正含义，是指有这么一门学问可对翻译的过程和结果实施描写，翻译本身无自我科学而言，它只能是科学描写的对象。这种科学描写，就是我们所须建立和发展的翻译学的基本任务。翻译与翻译学的关系，就好比运动与运动学、生物与生物学、医疗与医学、机械与机械学、宇宙与宇宙学、语言与语言学、交际与交际学等等之间的关系。在前后两者的关系中，前者是后者的研究对象，后者是以前者为基础的理论升华。两者本质相互有别，但彼此关系是密切的，互为促进的。这就是翻译与翻译学之间所存在的辩证关系，无论翻译实务者或是翻译理论者，都不能不对此有个正确认识。

第八节　翻译学与相关学科

翻译学作为一门学科，在许多方面仍处于发展起伏不平的状况之中。我们可以把翻译看作多个不同学科之间的交汇点。对于这一交汇点，许多其他学科已不无道理地表现出了兴趣。从另一方面看，它也给自身的专家们提供了用武之地，而他们的研究所得反过来也可让其他学科领域受益。例如，翻译学与文学、哲学、人类学、语言学等各个不同领域之间，在知识、认识与方法的层面上有着大量的相互渗透。正因为有知识领域的这种相互渗透，有人就提出应当把翻译研究称作一门“交互学科”（参见 Snell-Hornby，1991；1994）。学者们之所以对翻译研究产生兴趣，是有许多同样合乎道理的原因的。例如，有些人的研究动机，主要是要解决实际问题，其中包括如何为未来口笔译工作者提供优质培训、如何提高口笔译工作者的职业地位以及如何开发出能力不断增强的机器翻译系统。另一方面，也有一些人的研究目的，首先并不在于如何应用，而只是在于为我们周围世界的某些现象提供更加准确的解释。不言而喻，学科内部取向不同，目标各异。翻译学凭借这种多面特性而变得丰富多彩。与此同时，这一多面性又意味着，人们对于形成学科基础的最低限度的基本概念，还严重地缺乏共识。还有一个事实，就是相对而言，翻译学是一门新兴学科，它在许多方面仍处于“搜寻立足之地”的阶段。这种情形所导致的结果往往是，学科的不同分支有时会运用大相径庭的方法来开展研究，其中有的方法是从其他学科领域全盘引入的。令人遗憾的是，并非所有这些方法都对翻译学有用，某些从语言学借用过来的方法尤其如此。

过去，许多从语言学角度研究翻译的人采用语言学领域创立的一些术语，他们常常乐观地认为，这些术语以及隐藏在术语之后的概念也同样适用于翻译研究。当然，有许多术语借用过来以后，的确成功地适应了新的环境。这样，翻译研究的术语，通过向其他不同学科如语言学、文学理论，甚至数学与生物学借用术语，而得到了丰富。最后，从学科整体健康发展的角度看也许是最为重要的一点，就是翻译研究中也有大量“土生土长”的术语。亦即说，这些术语本来就是为专门描述翻译研究而创立的。

国外翻译理论家，如费道罗夫、巴尔胡达罗夫、奈达、卡特福德、纽马克、穆南（George Mounin）、威尔斯（Wolfram Wilss）等，一般把翻译研究视为语言学研究的一个分支，隶属于应用语言学。苏联学者科米萨罗夫干脆把翻译学叫作翻译语言学。我们认为，这种看法是片面的。不错，翻译与语言有关，因此翻译研究与语言研究有关，甚至可以说主要与语言研究有关。但是，翻译研究涉及的不是一般的语言问题。首先，它涉及的是两种而不是一种语言，因此必须进行不同语言和不同文化的对比研究。其次，由于涉及两种语言，就存在一个从一种语言到另一种语言的转换问题，在心理学上这是一个很难解释清楚的问题。假如像乔姆斯基（Noam Chomsky）所说的，人的大脑里存在一个控制语言能力的语言机制，那么可以推论：人的大脑里也应同样存在一个把甲语转换到乙语的转换机制。但是怎么证实这一点？这无疑必须依靠心理学、医学（特别是解剖学）等科学的配合。此外，机器翻译的事实表明，还可以从信息论、数控论、电子计算科学等角度对翻译进行研究。至于广义上的翻译，因必须涉及非语言的符号系统，如把言语译成手势，把手势译成图画等等，则更须从非语言的角度加以研究。因此，把翻译学归属于语言学未免太狭隘了。我们认为，翻译学是一门与符号学、文艺学、美学、社会学、心理学、信息论、数控论，尤其是语言学等多种学科有着密切联系但又具有相对独立性的综合性科学。下面重点讨论翻译学与美学的关系问题，以两者之“联姻”为例来阐释翻译学与相关学科之密切联系。[1]

在《译学辞典》（方梦之，2004：296）中，翻译美学被界定为：揭示翻译学的美学渊源，探讨美学对翻译学的特殊意义，用美学的观点来认识翻译的科学性和艺术性，并运用美学的基本原理，提出翻译不同文体的审美标准，分析、阐释和解决语际转换中的美学问题，在充分认识翻译审美客体（原文）和翻译审美主体（译者）基本属性的基础上，剖析客体的审美构成和主体的翻译能动作用，明确审美主体与审美客体之间的关系，

1　自下段起，至本节倒数第二段之内容，曾被用于《翻译美学》（毛荣贵，2005：7—17）。现将原本由邵璐（本节执笔者）撰写的此内容纳入本处，特此说明。纳入本处时作了修改和调整。

提供翻译中审美再现的类型和手段，以指导翻译实践。中西美学流派纷呈，翻译研究的涉及面又广，翻译美学只能宽口径、多角度、多层次地涉及翻译研究的基本问题。

中国的传统翻译理论约始于1 700多年前的佛家经书翻译。在我国的传统翻译理论中，几乎所有的翻译理论命题都有其哲学–美学渊源。历史定势和文化整体形态的发展促使翻译学与哲学尤其是与美学联姻。例如支谦的“不加文饰”，道安的“案本而传”，严复的“译事三难”，傅雷的“神似”以及钱锺书的“入于化境”理论等等，皆与我国的传统诗、文、书、画论有着难割难舍的联系。这些翻译理论蕴涵着丰富的美学思想，具有显著的文论色彩和贵信、贵和、贵含蓄的美学特点。这既是一种有缘的巧合，又是历史的必然。我们既须从这一历史文化的整体观照，又须从哲学–美学的特定视角来考察我国翻译史上的古哲时贤，才能真正理解他们所提出的翻译理论主张中潜在的哲学–美学的特色和内涵。

我国的翻译理论在思维模式上更倾向于从主观的而非客观的、感性的而非理性的、体验的而非分析的角度来品评翻译和译品。张柏然、张思洁（1997：25—29）认为，由于各种翻译理论直接或间接地植根于我国古典文论及传统美学，各种翻译理论间虽然相互联系，逐次提高，因而构成一个整体，但就美学体系而言，各种翻译理论之间仍存在间断性和非系统性。例如，支谦、道安主直，侧重对审美客体的重视；傅雷和钱锺书则强调作为审美主体的译者应该具有深厚的审美素养，对于在翻译实践中如何进行美的创造这一方面则鲜有触及。其次，我国传统翻译理论所体现的思维模式固然有利于从宏观的（认识论、伦理学和美学三者统一）角度体察美的翻译艺术，但也有内在的缺点：它是直觉地、综合地从总体上考察美的译品，虽然抽象地反映了美和翻译艺术，却没有对其中因素和复杂关系作多边探求和立体研讨。因此，我国翻译理论中虽然具有鲜明的美学特征，但这些特征大多都是“潜在”的，尚需我们去作深入细致的探讨和考究。

西方翻译理论之芽也是首先依附在哲学、美学之树上[1]，持续1 800多年之久，可以说从西塞罗到马丁·路德和歌德，以辞章美学论翻译，一脉

1 在西方，哲学和美学之合流也只是大体而言，审美理论与哲学流派相游离的情况很多，有些重要的美学观点沿自文艺大师（如歌德）。本段与下段关于西方翻译理论与美学发展情况的回顾，主要参考刘宓庆（2005：44、47、80）和谭载喜（2004）著作的相关章节。

相承。一般认为，西方翻译理论始于公元前古罗马的知名哲学家、政治家和修辞大师西塞罗以及随后的古罗马抒情诗人和讽刺大师贺拉斯。西塞罗以其旷世之辩才要求翻译必须工于词章之美。贺拉斯从艺术的基本观点出发来谈翻译，赞美行文的自然气势，他本人又是古罗马著名的抒情诗人，倡导斯多葛式的淡泊美和泰勒斯的自然美。西塞罗和贺拉斯的翻译主张是西方美学翻译理论的“初始之光”，对拉丁文化在欧洲的普及，功不可没。

西方古典哲学、美学翻译理论的继承者以哲罗姆和奥古斯丁为代表。前者认为译文贵在自然，美的译文应质朴犹如市井之言。后者提出翻译中必须注意的三种风格，即朴素、典雅、庄严，并创造性地指出这三种风格的选用主要取决于读者的要求。泰特勒在其 1790 年出版的专著《论翻译的原则》（*Essay on the Principles of Translation*）中提出了根植于古典文艺美学的著名的“翻译三原则”，并在结论中将他的原则阐释为：成功的译作应能体现原作的全部优点，洞察原作的全部推理，最终领悟原文的全部美。从泰氏三原则来看，他继承的是“西塞罗—贺拉斯—哲罗姆”的意译传统。16 世纪最有影响的《圣经》翻译家是德国的路德。路德的翻译观中的美学思想相当明晰。他强调译文的审美价值，认为译文应该“具有读者能领悟的、在审美上令人满意的本土风格”（Bassnett，1980：44—46）。后于路德而兼具翻译美学观的人是英国知名的荷马史诗翻译家查普曼（George Chapman）。深厚的文学造诣和丰富的翻译经验使查普曼领悟到成功的翻译必须抓住原作的“神”与“韵”，使译文之神与韵犹如原作之“投胎转世”。德莱顿是英国古典主义流派的创始人，复辟王朝的桂冠诗人，17 世纪最伟大的翻译家。他是西塞罗美学翻译观的倡导者和身体力行者，认为翻译是艺术。因此，译者必须像艺术家一样，具备高超的艺术鉴赏力和表现力。奥维德（Ovid）和维吉尔（Virgil）的作品就像优美的艺术品，流畅和谐，充满芬芳和优美的节奏感、音乐感。翻译好比绘画艺术，存在着两种相似，一是美的相似，另一是丑的相似；优秀的译者必须懂得作诗和韵律的艺术，在保留原作者的特点和不失真的前提下，尽一切可能使译作迷人，做到美的相似。明确指出翻译是艺术并加以阐述，这在英国翻译史上还是第一次。18 世纪的翻译家，首先应当提到的是蒲柏（Alexander Pope）。他是这个世纪初期英国最重要的古典主义诗人和讽刺家，又是最著名的荷马史诗的翻译家。对于文学翻译，他和歌德采取大体相同的态度。歌德认为“最高尚的翻译”应该是对源语杰作的模仿。因为只有“精心的模仿”，即对原作的审美加工（复制），把外域文化恰如其分地移入本国，用以丰富本民族的文化，才是译者的“真正生命”。歌德正是用这种审美翻译观翻译了他的代表性译作《西方和东方合集》(*Westöstlicher Diwan*, 1819)。德莱顿、蒲柏和歌德可以说是欧洲语文翻译学派的先驱，他们的翻译主张主要出于自身文艺创作的力行心得。克罗齐（Benedetto Croce）是意大利著名的美学家和文学评论家。他的翻译思想主要散见于《美学原理》(*Breviario di estetica*) 一书。克罗齐从美学的角度出发，认为言语行为具有不可重复性，因此文学翻译不可能完美地再现原作面貌；其次，文学翻译是艺术的再创作过程，译作不可能与原作等同，必然带有译者的风格，译者的目标应是使译文本身成为独立的艺术品；最后，克罗齐认为文学翻译与专业翻译有本质的区别，前者应贴近原作，后者应更加流畅自然，不能过于拘泥。他的思想实际上“是对但丁‘文学不可译’论的继承和发展”(谭载喜，2004：177)。由于克罗齐在美学界、哲学界和文学界占有重要地位，他的这些有关翻译的言论也就有着特殊的价值，深深地影响了 20 世纪初期西方翻译理论的发展方向。近代和现代语文学派翻译理论家施莱格尔（August Wilhelm von Schlegel)、阿诺德、庞德（Ezra Pound)、理查兹（Ivor Armstrong Richards）和瓦勒里（Paul Valéry）都是文艺批评家或作家、诗人、散文家。他们的翻译理论原则，都具有比较鲜明的哲学–美学思辨色彩。西方翻译理论立论于哲学–美学的传统主流直到 19 世纪中晚期历史比较语言学的兴盛才出现转折。到 20 世纪五六十年代西方翻译理论已开始转向立论于现代语言学。

20 世纪 90 年代以来，“以一种主导理论号令世界翻译界的局面已一去不复返，取而代之的是充满冲突、对抗、互补和多元的翻译研究格局……翻译的跨学科综合研究，翻译研究向文化研究发展，翻译理论的多元互补和东西方翻译理论的交汇融合将是翻译理论发展的主要趋势”(廖七一，2000：290—291)。于是翻译学与美学之结合便提上日程。因为传统的研究方法，甚至仅从语言的角度研究翻译已日渐力不从心。正如弗米尔（Hans Vermeer）所言：

纯粹的语言学帮不了我们的忙。这是因为，第一，翻译不仅仅是，甚至主要还不是语言转换过程；第二，语言学研究的问题还不能解决我们的问题，所以让我们在其他领域去寻找出路。（转引自廖七一，2000：290—291）

但是，具体怎么携手却是一个不小的问题。吕叔湘先生谈到一般语法理论与汉语实际问题时说："外国的理论在那儿翻新，咱们也就跟着转。这不是坏事，问题是不论什么理论都得结合汉语的实际，可是，'结合'二字谈何容易，机械地搬用乃至削足适履的事情不是没有发生过。"（吕叔湘，1987：序1）我们认为携手不是两种东西简单相加，也不是两种东西相互套用或借用，结合有些像动植物"有性杂交"和"无性杂交"，两种结合物中有一个为基础，比如植物"嫁接"要以砧木为基础，动物"杂交"要以母体为基础。砧木与接穗的关系，母体与雄体的关系不是二者等同的关系。我们说的翻译学与美学相结合要以翻译学为基础，翻译理论与翻译实践相结合要以翻译实践为基础。其他两个方面都是"接穗"性质的东西。知道了砧木和接穗还不行，还要找到生长点。如果接穗没接到生长点上，这嫁接便是徒劳。对于何处为翻译学的生长点，何处为翻译实践的生长点，前人已作了有益探索。

近30年来，美学研究成果已被广泛引入翻译研究中。例如，张成柱（1984）指出，美学原理对文学翻译有不可忽视的指导作用；张后尘（1985）从局部美和整体美的统一、形似和神似的统一、文字美和音韵美的统一等方面，论述了研究翻译美学对自觉地进行翻译实践的重要意义。在建设翻译美学方面贡献较多的是刘宓庆。他论述了翻译美学的范畴和任务、翻译的审美客体和审美主体、翻译中的审美体验的一般规律以及翻译的审美标准等问题（1986）；其后，他又从翻译学的美学渊源、现代翻译美学基本理论构想、翻译的美学标准三方面对翻译美学进行详细阐述（1999）。张今也对文学翻译中的美学问题进行了探讨（张今，1987；张今、张宁，2005）。另外，侯向群讨论了文学作品的美学系统中的基本内容（1995）；葛校琴从哲学-美学角度给神似论以全新的阐释（1999：15—17）；张柏然、张思洁探讨了中国传统翻译理论的美学问题（1997）；姜秋霞、张柏然对"心理同构与美的共识"问题进行了研究（1997）；于警吾（1994）对"文学翻译的美学实质"论述了自己的观点；姜秋霞

（1999）通过“格式塔意象的再造”这一问题，对文学翻译中的审美方式进行了有益的考察。

另外，还有多人在各自的专著中也对翻译美学的发展作出了有益贡献。例如，刘宓庆（1995/2005）还用现代美学的基本原理透视了翻译的运作机制，构建了现代翻译美学的基本框架，讨论了翻译的科学性、艺术性、审美客体、审美主体及审美意识诸问题，提出了翻译不同文体的审美标准和对策，对翻译实践亦有指导意义。奚永吉（2000）立足于“比较”，从三十余部中外名著名译中摘取实例，从美学着眼，以宏观比较与微观比较相结合的方法，对文学翻译（包括译者与译品）作跨文化、跨时代、跨地域的比较美学研究，广收约取，以实涵虚，借大量例证，纵横比照，交相发明，以探其美，使读者通过大量对比例证的观照深切体会到翻译美学之客观而具体的存在。刘宓庆与奚永吉两人的成果在虚与实结合研究方面，可谓相辅相成，相得益彰。而姜秋霞（2002）采用格式塔审美心理学的完形趋向律作为理论模式，结合语言学、文学、美学、认知心理学以及阅读理论等对文学翻译过程中译者的审美方式提出一些基本假设，并通过译例对比进行论证，从美学的角度探讨了格式塔意象对文学翻译的影响以及它所产生的美学效果。

以上我们从翻译学的角度审视了翻译学与美学之间的关系以及翻译美学之发展历史与研究现状，希望通过此种梳理和讨论，能从一个层面阐明翻译学与包括美学、哲学、语言学等相关学科之间密不可分的关系。在现代科学多元化发展的今天，对翻译这项古老活动进行系统科学研究，我们既要把它作为独立的学科来发展，同时又不能以“绝对”的眼光来看待和衡量它的发展。只有采取这种辩证的思想和方法论，翻译学作为相对独立的现代学科，才能得到真正的发展，翻译和翻译理论事业也才能得到真正的发展。

思考题

〔1〕你认为翻译的何种定义最为理想？为什么？

〔2〕你赞同翻译本质“双重属性”之说吗？理由是什么？

〔3〕翻译策略指什么？翻译方法指什么？怎么解释二者的相互关系？

〔4〕“翻译单位”是什么意思？这个概念有什么理论意义？

〔5〕关于翻译的价值，除本章讨论到的几个主要方面外，还能补充哪些？

〔6〕翻译学是如何发展起来的？它的性质与传统翻译研究相同吗？怎么看待翻译研究和翻译学研究的各个发展阶段？

〔7〕翻译学的研究范围包括哪些方面？具体任务有哪些？怎么开展研究？

〔8〕翻译与翻译学的区别是什么？各自的内涵与外延是什么？

〔9〕翻译学具有作为独立学科而发展的条件吗？应具备哪些条件？

〔10〕翻译学与其他学科或其他知识领域的关系是什么？怎样解释翻译学作为独立学科的相对性和绝对性？

本章参考文献

卞之琳、叶水夫、袁可嘉、陈燊，1959，《十年来的外国文学翻译和研究工作》，见《文学评论》，第 5 期，41—77。

《辞海》编辑委员会，1979，《辞海》(缩印本)，上海：上海辞书出版社。

陈久仁（主编），1994，《中国学术译著总目提要（1978—1987）· 社会科学卷》，长春：吉林教育出版社。

陈良运，1992，《中国诗学体系论》，北京：中国社会科学出版社。

陈玉刚，1989，《中国翻译文学史稿》，北京：中国对外翻译出版公司。

方梦之（主编），2004，《译学辞典》，上海：上海外语教育出版社。

傅东华，1984，《飘 · 译序》，见罗新璋（编），1984，《翻译论集》，北京：商务印书馆，442。

葛校琴，1999，《翻译“神似”论的哲学-美学基础》，见《中国翻译》，第 4 期，15—17。

郭建中，2000，《当代美国翻译理论》，武汉：湖北教育出版社。

侯向群，1995，《美的认识与美的再现——谈文学作品翻译中的审美标准》，见《外语研究》，第 2 期，47—52。

加切奇拉泽（著），蔡毅等（编译），1987，《文艺翻译与文学交流》，北京：中国对外翻译出版公司。

姜秋霞，1999，《文学翻译中的审美过程：格式塔意象再造》，见《外语与外语教学》，第 12 期，55—56。
——2002，《文学翻译中的审美过程：格式塔意象再造》，北京：商务印书馆。
——张柏然，1997，《心理同构与美的共识——兼谈文学作品复译》，见《外语与外语教学》，第 1 期，42—45。
廖七一，2000，《当代西方翻译理论探索》，南京：译林出版社。
林语堂，1933，《论翻译》，见中国翻译工作者协会、《翻译通讯》编辑部（编），1984，《翻译研究论文集（1894—1948）》，259—272。
刘宓庆，1986，《翻译美学基本理论构想》，见《中国翻译》，第 4 期，19—24。
——1995，《翻译美学导论》，台北：书林出版有限公司；修订本，2005，北京：中国对外翻译出版公司。
——1996，《翻译的美学观》，见《外国语》，第 5 期，1—7。
——1999，《当代翻译理论》，北京：中国对外翻译出版公司。
——2000，《文化翻译论纲》，武汉：湖北教育出版社。
吕叔湘，1987，《中国语法学史·序》，见龚千炎，1997，《中国语法学史》（修订本），北京：语文出版社。
茅盾，1954，《为发展文学翻译事业和提高翻译质量而奋斗》，见罗新璋（编），1984，《翻译论集》，北京：商务印书馆，501—517。
谭载喜（编），2005，《翻译研究词典》，北京：外语教学与研究出版社。
——2006，《翻译比喻衍生的翻译学思索》，见《中国翻译》，第 2 期，3—8。
——2006，《翻译比喻中西探幽》，见《外国语》，第 4 期，73—80。
王宏志，1999，《重释“信达雅”：二十世纪中国翻译研究》，上海：东方出版中心。
王克非，1997，《翻译文化史论》，上海：上海外语教育出版社。
王友贵，2003，《意识形态与 20 世纪中国翻译文学史（1899—1979）》，见《中国翻译》，第 5 期，11—15。
王宗炎，1983，《纽马克论翻译理论和翻译技巧》，见中国对外翻译出版公司，《外国翻译理论评介文集》，北京：中国对外翻译出版公司，1—12。
奚永吉，2000，《文学翻译比较美学》，武汉：湖北教育出版社。
于警吾，1994，《论文学翻译的美学实质》，见杜承南、文军（编），《中国当代翻译百论》，重庆：重庆大学出版社，397—402。
张柏然、张思洁，1997，《中国传统译论的美学辨》，见《现代外语》，第 2 期，25—29。
张成柱，1984，《试谈文学翻译中的美学问题》，见《翻译通讯》，第 6 期，16—18。
张后尘，1985，《试论文学翻译中的美学原则》，见《翻译通讯》，第 10 期，5—7。
张今，1987，《文学翻译原理》，开封：河南大学出版社。
——张宁，2005，《文学翻译原理（修订版）》，北京：清华大学出版社。

张美芳，2005，《翻译研究的功能途径》，上海：上海外语教育出版社。

中国对外翻译出版公司，1983，《外国翻译理论评介文集》，北京：中国对外翻译出版公司。

中国翻译工作者协会、《翻译通讯》编辑部（编），1984，《翻译研究论文集（1894—1948）》，北京：外语教学与研究出版社。

Barkhudarov, Leonid. 1969. “Urovni yazykovoy iyerarkhii i perevod” [Levels of Language Hierarchy and Translation]. In *Tetradi perevodchika* [*The Translator's Notebooks*]. 6, 3–12.

——1993. “The Problem of the Unit of Translation”. In Palma Zlateva (ed. & trans.). 39–46.

Bassnett, Susan. 1980. *Translation Studies*. Revised edition in 1991. London and New York: Routledge.

Benjamin, Walter. 1916. “On Language as such and on the Languages of Man”. In *One Way Street* (translated by Edmund Jephcott and Kingsley Shorter). 1979. London: NLB. 107–123.

——1923. “The Task of the Translator” (Die Aufgabe des Übersetzers). In Rainer Schulte and John Biguenet (eds.). 1992. 71–82.

Bhabha, Homi. 1994. *The Location of Culture*. London and New York: Routledge.

Brower, Reuben A. (ed.). 1959/2000. *On Translation*. New York: Oxford University Press.

Catford, John. 1965. *A Linguistic Theory of Translation: An Essay in Applied Linguistics*. Oxford: Oxford University Press.

Duff, Alan. 1981. *The Third Language: Recurrent Problems of Translation into English*. Oxford: Peramnon Press.

Eco, Umberto. 1995. *The Search for the Perfect Language* (translated by James Fentress). Oxford: Basil Blackwell.

Frawley, William. 1984. “Prolegomenon to a Theory of Translation”. In William Frawley (ed.). 159–195.

——(ed.). 1984. *Translation: Literary, Linguistic, and Philosophical Perspectives*. London and Toronto: Associated University Presses.

Gutt, Ernst-August. 1991. *Translation and Relevance: Cognition and Context*. Oxford: Basil Blackwell.

House, Juliane. 1977. *A Model for Translation Quality Assessment*. Tübingen:

Gunter Narr.

Jakobson, Roman. 1959/2000. "On Linguistic Aspects of Translation". In Reuben A. Brower. 232–239.

Koller, Werner. 1979/1992. *Einführung in die Übersetzungswissenschaft*. Heidelberg: Quelle and Meyer.

Komissarov (Комиссров), V. N. 1980. *Lingvistika perevoda*. Moscow: Mezhdunarodnye otnosheniya.

Lawendowski, Boguslaw P. 1978. "On Semiotic Aspects of Translation". In Thomas A. Sebeok (ed.). 264–282.

Leuven-Zwart, Kitty M. van and Ton Naaijkens (eds.). 1991. *Translation Studies: The State of the Art*. Proceedings of the First James S. Holmes Symposium on Translation Studies. Amsterdam and Atlanta, GA: Rodopi.

Newmark, Peter. 1988. *Approaches to Translation*. London: Prentice Hall.

Nida, Eugene. 1964. *Toward a Science of Translating: With Special Reference to Principles and Procedures Involved in Bible Translating*. Leiden: E. J. Brill. Reprint in 2003.

——and Charles Taber. 1969. *The Theory and Practice of Translation*. Leiden: E. J. Brill.

Nord, Christiane. 1991. *Text Analysis in Translation*. Amsterdam: Rodopi.

Popovič, Anton. 1976. *Dictionary for the Analysis of Literary Translation*. Edmonton: Department of Comparative Literature, The University of Alberta.

Sebeok, Thomas A. (ed.). 1978. *Sight, Sound and Sense*. Bloomington: Indiana University Press.

Shuttleworth, Mark and Moira Cowie. 1997. *Dictionary of Translation Studies*. Manchester: St. Jerome Publishing.

Simon, Sherry and Paul-Pierre (ed.). 2000. *Changing the Terms: Translating in the Postcolonial Era*. Ottawa: University of Ottawa Press.

Snell-Hornby, Mary. 1991. "Translation Studies — Art, Science or Utopia?" In Kitty M. van Leuven-Zwart and Ton Naaijkens (eds.). 13–23.

——,Franz Pöchhacker and Klaus Kaindl (eds.). 1994. *Translation Studies: An Interdiscipline*. Amsterdam and Philadelphia: John Benjamins Publishing Company.

Toury, G. 1980. *In Search of a Theory of Translation*. Tel Aviv: The Porter Institute for Poetics and Semiotics.

——1995. *Descriptive Translation Studies and Beyond.* Amsterdam and Philadelphia: John Benjamins.

Tytler, Alexander Fraser. 1790. *Essay on the Principles of Translation.* London: Dent.

Venuti, Lawrence. 1995. *The Translator's Invisibility: A History of Translation.* London and New York: Routledge.

Vinay, Jean-Paul & Jean Darbelnet. 1958. *Stylistique comparée du français et de l'anglais: Méthode de Traduction.* Paris: Didier.

——1958/1995. *Comparative Stylistics of French and English: A Methodology for Translation* (translated and edited by Juan C. Sager & M.-J. Hamel). Amsterdam & Philadelphia: John Benjamins Publishing Company. [Translation of Vivay & Darbelnet 1958.]

Wolf, Michaela. 2000. "The Third Space in Postcolonial Representation". In Sherry Simon and Paul-Pierre (ed.). 127–145.

Yang, Hsien-yi & Yang, Gladyns (trs.). 1960. *"The True Story of Ah Q": Selected Stories of Lu Hsun.* Beijing: Foreign Language Press. 65–112.

第二章

当代中国翻译理论研究

在中国，翻译实践历史悠久，一般认为从西汉的佛经翻译开始直到现在，历时两千年。对于翻译的思考伴随着翻译实践而出现和发展，或如粒粒珍珠以只言片语散见于各种文献，或似串串珠链以序跋散文等形式流传。然而，20 世纪 80 年代以前，中国传统译论其实多为对某一翻译现象、翻译活动、翻译事件或译作译品就事论事的思考和感慨，有跳动的灵感火花，也有睿智的道术辩驳，却鲜有系统理论的升华，缺乏从概念定义入手，层层推进、条分缕析的论述；其形式也多似中国传统文论，以感悟、评点、随感等方式呈现，不追求定义的准确、逻辑的严密、方法的合理、论证的清晰和实证的支撑，也不以建立理论体系、推动理论发展为己任。相比之下，西方的译论，虽然缺少整体的人文观照，却重术语建构，重逻辑思辨，重推理论证，重体系与流派，理论专著层出不穷，更利于推动学科的深入发展。

20 世纪 80 年代以后，情况有所改观。一些学者在翻译、介绍、评述国外翻译理论最新成就的同时，也开始反思国内翻译研究不够系统科学的原因，思考中国的翻译研究没有形成流派、没有对国际翻译研究领域和其他相关领域形成重要影响的内在原因，探寻中西方翻译研究成果在思维途径、研究方法、概念体系和结论说服力等方面的差距，分析翻译理论研究在中国语境下发展的目标与方向。二十多年来，一代学人为之努力奋斗，发表了大量学术论文和学位论文，出版了几百部学术专著，召开了上百次学术研讨会，培养了大批硕士博士，涌现出众多翻译学者，使当代中国的翻译研究色彩斑斓，声势浩大，直接推动了翻译学在中国内地的学科建设和发展。

第一节　有关翻译学的讨论

在我国，最早提出“翻译学”概念的是蒋翼振，他编著的《翻译学通论》于 1927 年面世。之后，1932 年吴曙天的《翻译论》在上海出版；1933 年林语堂名为“论翻译”的文章中也提到“译学”之名；后来，1940 年黄嘉德编《译学论集》一书；1951 年董秋斯提出了建立“翻译学”的主张，说如果我们写出《中国翻译史》和《中国翻译学》两部大书，翻译学就算建成了。因此有人认为，“翻译学”/“译学”概念最早是由中国人提出的。

其实，上述中国学者论述的翻译学与西方霍姆斯《翻译研究的名与实》中阐述的翻译学，两者所指并非完全相同，甚至可以说，“翻译学”名虽一致，但其所涵盖的范围和内容却大相径庭，这反映出人们对此对象认识的层面和深度皆有不同。

仅以蒋翼振的《翻译学通论》为例，这“是迄今为止第一部以‘翻译学’命名的论著”，其编写目的“一是满足课堂教学的需要，二是向译界提供精选和自撰的翻译学术思想和翻译知识，也就是作者所谓的翻译学”（方梦之，2007）。全书 12 章的内容分别为：导言；梁任公佛典之翻译；清吴势父与严几道论译西书；清严几道译天演论例言；梁任公论译书；胡以鲁论译名；容挺公致甲寅记者论译名；章行严答容挺公论译名；胡适输入学理，胡适翻译西洋的文学名著；傅斯年译书感言；何炳松、程瀛章外国专名汉译问题之商榷；蒋翼振翻译学概论。正如方梦之所评论：“作者所论已包括从选题到清稿的整个翻译过程，也包括从理解到表达的方方面面……作者的论述是随感式的、评点式的、有感而发的，琐碎而缺乏系统，有铺展之势而无聚合之力——缺乏理性的描述、清晰的层次和科学的系统。”（同上）由此可见，彼时的“翻译学”还仅仅停留在提供翻译知识的层面上，而这些“知识”多为盲人摸象般的散论、感言，“见木不见林”，并未从翻译活动的整体去认识“翻译学”，与此时的“翻译学”不可同日而语。

有关建立翻译学的讨论从20世纪80年代起进入高潮。谭载喜（1982）、董宗杰（1984）、桂乾元（1986）等人都在各自的文章中提到“翻译学”这个概念，阐述了自己的认识，不少学者将其定位为语言学的分支学科。1987年5月，在南京召开的全国首届研究生翻译理论研讨会上，提交会议的35篇论文中有7篇是谈翻译学的，李定、周清波、卢启槐、徐岗、初晓等研究生提交和宣读的论文都谈到建立翻译学的问题，涉及翻译学的学科性质和理论结构、建立翻译学的具体条件等。这些研究生大多是阅读了国外有关论著后有感而发，针对国内翻译研究提出了建议。1987年7月在青岛召开的第一次全国翻译理论研讨会上，参加讨论者更多，如金隄[1]的《翻译学刍言》、谭载喜的《试论翻译学》、刘宓庆的《中国翻译理论建设基本原则刍议》、劳陇（许景翔）的《建立具有中国特色的翻译理论体系》及方梦之的《发展与完善我国的译学研究体系——谈建立中国翻译学》，还有郑伟波的《创立具有现代中国特色的翻译理论体系》以及不少研究生在会上的发言等。可以说，1987年前后，中国内地译界学者开始关注“翻译学”的内涵，明确提出要建立翻译学。谭载喜与奈达合著的《论翻译学的途径》、谭载喜的《必须建立翻译学》，以及穆雷的《关于翻译学的问题》等文章也陆续发表，基本反映了当时译界对翻译学的各种认识。在讨论过程中，大家对“翻译学”这个概念的界定、建立翻译学的重要意义、通过什么途径和方法建立翻译学等基本问题各抒己见，目的不外乎要使译界就这些问题达成共识，以促进翻译学的建立和发展。

其时参与上述讨论的多为中青年学者，研究生是中坚力量。他们敏锐地意识到倡导建立翻译学这样一门独立学科的时机已至。初晓[2]在她的文章中指出，只有建立综合性的翻译学，利用各有关学科的成就，才能真正揭示出翻译过程中的规律。徐岗讨论了建立翻译学的必要性、翻译学的性质和基本内容（如中外翻译史、翻译理论、翻译方法和翻译技巧的研究等）。卢启槐论述了为什么要建立翻译学，提出建立翻译学的具体条件就是要对

1　金隄等人的文章均为会议论文（油印或打印），多未发表。

2　初晓、徐岗、卢启槐、李定、周清波等人的论述均见于会议论文，没有正式发表。

宏观的、微观的语言学进行科学的、深刻的研究。李定明确表示不同意把翻译学看作语言学的分支，认为翻译学的前景是发展成为跨学科的综合性学科。周清波认为，翻译学作为一门独立的学科，仍处在创立阶段。普通翻译学的理论体系，应该由翻译的本体论、实践论、方法论、体裁论和社会学、心理学等几个主要部分构成。翻译本体论包括翻译的定义、可译性原则、翻译的分类、翻译的性质等问题；翻译实践论的任务在于考察影响和决定翻译过程的各个重要因素，并在此基础上确立翻译的一般原则；翻译方法论的主要任务是概括地阐述翻译过程中一些常用的、典型的、规律性的转换方法；翻译心理学研究翻译过程中诸心理机制的地位和作用、诸心理及其相互联系；翻译体裁论其实就是翻译类型学，研究各类文体的翻译及其相互关系；翻译社会学研究翻译对社会的影响和贡献、社会对翻译的需求和制约、翻译与文化、翻译与政治、翻译与经济、翻译与民族语言、翻译与科技进步等等。由于当时条件所限，这些油印的论文许多都没有机会发表，内容鲜有人知。现在看来，上述讨论反映出一代青年学子的学术启蒙过程。时为南京大学硕士生的郑伟波在他撰写的研究生翻译理论研讨会综述[1]里，已经注意到"翻译学"的定义与建设的讨论是研讨会的一个主要方面，但尚未充分意识到"翻译学"的讨论对促进学科建设的重要意义。首届全国研究生翻译理论研讨会的发起人和组织者许钧，还有参加了1987年两次翻译理论研讨会有关翻译学建设的讨论的研究生和青年学子如谭载喜、王克非、辜正坤、穆雷、杨晓荣和柯平等，数十年来一直没有放弃自己的理想，为了这个梦的实现默默工作，不懈追求。

我国新时期首部翻译学专著于1988年问世。这部47万字的英文著作《翻译学》(*Translatology*，江苏教育出版社）是由南京师范大学外文系教授黄龙所著，著者和出版者认为："翻译学是研究翻译的一门科学。它包括基础翻译学、应用翻译学和理论翻译学三个部分。"诚然，翻译学作为一门科学，它所包含的内容远非这本书所能尽揽，但作者对翻译学的内涵把握基本上是准确的。

译林出版社1992年重印推出了台湾大学张振玉教授的专著《翻译学概论》，其英文名称为 *Principles of Translation*，它与黄龙教授和我们所

1　该综述1988年分别发表于《语言与翻译》和《解放军外国语学院学报》。

说的“翻译学”完全不同。原作1964年成书时译界尚未出现“翻译学”这个提法，观其内容就知个中差异。据该书目录所列，全书23章分别讲述了翻译、中国翻译史略、中国之翻译论、普通译名、文学译名、称谓、典故、双关语、语态、数与量、骈与散、补足、解释、断句、削浮词、删烦文、改倒句、修正、论直译、论意译、误译、象征与写实、丑与美。可以看出，书中所论及的内容，不外乎普通翻译理论和特殊翻译理论的一些基本问题，而不是对翻译学学科体系基本问题的论述。出版社为何要在重印时将原名《译学概论》[1]改为《翻译学概论》，我们不得而知，但这个新书名确实容易引起误解。

谭载喜等学者对翻译学构成的阐述相对来说比较合理[2]，即翻译学主要包括普通翻译理论、特殊翻译理论和应用翻译理论三大部分内容，其中普通翻译理论主要包括翻译的目的、本质、功能、要求、过程、标准，可译性，等值翻译，翻译史，译者的职责与条件，翻译与其他相关学科（如语言学、符号学、逻辑学、心理学、美学、传播学、社会学等）的关系等。特殊翻译理论涉及与具体翻译过程相关的两种语言文化之间转换的技巧策略等问题，如英汉/汉英翻译研究等。应用翻译理论主要由三部分组成：翻译批评，这是提高和监控翻译质量的重要手段，也是翻译理论指导翻译实践最直接最有效的体现；翻译教学与翻译培训，关注译者培养问题；翻译与工具，包括翻译与技术，如词典等工具书的研制和使用，计算机和网络等在翻译中的应用等。有人主张在翻译学下面建立各种分支如“科学翻译学”“口译学”等。随着翻译研究的深入发展，或许还会有人提出建立新的分支学科。然而，这些分支学科关注的主要问题，都可以从上述三个主要分支中得到体现，例如口译研究，包含了对口译性质、口译标准、口译过程、译员心理、口译教学等诸多口译方面的研究，均可以归入普通翻译理论、特殊翻译理论和应用翻译理论三个方面的研究。

近年来对翻译学构成的讨论一直在持续，许多讨论针对霍姆斯对翻译学的划分，试图提出修改方案。修改意见集中在几个方面：（1）霍姆斯原图缺少翻译史一块。有人猜测系作者粗心所致。我们认为，也有可能是

1　严格说此名也与内容不符。

2　参见谭载喜《翻译学》（武汉：湖北教育出版社，2000）及其他相关论著，同时参阅本书第一章和第四章相关论述。

因为根据霍姆斯的划分方法，翻译史很难归类所致。(2) 纯理论研究这一部分还可以细分（张美芳，2005）。(3) 应用翻译理论部分还应该包含翻译行业管理，包括翻译产业的运作、行业的规范与运作、行业组织、行业标准以及行业管理队伍的建设等相关内容。2009 年 4 月，在翻译学学科理论构建高层论坛上，翻译学构成的话题再次引起学者的热烈讨论。随着翻译学学科建设的发展和人们认识的提高，对原有划分的细化、补充、完善都是顺理成章的事情。在此过程中，翻译学这门新兴学科逐渐健康发展起来。

翻译学是系统化、条理化、科学化的翻译理论，是一门交叉性、综合性的边缘科学。翻译学从整体上来说主要研究翻译的本质、过程等带有普遍规律的共核问题。它既是一个较完整的知识体系，又揭示了翻译过程的一般规律，提高了人们对翻译现象的认识水平，因而它的主要研究成果如普通翻译理论和应用翻译理论的大部分都应该不受民族、国别和语言的限制，只要研究过程准确可靠，其结论也应具有一定的普遍意义，至少在解释翻译现象与本质、揭示翻译基本过程与规律等方面具有普适性。作为翻译，必然要涉及两种不同的语言，汉外翻译不仅涉及汉语的特点和中国的国情与文化，同时也涉及外国的国情与文化。但若所有涉及的语言与文化都需要以“×× 翻译学”命名的话，全世界岂不是要有成百上千种“具有 ×× 语言 / 文化特色的翻译学”？诚然，作为中国的翻译工作者，应该在翻译理论研究中时刻不忘中国的国情，重视汉语的特点和中国的文化在翻译中的转化和体现。我们可以使中国的翻译理论研究符合中国语言文化的特点，尤其是对特殊翻译学做出中国学者特殊而又义不容辞的贡献，但没有必要刻意为了语言的不同而追求“特色”。我们所要建设的“翻译学”应该跟“语言学”一样，作为一门独立的科学，成为国际翻译界的共同财富，对全人类文明的发展做出应有的贡献。汉语和中国文化在翻译中的特殊性，在“特殊翻译学”这个分支中完全可以体现出来，而没有必要局限于“有中国特色的翻译学”，因为这样会忽视翻译学原本应该具有的普适性价值，把自己的视野禁锢在特殊翻译学中的一小块领域。否则，翻译都涉及两种不同的语言，如果每涉及一种语言，其翻译研究就要有 ×× 特色，岂不是有多少种语言，就有多少种特色？那也就失去“特色”了。

以“翻译学”为名的论著还有一些，如湖南师范大学黄振定教授所著

《翻译学——艺术论与科学论的统一》（湖南教育出版社，1998），由杜建慧、杨金良和雷万忠共同编著的《翻译学概论》（民族出版社，1998），中央马恩列斯著作编译局的退休老翻译家彭卓吾先生的《翻译学——一门新兴科学的创立》（北京图书馆出版社，2000），等等。尽管每本翻译学专著都留有遗憾，但是，每一位作者都在为翻译学的建设添砖加瓦。这些论著的出版本身就是一种客观存在，说明一个事实：翻译学不是“无中生有”。经过多年的争辩探讨、建构建设，翻译学作为一门独立的学科已经水到渠成。

在翻译学的学科建设中，不断有反对和质疑的声音出现。在 20 世纪 80 年代翻译学这个概念刚刚引起关注的初期，出现这样那样的模糊认识是不难理解的。人们对于新生事物总要有一个认识和接受的过程。善意的质疑往往能够引发思考，理清思路，发现理论的疏漏和不足，使理论更加完善。正是在回答问题、热烈讨论、积极思辨的过程中，人们对翻译学这个概念、这门学科的认识不断深化，走向统一。1999 年，第 10 期《外语与外语教学》杂志以张经浩《翻译学：一个未圆且难圆的梦》一文为契机，发动了新一轮对翻译学的大讨论，主编张后尘教授发表了题为《翻译学：欢迎深入扎实的基础工作》的文章，鼓励译界同仁积极参与讨论，明辨是非。《中国翻译》也组织了“译学概念纵横”系列文章，有选择、有补充地对翻译学的一些主要概念进行梳理、分析、解释和定义。谭载喜、朱纯深、王东风、吕俊、穆雷、侯向群等许多学者就翻译学的基本概念、研究范围、学术定位、是否有“中国特色”等具体问题发表见解，使人们，特别是青年学子，对翻译学的认识更加深入、准确。自此，人们大多不再对翻译学作为一门独立的学科持怀疑和反对的态度，而是积极参与翻译学的学科建设，为翻译学在中国内地获得认可与合法地位进行努力。

第二节　当前理论研究的范围

我们可以根据霍姆斯对翻译学的划分，从三个方面对译学研究的范围进行梳理和考察，即理论翻译学研究（包括西方翻译理论的引介、借鉴与运用和中国译学理论建设等）、描写翻译学研究（包括翻译产品研究和翻译过程研究等）、应用翻译学研究（包括翻译批评研究和翻译教学研究等)，也可以参考当代国际国内翻译研究的论著，从不同的理论流派进行梳理考察。

一、理论翻译学研究

我国当前理论翻译学研究的特点是，研究者不满足于对西方译学理论的引介和对西方相关理论的借鉴，更多的是对西方有关理论进行反思乃至质疑，并在此基础上进行译学理论建构和对中国传统译论的研究，与此相关的翻译实践研究也较以往更加深入。中国学者对西方译学理论的研究已经从翻译、介绍和评论开始进入反思、质疑与借鉴阶段。我们对西方译论的了解还不够全面、系统、深入，还需要冷静、客观、细致的分析研究，才能做到不盲从。

继承中国传统译论是建设现代译论的需要，对传统译论的研究也是在现代译论的建设过程中展开的。我们在阅读有关中国传统译论研究的文献时不禁要问：究竟应该如何解释和研究中国传统译论？对传统译论是否一定要进行“现代阐释”？如何进行“现代阐释”？阐释是否意味着借用现代译论的术语重述传统译论的术语和观点？这样阐释的目的何在？对当代译论的建构有什么作用？这些都是需要先行思考的问题，以避免盲目地单纯套用现当代翻译理论的术语去理解传统的翻译术语观点，仅仅为了告诉读者，凡是现当代中西方翻译理论中所提出的理论，中国传统译论中都有，由此而感到满足，沾沾自喜，固步自封，停滞不前。我们应该思考：中国传统的翻译思想与当代西方翻译理论之间，究竟存在着哪些异同？这些异同是什么原因造成的？对各自的翻译实践和文化文明发生过什么样的影响？我们应该如何认识中国传统的翻译思想对当下翻译研究的意义？继承中国传统译论的目的是为了挖掘文化遗产中的精髓，推动当代译论的建设，“推陈出新”，在前人研究成果的启发下，丰富当下理论思考的视角，为当代译论建设贡献更多更有价值的理论和观点。

经过几十年的探索和进步，如今对翻译实践的探讨已经不像以往一些文章那样就事论事，仅仅停留在对翻译现象、翻译经验和翻译技巧的简单归类、梳理、总结上，而是在系统归纳的过程中进行各种层面、不同视角、不同方法的描述，并融入研究者的理论思考，结合语言、文学、文化等相关理论深入分析，加以升华，得出结论，试图用以深入认识翻译现象、指导翻译实践。这也是今后翻译实践研究发展的主要方向。

我国译学理论的研究在稳步前进中，与此同时对研究现状有清醒的反思意识，是推动学科发展的关键。一些研究者对当前译学理论研究存在的问题进行了剖析，并对研究的发展方向作了前瞻。译学理论研究在中国今后要有更加深入的发展，需要研究方法进一步科学化，因此要进一步加强对方法论的研究，要注意拓宽研究视野，避免就事论事，从相关学科汲取养分，并根据翻译现象研究的独特视角提出新的见解，以体现译学研究作为一门学科对人文社会科学整体研究所做出的贡献。

二、描写翻译学研究

我国当前的描写翻译学研究凸显两大热点：一个是翻译过程研究，只是在研究方法上以理论推演居多，实证研究仍显不足；另一个是语料库翻译研究，是一个颇有前景的方向。从研究方法的角度来看，这是一条很具潜力的研究之路，能较好地提升描写翻译学研究的科学性。然而，运用描写的研究方法对翻译产品进行研究的论文数量明显偏少，尤其是对翻译功能的研究明显不足，这需要引起重视。

实证研究强调在观察和试验的基础上进行分析，通过对研究对象的观察、调查或试验获得数据，归纳发现事物发展的一般规律。在翻译过程研究中，实证的研究方法尤其应该提倡。诚然，由于我们的教育传统中研究方法训练的缺失，许多研究者在运用实证研究方法时感到力不从心。从研究问题的选取，到研究方法的选用，都需要精心设计，严密论证。我国学者囿于传统文化和思维方式的影响，重归纳轻演绎，重证实轻证伪。近几年来一些学者开始关注翻译研究中的实证方法，如姜秋霞与杨平（2005）、文军（2006）、苗菊（2006）、何三宁（2008）等，他们作了有益的探讨，也引起了更多学者的关注。口译研究中对实证研究的关注开始崭露头角，其对笔译研究具有方法论上的启发意义。

然而，不容忽视的是，一些研究生学位论文往往满足于用本土译例去简单说明国外翻译理论的"正确"，而不重视发现理论问题，通过研究，特别是实证研究去真正解决问题。此类研究并非毫无必要，但是我们不能不注意以下问题：

（1）先确定理论框架再去按图索骥寻找译例，得出的结论其真实性并不可靠，因为往往在寻找例证的过程中会有意无意地筛选掉不符合原定理论目标的例子，而这些例子恰好是证伪的资料，其宝贵的理论价值被忽视了。而且这样的“证实”无助于解决实际问题，无益于推动理论建构的实质性发展。

（2）仅仅通过归纳或证实研究给现有的理论增添光环，而不通过演绎或证伪研究查找、弥补现有理论存在的不足与漏洞，无助于理论建构，其结论也很难具有普遍意义。

（3）在不少研究生学位论文中可以看到，研究者往往对研究方法一知半解，运用并不到位，有时研究过程尚未结束就匆匆得出“结论”。

进行描写性翻译研究，对研究者的理论素养、翻译方法和研究能力要求高，需要研究者提高自身修养，端正研究态度，从问题出发，通过理论探索真正解决问题，对推动理论发展有所助益。

三、应用翻译学研究

翻译批评研究是应用翻译学的重要方面，包括翻译批评理论研究（批评类型、批评内容、批评标准、批评主体、批评对象、批评模式等）、翻译评论（翻译鉴赏、译作评论等）、翻译评估（评估标准、评估模式、评估方法、评估效果等）以及翻译校对等内容。应该说，对翻译批评的理论探讨近年来取得了一些重要成果。事实上，正确的批评态度与理论方法能很好地促进翻译理论的反思和翻译质量的提高，也是翻译理论应用于翻译实践的重要途径，而目前结合翻译实践进行的翻译批评研究还远不尽如人意。翻译批评的理论一直都有人研究，可一旦结合翻译实践进行研究，就感觉力度不够。有时是理论盲目跟风，研究者满足于借用国外翻译理论或其他理论的术语、概念、观点等进行阐释，表面看来振振有词，热闹非凡，但与翻译实际相差甚远，用于翻译批评有隔靴搔痒之感；有时是研究者缺乏翻译实践经验，批评空洞宽泛，抓不住要点，论证有失逻辑，批评缺乏说服力；还有的是批评者态度不够端正，将本应对事不对人的批评变成了人身攻击，背离了批评的宗旨。上述三种现象导致翻译批评理论研究的重要性难以体现，因此不受重视，也没有发挥翻译批评应有的功能和作用。

翻译教学研究主要探讨翻译教学的目的、对象、过程、手段和评估等内容，包括大纲设计的理念、课程设置、师资培训、教材编写、教学法研究、测试评估等方面的理论依据和操作方式。仅仅从翻译理论的角度研究翻译教学是远远不够的，还必须有教育学、心理学、认知学、哲学、语言测试学，乃至数学、计算机科学等多方面的理论支撑与帮助。当前应用翻译学研究在翻译教学研究方面有了新的突破，翻译专业教学的理论探讨在翻译学科建设中结出了硕果，但也应清醒地看到，这几年翻译教学的发展很快，翻译教学研究要注意始终保持理论探讨上的前瞻性，而不能滞后于近年来快速发展的教学实践。

翻译辅助工具是应用翻译学的另一个分支，国内译界对此重视和研究不够。翻译词典研究有一些成果，南京大学和广东外语外贸大学的词典学研究中心都为此做出很多努力，培养了一批博士、硕士，做出了较多成果。机器翻译、机助翻译、翻译软件、网络应用、语料库[1]等方面的研究也越来越引人注目，成果逐渐增多。总体来说，这一分支起步较晚，发展较快，但研究集中于北京外国语大学、上海交通大学、香港中文大学等少数几所高校和若干企业，参与面不够广泛，基础理论研究薄弱。这是今后发展的一个重点方向。

出版界对翻译教学的需求做出快速反应，出版了一大批西方翻译研究专著和中国学者的翻译研究专著，很大程度上改善了国内学者对国外翻译研究书籍的需求状况。外语教学与研究出版社、上海外语教育出版社、中国对外翻译出版公司、上海译文出版社、清华大学出版社和湖北教育出版社等出版机构对翻译研究图书出版力度的加大，有力地支持了国内学者，为他们的研究提供了丰富的参考资料。

近年来，中国翻译产业的蓬勃发展，也要求我们要紧跟发展形势，为翻译产业中理论与实践的良性互动做出贡献。2006 年 5 月在上海举行的中国国际翻译产业论坛上，中国翻译协会会长刘习良在主题发言中分析了我国翻译产业存在的主要问题：（1）翻译行业缺乏监管；（2）翻译服务国家标准尚未形成并得到社会认可；（3）高水平的翻译专业人才和翻译专业师资队伍严重匮乏；（4）翻译工作的作用和价值未能得到社会的充分认可和重视；（5）我国的翻译资源相对分散，没有得到有效的整合和利用，

1　有关这部分详情请参阅本书第十章“信息技术手段与翻译”。

更未形成相对稳定、独立且具相对规模的产业链。他还提出了七点对策：（1）加强行业自律和管理；（2）推动行业标准的制定和完善；（3）建立翻译监督评估机制；（4）有效整合翻译资源，实现翻译产业的规模发展；（5）优化翻译专业人才和翻译师资队伍；（6）大力宣传翻译事业，维护翻译工作者的合法权益；（7）加强对翻译产业的全面深入调查。[1] 这些问题的解决都有赖于理论探讨的深入发展。对于翻译产业、翻译行业的介绍与研究，应该引起教学与科研机构的重视。

与翻译产业、翻译教学和翻译工具都相关的还有"本地化"的问题。"本地化即对客户提供的产品或服务项目的语言材料、程序、包装方案、用户界面等在另一种不同的语言文化环境下进行翻译和改编设计，以适应特定国家和地域的市场需求的过程。本地化行业是为客户的产品或服务提供语言文字和技术服务的新兴行业。"（苗菊、朱琳，2008：30）美国、加拿大、英国和西班牙等国家已经在高校开设本地化的课程，香港地区和台湾地区学者近年来也在关注本地化在翻译教学中的体现，我国翻译硕士专业学位（MTI）教育研究也应密切关注这一领域的发展，通过术语学、机助翻译和语料库等方面的课程设置，在培养职业化翻译人才的过程中，融入本地化的理念，使 MTI 项目培养的人才真正符合市场需求。

四、不同的理论流派

中国传统翻译思想大多体现为"案本""求信""信达雅""化境"一类高度凝练的表述，尚未形成概念明确、界定清楚、逻辑性强的理论体系，没能体现出清晰的传承关系和思维异同，也就很难分成显而易见的理论流派。当今对中国传统译论的研究，需要对这些翻译思想的火花作研究，但一是要将其放入它产生的历史文化语境中去理解、去阐释，二是不要满足于用现当代各种理论术语去生搬硬套，津津乐道于"你们有的我们的老祖宗早就有了"。我们的责任除了发掘传统翻译思想的精髓，准确阐释其内涵之外，更要认清其在解释丰富多彩、千变万化的翻译现象、翻译过程、翻译产品时的不足及其根源，让这些传统翻译思想不断得以丰富和完善，有助于加深对翻译的认知。

1　有关详情可参阅中国翻译网相关报道。

就现当代翻译理论来说，不少理论发源于国外，其基本概念、基本原理等都来自异域。近二三十年来，中国的翻译研究学者在翻译、介绍和引进国外翻译理论的基础上，已经开始反思、质疑和批判，并结合本土的翻译经验与实际进行深入研究。因此，无论是本书第三章“当代西方翻译理论”中介绍的语文学、语言学、文学、哲学、文化等学科对翻译理论的介入和影响，还是其他章节讨论的“对等”“文化转向”“后殖民后现代理论”“主体性与主体间性”的概念、流派等，其实已经成为国际翻译理论，包括国内翻译领域的热门话题。对有些课题的研究，国内学者虽然滞后一步，但是通过我们的质疑、批评、证实、证伪[1]、补充和完善，将会推动翻译理论的深入发展。如果说前些年我国翻译理论研究与西方相比落后较多的话，那么如今中国翻译研究的步伐已经开始与世界接近了。

对于理论流派或者学派的探讨，国内已有学者开始关注与思考。中国的翻译理论研究缺少显而易见的理论流派和学派，不仅仅在于理论研究起步迟，更在于未对研究方法、思想来源等加以特别关注。一个理论流派或者学派的形成，需要一群志同道合的学者，在相似思想来源的启发影响下，用严谨科学的研究方法从不同的视角研究一个现象或一个问题，得出相似的结论，形成有影响力的流派或学派。一个学派一般有标志性的人物、论著、事件或组织等。一个理论流派一般有自己独树一帜的理论见解和研究方法。中国的翻译学研究起步较晚，暂时在这方面缺少标志性成果也不足为奇，这正是需要进一步努力的方向。

然而，在关注理论热点的同时，我们更加需要关注国外翻译理论产生的背景、原因和理论来源，思考这些理论为何能够成为理论热点，特别关注每一种理论的基本概念表述、内在逻辑、思辨过程、研究方法、理论贡献等，在我们不曾想到的方面、未曾用过的方法上进行反思，获得启发，借鉴这些理论的经验，推动本土理论研究。作为研究生，还要关注国外翻译理论研究的学位论文，不仅看到学位论文的结论，更要对其选题、设计、研究方法、研究过程进行深入的分析。不仅看别人说了什么，更要看别人是如何说的。只有不断改进我们的研究过程，使之更加科学化、合理化、系统化，才能使我们的研究成果获得认可与接受。常有人说要让我们

1　我们在这些方面做得非常不够。

的研究“与国际接轨”，那就要首先探明国际的“轨”在何处、形状性能如何、与本土的差异与原因，才能为“接轨”奠定基础。

前进中的翻译学建设不仅面对学科的许多新课题，而且面对时代的诸多新课题，翻译研究者大有可为，我们期待中国的翻译工作者做出新的探索，取得更多的成果。

第三节　翻译学的学科建设

翻译学的学科建设主要包括两个方面：一是学科体制的建构；二是学科理论的建设。“根据国际通例和学术界公认的标准，一门学科的形成和被确认，除了区别于其他学科的有专门价值的理论体系和实践成果外，还需要具备一些保证其持续运作和发展的基本的外部条件。它至少包括具有自己的行业协会团体、有自己的专业性杂志、在高等院校和专门研究部门中有自己的系科或研究所、设立专任的教授职位和系统的研究生（硕士、博士和博士后）教育体系等。”[1] 参照这个标准，对比检查一下就可以发现，作为一门学科，翻译学在中国已经具备了所有学科必备的外部条件。

中国翻译协会自 1982 年成立以来，组织建设稳步发展。据《中国翻译年鉴》报告，中国翻译协会由分布在 30 个省市区的单位会员和个人会员组成。1994 年 11 月，中国比较文学学会成立了翻译研究会；一个月后，在新成立的中国英汉语比较研究会里建立了一个翻译研究会；1995 年 10 月，中国翻译协会翻译理论和翻译教学委员会宣告成立。在不到一年的时间里，三个国家一级学会先后成立了以翻译教师和翻译研究工作者为主体的学术团体，中国翻译协会内还下设民族、军事、科技、文艺、社科、外事、对外传播、翻译服务、翻译理论与翻译教学、翻译行业等 10 个专业委员会。这些专业团体成立之后，均积极开展各种活动。

中国翻译协会一成立就出版了自己的会刊《翻译通讯》，该刊 1986 年更名为《中国翻译》。数十年来，《中国翻译》通过开展各种学术活动，培养了一批又一批翻译研究工作者，深受广大读者的喜爱。各地翻译协会和一些专业委员会也办有自己的学术性刊物，如《中国科技翻译》、《上海

1　参见陈跃红，1999，《学术的国家意识与国际意识》，见《中国比较文学》，第 2 期。

翻译》（原名《上海科技翻译》）、《民族译坛》、《译友》、《语言与翻译》、《外语与翻译》、《翻译研究》和《文学翻译学报》等。另外，北京、上海、大连、西安、洛阳等多家外语学院的学报上也都辟有翻译专栏。香港翻译学会也有自己的会刊《翻译季刊》，香港中文大学翻译系和翻译研究中心都有各自的专业刊物如《翻译学报》《译丛》等。而《东方翻译》又为这个大家族添丁了。

在国外，高校在设立新的专业时主要根据学术和市场两方面的需求，其中教授与同行专家的意见相当重要。一个学科只要存在合理，就不难在高校的教学与科研体制中找到自己的位置。而在中国内地，新中国成立后长期实行计划经济，高等教育受教育体制的制约，很难接受“擅自行动”。一门新学科是否受到认可，主要标志不仅仅与国外一样，看其是否有稳定合理的研究对象、出版发表的核心论著、宗旨明确的学术团体以及目标一致的学术队伍等等，更要看其在教育部颁布的学科目录中的定位，看其是否拥有本科层面的学位授予权力，是否拥有完整的教学体系。换言之，可以招收培养本科生，设置相应的硕士博士授权点，并在学科目录中占有一席之地，就意味着该学科得到了官方认可，也就可以在申报科研项目、科研奖项，争取科研经费，甚至颁发学位证书时“名正言顺”地获得资源支持，否则连学术体制上的“家”也没有，无家可归的“流浪儿”之际遇可想而知。“翻译学”就经历了很长时间这样的尴尬境地。

在中国内地，翻译本科教学可谓来之不易，伴随着翻译学的学科建设经历了相当长时间的努力。长期以来，翻译都是作为外语专业本科生一门高年级的课程存在于外语院系。“译”仅仅是外语专业学生“听说读写译”五项基本技能之一，用来进一步提高外语专业学生听说读写四项基本技能综合运用的能力，或者检验学生是否掌握了前四项基本技能的一门课程。人们理所当然地认为，外语专业的学生只要听说读写基本技能掌握得好，外语水平高，自然就会做翻译，或者说“外语好 = 翻译好”/“会外语就会翻译”。这个等式不仅存在于外语教学界多年，而且在社会上也十分流行。外语专业的毕业生往往自然而然地被要求从事正式的 / 高级别的口笔译活动。“你不是学外语的吗？为什么不能做翻译？”这是外语专业毕业生经常要面对的质疑和窘境。人们对“外语是一门工具”的认识直接影响到职业翻译活动的报酬和译员 / 译者的社会地位，因为“翻译不是专业”，所以会做翻译并不被承认是掌握了一门专业技能。这样的偏见不仅导致翻译的地位低下，更重要的是，它直接影响了翻译专业教育，影响了翻译专业的人才培养，也影响了翻译质量的提高，更影响了翻译学的学科建设。

当翻译学的学科建设被提上议事日程后，首先从研究生教学入手。1978 年恢复研究生考试之后，1979 年“外国语言文学”下开始设立“翻译理论与实践”方向，北京对外贸易学院和上海海运学院开始培养该方向硕士生。1986 年国务院学位委员会第三批硕士博士学位授权单位的目录中首次出现了“翻译理论与实践”硕士点，先后有八所高校设立了这一方向的硕士点。该方向曾一度进入过专业目录，作为“外国语言文学”下的二级学科方向，后来又降到三级学科，最后被“逐出”学科目录[1]。由于“翻译”一直作为语言教学的一部分，长期只被承认其技能教学层面，而否认其职业教育层面，因此不可能在学科目录里面找到“翻译”的位置。

20 世纪 80 年代中期以后，翻译学作为独立学科的呼声渐高，作为学科建设的重要环节，人才培养进入研究的视野，翻译教学开始受到关注。从教学上来说，人们越来越清晰地认识到“教学翻译”与“翻译教学”这两个概念之间的差别。从严格的学术意义上来看，外语院系高年级的翻译课程属于教学翻译，它脱胎于英语教学中的语法—翻译法，其教学性质附属于语言教学，属于应用语言学的范畴。正因如此，当作为一门独立学科的翻译学破土萌芽时，首先遭到了众多语言学家的质疑和反对（随着翻译学的学科发展以及对翻译职业的认识不断深入，现在已经有许多语言学家理解并支持翻译学作为一门独立学科的观点了）。然而，职业翻译是一门专业，需要专门的教育，原有附属于应用语言学的教学翻译毕竟不能解决根本问题，因此人们看到一种现象：外语专业每年都在培养大批的毕业生，而合格的翻译专业人才寥若晨星。人们不禁反思，外语教学是否能够满足高质量翻译专业人才培养的需要？随着翻译学学科建设发展的进程，附属于应用翻译学的翻译教学逐渐凸显出它的重要性来。

2004 年，上海外国语大学在获得外国语言文学一级学科授权点之后，自主设置了“翻译学”二级学位授权点，从 2005 年起招收“翻译学”硕

---

1 有关这一过程，详见杨晓荣，2008，《翻译专业：正名过程及正名之后》，《中国翻译》，第 3 期，第 31—34 页。

士生和博士生，2008 年 6 月，第一批六名翻译学博士生顺利毕业获得学位；2006 年，广东外语外贸大学以相同的方式设置了“翻译学”二级学位授权点，培养“翻译学”的博士生和硕士生。从 2008 年起，上海外国语大学、广东外语外贸大学和北京外国语大学均招收“翻译学”的博士生和硕士生。其实，早在 20 世纪 90 年代中期，北京大学申丹教授、南京大学许钧教授和张柏然教授等，就开始招收培养翻译方向的博士生。他们指导的博士研究生如蒋骁华、王东风、袁莉、袁筱一、姜秋霞等人，早已成为翻译研究界的中坚力量。据不完全统计，迄今已经有近三百人在国内二十多个博士授权点以翻译研究论文获得了博士学位，其中绝大部分是高校翻译教师，成为翻译学学科建设的骨干。

在现行教育体制下，在高校设立研究生的学位点，要比设立本科专业相对来说灵活一些。然而，在本科层面设置专业，进入教育部的专业目录，似乎才意味着这个专业被官方正式认可，因此，一些高校一直在努力争取申请翻译本科专业的设立。1997 年，广东外语外贸大学英文学院成立了翻译系，通过从二年级学生中选拔语言能力较强的学生从三年级开设口笔译课程的办法，培养英语语言文学专业翻译方向的学生，受到市场欢迎。其毕业生就业率高居英语专业各方向之首，考生趋之若鹜。近年来，翻译院系如雨后春笋般相继成立，不少高校开始向教育部申请设立翻译本科专业。虽然与国外和香港地区相比，我们的翻译本科专业姗姗来迟，但它毕竟一步一步走到了今天，形成现在的格局。2006 年 3 月，教育部终于批准在高校设立翻译本科专业（试办），使翻译学学科建设的步伐又向前迈进了一大步，从本科到博士完整的翻译教学体系初步形成，翻译学作为独立学科日渐受到各界重视。广东外语外贸大学、复旦大学与河北师范大学成为首批招收翻译专业本科生的 3 所高校。2007 年，北京外国语大学、上海外国语大学、西安外国语大学和浙江师范大学等 4 所高校第二批获得教育部批准招收翻译专业本科生。2008 年，北京第二外国语学院、对外经济贸易大学、北京语言大学、山东大学、四川外语学院和华东师范大学等 6 所高校第三批获得翻译专业本科招生资格。2009 年，外交学院、天津外国语学院、沈阳师范大学、河南师范大学、湖北大学和华中科技大学等 6 所高校第四批获得翻译专业本科招生权。至此，全国共有 19 所高校可以设置翻译本科专业。

诚然，理想的职业译员和译者培养应该在研究生层面进行。现行的翻译本科教学是否能够达到设计的要求还有待时间的检验，而如何在本科层面开展翻译教学，是一个亟待解决的问题。然而，在中国的特殊国情下，为了翻译学的学科建设，我们需要面对与国外完全不同的教学环境和研究问题，通过自己的积极探索与不懈努力，走出一条自己的路来。

由于教育体制不同，国外的本科专业设置往往是局限于某一高校内部的事，因此很少有学者需要从全局的角度探讨完整翻译本科教学体系应该如何建构的问题，我们很难直接从国外借鉴相关的经验。国内的本科教学体系则不仅仅适用于某所高校内部，而且可以成为同类校院系参考、借鉴和模仿的对象。另外，如果试点成功，还可以作为全国专业教学指导委员会制定相关教学大纲等文件的依据或参考，具有现实意义。

翻译本科教学在中国内地迅速发展，各种培养模式并存，大家都在摸索探讨合理有效的培养方案。仅以广东外语外贸大学为例：该校高级翻译学院不仅承担了教育部批准的翻译本科教学试点，同时承担了大学 4+1 双学位与 4+0 双学位 / 双专业的本科翻译专业教学任务；该校英文学院还保留了翻译系，在英语语言文学专业下培养翻译方向的本科生，同时承担学院另外五个专业方向高年级的公共翻译课教学；该校国际商务英语学院和英语教育学院英语专业的本科生高年级的翻译课教学也牵涉到一批教师。如何协调上述各个层面的本科翻译教学[1]？如何使各个层面的教师各司其职，达到各自的培养目标？各层面的翻译教师如何明确自己的任务并找到自己的进修与研究方向？目前这种多层面教学共存的现状迫切需要从理论上探讨如何构建完整的翻译本科教学体系，根据国际翻译教学的现状和国内具体情况划分不同层次，设立每个层次的培养目标和主要教学内容，探索各层次之间的衔接与协调，逐步改变以往不分层次、不分目标、大一统教学的做法，使我们的翻译本科教学逐渐与国际接轨，获得国际同行认可。

当翻译教学体系建构完善之后，更加重要的问题便凸显出来，那就是学科理论的建设。这涉及学科发展的方向，必须下大力气研究。有关翻译

---

1 为了便于进行对比，同时能让人数众多的翻译课教师明确教学目标，我们暂且将教学翻译也纳入讨论，但这并不意味着将教学翻译和翻译教学混为一谈。

学的学科理论，从20世纪80年代中期开始引起中国内地学者的讨论。讨论的焦点问题主要有：什么是翻译学？翻译学与翻译活动和翻译理论的关系是什么？翻译学研究的范围与内容是什么？中国的翻译学建设是否应该具有中国特色？翻译学是否具有自己独立的学科地位？等等。

继1987年两次翻译理论研讨会之后，在一段时间内，国内的翻译理论研究进入了“沉寂期”，论著和会议明显减少。进入21世纪以后，翻译学的学科建设再次活跃起来。2001年春天，全国译学学科建设专题讨论会在青岛举行，重点讨论的问题有：学科建设的基本范畴、我国传统译学与现代译学的继承和发展、外国译学研究的借鉴以及国内外翻译实践和教学活动对翻译学科建设提出的新问题等。会议经过讨论达成共识：翻译学是一门独立的学科，我国的译学研究队伍已经成熟，正在把潜科学变成显科学。本次会议的讨论比以前深入，从哲学本体论和方法论的高度研究译学，虽然意见仍有分歧，但分歧也比以前有所进步，说明译学理论在两种或多种不同观点的争论中得以发展，有些争论已该结束，我们每个人都要做好自己的教学、研究和出版工作。从1987年第一次全国翻译理论研讨会至今，经过了数十年的发展，翻译学的讨论已经从“翻译学是否存在”深入到“翻译学作为一门独立的学科应该怎样发展”，译学研究的队伍不断发展壮大并日益成熟起来，理论意识不断增强，中国翻译界的观念发生了重大转变。2004年5月在四川召开的全国首届翻译学学科理论建设研讨会，就学科理论建设的主要问题展开了深入讨论。与会者普遍认为，翻译研究要特别关注以下几个问题：（1）如何处理翻译学作为独立学科的特殊性、独立性、复杂性和开放性？（2）如何处理传统与创新、继承与发展的关系？（3）如何加强研究方法的科学性？从2005年开始，每年全国都举办十余次与翻译理论相关的学术研讨会，两岸的翻译学者也开始频繁交流、密切合作，共商学科建设大计。

2009年4月，翻译学学科理论系统构建高层论坛在青岛召开。会议对国内前30年翻译学研究的范围、范式、方法、基本概念、成绩与不足等方面进行了比较全面深入的回顾、分析和探讨，为进一步深入展开相关研究提供了一个良好的基础。论坛起点高，理论挖掘深，不少讨论都坚持哲学思想的指导，体现了译界30年来的不断进步。与会者一致认为，霍姆斯的体系是开放的，需要我们与时俱进，根据本土实际和时代要求，不断充实丰富译学研究的体系。学者们在讨论中发现目前翻译学研究中存在的问题主要有：(1) 在研究范围、研究方法、基本概念等方面还存在各自为政或自说自话的现象，各起炉灶构想研究范畴、范式或理论框架，缺乏有效的沟通与合作；(2) 对研究中所引用的外来理论及其产生的背景了解不够，在概念术语的使用方面比较混乱；(3) 目前的研究较多倾向于宏观、抽象、框架层面的思辨，对实证研究、个案研究不足；(4) 如今的翻译学已涵盖翻译现象以外的领域，例如翻译市场、翻译出版等，但目前这些方面研究的广度和深度仍很不足；(5) 对翻译过程的研究（即对译者认知及工作过程的研究）深度不够，需要引起足够的重视。会议还提出了今后应加强展开的研究领域或课题：(1) 个案研究、实证研究；(2) 以语料为基础的量性研究；(3) 翻译教学、译者培训研究；(4) 理论研究成果如何应用于翻译教学与实践；(5) 教学与研究应如何适应市场的需要；(6) 继续探讨翻译研究的范围及途径，加强沟通，以达到最大程度的共识；(7) 翻译管理（包括翻译市场、翻译公司、翻译质量、译者权益等）；(8) 翻译出版（选题、发起人、赞助人、目的读者、译者的立场、市场效益、社会反应、文化效应）。[1]

改革开放以来，翻译学的学科建设从无到有，从小到大，由弱到强，经过几代学人艰苦不懈的努力，终于获得体制内的认可，获得了存在的合法地位。然而，学科的理论建设还远远没有成熟，还需要继续努力。让一代又一代译学学子了解学科发展的历史与现状，是我们的责任，而建设翻译学则是所有译界同仁的责任。

思考题

〔1〕 翻译理论的作用何在？

〔2〕 翻译理论与翻译实践的关系如何？

〔3〕 翻译理论是否一定要能够直接指导翻译实践？

〔4〕 翻译研究与翻译理论研究的区别何在？

1 详见 2009，《回顾、反思与前瞻——翻译学学科理论系统构建高层论坛综述》，《中国翻译》，第 3 期。

〔5〕翻译学学科建设的关键是什么?

〔6〕翻译学理论大体包括哪些内容?

〔7〕翻译学是否可以拥有独立的学科地位?

〔8〕翻译学的本体论、认识论、实践论和方法论各指什么?

〔9〕如何在翻译学的学科建设中增强敏锐的学术意识?

〔10〕翻译学或者翻译方向研究生应该具备怎样的理论素质?

本章参考文献

陈福康，1992,《中国译学理论史稿》，上海：上海外语教育出版社。

董宗杰，1984,《发展翻译学，建立专业队伍》，见《翻译通讯》，第 8 期，37—38。

杜建慧、杨金良、雷万忠，1998,《翻译学概论》，北京：民族出版社。

方梦之，2006,《译学的“一体三环”》，见《上海翻译》，第 1 期，1—6。

——2007,《我国早期的翻译学——简评蒋翼振的〈翻译学通论〉(1927 年版)》，见《上海翻译》，第 2 期，1—3。

桂乾元，1986,《为确立具有中国特色的翻译学而努力——从国外翻译学谈起》，见《中国翻译》，第 3 期，12—15。

韩子满，2000,《翻译学不是梦——兼与张经浩先生商榷》，见《外语与外语教学》，第 7 期，50—52、63。

何三宁，2008,《翻译多元论实证分析研究》，北京：科学出版社。

黄龙，1988,《翻译学》，南京：江苏教育出版社。

黄振定，1998,《翻译学——艺术论与科学论的统一》，长沙：湖南教育出版社。

姜秋霞、杨平，2005,《翻译研究实证方法评析——翻译学方法论之二》，见《中国翻译》，第 1 期，23—28。

蒋翼振，1927,《翻译学通论》，上海：上海美利印刷公司印刷（商务印书馆发行）。

吕俊，1999,《世纪之交的译学三思》，见《外语与外语教学》，第 10 期，1—7。

——2005,《论学派与建构主义翻译学》，见《中国翻译》，第 4 期，10—15。

——2006,《翻译学—— 一个建构主义的视角》，上海：上海外语教育出版社。

苗菊，2006,《西方翻译实证研究二十年（1986—2006)》，见《外语与外语教学》，第 5 期，45—48。

——朱琳，2008,《本地化与本地化翻译人才的培养》，见《中国翻译》，第 5 期，30—34、95—96。

穆雷，1989，《关于翻译学的问题》，见《外语教学》，第 3 期，75—79。
——1989—2008，各年“翻译研究综述”，见《中国翻译》《天津外国语学院学报》等。
彭卓吾，2000，《翻译学—— 一门新兴科学的创立》，北京：北京图书馆出版社。
钱冠连，2000，《向世界贡献出原本没有的东西》，见《外语与外语教学》，第 1 期，10—14。
谭载喜，1982，《翻译是一门科学——评介奈达著〈翻译科学探索〉》，见《翻译通讯》，第 4 期，4—11。
——1987，《必须建立翻译学》，见《中国翻译》，第 3 期，2—7。
——1988，《试论翻译学》，见《外国语》，第 3 期，22—27。
——2000，《翻译学》，武汉：湖北教育出版社。
——尤金·奈达，1987，《论翻译学的途径》，见《外语教学与研究》，第 1 期，24—30、79。
文军，2006，《科学翻译批评导论》，北京：中国对外翻译出版公司。
许钧，2003，《翻译论》，武汉：湖北教育出版社。
杨晓荣，2008，《翻译专业：正名过程及正名之后》，见《中国翻译》，第 3 期，31—34。
张后尘，1999，《翻译学：欢迎深入扎实的基础工作》，见《外语与外语教学》，第 10 期，49—50。
张美芳，2005，《翻译研究的功能途径》，上海：上海外语教育出版社。
张振玉，1992，《翻译学概论》，南京：译林出版社。
郑伟波，1988，《创立具有现代特色的中国翻译理论体系——首届研究生翻译理论研讨会综述》，见《解放军外国语学院学报》，第 1 期，35—40。
朱纯深，2000，《走出误区　踏进世界——中国译学：反思与前瞻》，见《中国翻译》，第 1 期，2—9。
庄智象，2007，《我国翻译专业建设：问题与对策》，上海：上海外语教育出版社。
2009，《回顾、反思与前瞻——翻译学学科理论系统构建高层论坛综述》，见《中国翻译》，第 3 期，41—43。

Holmes, J. 2000. “The Name and Nature of Translation Studies”. In Lawrence Venuti (ed.). *The Translation Studies Reader*. London and New York: Routledge. 180–192.

第三章

当代西方翻译理论

自 20 世纪 70 年代以来，西方翻译理论流派纷呈，翻译学研究空前繁荣，翻译思想异常活跃，翻译研究呈现出学科相互渗透、不同翻译思想既对立又互为补充的多元特征。不少学者尝试从不同的视角对当代翻译理论进行概括和梳理，试图从中发现规律，揭示背后的本质特征。奈达将当代翻译理论的流变表述为从语文学、语言学、交际学到社会符号学的发展轨迹；根茨勒（Edwin Gentzler）将当今翻译理论分为北美翻译培训派、翻译科学派、早期翻译研究派、多元体系派和解构主义派五大流派；曼迪将当代西方的翻译研究大致分为翻译的功能理论、话语与语域理论、多元系统理论、文化研究和翻译的哲学研究；而贝克尔（Mona Baker）则概括为交际与功能研究、语言学研究、心理语言与认知研究和符号学研究。由于翻译研究本身的复杂性以及翻译理论家视角的差异，再加上人们对翻译研究理论、研究模式、研究方法的界定难以达成一致，现有的概括和分类似乎很难得到一致的认可和普遍的接受。

尽管如此，对翻译流派的概括和梳理又是翻译学研究不可或缺的组成部分。基于分析和表述的方便，本章将西方翻译理论粗略地概括为语文学翻译研究、翻译的语言学研究、多元系统理论、翻译的哲学研究与翻译的文化研究。这样划分不仅在一定程度上与时间发展吻合，而且反映了研究范式的转换。

第一节 翻译学传统与语文学翻译研究

在数千年的人类活动中，翻译推动了各民族的文化交流和理解，促进了和平相处与社会发展；其间涌现出许多优秀的翻译家，积累了丰富的实践经验，探索出许多可行的翻译方法，并对翻译和翻译活动进行了积极与理性的思考。

纽马克曾将 20 世纪 50 年代以前的翻译统称为“前语言学的”翻译研究，认为这一阶段对翻译的思考缺乏完整性与系统性，属于“前科学”的研究，但是，对西方翻译活动和翻译理论的历史划分，翻译理论家也常常莫衷一是。纽马克以重大的翻译活动为标志来划分翻译理论的发展阶段。斯坦纳（George Steiner）认为西方翻译理论的研究大体经历了四个时期：（1）古典翻译理论至 18 世纪末泰特勒和坎贝尔（George Campbell）翻译三原则的发表；（2）从施莱尔马赫至 20 世纪中叶；（3）第二次世界大战后至 70 年代，以翻译语言学派的兴起为标志，以维纳、奈达、穆南和卡特福德为代表；（4）20 世纪 70 年代至今，其标志是新兴学派林立，跨学科研究蓬勃发展。谭载喜先生将西方翻译划分为六个时期：（1）发轫于公元前 4 世纪的肇始阶段；（2）罗马帝国的后期至中世纪初期；（3）中世纪时期；（4）文艺复兴时期；（5）近代翻译时期，即 17 世纪至 20 世纪上半叶；（6）第二次世界大战以后至今。本节将按时序将西方翻译理论粗略地分为古代和近现代两个阶段，基本上属于奈达所谓的语文学的翻译研究（philological approach）。

一、古代翻译理论

西方的古代翻译理论肇始于公元前 3 世纪，到欧洲中世纪结束为止。

公元前 285 年至前 249 年，72 名犹太学者在埃及亚历山大城翻译了《圣经·旧约》，即后人所称的《七十子希腊文本圣经》（*Septuagint*）。公元前约 250 年，罗马文学家安德罗尼柯（Livius Andronicus）用拉丁语翻译了《奥德赛》；涅维乌斯（Gnaeus Naevius）、恩尼乌斯（Quintus Ennius）以及其后的普劳图斯（Plautus）、泰伦斯（Terence）均“用拉丁语翻译或改编过荷马的史诗和埃斯库罗斯、索福克勒斯、欧里庇得斯和米南德的希腊戏剧作品”（谭载喜，1991：4）。公元405年，哲罗姆对照希伯来原文翻译出《通俗拉丁文本圣经》（*The Vulgate*），不仅使拉丁语读者有了标准的《圣经》译本，而且该译本后来成为罗马天主教所承认的唯一文本。到了中世纪，由于宗教势力的逐渐强大，为了使普通百姓能有自己的《圣经》文本，教会神职人员用民族语言翻译《圣经》的活动日益普遍。基督教西哥特主教乌斐拉（Ulfila）曾用哥特语翻译《圣经》。在7世纪至8世纪初，阿尔德姆（Aldhem）、阿尔弗烈德国王（King Alfred）、阿尔弗里克（Aelfric）等均曾用英语翻译过《圣经》的一些章节。公元11世纪，西班牙的托莱多以及意大利的西西里逐渐成为当时西方翻译和学术活动的中心，亚里士多德、柏拉图、盖伦（Galen）、希波克拉底等所著的古典哲学和科学名著大量被翻译出来。1304—1307年，意大利诗人但丁主张用俗语翻译，提出文学不可译的观点；1377年，法国的欧雷斯米（Nicholas Oresme）翻译了亚里士多德的著作；1380—1382年，英国的威克利夫（John Wycliffe）主持用英语翻译《圣经》；1381—1400年，乔叟翻译、改编了《十日谈》中的故事；1478年，德国的维尔（Nicolas von Wyle）提出直译和准确模仿拉丁语的主张。这一时期最有影响的翻译理论家有西塞罗、贺拉斯、哲罗姆和奥古斯丁。

西塞罗不仅是古罗马的政治家、哲学家和演说家，同时兼翻译家与翻译理论家于一身，被认为是西方翻译理论的创始人。在《论善与恶之定义》（*De finibus bonorum et malorum*）和《论最优秀的演说家》（*De optimo genere oratorum*）等著作中，西塞罗继承了柏拉图关于理念的艺术观，称“我不是作为解释员，而是作为演说家进行翻译的……不是句当字对，而是保留语言的总的风格和力量”（Robinson，2002：9）。西塞罗认为，翻译必须符合听众和读者的语言习惯，并能打动读者或听众；翻译要传达的是原文的意义和精神，并非原文的语言形式；文学翻译是再创作，译者必须具备文学天赋或素质。西塞罗强调活译和译作感染力的主张对其后的贺拉斯、昆体良（Quiutilianus）、哲罗姆、路德等，均产生了深远影响。

贺拉斯是罗马帝国初期著名的诗人和文艺批评家，其代表作品是《论诗艺》（*Ars Poetica*）。贺拉斯在文学批评和翻译理论上深受西塞罗的影响，坚持翻译应该活译，反对逐句硬译、死译和生搬硬套，认为翻译应该“意义对意义”，“用自己的语言讲叙一个新的故事”（a new story of your own telling)（同上：15）。与此同时，贺拉斯主张在创作和翻译中不要默守成规，必要时可以创造新词或引进外来词，以便丰富民族语言和增强作品的表现力。他提倡“忠实于原作的译者不适合逐字死译”，这句话经常被翻译家引用，“成为活译、意译者用来批评直译、死译的名言”（谭载喜，1991：26）。

哲罗姆被誉为西方四大权威神学家之一，精通希伯来语和拉丁语，酷爱拉丁文学。他不仅完成了第一部“标准”拉丁语《圣经》，即《通俗拉丁文本圣经》的翻译工作，并提出了极有见地的翻译理论和切实可行的翻译原则：

（1）他强调各种语言的形式差异，主张在翻译中不能逐字对译。翻译应忠实于原作的内容，语言形式的偏离和词汇的更改不仅是容许的，而且有时是十分必要的。

（2）翻译方法应随原作的文本而异。宗教翻译，如《圣经》的翻译，应主要采用直译，因为在《圣经》中“词序……是一种玄义”，“对《圣经》原文的句法结构不得有半点改动，否则就会损害《圣经》的深刻含义，降低译文的价值”。而在文学翻译中则主要采取意译的方法，“译者可以而且应该采用易于理解的风格传达原作的意思”（同上：32）。

（3）他否认《圣经》翻译中存在着“上帝的感召力”。在翻译中他敢于对《七十子希腊文本圣经》进行增补、删改和修正，提出对《圣经》的正确理解应依靠广博的知识和熟练的语言能力，而不能指望上帝的感召力。

（4）翻译既然是一种创造，译者就完全可以具有自己的风格特征，而且优秀的译文完全可以与原作媲美。

奥古斯丁是著名的神学家和哲学家，亲自翻译的作品不多，但其翻译理论却极具价值。他的翻译观主要反映在《论基督教育》（*On Christian Doctrine*）、对《圣经·诗篇》的诠释和一些书信之中。奥古斯丁认为优秀的译者必须精通两种语言，熟悉所译材料的内容，并有一定的校勘能力。他将译文的风格与译作的读者联系起来，认为翻译启蒙文本需要朴素的风格；颂扬上帝的文本需要典雅的风格；规劝和引导性文本需要庄严的风格。其次，奥古斯丁在翻译中应用了亚里士多德的符号学理论，强调所指、能指和判断的三角关系，并将意义和语言形式区别开来，认为意思是“常数”，是根本。在翻译单位问题上，奥古斯丁认为词是基本的翻译单位，更倾向于直译，强调形式与结构的对称。与哲罗姆不同的是，奥古斯丁认为翻译《圣经》必须得到“上帝的感召力”才能成功，因而推崇希腊文本而反对哲罗姆译自希伯来语的《通俗拉丁文本圣经》。

西方古代翻译理论受历史的局限，不可能十分完整和系统，除了少数翻译家，如哲罗姆之外，大多数议论只是一些只言片语，散见于译序、译跋或其他著作。虽有不少的精辟论述和见解，但多局限于直译与意译、忠实等之类的议论；讨论也主要集中于宗教、文学与哲学著作的翻译。

二、近现代翻译理论

西方近现代翻译理论始于文艺复兴，止于20世纪50年代语言学翻译理论的兴起。

欧洲文艺复兴前后是翻译活动的一个高潮。翻译范围之广、翻译数量之多、从业人员之众，都堪称史无前例。仅在英国，在伊丽莎白时代的头10年，翻译作品的数量就是前50年的4倍（Baker, 1998：337）。翻译提高了本族语言的地位，增强了民族自尊心，促进了民族身份的形成，推动了人文主义思想的传播。在这一阶段，最著名的理论代表有德国的路德、歌德、施莱尔马赫和洪堡；法国的德·阿布朗古尔、多雷和巴托（Charles Batteux）；英国的德莱顿和泰特勒。英国《圣经钦定本》的出版也是翻译理论发展最有影响的事件之一。

马丁·路德是德国宗教改革领袖和翻译家。他根据希腊原文翻译的《新约》和根据希伯来语翻译的《旧约》先后于1522年和1534年出版，其德语译本《圣经》成为德语的典范，对德国民族语言的发展产生了空前的影响。此外，他翻译的《伊索寓言》也具有极高的文学价值。他对翻译理论的杰出贡献在于：第一，主张用通俗、明了、能为广大民众所接受的语言翻译。他坚持人文主义的语言观，认为不同的语言无法在结构、词汇上求得完全等同。既然《圣经》的读者对象是人民大众，那么“翻译中必须使用地道的德语，而不用拉丁化的德语”（谭载喜，1991：81），改变了《圣经》只能用拉丁语直译的传统，“让《旧约》中的先知们用自然的德语讲话”（Nida, 1984：10）。第二，主张使用意译再现原文的形式、风格和精神实质。第三，译者应尊重原文，深刻理解原文的精神实质，而不能轻信教会神甫的传统解释。译者可以增补原文字面上没有但字里行间蕴涵的意义。第四，翻译应依靠集体的智慧，集思广益。第五，他提出翻译应遵循的七条原则：可以改变原文词序；可以运用语气助词；可以增补连词；可以省略；可以用词组替代单词；可以将比喻改为非比喻用法，反之亦然；以及注意文字的变异和翻译的准确（谭载喜，1991：83）。路德的翻译理论吸取了荷兰翻译理论家伊拉斯谟的研究成果，并将伊拉斯谟的语言学方法应用于对《圣经》的解释，认为这是理解原文的关键。

歌德对翻译理论的重要贡献在于：首先，他将翻译划分为彼此连贯的三类，即信息翻译、近似创作的改译和逐行对照翻译；他认为只有第三种方法才是最终和最高级的翻译，才能产生可以与原作等同的完美译文(Schulte：61)。这样的译文之所以最好，是因为它可以"引导"和"迫使"读者回到原文中去。其次，他强调诗歌是不可译的，但诗歌的翻译又是绝对必要的。由于人类思维与语言的共性，不同语言之间的交流是可能的，文学作品也是可译的。最后，他主张翻译应使用朴实无华的文体，无论原作是诗还是散文，译文均应使用平易明了的散文体。显然，歌德在翻译理论上主张直译，在语言上却赞成使用地道的本族语。

施莱尔马赫认为，人类的思维取决于人类的语言，即语言决定思维论；这对洪堡以及后来的萨丕尔–沃尔夫假说和跨文化交际的理论产生了深远影响。他提出包括语法释义、心理释义在内的检验语义的诠释学主张，认为译者不能消极地接受原作，必须积极地创造。他首次提出翻译应区别口译与笔译。口译类似机械活动，笔译才是创造性活动。同样，翻译可分为真正的翻译和机械的翻译。前者是对文学艺术和自然科学作品的笔译，需要译者有独立的思维和创造，需要比较强的理解和表达能力。而后者只涉及商业和洽谈生意的口译，"一般地掌握两种语言就可以胜任"（威尔斯，1988：24），质量要求不高，因为所涉及的是有形可见、有比较明确定义的事物。此外，施莱尔马赫将翻译分为顺从原作和顺从译作两种翻译途径。顺从原作是要让读者去接近作者，译者只是"填补读者不懂原作语言的空白"（谭载喜，1991：135），即用直译的方法，让读者去理解原作的意义。顺从译作是要让原作者用译语语言说话，与读者直接交流、对话；译者通常采用活译、意译的方法，让读者轻而易举地看懂原作。他的这一思想对 20 世纪英国翻译理论家波斯盖特（John Percival Postgate）的前瞻式（prospective）和后顾式（retrospective）翻译分类很有启发。

洪堡的翻译理论建立在他独特的语言哲学基础之上。他认为语言只是“各民族精神的外在表现”，各民族的语言就是他们的精神，而各民族的精神也就是他们的语言。由于语言的差异，翻译者处于两难处境，要么过于贴近原文而失去本族语的魅力，要么拘泥于本族语而牺牲原作的风姿（威尔斯，1988：27—28）。然而，洪堡又提出，“没有任何事物是语言无法表达的”，“语言是人所共有的天性，所有语言都持有可以用以理解其他任何语言的钥匙”（同上：29）。在可译与不可译、语言作为系统和语言作为言语行为问题上的这种辩证思维，对 20 世纪语言学家，如索绪尔和乔姆斯基，产生了极大影响。

在法国，翻译理论基本上是围绕德·阿布朗古尔的翻译原则和方法而开展的古今之争和准确与自由之争。德·阿布朗古尔主张译文迎合本国读者的口味，强调文学可读性，因此容许增删和修改，甚至发挥，并不十分在意译文的忠实，被称为“自由翻译派的总代表”（谭载喜，1991：110），主张漂亮而不忠实的自由翻译派也一度成为主流。此外，他还主张翻译有价值的作品而不是去创作毫无新意的作品（Robinson，2002：157）。德·阿布朗古尔在取得巨大声誉的同时，也受到古典主义学者的尖锐批评。翻译批评家梅纳日以“漂亮而不忠实的女人”（les belles infideles）指责他的译作优美而不忠实（同上：156）。坚持准确翻译派的理论家德·梅西里阿克（Bachet de Meziriac）则认为“偏离原作意思的翻译不是翻译，而是背叛”（谭载喜，1991：114—115），主张不得在原作中“塞进私货”，进行删减和有损原意的更改。于埃（Daniel Huet）、德·图雷尔（Jacques de Tourreil）则主张折中主义的翻译观。这场论争一直持续到 18 世纪中期。18 和 19 世纪虽然被誉为法国翻译活动的黄金时代，几乎所有的大文豪，如伏尔泰、雨果父子、夏多布里昂、波德莱尔等，都是杰出的翻译家，但在翻译理论上最有建树的应首推多雷与巴托。

多雷是法国人文主义的印刷商、翻译家和学者，因公开鼓励人们阅读俗语《圣经》而受到教会仇视，被指控在翻译中宣传无神论与异教思想，在经过严刑拷打后被烧死，成为文艺复兴时期第一位殉难的翻译家（Robinson，2002：95）。在《如何出色地翻译》一文中，多雷提出了翻译的五条原则：

(1) 译者必须完全理解原作者的思想与风格；

(2) 译者必须通晓源语与译语；

(3) 译者不能屈从于源语而追求字当句对；

(4) 译者必须用通俗的语言形式；

(5) 译者不仅要满足读者的心灵，而且要满足读者美的享受（同上：95—96）。

多雷提出的五条原则其实并非他的原创，教会对他的指控也并不是对《圣经》的误译，而是对柏拉图某部作品的误译，认为他“违背了柏拉图的意图”（同上：95）。不过，他强调用通俗的当代语言翻译，认为当代语言应该与古典语言享有同等的地位，实际上代表了“一种激进的文化方针”（Bassnett，1996：14），而他的悲剧命运使他的翻译主张具有更深远的文化意义。

巴托在《论文学原则》（*Principes de la litterature*）中详细地论述过翻译问题。他认为，在翻译活动中，译者处于从属地位，原作者是主人，译者只是仆人，只能紧跟原作者忠实地再现和反映原作的思想与风格，不能僭越仆人的身份进行创作，不得作任何修改和增减。其具体的翻译思想可以概括如下：尽可能保留原作语序；保留原作意思表达的先后次序；译语句子长度与源语相同；再现连词；避免意译；译者可以修正原作但首先应强调形式对等。巴托的翻译思想具有重原作、重形式的倾向，但他从语言技巧的角度分析翻译，将语法结构、句子顺序应用于翻译的研究，这对当时法国乃至西欧翻译界都产生了积极的影响。

在英国近代翻译理论史上最令人瞩目的是《圣经钦定本》的翻译与出版，以及德莱顿、罗斯康门和泰特勒对翻译的论述。

17 世纪《圣经钦定本》的翻译和出版是英国乃至西方翻译史上的一大创举。《圣经钦定本》与古希腊《七十子希腊文本圣经》、古罗马安德罗尼柯所译的《奥德赛》和哲罗姆翻译的《通俗拉丁文本圣经》被誉为翻译历史上的四大杰作，对翻译理论的发展产生了极其深远的影响。首先，《圣经钦定本》是集体翻译的成果，47 位大学学者分为 6 个小组，从事各自承担的翻译任务；其次，译者拥有较多的参考书籍，吸取了不同版本的优点和当时《圣经》学术研究的成果，在学术性和忠实性方面大大超过以往的英语译本；再次，译者遵循严格的翻译规则，有效地排除了个人的偏见和随意增删；最后，《圣经钦定本》中 93% 的词汇来自英语本族语，语言通俗、纯朴、优美，对其后的英国宗教、文化和英语语言文学产生了不可估量的影响。

约翰·德莱顿集诗人、翻译家和翻译理论家于一身。在众多的论文和译作的序言中，他明确提出全面而系统的翻译观：第一，翻译是一门艺术，译者必须具有艺术家的气质，具有敏锐的艺术鉴赏力和丰富的表现力，才能把握和再现原作的艺术特征。他认为，对于一个缺乏翻译禀赋的人而言，具体的翻译规则“只能使他越发成为一个小丑”（Schulte and Biguenet，1992：31）。第二，译者必须考虑译文的读者和对象，主张在翻译原作中的方言时应以译作读者能否接受和理解为准绳，并可适当借用一些外来词。第三，译者是原作者的奴隶，“只能在别人的庄园里劳动，给葡萄追肥整枝，然而酿出的酒却是主人的”（谭载喜，1991：153）。最后他将翻译粗略地分为三类，即逐字翻译（metaphrase）、意译（paraphrase）和拟作（imitation），认为逐字翻译是“戴着脚镣……跳舞”，而拟作又近似于创造，脱离了原作的面貌，因此主张重意义、轻语言形式的意译，这样既可避免随心所欲，又不至于过分呆板，以词害义。他对翻译的三分法突破了传统二分法（即直译、意译）的局限，可以说是西方翻译理论的一大进步。他的翻译实践和理论被誉为 17 世纪英国翻译的顶峰，并对 18 至 20 世纪英国翻译产生了深远影响。

罗斯康门（Earl of Roscommon）原名温特沃斯·狄龙（Wentworth Dillon），既是诗人又是翻译家。他最杰出的贡献在于对翻译原则的探讨。罗斯康门认为：第一，翻译诗歌的译者首先必须是诗人，应该具备所译诗人类似的禀赋（seek a poet who your ways does bend）。第二，翻译过程中译者应与作者建立起一种共生关系（symbiosis），译者与作者不再是分离的个体，而是融为神秘、悦愉的一体（a mystical orgasmic relationship）。因此，译者必须

> 像选择朋友一样去选择作者，
> 由于和谐的联系
> 你会产生熟悉、亲近和喜好。
> 你们的思想、语言、风格、灵魂会保持一致。

这样，译者不再是作者的解释者，而是译文读者的原创者。第三，译者必须忠实于原作，意思准确，风格相当，表达流畅。“一不改，二不增，三不减，增减相比，宁减勿增”（同上：151）。他的翻译论著《译诗论》（*Essay on Translated Verse*）曾极大地鼓舞过德莱顿；他提出的“同情关系”（sympathetic bond），不仅在当时影响很大，至今还得到一些翻译理论家，如S. 巴斯奈特的高度重视。

亚历山大·弗雷泽·泰特勒是历史学教授，酷爱文学和翻译。他的《论翻译的原则》一书是西方第一部翻译理论专著。在书中，泰特勒提出了著名的翻译三原则：（1）译者应精通原作语言和题材，完全再现原作的思想。在翻译中译者享有对原作有限的增减自由。（2）译者应具有准确判断和鉴赏原作风格手法的能力，使译作的风格与手法与原作等同。（3）译作应与原作同样通顺。泰特勒认为，译者虽然与画家一样都从事模仿，但译者不能照搬原作的笔法和使用相同的色彩，必须通过创造来达到同样的感染力和效果。此外，泰特勒认为诗歌只能用诗歌的形式来翻译；优秀的译作必须使读者领略原作的优点，并得到同样强烈的感受。

在进入20世纪以后，意大利著名的美学家和文学评论家克罗齐从美学的角度出发，认为言语行为具有不可重复性，因此文学翻译不可能完美地再现原作。文学翻译是艺术的再创作过程，译作不可能与原作等同，必然带有译者的风格，译者的目标应是使译文本身成为独立的艺术品。此外，克罗齐认为文学翻译与专业翻译有本质的区别，前者应贴近原作，后者应更加流畅自然，不能过于拘泥。德国翻译理论家本雅明认为原文与译文如同花瓶的碎片，而花瓶是源语和译语背后更高级的“纯语言”（Gentzler，1993：165）。翻译不是要再现原文的意义，而是移植原文的“意图模式”，再现原文的意义表达形式。译文应该透明，读者能透过译文看到原文的光泽，所以最理想和最佳的翻译应该是逐行翻译（Schulte and Biguenet，1992：82）。英国翻译理论家波斯盖特从侧重原作或侧重译作入手，将翻译分为前瞻式翻译和后顾式翻译。前瞻式翻译的着眼点在译文和译文的读者，注意力在于表达，翻译方式也灵活多变。后顾式翻译着眼点在于原作者，目的是不折不扣地反映原作的精神，不必考虑译文的读者是否能够理解。古典名著一般需要后顾式翻译。

西方翻译研究的传统和语文学的翻译观讨论的核心是“如何翻译”，

即直译与意译、可译性、意义的流失以及能否用本族语言翻译等。其局限性在于过分强调译文在意义、句法、文体上与原文的对应，忽略译文读者的反应和语境对翻译的影响。追求的目标是理想化的翻译标准，而研究方法常常流于主观印象。

第二节　翻译的语言学研究

西方语言学翻译理论发轫于20世纪50年代，直接受益于语言学的研究成果。半个多世纪以来，翻译研究者从乔姆斯基的生成语法、韩礼德（M. A. K. Halliday）的系统功能语法、语用学、关联理论以及认知语言学等中，吸取了相关的理论模式和研究方法，对翻译现象进行了卓有成效的描述与分析。翻译的语言学研究也因此成为一个最重要的流派，其中比较有影响的是美国的奈达，英国的卡特福德、哈特姆、梅森等，以及德国威尔斯与功能主义学派的翻译思想。

一、奈达的翻译观

尤金·奈达是著名的美国语言学家，《圣经》研究及翻译专家。其翻译思想经历了从语言学、交际学到社会符号学的发展过程，基本思想可以概括如下：

（1）提出翻译的科学概念，主张翻译不仅是一种艺术，一种技巧，而且是一门科学。他认为可以“采用处理语言结构的科学途径、语义分析的途径和信息论来处理翻译问题”（Nida and Taber, 1969：7）。奈达“翻译科学”的观点在西方语言学界和翻译理论界曾经产生过较大的反响。

（2）将转换生成语法、现代交际理论的研究成果运用于翻译研究，提出翻译的交际学理论。奈达指出，合格的译文必须具有交际作用，并为译文接受者所看懂。他强调译者在翻译过程中，必须从作者、内容、读者、背景、作品表达手段等各个方面对作品进行全面分析，然后将其转换成起交际作用的译文。

（3）提出动态对等翻译观，从译文接受者的反应出发，着眼于原文的意义和精神，而不拘泥于形式对应。

（4）提出分析、转换、重组与检验的四步式翻译过程。分析是最为复杂关键的一步。在这一阶段，奈达主要用三种分析方法（线性分析法、层次结构分析法和成分分析法）分析了三种意义（语法意义、所指意义和内涵意义）。

奈达借鉴经典转换生成语法理论中的核心句、非核心句与转换等概念，提出了著名的逆转换翻译理论。他认为翻译过程包括分析（analysis）、转移（transfer）和重组（reconstructure）三个阶段的复杂过程。奈达在提出逆转换翻译模式时深受乔姆斯基转换生成语法的影响。乔姆斯基在《句法结构》（*Sytactic Structures*）一书中初步阐述了自己的生成转换理论，提出了核心句、非核心句及转换等一系列概念；而在《句法理论的若干问题》（*Aspects of the Theory of Syntax*）一书中，他对其理论进一步发展，系统阐述了“深层结构”这一著名概念。奈达认为这种“充分运用转换方法的生成语法”是处理歧义最为有效的方法（Nida，1964：59—60）。具体地说就是，在对原文进行语法语义分析的基础上，将其从表层结构逆转换为深层结构，然后传译到译文深层结构，最后再从译文深层结构转换为译文表层结构。即

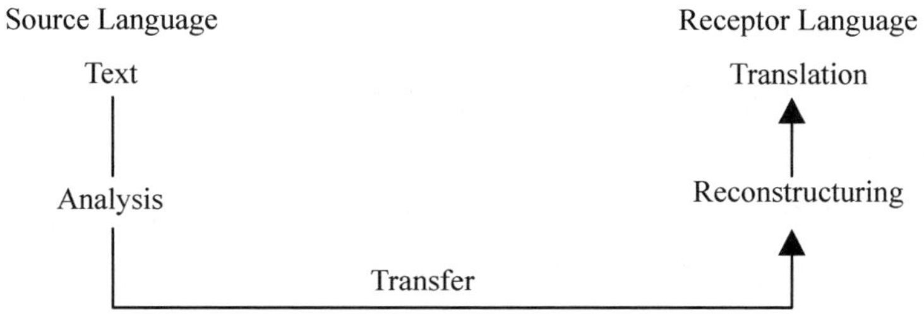

Nida's Model（Nida and Taber, 1969: 33）

翻译也就涉及三个主要步骤：

（1）追溯出原文句子结构最简单、语义最清楚的核心句；

（2）将核心句从源语中译出；

（3）按照译出的核心句生成译语中的表层句子。

奈达归纳出语言的七类基本核心句（kernel sentence）：

（1）John ran quickly.（约翰飞快地跑。）

（2）John hit Bill.（约翰打比尔。）

（3）John gave Bill a ball.（约翰给比尔一个球。）

(4) John is in the house.(约翰在屋里。)

(5) John is sick.(约翰生病。)

(6) John is a boy.(约翰是男孩。)

(7) John is my father.(约翰是我父亲。)

他认为核心句是一个具有完整意义的最小单位，通过它们的逻辑组合，可以生成语言中一切可能的句子（语言的表层结构）。在将表层结构的各种表达形式转换成核心结构时，奈达对词进行了功能分类，即事物词（objects）、活动词（events）、抽象词（abstracts）以及关系词（relationals）。

其次，奈达提出了对等的概念。他将翻译定义为："从语义到文体在译语中用最近似的自然对等值再现源语的信息。"（Nida and Taber，1969：12）这一定义指出了翻译的本质和任务（用译语再现源语信息）以及翻译的方法（"用最近似的自然对等值再现源语的信息"）。

动态对等要求对译文进行相应调整以满足不同接受者的要求。如前所述，评判译文质量要以译文接受者对译文的反应为衡量标准，如下图所示：

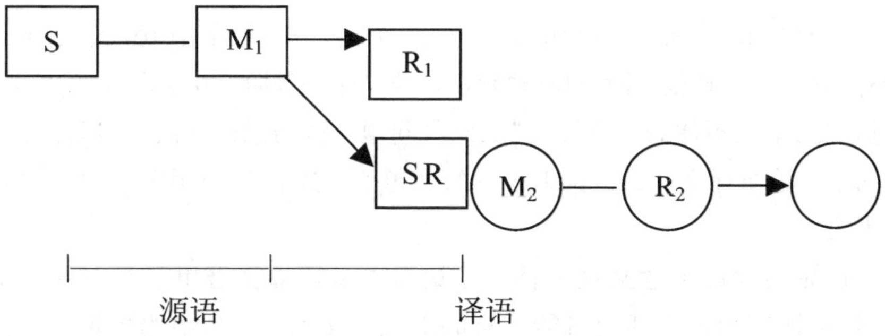

图中第一个方格代表源语信息源 S，发出信息 M_1，被源语接受者 R_1 接受。译者既是源语接受者也是译语信息源，他首先接受信息 M_1，然后在完全不同的语言文化环境中向译文接受者 R_2 发出新信息 M_2。两种不同的语言文化环境由方格与圆圈来区别表示，方格代表源语，圆圈代表译语，译者与翻译评论家都同时具有源语与译语两种背景。过去对译文的检验通常是比较 M_1 与 M_2 的形式与意义结构，在比较的基础上判断译文是否“忠实”。

奈达的逆转换翻译模式以“形式最简单”“关系最明确”的核心句来解释复杂的信息转换过程，相对于语文学的翻译理论，具有公式化和比较严密、科学的形式体系。他提出的等效观也比孤立静止地比较原文文本与译文文本的忠实观更加科学可行。

二、卡特福德的翻译观

1965 年，卡特福德出版了《翻译的语言学理论》（*A Linguistic Theory of Translation*）一书，提出既然翻译涉及两种不同的语言，那么任何翻译理论都必须采用某种关于语言的理论，即普通语言学的理论。卡特福德借用了系统语法对语言的描述分类、应用层次、范畴以及级阶的语言学理论作为论述语际转换的理论根据，力求科学地阐述翻译过程中的转换规律、翻译等值以及达到翻译等值的方法和条件。

卡特福德认为语言的基本层次为语法与词汇形式（grammatical/lexical form）、媒介形式（medium form）、媒介实体（medium substance）和语境（situation），此外还应包括上下文意义（contextual meaning）；有四个基本范畴，即单位（unit）、结构（structure）、类别（class）和系统（system）；以及三个阶，即级阶（rank）、说明阶（exponence）和精密阶（delicacy）。他主张用级阶（rank）的概念来解释历史上争论不休的“直译”“意译”问题，认为意译打破了级阶的限制和约束，追求译文在词、词组、分句、句子，甚至更大的语言单位上与源语等值。

在论述翻译中意义这个核心术语时，卡特福德沿用了弗斯的定义：“由任何语言形式或任何可能具有的形式（文本、文本中的条目、结构、结构成分、类别、体系中的术语）构成的关系的总网络”（total network of relations entered into by any linguistic form — text, item-in-text, structure, element of structure, class, term in system — or whatever it may be）。翻译的对象是语际之间单向的转换关系，即从源语到译语的转换关系，属于比较语言学的范畴。卡特福德认为，两种语言只要具有“空间的、时间的、社会的或其他的关系，都可以建立翻译等值关系”。这也就是说，翻译不仅包括不同语种之间的转换，同时还包括不同方言变体、同种语言不同时期语言变体、不同社会阶层语言变体、不同行业或专业语言变体之间的翻译。

卡特福德认为，翻译的定义是“用一种等值的语言（译语）的文本材料去替换另一种语言（源语）的文本材料”[the replacement of textual material in one language (SL) by equivalent textual material in another language (TL)]。根据范围、层次和等级，翻译可以分为如下几类：

（1）根据翻译的范围（extent），翻译可分为全文翻译（full translation）和部分翻译（partial translation）。

（2）根据翻译的层次（levels），即语法、词汇、语音、词形等，翻译可分为整体翻译（total translation）和有限翻译（restricted translation）。

（3）根据语言的“等级”，即词素、词、短语或意群、分句或句子，翻译可分为逐词翻译（word-for-word translation）、直译（literal translation）和意译（free translation）。

对于特定原文和译文进行仔细观察和分析就能粗略地确定文本的等值关系，并用概率表示；而文本等值关系无条件概率等值关系的“外推”就是翻译理论家要确定的翻译规则。

在翻译过程中需要考虑的两个最重要的关系是形式关系和语境关系。形式关系（formal relations）是指“同一语言中一种形式条目与其他形式条目之间的关系……而种种形式关系构成其形式意义”（formal meaning）。语境关系（contextual relations）是指“语法或词条与这些条目所处的文本语境的语言上的相关成分之间的关系”。

在论述翻译等值关系的条件的同时，卡特福德提出了翻译等值关系的两个限度：

（1）媒介之间的翻译是不可能的（即，不能把一个文本的口头形式“翻译”成书面形式，反之亦然）。

（2）无论是媒介层次（音位学或字形学）之间还是语法和词汇层次之间的翻译都是不可能的（即不能把源语音位译成译语语法，或把源语词汇译成译语字形，等等）。

反之，“如果不可能把功能上相关的语境特征建立在译语文本的语境意义之中，就无法进行翻译，或者说出现了不可译性”。不可译性分为语言不可译和文化不可译：

（1）语言不可译（linguistic untranslatability）是指译语没有与源语文本对应的语言形式特征。语言不可译性主要来自源语中两个或两个以上的语法单位或单词共用一个语言形式；或者源语单位一词多义而译语没有相应的意义关系。

（2）文化不可译（cultural untranslatability）产生的原因是“与源语文本功能相关的语境特征在译语文化中却不存在”。

卡特福德声称要“建立一种翻译理论”，强调并深入研究成分分析和翻译对等，并将概率论应用于翻译研究，力图使翻译研究走上客观、科学的道路。奈达也指出，翻译的语言学理论长于制定出语际之间转换的规则和程序，但视野太窄，忽略了语言的交际功能。到了 20 世纪 90 年代，语言学的发展开始逐步克服以上的不足。

三、哈特姆和梅森的翻译观

1990 年，英国哈特姆（Basil Hatim）和梅森（Ian Mason）出版了《话语与译者》（*Discourse and Translator*）一书，认为翻译是一个交际过程，并集中讨论了于翻译而言至关重要的语境的交际、语用和符号三个层面对译者的制约作用，以及文本类型、文本结构等衔接方式对翻译活动的影响。

翻译既然是一个交际过程，语境就是使话语具有连贯性的最活跃和最多变的因素。语境可以分为三个层面：

（1）交际层面：涉及不同交际情景所对应的不同语言变体，其中包括与用途相关的语域（语场、语式和语旨）和与使用者相关的方言 [地域方言、时代方言、社会方言、（非）标准方言和个人语言]。

（2）语用层面：包括言语行为与翻译、言语行为与情景因素以及合作原则与翻译。

（3）符号层面：包括符号实体（句法相关、语义相关和语用相关）与翻译，以及互文性与翻译。

如果说语境是影响交际的中心因素，那么连贯则是在语篇层次上决定交际能否顺利进行的基本点。目前，语篇连贯的研究多集中于衔接手段，但哈特姆和梅森认为，对译者而言，“应该纳入考虑的，不是原文使用某种衔接手段，而是使用这种手段背后的目的”。

首先，语篇结构中单元（element）构成序列（sequence），序列再构成语篇（text）。影响语篇结构的因素有语境和作者意图。译者必须透过线性语言，窥探出语篇的序列、序列与序列之间的界线、话题的转移等语篇标志，结合语境分析出作者的目的，然后在译语中恰当表达。

其次，作者采取某种指称形式并不是随意的，而要受到来自文本类型、惯例、修辞意图等诸多因素的影响。译者在翻译“指称”时，应注意分析指称方式背后潜藏的动力。

最后，对主位推进模式的了解有助于读者预测文本发展的方向，更有助于文本取得连贯的效果。哈特姆和梅森还认为，主位推进模式与说话者的意图密切相关。

哈特姆和梅森以话语分析为中心，综合考虑了译者和读者的不同文化语境。他们认为，译者是原文作者与译文读者之间的协调者（mediator），协调过程中，译者必须充分考虑译文读者的期待视野，分析原文中各种符号间的相互作用、本文与前文的互文关系和作者的连贯手段，挖掘出原文的修辞意图，最后在译语中充分传达出来。哈特姆和梅森的话语分析语言学翻译理论，其目的不是“教译者怎样做翻译”，而是回答“我们对翻译认识多少”的问题。

四、威尔斯与德国功能主义的翻译理论

威尔斯（Wolfram Wilss）是翻译科学派在德国最有影响的代表。至今已有多部著作问世：《翻译科学：问题与方法》（*Science of Translation: Problems and Methods*，1982）、《认知与翻译》（*Kognition und Übersetzen*，1988）、《翻译行为多面概念探索》（“Towards a Multi-facet Concept of Translation Behavior”，1989）、《翻译：过程与方法》（*The Science of Translation: Problems and Methods*，1994）、《译者行为中的知识与技能》（*Knowledge and Skills in Translator Behavior*，1996）等在译界有广泛影响。其主要观点有：

第一，威尔斯认为，翻译研究是一门科学。他在研究了施莱尔马赫和洪堡的著作之后指出，翻译科学应该具有认知性（cognitive）、解释性

(hermeneutic）和联想性（associative)，应该在有限程度上做到客观，并在程序方法上不受价值观的影响（威尔斯，1988：3)。翻译研究包括：(1）普通翻译学，研究翻译过程中的普遍原则，具有纯理论的功用；(2）描写翻译学，从实践经验的角度研究翻译过程中的种种具体问题；(3）应用翻译学，检验普通翻译学和描写翻译学的效用，并从前瞻和后顾的角度研究翻译教学的可能性和限度。

第二，威尔斯坚持翻译的可译性。他认为虽然不同语言的表层结构彼此排斥，但在较深层次上却十分类似，并且深层结构能够生成表层结构。由于语言和人类经验的普遍性和相似性，一种语言在功能对等的基础上译成另一种语言是完全可能的。在同一语言内尚“不可能百分之百地实现转换”，因此翻译有限论不仅适用于语际翻译，也适用于同一种语种内的翻译。

第三，翻译是一种语际信息传递过程。翻译具有语际性、单向性和不可逆性的特征。翻译是一个可以用符号学概念加以描写的过程，是从一个符号系统转换成另一个符号系统的过程。翻译理论必须研究“翻译过程本身”，而不能将翻译视为“静止的状态”和既成事实。由于翻译是一个过程，自然将原作者的意图、接受者的意图联系起来，使其成为译者必须考虑的重要因素。

第四，翻译方法的分类。威尔斯在批评了现行的翻译方法分类之后，借用心理语言学的分类体系，将翻译方法分为：(1）习惯化翻译程序（以联想原则为基础的翻译手法)；(2）可以使之半内部化的部分习惯化翻译程序；(3）非习惯化翻译程序，即在认知心理学（而不是联想心理学）的基础上进行翻译处理。威尔斯承认，这种分类还存在局限性，无法包容各种类型的文本。

第五，文本类型与翻译等值。威尔斯提出，话语具有三种功能，即描述性、称呼性和表情性功能；具有着眼于“信息源和接受者的中性所指关系、着眼于信息源的所指关系和着眼于接受者的所指关系”(同上：107)。威尔斯在高度评价奈达等值原则的同时又指出，“等值”是一个难于操作的概念。译者特有的语言及超语言的经验、不同的心理气质和解决翻译问题的能力，话语本身存在的含糊、歧义、语法结构的不严谨和风格的差异，作者、译者和读者缺乏合作、了解，这些都使读者会从直觉和个人经验来判断等值。

与其他翻译的语言学理论家一样，威尔斯的翻译科学强调语言本质的普遍性和研究方法的科学化，研究对象是翻译中的共性而不是个性。他的翻译科学带有“明显的德国理想主义色彩”(Gentzler，2001：64—65)。

20世纪90年代以后，以德语国家为主而兴起的功能主义学派，即翻译目的论逐渐受到译界的关注。其代表人物为赖斯（Katherina Reiss）、弗米尔、斯内尔-霍恩比（Mary Snell-Hornby）和诺德（Christiane Nord）。

目的论从行为主义理论出发，认为翻译是人有意识、有目的的交际行为，翻译具有特定的交际目标，这就是文本的目的（text Skopos）。而人们期待目标的成功实现又与恰当的交际形式直接相关。弗米尔认为，目的原则及翻译的方式必须使译文在使用者的情景中产生他们期望的功能。诺德进而将目的原则界定为“目的决定方式”(the ends justify the means)。

在诺德《目的性行为——析功能翻译理论》(*Translation as a Purposeful Activity: Functionalist Approaches Explained*）一书中，她首先界定了目标（aim）、目的（purpose）、功能（function）和意图(intention)，认为原文的发送者与译文的接受者分属不同的文化和情景，因此功能和意图必须从两个不同的角度进行分析。翻译的发起人，即翻译的客户因为特定的目的要求翻译，翻译通常是“委派”译者来翻译；发起人会详细说明翻译的目的，解释交际中的读者、时间、地点、场合、媒介以及文本功能，即指令（brief）或委托任务（assignment）。当然，这种指令可能带有常规或惯例性质。

弗米尔认为将原文的意义传达到译入语读者的提法并不准确，因此提出了文本内连贯（intra-textual coherence）与文本间连贯（inter-textual coherence）的概念。文本内连贯是指译文文本对译入语文化的读者必须有意义，读者能够理解；而文本间连贯是指译入语文本与源语文本有某种对应关系，亦即忠实。文本间连贯应该从属于文本内连贯，而这两者又都应该从属于目的原则。

翻译既然是跨文化交际，不同文化的文化特性（culture-specificity）

必然影响翻译策略的取舍与选择。弗米尔认为，所谓文化，就是社会成员必须知晓的一套规范和惯例。只有在比较中我们才能理解与认识自己的文化和其他文化，才能准确地把握形式与功能之间的关系。原文本只是信息提供源，译者在翻译中必须考虑读者的需要、读者的期待、读者的前知识等。这对传统翻译理论中的对等概念提出了挑战，对等只能是“适当性”（adequacy）的下属概念，而“适当”是指译文文本有关翻译指令的性质：翻译应该“适当地”实现指令的要求，是动态的概念；而对等是静态，只是对两个文本之间词语、短语、句子、句法等较低的级阶相互关系的描述。

为了实现翻译目的，译者必须确定不同层次对等之间恰当的等级关系。为此，赖斯和弗米尔详细分析了文本的类型。根据主要的交际功能，文本可以分为信息性（informative）、表情性（expressive）和实施性（operative）文本；根据语言特征或惯例，文本可以分为参考书、讲义、讽刺或广告等文体或文类。信息性文本是告知读者真实世界的对象与现象，翻译中语言与文体形式必须服从这一功能。在表情性文本中，信息功能应该让位于美学的因素，译者应尽可能表现原文的文体特征。在实施性文本中，译者要让读者产生同样的反应，即便改变原文的内容或文体特征也在所不惜。而文本功能类型与文类或文体有关联，但又不一一对应。既然文类和文体具有约定俗成的特征，其分类在翻译功能中便有积极的作用。

不过，目的论也受到一些学者的批评，认为就翻译而言，原文文本始终是译文评判的标准；目的论牺牲了意义的丰富性，有简单化之嫌，因而也很难适用于文学翻译的研究（Baker，1998：237—238）。

语言学的发展不仅为翻译研究提供了积极的理论框架和思路，还为翻译研究提供了客观和科学的研究方法。以图里为代表的描述翻译研究和以贝克尔为代表的语料库翻译研究，力求使翻译研究摆脱主观随意性，不是去探讨一些理想的翻译标准，而是认真分析和研究大多数译者究竟在干什么，究竟如何在翻译，翻译的过程到底如何；不是只重视个人翻译的经验和翻译细节（anecdotalism），忽视翻译的系统规律（systematicism），而是希望从局部上升到全面（from local to global），从个性上升到共性，并通过对比、验证假设而上升为理论，以及探索翻译的规范（norms），甚至翻译普遍性（translation universals）。

第三节　多元系统

多元系统（polysystem）由英语词缀poly与system合成，由以色列学者伊塔玛·埃文-佐哈尔（Itama Even-Zohar）于20世纪70年代初率先提出。佐哈尔吸取俄国形式主义、结构主义、一般系统理论与文化符号学的积极因素，将翻译文学视为文学多元系统中的子系统，客观描述翻译文学在主体文化中的接受与影响，以期有效揭示制约文学翻译的规范与规律。

多元系统的主要理论来源是俄国的形式主义，特别是梯尼亚诺夫（Yury Tynyanov）有关系统的理论。出于对印象主义和实证主义批评的不满，俄国形式主义者认为文学作品并不只是文学技法的简单堆积，而是“有秩序、分层次的结构”。一部文学作品或文学类型是一个结构整体；文学本身同样是“有层次组织、自我更新的整体”（Hermans，1999：104）。从共时研究的角度观察，文学似乎是一个和谐、平衡与静态的系统；但从历史的角度来看，文学内部充满了冲突和变异。文学的演进和发展在于系统内部持续不断的、陌生取代熟悉、创新取代传统的运动。

1924年，梯尼亚诺夫在论文《文学事实》中提出，文学事实是一个“关系实体”（relational entity）；所谓的文学作品、文学类型、文学时代或文学本身，实际上是若干特征的聚合，这些特征的价值取决于它们与网络系统中其他因素的相互关系。因此，文学是一个变动不居的系统；文学研究必须置于共时和历时两个维度之下来进行。1927年，梯尼亚诺夫在《论文学进化》一文中又提出，文学的进化在于“系统的变异”（mutation of system），即处于文学系统中心位置的高雅文学被处于边缘的、更富活力的新文学所取代（同上：104—105）。

既然文学被看成一个系统，文学史也可被视为系统。相应的其他文化和社会现象也都可以视作系统。在俄国形式主义之后，布拉格结构主义者穆卡洛夫斯基（Jan Mukalovsky）开始研究文学与周边环境的互动关系，认为文学变化产生于内部演进与外部干涉的共同作用。洛特曼（Juri M. Lotman）从文化符号学的角度提出，文化作为一个整体可视作“巨大的、多层次的系统”，是一个“符号球状体”（同上：105）。

长期以来，文学翻译一直被视为派生的、模仿性的、第二位的文学形式，处于文学研究的边缘，极少受到文学研究者和文学史学家应有的重视。评论文学翻译的标准大多是先验性的，重原文文本轻译文文本。20世纪70年代以后，人们开始对先验性的“等值”标准提出质疑；描述性的、动态的翻译研究应运而生。人们不再局限于用“等值”“正误”“好坏”“对错”等标准来评判翻译文本，而是将翻译文本中出现的“差异、谬误、模棱两可、多元指涉，以及‘异质’的混乱”视作“文化意识形态直接影响特定文学抉择的宝贵资源”（Gentzler，2001：4）。

一、佐哈尔：多元系统

佐哈尔在阐述多元系统的设想之前，对科学的研究范式进行了界定，认为传统的研究侧重于实证主义，“即搜集资料，然后以经验主义理由将之接受，并分析其物质内容”。而现行的研究方法则应该是功能主义的：

> 以分析现象之间的关系为基础。把符号现象视为系统，就有可能对各种符号集成体的运作方式提出假说，从而迈向现代科学产生以来一直为之奋斗的最终目标：找出支配着各种现象的多样性和复杂性的规律，而不是对这些现象进行登记和分类。（佐哈尔，2002：20）

与此同时，佐哈尔批评索绪尔及其学派将“系统构想为一个静态（共时）的关系网”，使“历史层面在实质上被排除到语言的领域之外”（同上）。可以看出，佐哈尔首先是要对复杂多样的关系进行客观描述，然后从历时和共时两个方面去发现规律，对未来的文学现象进行预测。

对于多元系统，佐哈尔定义如下：

> 可以把符号系统视为一个异质的、开放的结构。因此，它通常并非单一的系统，而必然是多元系统，也就是由若干个不同的系统组成的系统，这些系统互相交叉，部分重叠，在同一时间内各有不同的项目可供选择，却又互相依存，并作为一个有组织的整体而运作。（同上）

随后，佐哈尔强调，他“创造‘多元系统’这个术语，其实是有用意的，就是要明确表达动态的、异质的系统观念，和共时主义划清界限”(同上)。所谓“动态”就是引入时间因素，考虑历时的演变与发展，而文学的“异质”则“体现在一个社会拥有两个（或者更多）的文学系统”。佐哈尔声称，多元系统的一个重要原则便是“绝不以价值判断为准则来预先选择研究对象”(同上：21)，不仅应该研究文学系统中的“名著”和高雅文学，同时也要研究儿童文学、翻译文学、大众文学等等。一个文本在系统内的地位是高雅还是俚俗，并非取决于该文本的“内在特征”，而是取决于文本之外的“社会文化因素”(同上)。高雅与俚俗、经典化与非经典化之间的张力，是系统得以有效维持的关键：

> 系统中的经典化形式库，如果没有非经典化的挑战者与之竞争并常常威胁着要取而代之，过一段时间就很可能停滞不前。在后者的压力下，经典化形式库不可能维持不变；这就保证了系统的演进，而只有演进才能生存下去。在另一方面，如果不容许压力存在……一个系统要么逐渐被遗弃并被另一个系统取代……要么因为爆发革命而全面崩溃。(同上：22)

实际上，维持系统运作的挑战、竞争和威胁就是矛盾和对立。佐哈尔列举了三对相互对立的概念：

第一，经典化与非经典化（canonized and non-canonized）产品或模式（作品、形式、文类、习俗及规范）的对立，大致与“高雅”与“俚俗”文学相当（Hermans，1999：107)。所谓经典化，即文化中主流阶层认可和接受的“合法”(legitimate）文学；而非经典化则意味着主流阶层排斥或不认可的“不合法”(illegitimate）文学。由于文化中的主流阶层是一个历史的、动态的规定，常常会随时间的推移而变化，因此经典性又有静态与动态之分。静态经典是指“一个文本被接受为制成品并且被加插进文学（文化）希望保存的认可文本群中”；动态经典则指“一个文学模式得以进入系统的形式库，从而被确立为该系统的一个能产(productive）的原则”。就系统的演进而言，动态经典“才是最关键的”，是“经典库的真正制造者”(佐哈尔，2002：22)。

第二，中心与边缘（centre and periphery）位置的对立。佐哈尔认为，整个多元系统的中心等同于最权威的经典形式库；他于 1997 年将形式库重新界定为“制约任何产品的生产与处置，或生产与消费的规则与材料”(Hermans，1999：107—108)。系统的中心是系统的核心或权力所在。

第三，主要与次要（primary and secondary）活动的对立，即创新与保守的对立。主要活动带来形式库的扩展与重构，而次要活动的作用起初巩固形式库，但最终却导致形式库僵化和失效。

这三对二元对立之间的冲突、演变与转化构成了文学的发展史。在文学系统的诸多因素（系统）中，佐哈尔特别强调应该将翻译文学纳入文学多元系统，认为翻译文学“在特定文学的共时与历时的演进中都具有重要影响和作用”(Gentzler，2001：116)。特定的翻译或翻译模式在一个文化的文学系统中是发挥主要的还是次要的作用，完全取决于系统的状态。就一般而言，绝大多数的翻译属于次要活动，其作用是保守的，是维护或强化现有文学（文化）传统，但在下列三种情况下，翻译文学可能成为主要的活动，可能促进形式库的充实与完善：

> 第一，当文学还处于“幼稚期”或处于建立过程中时；第二，当文学处于“边缘”或处于“弱小”状态，或兼而有之时；第三，当文学正经历某种“危机”或转折点，或出现文学真空时。(Zohar，2000：194)

佐哈尔进而沿两条线索研究翻译作品与文学多元系统的关系。第一，主体文化是如何选择翻译对象的；第二，翻译文学如何与译入语言中其他系统产生联系，从而“采取特定的规范、行为和政策”(Gentzler，2001：193)，发挥特定的功能。佐哈尔认为，如果翻译文学在文学多元系统中处于中心位置，就意味着它是创新力量的重要组成部分，而且翻译文学常常与文学史上的重大事件联系在一起。在这样的历史时期，“原创”作品与“翻译”作品不再泾渭分明；“翻译作品的类型扩展到‘次’（semi-）翻译和‘准’（quasi-）翻译”；翻译规范“可能过于异化或带有过于强烈的革命性”(Zohar，2000：196)；翻译的忠实性与充分性（adequacy，多少类似于我们所说的硬译）趋于同一。在这个时期，“硬译的文本不是引入，而是强加于译入语言的文学多元系统”（Shuttleworth and Cowie，1997：6）；最知名或最受欢迎的翻译作品均由主要作家翻译。在文学新模式的构建过程中，翻译不仅引进新思想，而且引进新的（诗学）语言、写作模式和技巧（Zohar，2000：193）。“五四”前后中国翻译文学的历史正好印证了佐哈尔的理论。反之，翻译的作用则趋于保守，翻译方式也多采用现行的、毫无创新的归化手法，忠实性与充分性逐渐分离。

多元系统的假设将文学与历史发展中的“社会、经济力量结合起来”，使文学研究自身得到扩展（Gentzler，2001：120）。佐哈尔用以描述文学内部系统的规则也同样适用于描述文学与超文学系统之间的互动关系。其后，某些学者指出了多元系统的某些局限。苏珊·巴斯奈特认为，佐哈尔对文学系统状态的描述“有些粗糙”（somewhat crude）（Bassnett and Lefevere，1998：127）；赫曼斯（Theo Hermans）认为，佐哈尔对“弱小”“边缘”的评价性的陈述“并不明晰”（Hermans，1999：109）；他对系统演进的描述不仅非常抽象，而且给人决定论的感觉，似乎系统的演进是自主和周期性的。最后，佐哈尔将系统内部的变异完全局限于二元对立的因素，忽略了“所有那些模棱两可、混杂、不稳定、流动易变和交叉……的因素”（同上：119）。正是从佐哈尔并不完善的假设出发，一些学者对系统概念进行了重要补充。图里、切斯特曼（Andrew Chesterman）的翻译规范，赫曼斯的操控理论和勒弗维尔的重写概念，进一步推动了多元系统的发展与完善。

二、图里与翻译规范

早在20世纪六七十年代，已有一些学者提出了“规范”（norms）的概念。列维（Jiri Levy）认为，翻译是一个决策过程（decision making process），译者从文本的选择到句子结构、措辞、标点甚至拼写，都面临着众多抉择的可能性，而每一个既定的抉择又会影响其后的取舍。从理论上看，所有的抉择均处于“完全可以预测”与“完全无法预测”这两极之间。这种张力正好体现出“译者的权力与责任”（同上：73—74）。在此之后，波波维奇指出，既然抉择既非完全前定的，又非绝对任意的，那么促使译者作出某一决定的原因何在？除了纯粹的主观意愿之外，译者必须面临源语文本和译语文本两套规范或习俗（norms and conventions）的制约，翻译实际上是在规范制约下的抉择活动。

图里借鉴了列维和波波维奇的观点，从行为主义的角度来探讨规范。他认为，规范是明辨社会行为是否得体的标准，是一种社会文化习得。在翻译中，排除语言的结构规则之外，我们应该着重研究“非强制性”（non-obligatory）的选择。图里称，规范是翻译能力（competence）和翻译实践行为（performance）之间的中介，翻译能力指译者拥有的所有可能性，而翻译行为则是译者在种种制约因素的左右下作出的实际抉择（同上：74—75）。

在《翻译中规范的性质与作用》（“The Nature and Role of Norms in Translation”）一文中，图里分析了规则（rules）、规范和特异倾向（idiosyncrasies）的区别，称规则是（更）客观的规范，而特异倾向是（更）主观的规范。在实际翻译过程中，译者通常受到三类规范的制约：

（1）伊始规范（preliminary norms）决定待译文本的选择，即翻译政策。在特定历史时期，翻译、模仿、改写有何区别？目标文化偏爱哪些作家、哪个时代、何种文类或流派的作品？是用直接翻译或是间接翻译，即是否允许或接受经过第三国语言的转译？

（2）起始规范（initial norms）决定译者对翻译的总体倾向，即倾向于原文本还是倾向于译文文化的读者习惯。图里将这两极称为“充分性”（adequacy）和“可接受性”（acceptability）。

（3）操作规范（operational norms）制约实际翻译活动中的抉择。下面又细分为：a）母体规范（matricial norms），即在宏观结构上制约翻译的原则，例如，是全文翻译还是部分翻译，以及决定章节、场幕、诗节和段落的划分；b）篇章语言学规范（textual-linguistic norms）影响文本的微观层次，如句子结构、遣词造句，是否用斜体或大写以示强调等等（同上：75—76）。

图里提出，伊始规范是其他具体规范的统领，在“逻辑上和时序上均较其他规范享有更大的优先权”（Toury，1995：59）。图里的翻译规范产生于对同一原文在不同历史时期由不同译者翻译的文本所进行的比较研究，而翻译规范在很大程度上取决于翻译活动和翻译产品在目标文化中的地位，这就意味着不同的历史时期对翻译有不同的界定，反映出译者优先考虑的因素以及影响翻译过程的潜意识因素。由于规范决定了译者的抉择，因而也就决定了翻译文本与原文文本的关系，而这种关系又决定了某一阶段翻译活动的总体观念，即“特定文本库”的总体观念。如此一来，也就为探索翻译行为的基本规律创造了条件。正如图里所言：“描述研究积累起来的发现应该可能形成一系列连贯的规律；这些规律可以确定与翻译有关的种种变体之间的内在联系。”（Hermans，1999：91）这即是说，发现翻译规范只是一个阶段性的目标，描述翻译研究的最终目标是要探索翻译的规律（translational laws）。赫曼斯将翻译研究的逻辑关系表述如下：（1）从理论上思考可能涉及的因素；（2）将理论上可能涉及的因素与实际翻译明显涉及的因素进行比较；（3）推断出特定条件下翻译将可能涉及的因素。“（1）和（2）分别属于翻译理论和描述翻译研究的范围；而（3）则表现为更复杂的理论形式”（同上：92）。

在图里之后，切斯特曼又提出了略有区别的翻译规范：社会规范（social norms）、道德规范（ethical norms）和技术规范（technical norms）。社会规范协调人与人之间的关系；道德规范指译者应该坚持“晓畅、真实、信任和理解”的价值标准；而技术规范之下又分产品规范和生产规范。产品规范（product norms）又称期待规范，即译作应满足读者对何为翻译的期待；这在很大程度上取决于目标文化主流的翻译传统和相应文本的形式（Chesterman，1997：64）。遵循这样标准的译文才可能被“接受为（真正的、恰当的和合法的）翻译”（Hermans，1999：78）。生产规范（process or production norms）制约翻译活动的实践操作，亦称专业规范；就译者而言，生产规范从属于并受制于期待规范（Chesterman，1997：67）。专业规范又可再细分为：“责任规范”，这就是道德规范，即满足译文“完整”“精确”的专业标准；“交际规范”，这是交际标准，即发挥协调翻译所涉及各方之间的沟通的作用；以及“关系规范”，这是语言标准，即译者根据具体实际决定原文与译文之间“恰当”的相互关系，“等值”或“相似”只是种种关系之一。切斯特曼在图里的规范理论上又有所扩展，前两种规范涉及人类所有的交际活动，而第三规范则涉及文学翻译的核心问题。

三、操控与重写

在佐哈尔和图里早期著作的影响下，国际比较文学协会在比利时的安特卫普、以色列的特拉维夫和荷兰的勒芬就翻译文学举办了几次研讨会。1985 年赫曼斯将一些学者的论文结集出版，取名《文学的操控——文学翻译研究》（*The Manipulation of Literature: Studies in Literary Translation*），操控学派（School of Manipulation）因此而得名。赫曼斯为该论文集撰写的前言《翻译研究与新的范式》（"Translation Studies and a New Paradigm"）概括了操控学派在翻译文学问题上的一致认识：

> 文学是复杂动态的系统；理论模式与实际的个案研究应持续地相互作用；文学翻译研究应该是描写性的，侧重目标组织的、功能性的和系统性的，并对制约翻译生产和接受的规范与限制、翻译与其他文本处理方式之间的关系、翻译在特定文学中的地位和作用以及文学之间的互动关系表示兴趣。（Hermans，1985：10—11）

乔斯·兰伯特（Jose Lambert）和亨德里克·范·戈普（Hendrik van Gorp）为个案研究，即原文文学系统与译文文学系统的比较，制订出方法论上的蓝图，认为必须对各个系统的作者、文本和读者进行描述。其研究方法分为如下几个部分：

（1）初始数据。即有关标题页、元文本（metatext）和总体策略（全文翻译或部分翻译）的信息。其结果应引导出有关（2）和（3）层次的假设。

（2）宏观层次。文本的切分、标题和章节的表述、内容叙事结构以及明显的作者评论。这应该引导出有关微观层次的假设。

（3）微观层次。发现不同语言层面上的迁移（shift），包括词汇层面、语法模式、叙述、视角和程式。其结果应该与宏观层次互相作用，并在更广阔的系统语境下进行思考。

（4）系统语境。将微观、宏观、文本和理论相互比较，发现规范，并描述与其他文本（包括翻译）的关系，探索系统与其他文类和准则的关系。（Munday，2001：120）

兰伯特和戈普称，这一研究方案并不可能概括与翻译有关的所有联系，但是，这种"系统方案"能"避免肤浅和直觉的评论，避免先入为主的判断和信念"（同上：120—121）。

与多元系统有密切联系的另一个发展是勒弗维尔提出的重写（rewrite）概念。他后期有关翻译与文化的著作“标志着［文学翻译研究］向文化转向的连接点”（同上：127）。在《翻译、重写与文学声誉的操控》（*Translation, Rewriting, and the Manipulation of Literary Fame*）一书中，勒弗维尔将研究集中于“系统制约文学文本接受、认可和拒斥的非常具体的因素”，即诸如“权力、意识形态、体制和操控的问题”（Lefevere，1992：2）。他认为重写包括翻译、历史撰写、选集的编撰、批评和修改编辑，而重写的动机往往是出于意识形态的需要（巩固或反抗主流意识形态）或诗学上的需要（巩固或反抗主流 / 偏爱的诗学）。翻译是“最明显的重写形式”；翻译能“投射出作家和 / 或（一系列）作品在另一个文化中的形象，使作家和作品超越本文化的边界”，因此，“重写就是操控”（同上：9）。

在《翻译、历史、文化》（*Translation, History, Culture*）一书的前言中，巴斯奈特和勒弗维尔指出，“翻译当然是对原文的重写；所有的重写，不论其动机如何，均反映了一定的意识形态和诗学，因而操控文学在一定的社会以一定的方式发挥功能”（Bassnett and Lefevere，1990：ix）。勒弗维尔认为，翻译在文学系统中的运作（生产与消费）受到三种因素的制约：（1）文学系统中的专业人员，即批评家和评论家（影响作品的接受）、教师（决定用什么做教材），以及翻译家（决定翻译文本的诗学观念和意识形态）。（2）文学系统之外的赞助系统，即促进或阻碍文学的阅读、创作和重写的力量，其中包括有影响或有权力的个人、团体（出版商、媒体、政党或政治阶层），以及规范文学和文艺思想流通的机构（国家学术机构、学术期刊，特别是教育机构）。赞助系统可以通过意识形态、经济利益和社会地位三个方面发挥作用。（3）主流诗学，包括两个部分，一是文学手法，即文学类型、象征、母题、原型场景及人物；二是文学的功能观，即文学与社会系统之间的关系。

就意识形态、诗学和翻译的关系而言，勒弗维尔认为：“翻译过程中的每一层面都表现出，如果语言上的考虑与意识形态和 / 或诗学上的考虑发生冲突，后者总是会占上风”（Lefevere，1992：39）。在上述几个因素中，意识形态至关紧要。所谓的意识形态，通常是指译者已有或赞助人强加给译者的意识形态；意识形态和目标文化的主流诗学共同决定了翻译策略和解决问题的方法。

翻译的性质和范围是一个历史的概念，因而并非一成不变；翻译活动取决于它在一定文化系统中的相互关系（Shuttleworth，1998：178）。传统规约性（prescriptive）的翻译标准始终认为存在绝对的、完美的或理想的翻译文本，而译文中出现的所谓迁移、变异常常被指责为“不忠实”、歪曲或谬误。多元系统采用描述性（descriptive）的研究方法，不斤斤计较于一字一句的忠实与得失，而是将翻译文本视作目标系统中的存在实体，从目标系统的意识形态、诗学、规范，甚至赞助系统等角度描述翻译活动的性质，解释翻译文本的生成、消费，以及在目标文化系统中的功能与运作。有的学者认为，多元系统理论还存在一些局限：（1）有将翻译研究泛化为文化历史研究的倾向；（2）过于抽象，有决定论之嫌。因此，作为一个理论研究模式，多元系统论“还有待于修正和精化（refinement）”，但它开辟了一条翻译研究“最终超越规约美学的道路”（同上：179）。

第四节　翻译研究的哲学途径

翻译不仅有器的层面，也有道的层面。自古以来西方就有学者从形而上的层面研究翻译。柏拉图认为，现实世界是终极理念的模仿，文学又是现实世界的模仿，而翻译则是文学作品的模仿，因而只能是真实理念扭曲和不完善的复制品。所谓的翻译的哲学研究，是指对翻译本质形而上的思考，可概括地分为解释学、符号学与解构主义的翻译研究。

一、解释学翻译研究

解释学（Hermeneutics，又译为阐释学、释义学或诠释学）是关于人类通过文本达到理解、进行对话行为的理论和科学。现代解释学起源于 18 和 19 世纪宗教神学阐释方法论与实践，后渗透到人文科学并发展成更为宽泛的哲学解释学理论。当代解释学翻译研究的代表是乔治·斯坦纳。在其著名的《通天塔之后：语言与翻译面面观》（*After Babel: Aspects of Language and Translation*，1975）中，他从理解即翻译、语言与灵知、词语与对象、理论诉求、诠释过程和文化拓扑学等方面，对语内、语际翻译进行了详尽的阐释。

斯坦纳首先提出了理解即翻译（understanding as translation）的

命题。他认为，语言是人类进行交际的基本行为，但在巴别塔坍塌之后出现的众多语言既有利于交流又造成混乱与隔阂，于是有了翻译。斯坦纳采用了雅各布森的翻译分类方法，即语内翻译、语际翻译和符际翻译，认为在文学翻译中，语内翻译（intra-lingual translation）是语际翻译过程中必不可少的前提。翻译首先表现为一种解释（interpretation）。倾听或阅读任何一段话都是在进行翻译。读者、演员、编辑都是过去语言的翻译者。任何方式的交流都是翻译，都是横向或纵向意义的转化。不同历史时期、不同社会阶级或地区都可能用语言来表示完全相同的东西。当一个人从另一个人那里接受信息时，他就在翻译。时间、距离、世界观或参照系上的分歧使这种活动或多或少变得困难。当翻译难度过大的时候，翻译就由本能行为转变成有意识的技巧。语际翻译中遇到的难题在语内翻译中同样也会遇到；造成误解和误译的原因也非常相似。所以，无论是语内还是语际交际，其实质上就是翻译。这是斯坦纳翻译理论的出发点。

其次，斯坦纳分析了历史上语言多样性和可译性的神秘主义观点。他认为，有两种彼此冲突的语言理论：普遍论与单子论（monadism）。普遍论认为，所有语言都有普遍存在的共同的深层结构，各种语言的差异只是表层的。翻译之所以可能，是因为在遗传、历史、社会方面普遍存在的因素在人类使用的每一种语言中都能找到。单子论者认为，人类的语言千差万别，其发展过程也非常复杂。语言还涉及经济功能和社会功能等难以解决的问题，因此普遍论提出的模式是无关的，甚至是引起误解的极端观点。大多数诗人都认为，真正的翻译是不可能的。所谓的翻译只是一种近似物，一种粗糙的复制品。由此产生了可译论和不可译论两种彼此冲突的翻译观。不可译论认为，语言是神圣和神秘的，包含神的启示。每一种阐释性的意译都会贬低原文的价值；翻译《圣经》甚至被认为是亵渎神明。可译论则认为，任何人都不应因语言的障碍而得不到神的拯救；翻译是神学的需要与必然。其实，从最纯粹的诗或玄奥的哲学到最平庸的散文，所谓的可译性只是程度不同而已。

随后，斯坦纳分析了翻译的过程，认为，诠释可以分为四个步骤。

第一步是信任（trust）。信任是指根据以往的经验，译者相信待译材料是严肃的、有翻译价值的作品。

第二步是进攻（aggression），是侵占与发掘。海德格尔（Martin

Heidegger）把理解看作一种靠近的行动，这在本质上是掠夺和暴力。理解、认识、阐释都是进攻的一种不可避免的模式。comprehension 从词源来看，不仅是领会，而且具有"包围与侵吞"的意义。在语际翻译中，理解具有更明显的进攻性。哲罗姆曾使用过一个著名的比喻：译者将原文的意义移植到译文，就像抓获俘虏一样。我们要"破译"密码，解码即解剖、砸碎外壳、撕裂皮层。

第三步是吸收（incorporation）。吸收程度的一个极端是归化，如路德翻译的《圣经》。另一个极端则是异化，即译文变得陌生、艰涩，如纳博科夫英译的《叶甫盖尼·奥涅金》（*Eugene Onegin*）。当译语处于迷惘稚嫩的状态时，吸收带来的常常不是译语的繁荣昌盛，而是不健全的模仿。有的译者会因为翻译而丧失原创灵感，他们"吸入"的异国文学会"哽噎"自己的创作。

第四步是补偿（compensation）。真正的翻译必须互惠互利。这是翻译职业的道德使然，也是翻译的难处。译作能使原作在新的地区和新的文化领域里继续生存下去。用局部地区使用的语言写成的作品，一旦翻译成世界上通用的语言，就会产生巨大的能量。有些可能被忽视或者没有得到应有的评价的作品通过翻译则会显示出其价值。译文不及原文，或译文优于原文出现的"过分补偿"，都是翻译失衡的表现。

最后，斯坦纳从互文性和文化拓扑结构讨论翻译的本质。拓扑学是数学的分支，是关于点和图形中基本特征关系的学科，即在图形被扭曲变形甚至丧失原来形状的时候，其基本特征仍能够保持不变，表现出某种一致性和集合性。释义、图解、模仿、仿拟、变更主题、上下文中援引、错误的归纳、抄袭、拼凑杂陈等，都可以被看成一种拓扑关系，翻译也不例外。斯坦纳认为，人类的基本知识、洞见与心理态势的种类是有限的。古希腊人已经穷尽了形而上学、视觉艺术、人文科学以及自然科学标准方面的主要内容，其后出现的人文和艺术成果不过是在古希腊成就基础上的变异（variation），是后人根据局部环境所作的调适或批判，即现代翻译。在斯坦纳看来，理解的媒介显然包括语言和人类的历史境遇。

二、符号学翻译观

符号学翻译观借用了索绪尔、皮尔斯（Charles Sanders Peirce）、莫里斯（Charles Morris）等人的符号学研究成果，开辟了新的研究思路与视角，取得了积极的研究成果。

索绪尔是欧洲符号学的创始人。他对符号概念和符号结构的阐释，对语言学，进而对一般人文科学产生了深远影响，催生了结构主义诗学、结构主义社会学和结构主义人类学。他认为，语言与聋哑人的字母、象征仪式、礼节形式和军用信号等一样，都是表达观念的特殊符号系统。符号具有任意性、社会性和心理性。他强调语言在符号学中的主导地位，语言的问题主要是符号的问题。他提出的符号能指与所指的区分，促进了他对语言本质的把握、概念的区分和语言学系统结构的建构，同时也阐明了语言符号的本质，规定了语言学研究的范围和任务。其后，罗兰·巴特（Roland Barthes）进一步发展了索绪尔的能指和所指学说，提出印象-形象（即能指与所指）构成了一级语言符号系统；而在非语言系统中，这种能指和所指又构成了更高一级的符号：

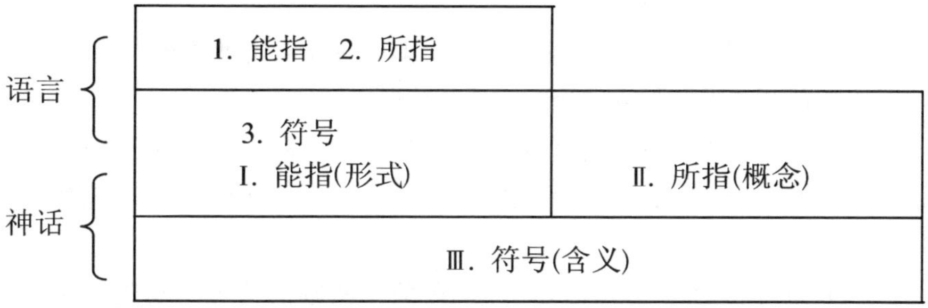

巴特所谓的神话，是指一个社会构造出来以维持和证实自身存在的各种意象和信仰的复杂系统（Hawkes，2003：107—108）。

皮尔斯是美国逻辑学家和符号学家。他提出了符号“三位一体”说，认为任何符号都由媒介（medium）、指涉（object）和解释（interpret）等三要素构成。符号学家瓦尔特（E. Walter）用三角形来表示三位一体的性质：

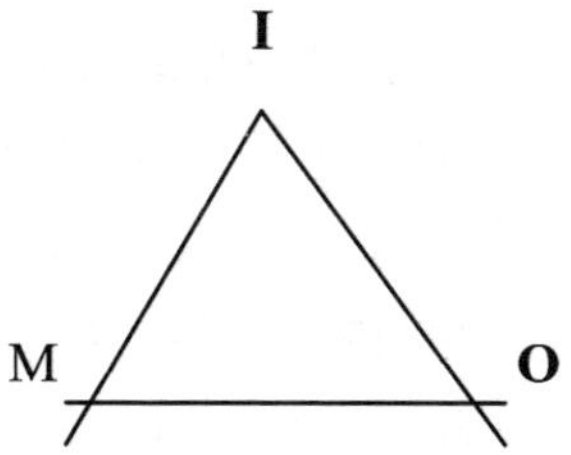

根据三位一体的普遍原则，符号的每一要素又可分为三个范畴，形成九种下位符号：

A. 比较的三合一关系：

(1) 性质符号（qualisign），即可以作为符号起作用的某种性质；

(2) 个体符号（sinsign），即可以作为符号起作用的某个实际存在的事物或事件；

(3) 法则符号（legisign），即可以作为符号起作用的某个法则；

B. 表演的三合一关系：

(4) 象似符号（icon），即通过对对象的写实或模仿来表征其对象的事物；

(5) 索引符号（index），一个符号与对象构成因果或接近的联系；

(6) 象征符号（symbol），符号与对象之间没有相似或因果联系，而是由解释者约定俗成、稳定不变地自由表征对象；

C. 思想的三合一关系：

(7) 意元符号（rheme 或 seme），即一种关于定性的可能性的符号，与逻辑学种的“概念”或“命题函项”接近；

(8) 命题符号（dicisign 或 decent sign），命题符号对其解释者来说，是一种关于实际存在的事实的符号，可以认作逻辑学中的“命题”或“准命题”；

(9) 论证符号（argument），一种关于法则的符号，与逻辑学中的“推论”或“变元”接近。（Hawkes，2003：103—104；王铭玉，2005：120—121）

在皮尔斯以后，莫里斯继续发展了皮尔斯、奥格登（Charles Kay Ogden）和里查兹的符号学研究成果，将符号过程纳入人的行为–环境系统中去考察，并将符号学划分为语用关系（pragmatic）、语义关系（semantic）和句法关系（syntactic）三个分支。语用学研究符号与阐释者的关系；语义学研究符号与其他所使用的对象的关系；而句法学则研究符号彼此之间的形式关系。与这三类关系对应的则是三类不同的符号学意义：语用意义、指称意义和言内意义，分别代表语言的功能、内容和形式。

雅各布森的翻译三分法（语内、语际、符际）是翻译符号学的肇始。早在 20 世纪 80 年代，奈达就提出社会符号学应该是比语文学、语言学和交际学更全面的翻译研究途径，认为社会符号学关注意义的情感和情绪因素，而这些微妙和难以捕捉的因素对翻译的意义比我们想象的更深远（Nida，1984）。1984 年英国的弗劳利（William Frawley）提出翻译是符号过程的根本问题，是符码转换，是从属于源语和译语的次码或两种符码结合而生成的第三符码（Gorlee，1994：16—23）。1975 年捷克学者波波维奇提出翻译文本是不同时空交汇；1990 年洛特曼提出符号域（semiosphere）概念，即不同语言存在和运作的空间，认为翻译在文化发展中发挥了主导作用；整个文化由于外来的、非对称的和边缘文本的输入而持续不断地发生重构。这与多元系统理论不谋而合。

1994 年，丁道 · 戈尔莱（Dinda L. Gorlee）出版了应用符号学理论研究翻译的力作《符号学与翻译问题》（*Semiotics and the Problem of Translation: With Special Reference to the Semiotics of Charles S. Peirce*）。戈尔莱认为，符号学对翻译研究有如下重要启示：

第一，翻译即符号阐释过程（Translation is semiosis）。不论是对原文的解读或翻译，从本质上看都是符号阐释，必须涉及符号、符号对象和阐释符号。阐释符号（也译作阐释项）是指阐释者在阐释原符号时头脑里产生的新符号。符号的阐释过程具有开放性和无限性，即符号的增长（王铭玉，2005：125）。符号必须通过符号来说明，即第一解释项转换为第二媒介；用索绪尔的话来讲，即能指与所指形成的符号关系转化为第二级的能指，形成更高级的符号系统。符号阐释过程能够无限地延续，生成连绵不断的阐释符号链。作如是观，翻译便是不断延续的意义生成过程；翻译不仅是再现原文本的意义，同时也是挖掘和发现作为符号的原文的意义潜能、使之获得新的生命的过程。

第二，根据皮尔斯的符号三位一体，戈尔莱提出了指称对等（referential equivalence）、质量对等（qualitative equivalence）和含义对等（significational equivalence）。戈尔莱认为，对等是两个文本之间存在的符号等同（identity across codes）（Gorlee，1994：170），但这并不是一对一的对应，而是一对多的对应。质量对等是符号本身与其阐释符号之间的对等，即两个文本之间具有相似的感官和物质特征，如长度、段落划分、韵律结构和标点使用等（同上：174—175）。指称对等是指符号的第二项对象的对等，其中包括直接对象和动态对象对等。人们只有努力去理解直接对象，了解交际环境，如语言、指称、意识形态等，才能了解和熟悉符号动态对象（同上：177）。含义对等是指符号第三项阐释符号的对等。根据皮尔斯的进化逻辑，每一次翻译都是使隐含的意义更加显豁，因而使符号的信息增加，即广度与深度的增加（同上：181）。从最严格的意义上看，对等在逻辑上是不可能的。严格意义上的对等只会窒息知识的增长。人类社会充满了符号，我们用符号交流，从而产生连绵不断的新的阐释符号流；在永无休止的推理过程中，新的含义不断被提出、探究、权衡、接受、协调、捍卫、漠视、保存、拒绝等，对象的知识便自然增殖，即获得符号意义的全部知识。翻译即是创造含义对等、赋予生活世界以意义的种种方式（同上：181—182）。

第三，根据皮尔斯的观点，翻译研究不是探讨心理过程或“黑匣子”的内容，而是探讨逻辑功能和推理规程，即人类心灵的行为方式（modes of action of the human soul）（同上：183），也就是研究某一特定符号与其阐释符号或翻译符号之间的逻辑关系。这种关系要么是归纳，要么是演绎，要么是“溯因推理”（abduction）。在皮尔斯看来，符号不是由译者来翻译，而是符号自己翻译自己；译者只是使这一过程成为可能的工具。文本符号必须被视为一个有机生命体，积极寻找能生产阐释符号的接受心灵；没有阐释反应，符号就会死亡和消失。译者必须效忠于符号的阐释，毫无保留地听从符号的魅力，屈从于符号的需要与意愿，而不是炫耀译者自己的技能和才能（同上：194）。同时，译者应该放弃传统的职责，偏离常规，创造性地阐释文本符号。否则，译文只能是毫无生命的复制品，是千篇一律、完全雷同的图案，窒息符号阐释过程。就符号学翻译研究而言，“翻译即叛逆”仍不失为至理名言。

三、解构主义翻译观

解构主义翻译观源于解构主义哲学思潮。20世纪60年代，出于对结构主义的反叛，德里达（Jacques Derrida）、福柯（Michel Foucault）、海德格尔引发了一场反权威、反理性、反结构、反逻各斯中心主义的思想运动。1967年，德里达出版了《语言与现象》（*La Voix et le phénomène*）、《论文字学》（*De la grammatologie*）、《文字与差异》（*L'Écriture et la différence*）等三部著作，标志着解构主义理论的正式确立。

解构主义颠覆了自柏拉图以来以追求终极真理为目的、以二元对立思维方式为基本特征的形而上学的哲学认识论。西方传统哲学认为，语言只是某一先验意义的外在特征，只是传达意义的工具。德里达认为，语言的意义并不指涉语言本身之外的某种意识或思想，而是存在于语言符号的互动和区别之中。索绪尔认为，话语是主体思想的直观表现，而书写只是对话语的模仿，是记录声音的符号，因而形成言语优于文字的二元对立。其次，索绪尔认为，语言意义产生于统一、有序、自足稳定的封闭系统之中。差异性原则只涉及能指（语言符号），而所指（概念内容）则是确定的。在解构主义以前，人们普遍认为原文是作者创造性和灵感的体现，是完整统一的系统。而福柯认为，文本具有历史性，纯粹意义上的原文并不存在，我们对作品的理解是基于不断积累起来的注释，原文因而不断地被改写与重建，不同时代有不同的理解。语言并不像人们想象的那样完整、统一、明白无误，而是存在种种矛盾和差别，即福柯所谓的“另一面”。福柯的观点不仅修正了原文的概念，同时也削弱了原文的地位。

其后，海德格尔又对命名提出质疑。他认为，语言不仅存在清晰、完整、有声的一面，同时还存在晦暗、残缺、无声的一面；在进行命名、形成概念或使用概念时，我们往往只注意到前者而忽略后者。他提出了命名局限性的思想，对命名提出质疑，进而解构了所有概念，打破了概念对翻译的束缚。 在《存在与时间》(*Sein und Zeit*) 一书中，海德格尔与福柯一样，认为文本是历史的文本，人也是历史的人；要摆脱历史的阴影必须打破命名，解构概念，用语言自身的变化来说明自身。

德里达深受海德格尔的影响，从语言学、符号学的角度提出了一整套销蚀、瓦解逻各斯中心主义的策略。首先，德里达提出“延异”的概念，解构了言语与意义（真理，上帝的话）之间存在自然、内在的直接关系的观念。他认为，符号代表了一种缺席的在场（an absent presence)，即使用符号时，实物与所指的在场只是一种假象和错觉，即德里达所谓的“延迟”(to defer)；符号作为实物的替代物，具有从属性和临时性。语言符号无非是一系列不断推延的差异游戏。

同时，德里达还提出了“差异”的概念。他接受了索绪尔符号任意性的观点，打破了语言符号是外在“真理”体现的神话；意义是一系列无终止的象征符号的差异。延迟与差异便构成了德里达的“延异”(différance)。他提出的“延异”还包含了“播撒”(拉丁语 differe) 的意思，即没有人能控制流动的象征符号游戏，意义只能从无数的差异中产生。在此基础上德里达提出了互文性概念，认为任何作品都不属于某个作家，也不属于某个时代，而是贯穿各个时代，带有不同作家的文本的痕迹，即以前的文本、语言、代码，互为文本，甚至互文化，即不仅是语言互文，更是文化思想互文。

解构主义的哲学思想彻底颠覆了传统的翻译观念。首先，传统的原文具有完整统一、固定意义的观念受到质疑。取而代之的是，文本的意义是在被阅读过程中不断地被构建和生成的。既然原文不存在固定的意义，将原文的意义“忠实”地再现于译文之中（翻译）的努力就是徒劳的，对同一作品要想追求完全一致的解读也是徒劳的。翻译不再是传达或再现原文固有的意义，而是展现互文关系时必然产生多重意义的过程，即创造意义、延伸意义的过程。

其次，传统的原文 / 译文、作者 / 译者的二元对立的等级关系受到质疑。从柏拉图以降，原文、作者一直被认为是至高无上的，翻译不过是对原文不完美、不精确的模仿。作者是主人，译者是奴仆；原文是创造，译文是复制。根据解构主义思想，既然原文本是历史的产物，而语言的因袭性和文本的互文性决定了没有绝对的原创作品，所谓的原作不过是翻译的翻译的翻译。原作与译作之间泾渭分明的界限也被消解，原作与译作只有度而没有质的区别。原作与译作之间二元对立关系的消解直接导致了作者与译者不平等关系的消解。按巴斯奈特的观点，作者与译者从原来的主从关系变为了平等共生的关系（symbiosis），相互依存，互为补充。原文为译文提供了存在的依据，而译文使原文超越了狭小时空的限制，使原文能在后世或其他语言文化中得以生存，即本雅明所说的来世（afterlife），或生命的延续（continued life）。德里达认为，由于延异的原因，不同语言之间只是不同意指方式的转换，翻译就是转换（transformation）。最后，由于解构主义颠覆了传统的二元对立，译文不再是原文的附庸，译者也从被动、从属的地位中解放出来，享有翻译主体的充分自由，使平等对话与创译成为可能，译者也因此能凸显个人的意志，张扬个性，发挥译者的主观能动性。

解构主义的翻译观也受到一些学者的批评，认为解构主义在消解客观性和确定性的同时，容易引发意义解读的随意性，甚至否定原作意义的存在，并导致译者主体意识的放纵。其次，解构主义思想基本局限于文字意义上的学理讨论，缺乏实践检验品格，因此在颠覆传统翻译思想之后，并不能建构能指导翻译实践的理论体系。

第五节　翻译的文化研究

20 世纪 70 年代以后，西方翻译研究逐渐开始向文化转型，传统的翻译思想和翻译观念逐渐受到质疑，人们开始对翻译进行更深层次的思考和探索，开始质疑“等值”是否真是翻译的前提和翻译的目标（Bassnett and Lefevere，1990：6）。其后，斯内尔－霍恩比首次提出了翻译的文化转向（cultural turn）。翻译的文化转向是指将翻译视为一种文化现象，从文化研究的视角来审视翻译，研究翻译在特定的社会、历史和文化中的生产、接受和运作；研究翻译中语言和文化之间的权力关系、身份建构以及翻译文本背后的政治利益。翻译的文化批评与多元系统理论、翻译的哲学研究有着内在的逻辑联系。女性主义批评、后殖民主义和巴西食人主义理论是比较有代表性的学说。

一、女性主义翻译观

传统的女性主义经历了三个转变阶段，即生理差异导致社会差异，社会差异产生价值关系，价值关系再引出不平等观念。女性并非因为生理性别而自然成为女人，她必须自己转变成女人；更确切地说，她必须满足社会对她的期待，通过教育和调适而转变成女人（Flotow，1997：5）。性别角色的区别（gender, not sex）并不存在自然的根据，是人为的行为模式（artificial behavior stereotypes）；历史文化是女性在社会和家庭生活中处于从属地位的根源。

女性批评与翻译研究似乎存在内在相似性：（1）女性主义与翻译研究同属于文化研究的范畴，都具有跨学科研究的属性；（2）女性主义和翻译研究都坚信，语言是文化身份的表现形式，语言能够积极地干预意义的创造；（3）女性主义与翻译研究都对传统等级制、意义与价值的普遍合理性提出质疑（Simon，1996：8—9）。女性主义翻译观从根本上颠覆了人们对翻译的传统认识，对翻译的本质、翻译方法、评价标准提出了全新的见解。

第一，女性主义翻译研究颠覆了传统的原文和译文之间的二元对立。长期以来，翻译（译文）被视为从属、派生、歪曲、不真实的模仿，进而被女性化。“翻译的忠实一直被用性别和性来定义…… [这] 表现出对原文与独创性的焦虑，对意义差异的权力斗争。”译文被视为“贞洁的少女”、“情妇”或“不忠的恋人”；翻译行为也被“比作性，比作强奸”（Chamberlain，1998：93—94）。其后，德国的施莱尔马赫和英国的罗斯康门都认为，纯洁对于文本，犹如童贞对于新娘，是翻译和婚姻的先决条件。斯坦纳在《通天塔之后》一书中，将翻译过程描述为信任、攻占、吸收和补偿。其中的攻占就是深入和掳取（penetrate and capture），伴随着性欲“狂喜”（rapture）（陈鸿德等，2000：34）。人们对男女性别角色的认识与我们对翻译的观念一样，都是社会化的产物；翻译中的二元对立模式完全是一定社会中人为的神话，其合理性应随社会历史的变化而改变。利塔（K. Littau）从解读通天塔和潘多拉的神话传说入手，指出今天的翻译观念不过是宗法社会中男性对神话解释的结果。女性主义翻译理论家在颠覆二元对立观念的同时，重新界定了翻译的本质。既然每个文本都可能被重译、复译，既然每个神话都可能被重写，在翻译中“差异的扩散”（proliferation of difference）、“超越”和“多重翻译”就是一种“积极的，而且的确是不可避免”的行为（Flotow，1997：47）。

第二，妇女的翻译实践活动从一开始就是有意识、有目的的文化介入和文化协调（cultural involvement and mediation），是政治干预的手段，是具有社会文化意义的活动。翻译绝不仅仅是简单的模仿，不是为翻译而翻译，而是强化和维护某些文化价值，排斥和贬低另一些文化价值。而对原作品而言，翻译是一种“改写”，作品依靠改写而生存，改写可以“造就也可以扼杀一位作家”（make or break a writer）（Bassnett and Lefevere，1990：10）。

第三，原文—译文的共生关系（symbiosis）。女性主义的翻译观认为，翻译既然是文化介入和文化协调，翻译既然是有意识、有目的的社会活动，是改写，那么，忠实就不再是翻译绝对的标准和终极的目的。原文也不再是，也不可能是至高无上的权威。互文性的最新研究成果业已证明，原创性文本和翻译（模仿性）文本之间的差异是相对的，只是一个“连续体”（continuum）之中的二元。翻译使原文超越时空限制，扩大了原作的影响，延长了原作的生命。这也就是说，原文对译文的依赖丝毫不亚于译文对原文的依赖。许多作品译文的读者甚至大大超过原文读者的数量。对译语文化的读者而言，无论原文如何权威，如何优美，译文在绝大多数情况下是译语读者唯一可能得到的文本，译文在译语文化中发挥的社会功能是原文永远无法替代的。翻译丰富了原文的意义。历史上对某一文本的评论、解释、诠释或考证，对深刻理解这个文本都至关重要。研究不同时期不同的译文会极大地丰富我们对原文的认识；而且，每出现一个新的译文又会或多或少地改变或修正我们对原文的认识。因而原文、译文、重译以及改写的其他形式，如评论、选集、改编的电影或戏剧脚本等，都处于互文性的关系网络之中，意义相互补充，相互充实，相互印证，并随互文关系网络的变化而改变。

第四，女性主义翻译强调意义的丰富和差异。女性主义的翻译观对原文意义的绝对性和单一性提出质疑。持此理论者借用德里达解构主义的理论，认为原文不存在“绝对的意义”（absolute meaning），也没有“毫无异议”（uncontested）的原创作品。由于能指和所指之间难以弥合的差异，意义在差异中扩张，译者具有的前知识（pre-knowledge）在解读原文时会不断产生新的互文关系，文本会像魔方一样产生无穷的意义。因而，翻译中复制的意义也只能是相对的，翻译只能是“使不同文本的多种意义相互影响”的动态过程（Flotow，1997：11），只能是展现文本相互关系时必然产生多种意义的过程。事实上，不同时代总会产生不同的译文，这并不表明后来出现的译文一定比过去的译文更加忠实，更加优美，并不表明原来的译文就“一定背离了某种绝对的标准，而恰恰证明翻译并不存在绝对的标准”（Bassnett and Lefevere，1990：5）。其次，就其本质而言，如同女性话语对男性话语的戏仿一样，翻译也是对原文的戏仿（parody）。男性话语是男性占统治地位的父权制社会中形成和使用的语言，“决定、命名和反映的是男性的现实和观念，因而女性的现实无法得到描述”（同上，1997：9）。女性文本必须“应用和滥用”男性文本，“颠覆或解构男性话语”，解构所谓的普遍真理和“正统文化”（哈切恩，1993：149）。勒弗维尔指出：“意义是特定时间的特征；意义是由特定环境中工作的特定个人为特定的目的而建构的。”（Lefevere，1992：7）同一原著的翻译和复译会不断涌现，永无止境。正如神话可以被改写一样，文本可以被重译、再译。差异、偏移、连续（seriality）是翻译的前提，是翻译“既无始也无终的条件”（Flotow，1997：47）。

女性主义的翻译思想也受到一些批评。首先，人们认为女性主义的翻译理论“过于情绪化、宗派化、观念化，事实上太主观”（同上：77）。其次，女性主义翻译研究过分强调“语言游戏的政治影响”（同上：80）。有些深奥的原文经过女性翻译家的翻译变得更加晦涩，甚至出现“有意误译”。但是，女性主义的翻译观淡化“可译性”“等值”“动态对等”等极端抽象问题的议论，拒绝将翻译视为纯粹的语言操作，质疑原文-译文、作者-译者的传统等级观念和意义的绝对性，承认个人兴趣和需要，并将个体视为特定文化政治的产物，重视文化差异、语境以及特定历史环境中翻译的可能性与选择性（同上：95—97），这都有助于我们深入思考翻译的许多本质问题，开辟翻译研究的新思路。

二、后殖民主义翻译观

后殖民理论形成于20世纪80年代，以其强烈的批判意识著称，影响波及哲学、人类学、地理学、历史学、政治学、文学、文化研究等。后殖民理论的领军人物为萨义德、斯皮瓦克和巴巴。

爱德华·萨义德（Edward W. Said）是美国巴勒斯坦裔学者，美国哥伦比亚大学英文和比较文学系讲座教授。他于1978年出版的《东方主义》（*Orientalism*）借鉴法国哲学家福柯的知识考古学和话语分析方法以及葛兰西（Antonio Gramsci）的文化霸权理论，将欧洲的文学和文化视为一种意识形态生产与殖民权力的共谋关系，并借用对位阅读法来解构殖民文学与文化文本中隐含的政治霸权。

加亚特利·斯皮瓦克（Gayatri C. Spivak）是美国印度裔学者，美国哥伦比亚大学讲座教授。在其《在他者的世界里：文化政治论文集》（*In Other Worlds: Essays in Cultural Politics*）等书中，她融合了女权主义、马克思主义和解构主义的理论，深入研究原殖民地的“历史记忆”和“文化身份”问题，强调社会文化的文本化，即所谓的事实、生活与实践，无非是某种意识形态或观念的文本建构，是“话语与暴力的合谋”。文本是一个缄默化的过程，其中包含了压制与反抗，弱势群体的主体性被排斥在历史叙事之外。她坚持翻译文本的认知和批评功能，主张通过翻译揭示殖民过程中隐藏的话语暴力，再现殖民化过程中弱势群体被缄默化的过程。翻译在殖民化和传播西方意识形态构建的殖民地人民形象的过程中发挥了重要作用，这也就是巴斯奈特所谓的“翻译不光彩的历史”(Munday，2001：134)。斯皮瓦克甚至认为，在“将第三世界的语言翻译成英语的情况下，民主就转变成强权的法则，对第三世界的妇女尤其如此”(Spivak，2000：406)。

霍米·巴巴（Homi K. Bhabha）是在印度长大的波斯人后裔，早年在英国萨塞克斯大学任教，后到美国芝加哥大学任教。在《文化的定位》(*The Location of Culture*) 和《民族与叙事》(*Nation and Narration*) 等著作中，他提出了一系列后殖民概念，如模式化形象、模仿与模仿人、文化差异、文化认同、文化杂合等。巴巴从拉康的心理分析和法农的理论中得到启示，形成了具有特色的殖民文化心理分析。

后殖民理论也为翻译研究提供了一个全新的视角。英美翻译理论家开始关注殖民与后殖民语境中的翻译活动，分析翻译与殖民化过程、翻译与文化身份、翻译与殖民主义霸权的历史共谋关系等，并且取得了引人注目的成果。

1992 年，韦努蒂在《翻译再思：话语、主观性、意识形态》(*Rethinking Translation: Discourse, Subjectivity, Ideology*) 论文集的前言中提出，英美输入的翻译著作大大低于其他国家，每年仅有 2%～3%，强势文化与弱势文化在翻译上处于不平等的地位。“这种翻译趋势，带来了广泛和隐伏的后果……英美出版业制造了一批文化观狭小、强蛮霸道的单语读者，同时更因为能够把英美文化观加诸人数可观的外国读者群身上而获经济利益。”(Venuti，1992：6) 他认为所谓的透明归化翻译表达了译语的价值观、信仰和不平等的文化交流关系（同上：5)，因而主张用“抵抗式翻译”(resistant translation) 或“滥用的忠实”(abusive fidelity) 以“保存外语文本的语言和文化差异”(同上：13)。同年，尼兰贾娜（Tejaswini Niranjana）出版了《为翻译定位：历史、后结构主义、殖民语境》(*Siting Translation: History, Post-structuralism, and the Colonial Context*) 一书，她应用本雅明、德里达、德·曼（Paul de Man）的理论思想，对 18 世纪以来印度法律和文学的英文译本进行研究，提出欧洲文化中心论的传统翻译思想构建了与欧洲相对、充满异国情调的他者，并以此构建了欧洲优越的神话。翻译是展现不同语言、文化以及种族之间不平等关系的场所，是一种政治行为，是延伸帝国疆界和影响、强化殖民统治的手段。

1997 年，道格拉斯·鲁宾逊（Douglas Robinson）出版了《翻译与帝国：后殖民理论阐释》（*Translation and Empire: Post-colonial Theories Explained*）一书，提出翻译一直是创建帝国的重要渠道之一，语言与文化之间的权力差异必然对翻译产生影响。他认为，翻译在殖民与后殖民语境中扮演了三个递进而又重叠的角色：（1）殖民的渠道；（2）文化不平等的避雷针；（3）殖民解体的渠道。1999 年，玛丽亚·铁木志科（Maria Tymoczko）出版了《后殖民语境的翻译：早期爱尔兰文学的英译》（*Translation in a Post-colonial Context: Early Irish Literature in English*），从翻译的转喻性、翻译的形式策略、文学翻译的两种传统、死语言的翻译、后殖民语境下的文化翻译、库丘林翻译个案、幽默处理等若干方面，系统地论述了爱尔兰文学的英译。早期爱尔兰民族文学遗产的翻译是摆脱英国殖民统治和文化压迫的途径，是弘扬民族精神、重塑爱尔兰古老文化原型的政治斗争；翻译是意识形态碰撞、文化冲突的竞技场。库丘林是爱尔兰的民族英雄。作者经过对十种主要英译本的研究后提出，爱尔兰早期文学翻译充满了暴力话语，改写、节译、简化、叙事散文化、诗节翻译跨行等翻译策略，一方面体现了强势文化对弱势文化的压制和操控，异质的爱尔兰文化被改写、同化；另一方面又是被殖民者发现和确认自身文化遗产、重塑民族形象和身份的方式。

1998 年，韦努蒂编撰了《翻译与少数》（*Translation and Minority*）一书，借用德勒兹（Gilles Deleuze）和瓜塔里（Felix Guattari）的语言与文本理论，研究少数语言的翻译（translation in minority），认为少数语言的翻译具有集体聚合（collective assemblage）、政治直接关联（political immediacy）与非疆界化（deterritorialization）的性质。少数语言翻译动摇语言表达和内容的常态，揭露语言标准所服务的政治利益，揭示不同语言与文化之间的社会等级关系，调整与压制主流文化中和某些时期、和社会阶层相关的方言、文体、文类和话语（Venuti，1998：139）。

1999 年，苏珊·巴斯奈特与特里维迪（Harish Trivedi）合编了《后殖民翻译：理论与实践》（*Post-colonial Translation: Theory and Practice*）一书，收录了英国、美国、巴西、印度和加拿大等国家九篇有关后殖民翻译的论文。巴斯奈特强调，翻译是具有高度操控性的行为，原文和译文两个文本、源语与译语两个系统、作者和译者等极少处于平等的地位。欧洲被视为伟大的原创，是起点，而殖民地国家则是模仿，是对欧洲的翻译；欧洲的规范主宰了文学翻译；翻译是确认欧洲作家艺术成就和欧洲文化优越的工具。论文探讨了后殖民书写与文学翻译具有相似性的问题，强调翻译文本的杂合性和双语性，提出翻译是不同文化的接触区（contact zone），应该成为多元共生、平等交流和协商的空间，分析考察了印度各民族语言所表现出的翻译与权力的关系，指出文学翻译是不同文化紧张关系的晴雨表等。2000 年谢莉·西蒙（Sherry Simon）等又合编了《改变术语：后殖民时代的翻译》（*Changing the Terms: Translation in the Post-colonial Era*），集中反映了马来西亚、爱尔兰、印度、南非等国家后殖民翻译研究的成果。

后殖民主义的翻译思想将关注的焦点从文本本身转移到文本产生的外部世界，讨论的问题主要涉及批判东方主义与文化帝国主义，再现殖民地被压抑的历史记忆，研究文化身份，分析被殖民者的话语，考察殖民地与宗主国的关系以及研究有关种族、文化、历史他者的表述。翻译是文化建构的工具，是殖民化和非（解）殖民化的有效手段；翻译策略的选择因而具有深刻的文化动因；翻译也成为展现语言、文化、种族等不平等关系的场所。

三、食人主义翻译观

食人主义翻译观是巴西坎波斯兄弟（Haroldo de Campos and Augusto de Campos）20 世纪 60 年代创立的翻译理论，90 年代初受到巴斯奈特和根茨勒的关注。1999 年巴斯奈特和特里维迪在《后殖民翻译：理论与实践》一书中对食人主义翻译理论作了进一步探讨。他们将食人主义翻译观视为后殖民主义翻译理论的“一个新类型”（Bassnett and Trivedi，1999：15），但由于其独特的理论视角、翻译策略和广泛影响，故在此作为独立部分介绍。

1554 年，在现属巴西的图比人部落的一次食人仪式上，葡萄牙天主教萨尔迪尼亚教父（Sardinha）被人分食，在葡萄牙乃至欧洲引起震动。Cannibal（食人怪）一词遂进入欧洲语言，被视为“原始”“野蛮”“未开化”的代名词，并以此构建欧洲优越的自我形象。然而图比部落吃人是具有特殊用意的仪式——获取被食者精神或/和肉体的力量。被食者必须是强壮的人、有权势且受人尊敬的人和通灵通神的人（蒋骁华，2003：64），吸取他们的骨髓和蛋白质可以增强和更新自身的自然能量（Bassnett and Trivedi，1999：103）。1928 年，巴西现代主义学者发表了《食人主义宣言》（“Manifesto Antropofago”），食人主义遂成为巴西构建民族身份进程中的“隐喻和文化哲学”（同上：96）。巴西只有吃掉欧洲殖民者，才能摆脱强加在他们身上的限制；“吃”一方面可以看成对欧洲规范的背离，同时可以看成一种敬意的表示（同上：4—5）。“食人”暗示了对外来文化的吸纳，对传统殖民地与宗主国不平等关系的重新定位，重塑和肯定民族（杂合）身份，表现出推进民族文化的开放心态。

1963 年，坎波斯（Haroldo de Campos）发表了论文《论作为创作和批评的翻译》，系统阐述食人主义的翻译思想。在其后的四十多年中，他一方面将食人主义的翻译观应用于翻译实践，另一方面不断丰富和发展食人主义的翻译思想。

首先，食人主义的翻译观强调翻译是暴力（包含死与血）。翻译不是刻板的模仿，不是字当句对的直译，而是吃透原文、消化原文后创造出的全新文本。坎波斯拒绝承认文本的终极意义，吞食原文不是占有原文，而是解放原文。翻译是挪用、征用、消除等级差别和解构。坎波斯将翻译视为弑父记忆消失（a patricidal dis-memory），如同在“弑”“吃”“消化”了“父”之后，得其“滋养”，“忘其形貌”（蒋骁华，2003：65）。

其次，食人主义翻译观强调翻译是创造，是彰显译者主体的行为。坎波斯将翻译视为创作与批评，主张翻译创造性文本总是再创作或平行创作。他高度赞赏庞德的翻译，并借用或杜撰出各种不同的术语来描述翻译，如输血（transfusion of blood）、移植天堂（transparadisation）、传输光明（translumination）、创译（transcreation）、移植魔鬼（transluciferation）、移植海伦（transhelenization）等。这些描述的侧重点与传统的模仿、镜子、照相、再现等有很大的区别。译者不再是被动的模仿者，而是文本意义的积极参与者和构建者。食人主义的翻译理论“并不想模仿欧洲文化，而是要吞食它，利用其精华，剔除其糟粕，创造出具有原创的民族文化”(Bassnett，1993：154)。坎波斯显然更加关注译者的主观意识和能动作用，主张译者在翻译这种文化侵越(transgression) 行为中显形 (visible)。

最后，文化互动与归化的翻译策略。坎波斯发展起来的食人主义翻译理论发源于巴西的本土文化，与巴西的历史文化传统紧密相连，并且是巴西学人推进自身文化发展的文化隐喻的一个组成部分。贝拉 (Else Veira) 指出，食人主义翻译观“有两个营养的源泉，原文本和译入语文学……翻译是双向流动，‘源语’与‘译入语’变得空洞，同理，源语与译入语之间的权力关系、优劣已不存在”(Basnett, 1993：155)。坎波斯还创造出一个新词 plagiotropy，认为伟大的作品都离不开对前人的借鉴、剽窃和挪用。在翻译中他并不拒绝吸取外来文化，特别是强势文化的积极营养，但其立足点仍然是本国文学和文化的自主发展。在翻译实践中，他提倡归化的翻译策略，注重创新、并列、新词与术语创造、形式试验、语态相互作用 (根茨勒，2005：138)，采用具有“解构特点的双重写作翻译方法”，因而译文扮演了双重肯定的角色 (同上：139)。他强调提高本国(边缘文化国) 的文化地位，主张不同文化的平等对话，互惠互利。与其他后殖民翻译观相比，食人主义的翻译思想和翻译策略显然表现出更加开放的心态和更强的文化自信。

翻译文化研究将翻译与驱动和制约翻译选择、生产、出版、传播及接受的外部语境联系起来，核心是重新界定传统二元对立关系中多数 (主流) 话语与少数 (边缘) 话语之间不平等的权力关系与差异，研究有关种族、文化、历史他者的表述，以及文化身份的建构。因而也有人批评翻译的文化研究带有过于强烈的政治意识，容易丧失其研究本体而成为历史和文化研究的脚注。

思考题

〔1〕多雷提出的翻译五原则是什么？在当时有什么影响？

〔2〕如何理解奈达的功能对等（动态对等）及其意义？

〔3〕你赞成德国目的论提出的“目的决定手段”吗？为什么？

〔4〕作为社会文化大系统中的子系统，文学翻译与其他子系统的关系如何？

〔5〕图里提出的翻译规范理论对翻译研究有何启示？

〔6〕你是否同意翻译就是改写的观点？为什么？

〔7〕如何理解斯坦纳的翻译四步骤？

〔8〕为什么说翻译就是文本的解码和再编码？

〔9〕解构主义翻译观对人们认识意义的本质和译者的作用有何意义？

〔10〕女性主义翻译观与后殖民主义翻译观有哪些相似之处？

本章参考文献

埃文-佐哈尔，伊塔玛，2002，《多元系统论》，见《中国翻译》，第4期，19—25。

陈鸿德等（编），2000，《西方翻译理论精选》，香港：香港城市大学出版社。

根茨勒，2005，《翻译、后结构主义与权力》，见陈永国（编），《翻译与后现代性》，北京：中国人民大学出版社，123—140。

郭建中，2000，《当代美国翻译理论》，武汉：湖北教育出版社。

哈琴，林达（著），赵伐（等译），1994，《加拿大后现代主义》，重庆：重庆出版社。

霍克斯，特伦斯，1987，《结构主义与符号学》，上海，上海译文出版社。

蒋骁华，2003，《巴西的翻译："吃人"翻译理论与实践及其文化内涵》，见《中国翻译》，第1期，63—67。

廖七一，2001，《当代英国翻译理论》，武汉：湖北教育出版社。

谭载喜，1991，《西方翻译简史》，北京：商务印书馆。

——1999，《新编奈达论翻译》，北京：中国对外翻译出版公司。

王铭玉，2005，《语言符号学》，北京：高等教育出版社。

威尔斯（著），祝玉（等节译），1988，《翻译学——问题与方法》，北京：中国对外翻译出版公司。

张美芳，2005，《翻译研究的功能途径》，上海：上海外语教育出版社。

赵一凡等（主编），2006，《西方文论关键词》，北京：外语教学与研究出版社。

Baker, Mona (ed.). 1998. *Routledge Encyclopedia of Translation Studies*. London and New York: Routledge.

Bassnett-Mcguire Susan. 1980. *Translation Studies*. London and New York: Routledge.

Bassnett, Susan. 1993. *Comparative Literature: A Critical Introduction*. Oxford UK and Cambridge USA: Blackwell.

——1996. "The Meek or the Mighty: Reappraising the Role of the Translation". In Norman Alvarez and M. Carmen-Africa Vidal (eds.). *Translation, Power, Subversion*. Bristol: Multilingual Matters Ltd.

—— and André Lefevere. 1990. *Translation, History and Culture*. London: Cassell.

——and André Lefevere. 1998.*Constructing Culture: Essays on Literary Translation*. Bristol: Multilingual Matters Ltd.

—— and Harish Trivedi (eds.). 1999. *Post-colonial Translation Theory and Practice*. London and New York: Routledge.

Catford, John C. 1965. *A Linguistic Theory of Translation: An Essay in Applied Linguistics*. London: Oxford University Press.

Chamberlain, Lori. 1998. "Gender Metophorics". In Mona Baker (ed.). *Routledge Encyclopedia of Translation Studies*. London and New York: Routledge.

Chesterman, Andrew. 1997. *Memes of Translation: The Spread of Ideas in Translation Theory*. Amsterdam and Philadelphia: John Benjamins Publishing Company.

Davis, Kathleen. 2001. *Deconstruction and Translation*. Manchester and Northampton: St. Jerome Publishing.

Even-Zohar, Itama. 2000. "The Position of Translated Literature within the Literary Polysystem". In Lawrence Venuti (ed.). *The Translation Studies Reader*. London and New York: Routledge. 192–197.

Flotow, Luise von. 1997. *Translation and Gender: Translating in the "Era of Feminism"*. Manchester: St. Jerome Publishing.

Gentzler, Edwin. 2001. *Contemporary Translation Theories*. Bristol: Multilingual Matters Ltd.

Gorlee, Dinda L. 1994. *Semiotics and the Problems of Translation with Special Reference to the Semiotics of Charles S. Peirce*. Amsterdam-Atlanta, GA: Rodopi.

Hatim, Basil and Ian Mason. 1997. *The Translator as Communicator*. London and New York: Routledge.

Hawkes, Terence. 2003. *Structuralism and Semiotics*, 2nd ed. London and New York: Routledge.

Hermans, Theo (ed.). 1985. *The Manipulation of Literature: Studies in Literary Translation*. London: Croom Helm Ltd.

——1999. *Translation in System: Descriptive and Systemic Approach Explained*. Manchester, UK: St. Jerome Publishing.

Lefevere, André. 1992. *Translation, Rewriting, and the Manipulation of Literary Fame*. London and New York: Routledge.

Munday, Jeremy. 2001. *Introducing Translation Studies: Theories and Applications*. London and New York: Routledge.

Newmark, Peter. 1981. *Approaches to Translation*. Oxford: Perganmon Press.

Nida, Eugene A. 1964. *Toward a Science of Translating*. Leiden: E. J. Brill.

——1984. "Approaches to Translating in the Western World". *Foreign Language Teaching and Research*. No.2. 9–15.

——and Charles R. Taber. 1969. *The Theory and Practice of Translation*. Leiden: E. J. Brill.

Niranjana, Tejaswini. 1992. *Siting Translation: History, Post-structuralism, and the Colonial Context*. Berkely: University of California Press.

Nord, Christiane. 1997. *Translation as a Purposeful Activity: Functionalist Approaches Explained*. Manchester, UK: St. Jerome Publishing.

Robinson, Douglas. 1997. *Translation and Empire: Post-colonial Theories Explained*. Manchester: St. Jerome Publishing.

——2002. *Western Translation Theory: From Herodotus to Nietzsche*. Manchester: St. Jerome Publishing.

Schulte, Rainer, and John Biguenet. 1992. *Theories of Translation: An Anthology of Essays from Dryden to Derrida*. Chicago: University of Chicago Press.

Shuttleworth, Mark. 1998. "Polysystem Theory." In Mona Baker (ed.). *Routledge Encyclopedia of Translation Studies*. London and New York: Routledge.176–179.

——and Moira Cowie. 1997. *Dictionary of Translation Studies*. Manchester: St. Jerome Publishing.

Simon, Sherry. 1996. *Gender in Translation: Cultural Identity and the Politics of Transmission*. London and New York: Routledge.

Spivak, Gayatri Chakravorty. 2000. "The Politics of Translation". In Lawrence

Venuti (ed.). *The Translation Studies Reader*. London and New York: Routledge.

Steiner, George. 1975. *After Babel: Aspects of Language and Translation*. London: Oxford University Press.

Toury, Gideon. 1995. *Descriptive Translation Studies and Beyond*. Amsterdam and Philadelphia: John Benjamins Publishing Company.

Tymoczko, Maria. 1999. *Translation in a Post-colonial Context: Early Irish Literature in English*. Manchester: St. Jerome Publishing.

Venuti, Lawrence (ed.). 1992. *Rethinking Translation: Discourse, Subjectivity, Ideology*. London and New York: Routledge.

——1998. *Translation and Minority*. Manchester: St. Jerome Publishing.

Vieira, Else Ribeiro Pires. 1999. "Liberating Calibans: Readings of Antropofagia and Haroldo de Campos' Poetics of Translation". In Susan Bassnett and Harish Trivedi (eds.). *Post-colonial Translation Theory and Practice*. London and New York: Routledge.

Wilss, Wolfram. 1982. *The Science of Translation: Problems and Methods*. Gunter Narr Verlag Tubinger.

——1996. *Knowledge and Skills in Translator Behavior*. Amsterdam and Philadelphia: John Benjamins Publishing Company.

第四章

中西翻译理论比较

第一节 比较翻译学概说

传统的翻译研究，一般都局限于特定的翻译传统或翻译理论体系之内，而对不同翻译传统、不同翻译理论体系如何开展翻译和翻译研究的问题，却甚少或根本不发生兴趣。如果说在 20 世纪以前的传统时期，翻译研究领域缺乏跨国或跨文化系统的交往与交流，因为整个国际文化交往落后、国际翻译文化尤其不受重视而情有可原，那么，到了国际文化交流与交往日趋频繁的 21 世纪，特别是在第二次世界大战结束以来的当今信息时代，翻译文化不断受到重视，翻译研究得以发展成为独立学科，我们就没有理由仍然停留在特定翻译传统、特定翻译理论体系，内部研究的阶段，而应跨越单个传统和体系，开展更大范围的研究。这个更大的范围，就是在不同翻译传统、不同翻译理论体系如中西翻译和翻译理论传统，乃至翻译学体系与其他知识体系，如文学、哲学、语言学、社会学、信息学、电子科学（涉及机器翻译部分）等知识、科学体系之间，进行比较研究的范围，也就是我们所指的“比较翻译学”的范围。

比较翻译学概念的产生和发展，在一定程度上是受了“比较文学”“比较语言学”等概念的影响。比较文学与比较语言学的发展，均可追溯到 19 世纪 20 年代。并且，二者有一个共同点，即它们都分别起源于对有亲缘关系的文学体系、语言体系的比较研究。比较文学的最初着眼点，是比较研究欧洲各个国别文学，如英、法文学之间的相互关系和影响；比较语言学的着眼点，则是通过历史比较的方法去揭示有共同来源的语言或方言，如各日耳曼语、各罗曼斯语之间的亲属关系。当然，特别是比较文学，发展到后来，其研究范围发生了根本性变化，即从原来的“小圈子”（即欧洲国别文学）的比较研究，发展到世界范围的各国文学之间，乃至跨学科的比较研究。比较文学也好，比较语言学也罢，始终都立足于“比较”二字。就比较文学而言，其目的是通过比较，找出不同文学中带规律性的东西，同时也找出彼此差异之所在，使各国文学得以相互认识、相互学习、相互取长补短，最终走向“世界文学”。

在翻译研究发展到“翻译学”而初步成为独立学科的今天，必须对其作为独立学科的性质、内容、范围和研究方法等诸多问题，加以经常性的反思，不断充实、巩固自己，逐步由初创阶段转变为发展成熟的一门独立学科。比较翻译学的加盟便是翻译学研究这个反思、充实、完善过程不可或缺的一环。有人曾把“国别文学”比作在墙（国界）内观察事物，把“比较文学”比作跨在墙上观察墙里墙外的事物，把“总体文学”比作在空中观察下面的一大片景象（陈圣生，1990：12）。如果我们把这个比喻借用到翻译学研究上，那么，“国别翻译学”如“中国翻译学”“英国翻译学”“法国翻译学”“德国翻译学”“俄罗斯翻译学”等，就好比是在墙（国界）内观察事物，即在各个单独的国家或语言文化内观察与研究翻译问题；“比较翻译学”如“中西比较翻译学”“中俄比较翻译学”“中日比较翻译学”等，就好比是跨在墙上观察墙里墙外的事物，即站在民族或语言文化的边缘，注视两种或多种翻译理论体系是如何看待与处理翻译问题的；“总体翻译学”则好比居高临下看事物，即跨越民族和语言文化界限，同时也跨越学科领域界限来观察与探讨各类翻译的共同规律。在这三种类别的翻译研究中，“国别翻译学”是基础，“比较翻译学”是“国别翻译学”的发展所需，两者都属于“特殊翻译学”的范围；“总体翻译学”则是“国别翻译学”和“比较翻译学”的“上层建筑”，是它们的深层发展与升华。三者的关系是相互促进、相互依存。没有“国别翻译学”作为基础，就无从谈起“比较翻译学”，没有“国别翻译学”与“比较翻译学”作为发展前提，也就无从谈起“总体翻译学”。反之，如果没有“比较翻译学”提供参考，没有通过比较、归纳而升华的“总体翻译学”提供用以指导翻译实践的总体原则和理论，“国别翻译学”也很难跳出狭隘的单民族、单语言文化的框框而深入发展，翻译研究也因此很难演化成为一门独立的翻译学。而如果没有一门独立的翻译学来研究翻译，诸如语际翻译、语内翻译、符际翻译、机器翻译等等各类翻译活动中出现的各式各样的问题，就很难指望得到很好的解决。

至今为止的翻译学研究，大都集中在“国别翻译学”与“总体翻译学”两个领域。“国别翻译学”是基础，在整个翻译研究中自然占据核心地位。事实上，特别是在20世纪之前的传统时期，人类的翻译研究史基本上是一部国别翻译学史。尽管西方各国翻译理论研究之间的相互影响与渗透早已存在，但这种相互影响与渗透主要发生在西方体系的内部，因而不具备“比较翻译学”的典型意义。换言之，不论在中国或西方，超出大体系或主体系以外的、严格意义上的“比较翻译学”是不存在的。例如，长期以来，中国译界只知道中国的支谦、道安、鸠摩罗什、玄奘、林纾、严复，西方译界则更是只知道西方的西塞罗、贺拉斯、哲罗姆、奥古斯丁、多雷、泰特勒、洪堡、施莱尔马赫。到了20世纪，随着现代语言学的产生与迅猛发展，翻译研究开始全面超越传统时期的经验主义的研究模式，而进入视翻译学为独立学科的新的发展期。这一时期的研究特点，是把重点逐步转向探求建立“放之四海而皆准”的普通翻译理论，也即放在“总体翻译学”的研究上。而在这种理论的探求中，人们同样忽略了“比较翻译学”的研究。值得肯定的是，近30年来，中国翻译学界在引进介绍外国，特别是西方及苏联的当代翻译理论方面，做出了卓有成效的努力。因此，如本书第三章中讨论到的当代法国、美国、英国、德国以及苏联的翻译理论和主要翻译学流派，都在相当程度上为中国译界所知晓，并因此引发不少研究者朝“比较翻译学”方向作出有益的尝试和努力，如罗新璋先生有关中西翻译理论特点的阐发即是一例（罗新璋，1984：16—18）。但把“比较翻译学”作为翻译学体系中一个专门研究领域，即作为翻译学的分支学科，这一直到20世纪90年代末才明确提出（谭载喜，1998）。

如前所述，“比较翻译学”主要涵盖两个内容。一方面，它是指对不同翻译传统、不同翻译理论体系中出现的翻译思想、理论以及翻译方法、技巧等等进行比较研究；另一方面，它也包括对翻译学与其他学科（诸如文学、哲学、语言学、信息和电子科学等）之间进行比较研究。两者之间，前者与翻译学本身直接相关，因此是“比较翻译学”的主体，也是本节和本章讨论的重点。此外，我们还必须首先区分两个概念，即“比较翻译学”与“翻译学比较”。这是两个含义不同，但容易引起混淆的概念。“比较翻译学”是翻译学属下一个分支学科的名称，是一个知识领域。“翻译学比较”则是指翻译学以及比较翻译学的比较行为，是一种具体操作。它可以是翻译理论与方法论方面的比较，也可以是翻译的具体操作过程或结果的比较。前者是“比较翻译学”行为，是一种抽象行为，如在支谦与西塞罗、严复与泰特勒之间开展比较；后者则是人们通常所说的“翻译比较”，是一种具体行为，如在译作与原作、同一原作的两种和多种不同译作、译作与原作的整体风格、译作与原作的具体细节（如个别措辞）等等之间开展比较。

以上指出，本节、本章的重点所在，是对作为翻译学分支学科的“比较翻译学”的研究。“比较翻译学”要达到的基本目的有三：一是通过比较，使人们对各个国别翻译理论体系或分支体系在整个人类翻译理论发展史上的相应位置、对它们各自的价值和它们对人类翻译理论发展所作出的贡献，以及对翻译学与其他学科的相互关系等有个正确的了解和定位。二是通过比较，使人们对人类翻译理论的共性与个性、它的普遍性与特殊性以及它的抽象性与实用性等有充分的认识。三是通过比较，使人们从不同翻译理论传统和翻译理论体系中获得启示和启发，经过甄别、筛选把异族翻译理论、思想和方法中的有益养分消化、吸收到本族翻译实践当中来，从而更好地制定翻译的准则，厘定翻译的标准，提高翻译的质量。

就“比较翻译学”的研究范围而言，正如前面提及的，它可以分为“主体研究范围”与“相关研究范围”。所谓“主体研究范围”，是指涉及翻译传统、翻译理论体系、翻译思想以及翻译方法技巧比较的范围；所谓“相关研究范围”，则是指涉及翻译学与其他学科（如文学、哲学、语言学、信息和电子科学等等）比较的范围。虽然翻译学与其他学科之间的比较研究不是“比较翻译学”的重点，但我们可以通过这种比较去了解它们之间的相互关系、相互作用和相互价值，进而推动翻译学的更大发展。比如，通过翻译学与哲学的比较，我们可以了解到翻译学中的许多概念，如“活译”与“死译”，“意译”、“直译”与“折中”等，无不源发于哲学上的二元观、多元观以及逻辑学上的二值逻辑、多值逻辑；西方翻译学术语的纷繁广杂，也无不追根到西方重命名、重推理的哲学传统等等。至于翻译学与语言学之间的相互依存、相互作用，其关系之密切自然更加无需多言。

对于“比较翻译学”的主体研究范围，可以通过图示（见下页图）加以表述。图中有三点需作进一步说明：一是，“学科本体比较”是指“比较翻译学”作为翻译学属下一个分支学科的“内部”比较，即前面所说比较翻译学的“主体研究范围”。与之相对的“跨学科比较”则是一种“外部”比较，即前面所说的“相关研究范围”。二是，“学科本体比较”属下的“体系比较”是指宏观层次上的比较，即比较各个国别、语种翻译理论发展史的全貌，其中也包括对各个发展阶段的比较。与“体系比较”对应的所谓“分题比较”，是指按照各个不同专题对翻译理论、翻译方法以及实际翻译操作过程与结果的具体比较。三是，图中最底层各比较项下横向连接线的两端均呈开放状，其含义是：有关比较项下所列出的只是部分，而远非全部课题，如在“体系比较”项下还可以有“东西翻译理论体系比较”“中阿（阿拉伯）翻译理论体系比较”“中葡翻译理论体系比较”“中印翻译理论体系比较”“中朝翻译理论体系比较”“中越翻译理论体系比较”，或不涉及中国翻译传统的第二、第三国别翻译传统相互之间的比较，如英法翻译传统、德法翻译传统之间的比较，等等。事实上，课题的多寡和定题，主要取决于比较研究的需要和研究者的兴趣所在。例如，中国学者一般只会对涉及中国翻译理论体系和包括汉语翻译在内的比较研究感兴趣，外国学者通常只会对涉及各自国家和语种的翻译理论体系和翻译感兴趣，如英美人可能只对英法、英德、英俄、英中、英日、英阿等翻译理论体系比较发生兴趣，俄国人只对俄英、俄中、俄日等翻译理论比较感兴趣，等等。这种以二元比较为核心，“倾斜”“偏重”于自身翻译理论体系的现象，在一定程度上会使研究结果失之片面、狭窄。例如，对中英翻译理论体系进行比较，研究者可能会因中国有个严复的“信达雅”，英国有个泰特勒的“翻译三原则”，而得出“翻译原则必三元”的结论；但对中日翻译理论体系加以比较，由于日本翻译传统中未必有类似严复和泰特勒的“三元”原则，研究者也许就会得出一种不同的结论。如果不把诸如此类的二元比较结果放在一起加以综合考察，而仅仅满足于狭隘的二元比较，那么，研究者就很难真正认识与发现翻译的普遍性原则。由于比较翻译学恰恰提倡更大范围的比较，提倡对各国别、语种的翻译理论体系进行多边、多元的综合性比较，上述二元比较所可能引起的片面性和局限性，便可得以克服。

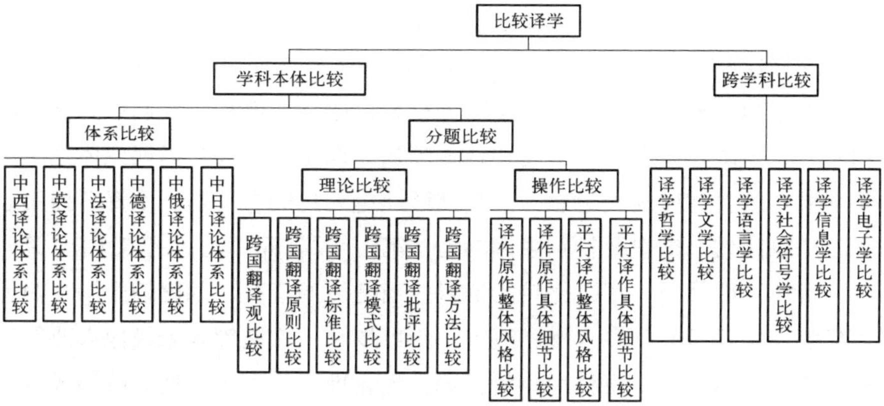

比较译学研究范围图

翻译学比较的任务，就是围绕上述目的和范围，具体实施各个层面的比较，然后提供有价值的研究成果。这里要着重指出两点：一是出“成果”，二是成果必须有“价值”。实际上，说到底，这第二点只是对第一点的补充，属于不说自明之理，因为没有价值的“研究所得”很难冠以“成果”之名。所以，我们在此只强调研究必须出“成果”这一点。所谓出“成果”，说得具体一点，就是写出东西来，把通过比较发现到的东西，通过分析得出的结论，用种种方式加以记录与发表。例如，我们可以对各个翻译理论体系中出现过的种种论述进行分类，归纳整理出一部综合型的《中外翻译理论大全》，其中分类包括对翻译原则、翻译标准、翻译性质等理论问题的探讨，翻译方法和技巧的介绍，翻译学术语的汇编，甚至各国翻译家和翻译理论家关于翻译的形形色色的比喻。当然，我们也可以分专题、分语种、分国别撰写出各个方面的书籍和文章。例如，在专题比较方面，我们可以编写诸如《各国翻译大师论翻译原则》《世界翻译方法集锦》《翻译学比喻大全》之类的著作和文章。总之，出成果既是一切研究工作的根本任务所在，也是比较翻译学的根本任务所在。

明确了目的，确定了范围和任务，余下的工作就是寻找能确保完成任务、达到目的的研究方法。先说明两点：一、比较翻译学的研究方法没有，也不应当有一个固定模式，研究者往往需要根据研究工作的客观环境和条件（如资料、语言知识的条件），来决定采用什么样的方法，以便获得最佳研究成果。二、我们下面提出的六种方法，也只是我们在研究中所建议采用的方法，未必是比较翻译学研究的标准方法。

既然比较翻译学强调的是“比较”，那么最显而易见的研究方法，就是在甲乙两方或甲乙丙丁多方之间进行直接比较。例如，我们可以把中国和西方、中国和俄罗斯、中国和日本等翻译理论体系或翻译理论体系中某些发展阶段、某些理论思想、某些翻译理论人物的有关第一手资料搜集起来，加以比较。这里要特别强调的是“第一手”，而不是“第二手”“第三手”资料。即是说，用以比较的资料应当是原始资料，如比较中国和西方古代翻译文论时必须拿支谦、道安、鸠摩罗什、玄奘等人未经他人改写过的文论，与西塞罗、贺拉斯、哲罗姆、奥古斯丁等人未经他人改写或翻译过的文论加以比较。我们可以把这个方法称为“直接比较法”。此种方法的优点是，被比较的对象均以其本来面目出现，因此最可靠，也最能使研究者施展才能，立论创新。难点是，第一手资料不容易找到，研究者必须通多种语言，包括“死”语拉丁语；弱点是，由于难度这么大，因此可能导致研究效率低，甚至得不偿失。

要克服“直接法”的弱点和难点，可以采用与之相对的另一种方法，即“间接比较法”。所谓“间接比较法”，是指以现存研究资料为基础的比较。换句话说，研究的眼光不放在有关研究对象的第一手资料，而是第二手甚至第三手资料上。这第二、第三手资料的典型例子，就是其他研究者提供的“翻译史”“翻译理论研究报告”等等。与“直接比较法”相比，“间接法”有三重特点：

一是研究效率高，因为可以充分利用别人的研究成果，无须花大量时间再从头去搜寻别人已经提供了的资料。例如，我们只需读一读马祖毅的《中国翻译简史》、罗新璋的《翻译论集》、任继愈的《佛教与中国文化》与《汉唐佛教思想论集》等有关中国译史的书文，以及斯托里希（1973）、斯坦纳（1975）、勒弗维尔（1977）、凯利（1979）、里纳（1989）、贝尔曼（1992）、韦努蒂（1995）、鲁宾逊（1997）、贝克尔（1998）等西人的著述，即可了解到支谦、道安、鸠摩罗什、玄奘、徐光启、严复、林纾、鲁迅、林语堂、傅雷、钱锺书等人和西塞罗、贺拉斯、哲罗姆、奥古斯丁、但丁、布鲁尼（Leonardo Bruni）、伊拉斯谟、路德、阿米欧（Jacques Amyot）、多雷、于埃、德·阿布朗古尔、德莱顿、泰特勒、阿诺德、施莱尔马赫、洪堡、歌德、巴特、奈达、雅各布森、列维等人的基本翻译思想和理论，可谓事半功倍。

二是由于"间接比较法"以多种资料为基础，因此有利于研究者通过对多种不同研究成果的比较，而最后得出可能更为正确的结论。

三是这里所指的"间接"比较，不是也不可能是绝对意义上的间接比较。说得更恰当一点，它只是一种以间接比较为主，同时夹插直接比较成分的方法，因为特别在遇到研究疑点时，研究者往往需要把"间接"资料当作"索引"，根据这个"索引"去寻找原始资料，以便为某个结论提供最可靠的依据。

以上是比较翻译学的两种基本研究方法。在具体比较的层面上，则可以采取"横向比较"、"纵向比较"、"主题比较"与"综合比较"等四种方法。

所谓"横向比较"可以说是一种"共时"比较，着眼点在于比较不同翻译理论体系中彼此对应或基本对应的两个发展时期，或比较不同体系中在相同和相近时间里出现的思想理论和人物。例如，在中西翻译理论比较研究中，通过进行这种横向比较，我们可以了解到西方第一部谈及翻译理论问题的著作，即古罗马著名学者西塞罗的《论最优秀的演说家》约于公元前 46 年问世时，中国的翻译发展是何种情形；或者了解到在中国翻译实践与翻译理论均有较大发展的林纾、严复时代，西方又有何种成果可言；我们还可以了解到，不同的翻译理论传统，在同一发展时期、在何种程度上受到各自相关的社会、哲学、政治、宗教及语言文化等方面因素的影响等等。

所谓"纵向比较"即"历时"比较，着眼点是比较不同时间和不对应时期出现的思想理论和人物。换言之，它的比较不受时间因素的限制。例如，我们可以在古今中外的翻译理论家之间进行自由比较，既比较他们思想理论的性质和特点，也比较他们对各自翻译理论体系所作出的贡献；同时，我们还可以通过历时比较与分析，了解不同社会、哲学、政治、宗教及语言文化传统，对于各自翻译理论的历史发展，产生过什么样的影响等等。

所谓“主题比较”则是指按照翻译理论主题内容进行的比较，即根据某一翻译理论主题如“翻译原则”“翻译标准”“翻译方法”“翻译过程”“翻译批评”“翻译的定义”“翻译的分类”“翻译的目的与手段”“译者、作者、读者的关系”等等，在不同翻译理论体系中进行挖掘，比较各自在历史上对这一主题所提供出来的理论成果。

这是具体比较层面上的三种基本方法。而要获得最佳比较成果，就必须对这三种比较方法加以综合使用，不可将它们截然分割开来。特别是在对有关翻译理论体系进行全面比较时，更应交替使用这几种方法。这就是我们所指的“综合比较”。

可以说，比较翻译学是翻译学领域一块有重要意义却尚未开发的土地。要对它加以开发，使它沿着正确的轨道发展，一开始就必须对它的目的和发展方向、方法有正确的认识。特别是一开始，就不满足于其他比较学科如比较文学、比较语言学等曾经津津乐道的所谓比较“三部曲”（谢天振，1994：2），即：在作“二元”或“多元”比较时，总是先说二者和三者之间有着“惊人的相似”；然后指出，尽管如此相似，但还是存在着“深刻的差异”；最后便是得出结论，说有关差异是“由于民族、语言特性有别”所致，等等。我们的比较翻译学研究，既要找出这些“相似”和“差异”，分析出“相似”和“差异”的产生是怎样地由民族、语言文化的特性所致，更重要的是使所得出的这些结论如何为翻译学的现实，特别是我国翻译学研究和翻译实践的现实服务。只有这样，比较翻译学才会有价值、有意义。

在以下各节，我们将运用上述比较翻译学的原则和方法，着重对中西翻译理论展开讨论，以期通过较为系统的中西翻译理论比较，进一步阐明比较翻译学的真正价值和意义所在。

第二节　中西翻译理论的总体比较

据载，西方翻译理论史肇始于公元前 1 世纪的古罗马修辞学家和翻译家西塞罗，我国的翻译理论史则起源于三国时期的佛经翻译家支谦，距今亦近两千年。追溯中西翻译理论的历史，我们不难发现，在这漫长的发展长河中，中西方的翻译理论与思想受制于各自翻译实践的此起彼伏，也经历了时起时伏、曲折向前的发展阶段。彼此的发展规律和历程有着许多相同之处，各自的理论和思想也都有着不少相似之点。

这些相同和相似究竟在哪里？除了相同、相似之外，中西翻译理论体系之间还存在哪些相异或相悖？两者之间有无高低优劣之分？彼此的特点和特色给我们今天的翻译学研究又能带来什么样的启示？如此等等，都不能凭想当然，或凭单纯地研究西方或中国任何一方的翻译理论历史来寻找答案。这是因为一方面，如果我们只看得见自己的翻译理论遗产，对他国译史充耳不闻，我们便难免会因为拥有支谦、道安、玄奘以及严复、鲁迅、傅雷等人对翻译精辟的论述而沾沾自喜，妄自尊大。另一方面，如果我们只注重西方译史，或者只欣赏西方翻译理论独特的一面，只看到西塞罗、贺拉斯、哲罗姆、奥古斯丁、德·阿布朗古尔、多雷、德莱顿、泰特勒、施莱尔马赫、歌德、奈达、卡特福德、霍姆斯等西方翻译理论大师，而认为本民族翻译理论和思想微不足道，同时又不深入挖掘淘炼，不从我国的翻译理论遗产中发扬光大，我们便会过于自惭形秽，陷入民族翻译理论虚无主义的泥坑。这两种倾向都是片面的，对翻译学发展是有害的。对于以上种种问题，只有通过在中西翻译理论体系之间进行客观、全面的横向比较，才能找到正确的答案。

由此可见，中西翻译理论比较研究的意义与作用是重大的。对其重要性，我们还可以进一步作出以下几点阐述。

首先，通过比较，我们可以对中西方翻译理论的发展全貌，以及它们各自在整个人类翻译史上所能占有的相对位置，有个较为客观的了解。罗新璋认为："我国的翻译理论自有特色，在世界译坛独树一帜"（罗新璋，1984：1）。这一结论无疑是十分正确的。但作出这一结论似乎已经隐含一个前提，即中国的翻译理论之所以"自有特色"，"独树一帜"，是因为"世界译坛"上尚有其他同样"自成体系"的翻译理论存在。只有拿中国的翻译理论体系与其他翻译理论体系进行比较，我们才能正确地确定各个体系在整个世界译坛上的相对位置。而且，比较越细致全面，得出的结论就越中肯、越客观。

其次，通过对两个乃至多个翻译理论体系的横向比较，我们可以捕捉到翻译理论的共性与个性、它的普遍性与特殊性以及它的抽象性与实用性。具体说来，我们可以通过比较，了解到中西翻译理论体系在互无影响、彼此独立的情况下，在对翻译的原则、方法、程序、标准、操作规则等多个方面的认识上，有着不少相通的理论成果。例如，西方翻译理论肇始阶段西塞罗、贺拉斯、哲罗姆等人即提出“直译”与“意译”的区分，我国翻译理论肇始阶段支谦、道安、鸠摩罗什等人亦有“改‘胡音’为汉意”与“案本而传”“不加文饰”的翻译主张；后来西方又出现了法国多雷的翻译“五方法”和英国泰特勒的翻译“三原则”，我国则有了严复著名的“信、达、雅”。翻译理论研究的共性规律，从中西翻译理论间的此种相似之中，足可窥见一斑。

中西翻译传统是世界翻译史上特色鲜明的两大翻译体系，二者互相独立却产生出了许多彼此相同或相似的翻译思想，但同时又因所属社会文化体系不同而无不打上彼此不同的烙印。我们认为，通过对属于不同文化体系的中西翻译传统进行系统的比较研究，可以对翻译和翻译学等方面的问题有更加本质的了解和认识。我们根据这一理念，在第八章以及本章上面两节就比较翻译学和中西翻译理论比较的意义、方法以及中西现代翻译学的概貌等问题，做了初步探讨。为了把比较翻译学特别是中西翻译学的比较研究引向深入，我们在以下各节将对中西翻译理论展开更为具体、系统而全面的比较。

一、我国有文字可考的翻译[1]最早可以追溯到公元前1世纪刘向《说苑·善说》里记载的《越人歌》(马祖毅，1984：3—4)，距今已两千余年。西方有文字可考的最早笔译活动则可追溯到公元前大约250年罗马人里维乌斯·安德罗尼柯用拉丁文翻译的荷马史诗《奥德赛》(Morgan，1959：271)，距今更是有两千两百多年。可以说，不论是中国或是西方，翻译的历史都相当悠久。

然而，尽管我国的笔译传统可以说起始于《说苑·善说》里记载的《越人歌》，但《越人歌》只是一个孤立的翻译活动，它并没有触发一场大

1　这里指书面翻译即笔译，而不是指口头翻译即口译。《礼记·王制》篇所载“中国，夷，蛮，戎，狄……五方之民，言语不通，嗜欲不同，达其志，通其欲：东方曰寄，南方曰象，西方曰狄鞮，北方曰译”，虽指翻译之事在我国远古时代早已存在，但“当时中原文化高于边陲民族，所以通达志欲只限于言语的沟通，也即所谓口译”(罗新璋，1984：1)。

规模的翻译运动。我国翻译史上第一个高潮即佛经翻译的高潮，一直到西域高僧安世高于公元 148 年来洛阳之后才开始形成。而在西方，公元前 3 世纪中叶安德罗尼柯用拉丁文翻译的荷马史诗《奥德赛》，却成了西方翻译史上第一大高潮的先导。因为自安德罗尼柯开创西方文学翻译的先河之后，一大批与安德罗尼柯同时代或随后的罗马诗人、戏剧家、哲学家、修辞学家都投身于翻译，如饥似渴地把大量希腊史诗、戏剧等文学典籍翻译介绍给罗马读者，从而在罗马掀起了一股巨大的希腊文化、文学热。这些早期翻译家中包括与安德罗尼柯齐名而被共同誉为“开创罗马文学三巨头”的涅维乌斯与恩尼乌斯，以及其他文学翻译大师如普劳图斯、泰伦斯、西塞罗、卡图鲁斯等等。在翻译理论方面，中国第一篇谈论翻译的文字是三国时期佛经翻译大师支谦的《法句经序》，约作于 224 年；西方最早的翻译文论，首推罗马时期翻译家、修辞学家西塞罗的《论演说家》(*De oratore*)、《论最优秀的演说家》和《论善与恶之定义》，分别作于公元前 55、46 以及 45—46 年。中西相比，无论就翻译（笔译）实践或翻译理论而言，西方翻译传统的源起，都先于中国翻译传统两百多年。当然，在翻译的历史长河中，两百多年算不了什么，某个传统比另一个传统长两百多年或短两百多年，也并不等于某个传统就一定比另一个传统“先进”或“落后”。然而，它却能说明，在中西方各自文化的历史发展中，西方文化比华夏文化更早地得益于翻译文化的开发与发展。正如西方翻译史学家凯利所说，古罗马时期以来西方文化的发展，首先应当归功于翻译(Kelly，1979：1)，因为没有翻译就没有古希腊文化在罗马土壤上的发扬光大，进而也就没有后世欧洲各独立民族文化的充实与发展。以上史实同时也表明，作为两大世界级体系，中西翻译传统有着互为独立的发展时间和路线。

在 19 世纪末、20 世纪初之前的历史中，尽管中西方的整体文化交流可谓源远流长，中西翻译传统之间的相互交流和影响实际上不存在。即是说，特别是在翻译理论方面，一直到了 19 世纪末、20 世纪初，中西之间才出现某种交流，而且其主要表现形式多为自西流向东。例如，在 19 世纪末、20 世纪初之前，中西对于彼此翻译传统，尤其是对各自翻译理论传统的知识，可以说无从谈起。到了 19 世纪末和 20 世纪初，随着西学东渐声势的日趋强劲，随着新文化运动在中国的兴起，中国人对于西方文化的输入和学习，才从科学技术全面扩大到政治、军事、经济、文学、宗教等各个领域，其中也包括西方的翻译领域。人们不仅大量译介西方科技、政论、文艺作品，而且也开始注意到西方的翻译传统，注意到翻译对于西方文明的起源和发展所发生的重要作用，并注意到西方独具一格的翻译理论。例如，马建忠在《拟设翻译书院议》和梁启超在《论译书》中，分别论及近代西方译介中国文化（马建忠，1894：1）和在整个西方文明中，“(泰西）格致性理之学，原于希腊；法律政治之学，原于罗马。欧洲诸国各以其国之今文，译希腊、罗马之古籍，译成各书”（梁启超，1897：10）等方面的情况。至于对西方翻译思想和理论的了解，亦可追溯到20世纪较早的时候。例如，英国泰特勒《论翻译的原则》一书，我国在20年代开始有了介绍（罗新璋，1984：15）；意大利克罗齐的“翻译即创作”之说，也于30年代为我国翻译研究界所知晓（林语堂，1933：270—272）。

二、如前所述，就整个翻译历史而言，中西翻译传统之间的这种相互了解与交流，只是到了现代发展阶段才开始出现。因为从现有记载看，历史上中西方各次较大的文化、商业和科技交流，如著名的“丝绸之路”引发的交流、唐代景教的传入、马可·波罗的中国之旅，都没有伴随出现有重要标记的翻译活动，就是明末清初由耶稣会士主导的科技、典籍翻译，也只是局限于西语汉译或汉语西译，其性质纯粹属于翻译的范畴，而非本节所指不同翻译体系之间的交流。这就说明，至少在19世纪末、20世纪初之前的历史长河中，中西翻译传统沿着各自的路线发展，相互独立，互无交往，因而形成了特色鲜明的两大翻译体系。

从宏观上看，作为最具影响的两大世界级翻译体系，中西之间的区别之一，是“单一体系”与“多元体系”的区别。在理论上，中国翻译传统的涵盖面，不仅包括汉语言文化内的翻译，而且也应包括中国境内其他民族语言文化内的翻译，如藏、蒙、维吾尔语言文化内的翻译。但由于在所有这些不同民族语言文化的翻译传统中，涉及汉语言文化的翻译传统占绝对重要的地位，因此它往往被当作了中国翻译传统的唯一代表，即狭义上的中国翻译传统。也就是在这个意义上，中国翻译传统是一个“单一的”翻译体系，因为它自古至今都发生在同一语言文化即汉语言文化的环境里。

西方翻译传统却与此不同，它起始于古罗马时期，经历了从同一“母”体系到不同“子”体系发展、演化的过程，即从古代拉丁语言文化体系，向后世欧洲各个民族语言文化体系发展、演化的过程。因此可以说，西方翻译传统是一个“多元的”翻译体系。

由于中国翻译传统是“单一”体系，集中发生在汉语言文化这一个体系内，而西方翻译传统是“多元”体系，分散发生在多个不同的“子”系如德、法、英语言文化等“子”系内，因此中西两大翻译传统之间，不可避免地会出现发展上的不平衡。具体地说，特别是当西方翻译传统进入中世纪中叶以后，因为它已从“单一的”罗马“母”体系扩大、演化成了许多相对独立的不同民族体系，因此作为整体，它无论在翻译理论或翻译实践上，都留下了比中国翻译传统更为丰富的遗产。

当然，此种发展上的不平衡，并非始终以一面倒的形式出现。即是说，虽然从总体看，西方翻译传统有着比中国翻译传统更为丰富的遗产，在许多阶段的发展比中国翻译传统都更为迅猛，但在特定的历史时期或历史阶段，中国翻译传统的发展却可能优于西方的翻译传统。例如，在公元前3世纪至1世纪，当罗马人大兴翻译之风，西方翻译传统出现第一次高潮的时候，大规模的翻译活动在中国尚未真正开始。因此很明显，此时中国翻译传统的发展不及西方。但从公元3世纪起，佛经翻译开始在中国形成高潮，其规模是同期西方翻译所不能比拟的。事实上，从公元3世纪至10世纪，在将近八百年的漫长历史中，佛经翻译在中国高潮迭起，长盛不衰，而在与此相应的许多世纪里，西方翻译传统却陷于“愚昧黑暗的”时代，无重大发展可言。到了文艺复兴时期，西方翻译出现了前所未有的“黄金时代”，其规模和影响都超出了中国翻译传统中与之对应的明末清初的宗教、科技翻译。然而，进入20世纪以后，中国的翻译又频频出现高潮，特别是自70年代末以来，其来势之猛，规模之大，成果之丰，都在同期西方翻译发展之上。

三、然而，不论是就整体翻译遗产而言，或是就特定发展时期的翻译遗产而言，中西之间的差别主要是“量”而非“质”的差别。就是说，所谓西方比中国有着更为丰富的翻译遗产，是指西方各国历史上的翻译总量、译品总数以及投身于翻译的人数，比我国相对多一些。例如，尽管我国历史上曾经出现过规模宏大的佛经翻译，所出译品数以千计，但唐宋之后雄风不再，经典译品寥寥无几。相反，西方的《圣经》翻译起始于公元前3世纪，历经古罗马、中世纪、文艺复兴、近现代各时期，直至当代，其高潮迭起，反复不断。在文学翻译领域，情况更是如此。19世纪末、20世纪初之前，我国可以说没有出现过大规模的文学翻译，因此谈不上有很多文学翻译作品或文学翻译家的存在。而在西方，不论是在拉丁语时期的罗马，还是在后世民族语时期的欧洲各国，文学翻译始终是推动西方文化、文学向前发展的原动力。最早的拉丁文学作品是译自希腊的荷马史诗，最有影响的文学运动即文艺复兴运动离不开文学翻译的推动，各时期许多最伟大的文学家同时也都是伟大的翻译家或翻译评论家，如古代的泰伦斯、西塞罗、贺拉斯，中世纪意大利的但丁和英国的乔叟，文艺复兴时期以来法国的阿米欧、伏尔泰、雨果、夏多布里昂、波德莱尔，德国的施莱格尔、赫尔德、荷尔德林、洪堡、席勒、歌德，英国的查普曼、德莱顿、蒲柏、约翰逊、菲茨杰拉德、阿诺德，等等。西方历史上翻译成果在数量上多于我国，这一史实不足为奇，但就翻译质量而言，中西翻译传统之间却不存在如此泾渭分明的差别。如果以“有没有达到取悦读者或传递信息、沟通感情、发生影响等目的”作为检验翻译质量的标准，那么中西方都各有各的翻译佳品、各有各的翻译大师留给历史。例如，我国古时翻译大师支谦的佛经翻译，足可与罗马时期西方翻译巨匠哲罗姆的《圣经》翻译媲美；我国近现代翻译大师严复和傅雷的翻译实践在“取悦读者”“影响读者”“推动翻译”的程度上，丝毫不逊色于西方任何时期的任何译者。

以上是翻译的实践方面。在翻译理论史上，中西之间的差别同样也主要表现在“量”而非“质”的方面。也就是说，西方翻译理论遗产在数量上比我国多，但在中西翻译理论所阐述的问题，及其对各自翻译实践所产生的指导作用上，彼此之间却并没有多大区别。例如，中西翻译理论对于诸如翻译原则、翻译标准、翻译程序、翻译方法等问题都进行过彼此相似的探讨，各自的各种翻译理论和思想都对各自的翻译实践活动产生过重要的影响，如道安的“五失本”“三不易”，玄奘的“五不翻”“译经分工十一法”，严复的“信达雅”，傅雷的“神似”，钱锺书的“化境”，以及古罗马哲罗姆“世俗文学翻译用意译，《圣经》翻译用直译”的主张，法国16世纪多雷的翻译五要素、17世纪德·阿布朗古尔的“美而不忠”的翻译观，英国17世纪德莱顿的翻译三分法、18世纪泰特勒的翻译三原则，德国19世纪施莱尔马赫“不是尊重作者就是尊重读者”的翻译观、歌德的翻译三分法，20世纪众多翻译理论家形形色色的现代翻译理论，等等。所有这些人的翻译观、翻译思想或翻译理论，都在各自所属的翻译体系里发挥了十分重要的历史作用。

第三节　中西翻译理论的相似性

中西翻译传统尽管涉及不同的语言文化，不同的翻译材料，不同的思想背景，但两者之间却存在着许许多多的相似。本节拟从翻译实践与翻译理论的相互关系、翻译理论的发展模式以及翻译思维、翻译原则、翻译方法的演进过程等多个方面，对存在于中西翻译理论之间的这种相似性加以探讨。

一、对中西翻译传统进行具体比较，我们发现，不论在中国或西方，尽管翻译理论的发展速度与规模始终无法与各自的翻译实践相比，但各自各个时期的翻译实践却总是带动了各自翻译理论的发展，因而使翻译的实践与理论构成了各自传统中不可分割的整体。从某种意义上说，这一结论的得出，只不过是对翻译理论来源于翻译实践、又反过来指导翻译实践的辩证唯物观的一种佐证。

中西方翻译的历史都证明，翻译是一项有规律可循、实践性很强的活动。但它的发展却又离不开翻译理论的推动。当然，翻译实践并不以翻译理论的存在为先决条件，在最早期的翻译实践中，翻译者们并没有明确的理论来指导和规范其翻译行为。但不论在中国或西方，翻译实践从一开始就是在一定的指导原则下进行的，尽管翻译者对这些原则未必有明确的表述。例如，公元二三世纪安世高、支谦等人从事佛经翻译时，由于他们的汉语知识有限，无法自由地把浮图的原旨传译到汉语中，因而自觉不自觉地遵循了“案本而传”“不加文饰”的翻译原则。在西方，罗马人因征战胜利而视希腊文学为可以任意“宰割”的“战利品”，因此翻译希腊作品时自觉不自觉地遵循了“与原作媲美”“超越原作”的翻译原则。后来，随着翻译实践的深入，翻译者开始明确地意识到翻译的内在规律和指导原则，并开始总结这些规律和原则，这就出现了从翻译实践向翻译理论的升华。从某种意义上说，西塞罗于公元前55、46和45—46年在其《论演说家》、《论最优秀的演说家》和《论善与恶之定义》等多篇文论中提出“意译”的主张，以及支谦于224年在《法句经序》中谈论佛经翻译的“美言不信，信言不美”，其实就是从实践到理论的自然发展结果。

另一方面，由于内在的翻译原则和规律得到了理论的升华，人们对翻译的本质、目的、作用直至方法、技巧等问题开始有了明确的认识，因而翻译实践便开始脱离盲目状态，而有了明确的发展方向。可以说，西方由西塞罗、我国由支谦引发的对于“意译”和“直译”的思考，就是翻译实践开始步入明确发展轨道的标志。自西塞罗和支谦在各自翻译传统里开创理论先河之时起，翻译家们一方面在翻译实践中开始有意识地采取或不采取某种翻译方法，以达到自己的翻译目的，另一方面开始纷纷谈论有关翻译的各种问题，从而把对于翻译的感性认识上升到理性认识。“直译”与“意译”作为两种基本的翻译方法，由此在翻译的漫长历史进程中，不仅主导了翻译的实践，而且成了翻译家们热衷于讨论的理论问题。从贺拉斯、哲罗姆、奥古斯丁到德·阿布朗古尔、勒弗维尔、路德、阿米欧、德莱顿、施莱格尔、歌德、菲茨杰拉德，从道安、鸠摩罗什、玄奘到徐光启、严复、林纾、鲁迅、傅雷，自古至今，莫不如此。

二、显然，翻译实践的发展，必然会牵动翻译理论的发展。从这个意义上说，在中西方各自的翻译史上，只要翻译实践出现发展高潮，翻译理论就势必会随之出现发展高潮。亦即说，中西翻译史上几个主要的发展时期，如中国汉末至唐宋的佛经翻译、鸦片战争后至“五四”前后的西学翻译，以及西方早期文学和《圣经》翻译、文艺复兴时期至19世纪的文学、宗教翻译，等等，其作为中西翻译传统重要发展时期的历史地位，不仅仅体现在翻译的实践上，同时也体现在翻译的理论建设上。例如，中国汉末至唐宋的佛经翻译不仅把几乎所有重要的佛典移植到了汉语言文化之中，而且也开创与发展了中国翻译理论研究的传统；鸦片战争后至“五四”前后的西学翻译，更是产生了翻译实践与理论并重的严复与林纾等一代翻译大家。同样，西方早期文学和《圣经》翻译既把希腊典籍大规模地移植于罗马的文化土壤，产生了被后世译界奉为“第二原本”的《通用拉丁圣经》，又出现了影响巨大的西塞罗、哲罗姆、奥古斯丁的翻译思想；文艺复兴时期至19世纪的文学、宗教翻译，不仅给历史留下了极其丰富的翻译作品，如阿米欧的《名人传》、路德“为民众而译”的《德语圣经》、开现代英语先河的《圣经钦定本》、卡莱尔的歌德、施莱格尔以及雨果的莎士比亚等等，而且也给西方翻译研究领域带来一派前所未有的繁荣景象，涌现出不少颇具影响的翻译思想家和理论家，如发表第一篇翻译专论的布鲁尼（Bruni，1426）、第一个把翻译方法和原则归纳成条的多雷（1540）、第一个发表翻译专著的泰特勒（1790），等等。

综观中西翻译理论的历史进程，不难发现一个共同的演进模式，即都是从对翻译问题的顺带式议论，到有意识的点评，到系统性论述；从序言跋语，到零章散节，到专题专论。中国翻译理论和思想体系的构建从支谦、道安、鸠摩罗什、玄奘到严复、鲁迅、傅雷、钱锺书，再到董秋斯、金隄、刘宓庆，西方翻译理论和思想体系的构建从西塞罗、贺拉斯、昆体良、斐洛、哲罗姆、奥古斯丁到布鲁尼、路德、伊拉斯谟、多雷、于埃、德莱顿、歌德、洪堡、施莱尔马赫、巴特、泰特勒，再到奈达、穆南、奎恩、卡特福德、霍姆斯、斯坦纳、勒弗维尔、威尔斯、图里、埃文-佐哈尔、巴斯奈特、哈提姆、韦努蒂，等等，都充分反映出了这一发展模式。

三、涉及翻译理论发展的具体内容，我们可从以下各方面来阐述中西翻译理论的相似性。首先是思维方法的相似。自古至今，中西翻译理论家所考虑的问题，彼此不无相同，其中主要包括翻译原则、翻译目的、翻译过程、翻译步骤、翻译方法、翻译范畴、翻译中的各种关系，如作者、译者与读者之间的关系等等。也就是说，不论是中国翻译理论抑或是西方翻译理论，其发展的目的，无不在于回答这样的问题：翻译是什么？翻译什么？为什么翻译？为谁翻译？怎么翻译？翻译的重点是什么，是内容还是形式？翻译必须重神似还是必须重形似？翻译的好坏由谁来判断？怎么判断？翻译究竟是艺术，还是技术，抑或科学？等等。

当然，所有这些问题的提出，不会是也不可能是某一个时候某一个或某几个人所为，而是整个翻译发展史上各个时期各个翻译家和翻译思想家的整体所为。而对诸如此类的问题，不仅中国人熟悉，西方人也同样耳熟能详。这一点足以证明，“认知相像”或“认知相似”是中西翻译思想的一个基本特性。

其次是基本翻译方法的相似。自古以来，中西方翻译理论都区分“直译”和“意译”、“死译”和“活译”。在表达方式上，中西之间自然有别。

例如，古时西方翻译理论的代表人物西塞罗在谈论自己的翻译实践时，说他在翻译古希腊演讲作品的过程中，是以“演说家”，而不是以呆板“解释员”的身份处理翻译问题的。在我国，翻译理论的开山之师支谦在评论竺将炎的佛经翻译时指出：“将炎虽善天竺语，未备晓汉。其所传言，或得胡语，或以义出音，近于质直。仆初嫌其辞不雅。维祇难曰：‘佛言依其义不用饰，取其法不以严。其传经者，当令易晓，勿失厥义，是则为善。’座中咸曰：‘老氏称“美言不信，信言不美。”……今传胡义，实宜径达。’是以自偈受译人口，因循本旨，不加文饰。”（支谦，224：22）

从表面看，西塞罗与支谦所谈互不相同。但透过表面看本质，两者之间在思想深处却是彼此相同或相似的，即两人都在各自的翻译理论传统中，率先提出了“直译”与“意译”的概念。西塞罗所谓“演说家式”的翻译，实际上是指“意译”与“活译”；所谓“解释员式”的翻译，是指“逐词翻译”即“直译”。同样，支谦的所谓“质直”，实际上也是指包括音译、死译在内的“直译”；而所谓“文饰”，则是指讲究文丽修饰的“意译”“活译”。

西塞罗与支谦对于“直译”与“意译”的区分，得到了同时代和后世翻译理论家的响应与发扬。例如，继西塞罗之后，古罗马时期的著名诗人贺拉斯以及后来的《圣经》翻译大师哲罗姆都明确地使用了“以词译词”[verbum pro verbo/word for word（translation）；即：“逐词翻译”] 和“以义译义”[sense for sense（translation）；即：“意译”] 等术语和概念，弥补了西塞罗在这两方面的不足。自文艺复兴以来，随着各民族语翻译以及翻译研究的不断发展，西方翻译理论传统中则更是不断提出了界定清楚的理论概念以及与之相应的术语，如 17 世纪英国德莱顿提出的“拟作 / 意译”（imitation/paraphrase）和“逐字翻译”（metaphrase）、19 世纪德国歌德提出的“传递知识的翻译 / 改编式翻译”（informative translation/adaptation; parodistisch）和“逐行对照式翻译”（interlinear translation）以及 20 世纪奈达提出的“动态 / 功能对等”（dynamic/functional equivalence）和“形式对应”（formal correspondence）、纽马克提出的“交际翻译”（communicative translation）和“语义翻译”（semantic translation）等等。

在我国，虽然早期翻译的理论研究并未提出很多“西方式”的概念和术语，但人们关于翻译问题的讨论，却同样始终是围绕“意译”与“直译”这一对矛盾而展开的。并且，理论家们对于翻译实际操作中出现的具体问题，自古以来就有了深刻的认识和剖析。例如，道安所述翻译中的“五失本”“三不易”，玄奘阐释的“五不翻”，以及严复指出的“译事三难”等等，无不通过对翻译困难的剖析，揭示出翻译的普遍规律，并确立了翻译必须遵循的原则与方法。这翻译的普遍规律、原则和方法指的是：把某个信息从一种语言转移到另一种语言，由于言语各异，必然“传实不易”，在移译过程中，意义也就必然有所走失。而这种种“不易”和“（意义）走失”，是指由于“直译”原文信息所引起的“不易”和“走失”；为了克服“不易”，弥补“走失”，翻译者就必须遵循“信”即“忠实”的原则，采取“传神”、“达意”或者“不翻”、“案本而传”的方法，亦即“意译 / 活译”或“音译 / 死译 / 直译”的方法，来处理翻译中出现的问题。我国翻译理论传统中对于翻译问题的此类认识与剖析，与西方翻译理论传统中的相关议论相比，可说具有异曲同工之妙。例如，古罗马翻译大师哲罗姆认为，世俗作品应当采用“意译”，而《圣经》翻译却必须采用“直译”，因为在《圣经》中“连句法都具玄义”（Jerome，395：25）。在这样的“直译”中，翻译者对《圣经》原文的句法结构不得有半点改动，也就是要采取类似于玄奘所提“不翻”的方法，这样才能避免损害《圣经》所具有的那层深刻的“玄义”。换一个角度看，玄奘提倡的所谓“不翻”，也就是19世纪德国翻译理论家施莱尔马赫所说的“尽可能不扰乱作者的安宁，而让读者去接近作者”（Schleiermacher，1813：229）。

中西翻译理论传统的另一个共同之点是，翻译中“信”或“忠实”的问题，自古以来都是中西翻译理论的核心议题。在西方，这个议题的提出最早可以追溯到贺拉斯的名篇《诗艺》。贺拉斯在谈论诗歌创作时，告诫人们不要“像忠实译者那样逐字翻译”（Horace，20? BC：15）。在我国，“信”的概念见于翻译文论，最早当推支谦的《法句经序》，即文中所引老子之言：“美言不信，信言不美。”十分巧合的是，不论是贺拉斯或是支谦，他们的所谓“忠实”或“信”，实际上都是指字面的“忠实”、字面的“信”，而非现代人一提“忠实”和“信”即首先想到的“意义上的忠实”或“意义上的信”。因为，在贺拉斯看来，“忠实的译者”，必定是“逐字翻译”的译者；同样，在支谦看来，“信”的译文，也必定是“因循本旨，不加文饰”的译文。

当然，在表达“译文必须忠实于原文”这一基本概念时，无论是我国或西方都使用了各种不同的术语，其中主要包括：“信”、“忠”、“忠实”、“正确”、“准确”、“对等”、“对应”、“等值”、fidelity、loyalty、faithfulness、accuracy、truth、equivalence、correspondence 等等。但术语数量的多寡和名称的不同并不重要，重要的是：“忠实”或“信”的概念在中西方的翻译理论中，自古以来都占据中心位置。正如德莱顿所说，“作者的意思……是神圣而不可亵渎的”（Dryden，1680：174），“我们（译者）受作者意思的严格约束……”，必须像奴隶一般“在他人的庄园耕作”，“被迫压抑自己的诗趣”而把他人的意蕴献给读者（Dryden，1697：175）。用德莱顿的同时代译人罗斯康门的话说，就是“原作总为上，原作落则译作落，原作升则译作升”（转引自 Amos，1920：156）。在我国的翻译传统里，从古代佛经翻译到近现代西学翻译，“译文必须忠实于原文”，这始终都是“译者第一的责任”（林语堂，1933：261），因为“‘信’可说是翻译的天经地义：‘不信’的翻译不是翻译；不以‘信’为理想的人可以不必翻译”（陈康，1942：443）。

然而，翻译中的“信”却可以有各种各样。例如，我们可以有“(1) 词语（词、词组、短语）语义的‘信’；(2) 词语修辞色彩的‘信’；(3) 句法逻辑的‘信’；(4) 句法结构的‘信’；(5) 行文风格的‘信’；(6) 艺术形象的‘信’等等”（常谢枫，1981：900）。同理，翻译中的“对等”“对应”“相似”等等也可以有各种各样，其中包括 (1)“意义对等”“文本对等”“形式对应”（Catford，1965）；(2)“动态对等”“功能对等”（Nida，1964；De Waard etc.，1986），“神似”“形似”（傅雷，1951），“等效”（金隄，1989），“等值”（吴新祥等，1990）。而“对等”“相似”也好，“等效”“等值”也好，其实只不过都是“信”“忠实”这个根本思想的外延。因此，所有这些都说明：“信”的问题是中西翻译理论所共同关心的核心问题，古时如此，现在亦然。

有趣的是，支谦在 3 世纪谈论翻译问题时关于“美言不信，信言不美”的言论，时隔一千多年，在 17 世纪法国的翻译实践中找到了令人惊叹的异域“知音”。自由派翻译大师德·阿布朗古尔、勒弗维尔坚持“古为今用、外为己用”的“薄古厚今”立场，采取任意发挥的手法进行翻译。其译笔精美华丽，但所译内容却往往与原文相去甚远，格格不入。于是，有人即将其翻译比作“美而不忠”的女人，说它们是“美而不忠”的作品。虽然法国翻译中的“美而不忠”与中国翻译中的“美言不信，信言不美”或许会引发不同的联想，但两者在表述形式和基本所指上的惊人相似，却也是显而易见的。

中西翻译思想中还有一个有趣的共同点：自古以来，翻译家们在谈论翻译理论问题的时候，都喜欢使用形象的比喻，而且所用形象或喻义有时彼此十分相近。例如，中国翻译理论中的比喻有“嚼饭与人”（鸠摩罗什）、“葡萄酒之被水”（道安）、“乳之投水”（道朗）、“翻锦绮”（赞宁）、“塑像、画像、临摹古画”（陈西滢）、“写生画”（唐人）、“处女与媒婆”（茅盾）、“临画、神似”（傅雷）等等；西方翻译理论中的比喻有“美而不忠的女人”（梅纳日）、“译者是仆人”（法耶特夫人）、“译者是奴隶”（德莱顿）、“翻译如绘画，与原作有美的相似和丑的相似”（德莱顿）、“戴着脚镣在绳索上跳舞”（德莱顿）、“只可模拟不得创新的临画”（田德）、“从反面看花毯”（塞万提斯）、“从宽颈瓶向狭颈瓶里灌水”（雨果）、“从板刻复制中睹原画色彩”（伏尔泰）、“人民的先知”（歌德）、“美化原作的译者如同在朋友面前为穷女婿遮遮掩掩的岳母”（无名氏）、“翻译者即叛逆者”（意大利谚语）等等。所有这些比喻，都各有各的道理，并且不论中西，都易于理解。这从某种程度上说明，中西翻译家们对于翻译问题的形象思维是彼此相似或相通的。

此外，中西翻译理论的演进过程有一个显著的共同特点，就是在历史上都对翻译的原则和方法进行过系统的总结和归纳。在这一方面，西方的突出代表有 16 世纪法国多雷的“翻译五要素”[1]和德国路德的“翻译修补七规则”[2]、18 世纪法国巴特的“句法调整十二法”[3]和英国泰特勒的“翻译三原则”；我国的突出代表包括道安的“五失本”和“三不易”、玄奘的

1　即：译者必须完全理解所译作品的内容；译者必须通晓所译语言和译文语言；译者必须避免字字对译；译者必须采用通俗的语言形式；译者必须通过选词和调整词序使译文产生色调合适的效果。

2　即：翻译时为了正确地传达原文意思，译者可改变原文语序，可合理运用语气助词，可增补必要的连词，可省略没有译文对等形式的原文用词，可用词组译单个的词，可把比喻译为非比喻，必须准确处理原文用词的变异形式。

3　即：不改变原文词序；保留原文思想内容的先后次序；保留原文的句子长短；保留原文的连接用词；副词必须置于动词旁边；对称的句式必须予以保留；不随意增词减词；保留比喻用法；谚语必须译为谚语；不作解释性翻译；必须保持原文的语言风格；译文改变用词时必须以保持原文意思不变为前提。

“五不翻”以及严复的“信、达、雅”等等。就具体的翻译方法和技巧而言，中西方彼此之间更是有许多共同点。例如，作用于翻译操作的“增词法”“减词法”“改译法”“倒译法”“替代法”“引申法”“重复法”“拆译法”“合译法”“切断法”“推演法”“解释法”“音译法”等各种变通手法，既为我国译者，同时也为西方译者所熟悉、常用。

基于中西翻译理论之间存在的以上这种种相同与相似，我们便能得出一个结论：不同的翻译传统尽管翻译实践不同，但它们可以产生出彼此相同或相似的翻译思想和理论。这是因为，翻译是人类共同的一项有原则指导的活动，最深层、最根本的那些原则是具有普遍意义的，是跨语言文化的。翻译必须忠实于原作，必须具有原作的通达，必须像原作那样作用于读者，如此等等。所有这些，无一不是中西方，乃至所有人类翻译传统所熟悉的共同准则。

第四节　中西翻译理论的相异性

不言而喻，中西翻译传统由于涉及不同的语言文化、不同的源语材料、不同的思想方法，因此彼此之间必然存在许多不同或差异。应该说，与中西翻译理论间的相似性相比，中西翻译传统在翻译理论上表现出的相异性有时更具研究价值。本节拟从以下五个方面具体来谈。

一、中西翻译理论的彼此相异，首先表现在立论的实用性与理论性这对命题上。中国翻译理论传统的侧重点，历来在于立论的实用性。对于任何一个翻译思想或理论的提出，人们首先关心的是：这个思想或理论能否用来指导翻译的实际操作？对翻译实践有没有可供使用、可供参考的价值？基于这样的指导思想，翻译理论的注意力便主要放在翻译方法和技巧的研究上。例如，支谦所谓“因循本旨，不加文饰”，说的就是直译的方法；道安的所谓“五失本”“三不易”，说的也是具体翻译操作中译者遇到的困难和可能采取的克服困难的方法；玄奘的所谓“五不翻”以及玄奘译经的十一种分工（即：译主、证义、证文、度语、笔受、缀文、参译、刊定、润文、梵呗、监护大使），则更是谈论具体的翻译方法和操作规程。就连一代翻译理论宗师严复，他的著名三字原则“信、达、雅”原本也只是他用来描述翻译困难，并非作为翻译准则而提出来的，他所关心的同样是翻译的实践，而不是翻译的理论问题。

可以说，自古以来，中国翻译家和翻译理论家最为关切的，大都是翻译有何困难以及如何处理这些困难等实用性、针对性很强的问题。尽管在中国整个翻译发展史上，翻译理论的发展无疑也占据了重要的位置，但同样不可否认的是，在 20 世纪以前中国一千多年的翻译演进中，对于翻译理论问题的专题、专门研究却几乎是一片空白。翻译理论上的真知灼见，大都散见于依附译著而存在的序文跋语中。即使是被人称为“我国最早的内部出版的翻译研究单篇专著”、写于乾隆五年（1740）的魏象乾的《翻清说》（陈福康，1992：75），实际上也仅为“外间极少流传”的内部“培训新的翻译人员所用的讲义”，因此其特点仍在于它的实用性，而不在于它的理论性。

由于中国的翻译理论传统注重翻译研究的实用性，而不注重翻译研究的理论性，因此对于超出（更不用说脱离）翻译实际问题来谈论抽象理论建设的倾向，即使是在现代语言学、现代翻译学研究蓬勃发展的今天，也并非得到人们的广泛认同。例如，“建立翻译学”这个主张最初于 20 世纪 50 年代提出，80 年代再度引起重视，但是反对强调翻译理论建设的声音也同时随之而起。50 年代也好，八九十年代也好，反对的意见都不外乎董秋斯在《论翻译理论的建设》一文中所批评的：“一种说：翻译是一种艺术，只能‘神而明之，存乎其人’，不受任何理论的约束……另一种反对意见说：翻译是一种技术，类似油漆匠的工作。油漆匠学会了用颜色，就可以照样本画山水人物。翻译工作者只要看懂外国文，会写本国文，又了解一本书的内容，就可以翻译。”（董秋斯，1951：536）有些反对者认为，即使要谈翻译理论，也只要集中来谈“是采用直译，还是须用意译”等等问题就已足够，何必提这个“学”那个“学”？还有些反对者则使用更为激进的语言，呼唤人们“丢掉幻想，联系实际”，以此去“揭破‘翻译（科）学’的迷梦”（劳陇，1996）。从负面看，这里的所谓“丢掉幻想”，实质上是指“丢掉理想”“丢掉理论”；从正面看，也可以认为这一口号反映的，是中国翻译理论传统偏重实用价值而非理论价值的研究特点。

西方翻译理论传统的特点与此有所不同。虽然我们不能说西方的翻译研究不重理论的实用价值，不重理论与实践的联系，或不重翻译的具体操作方法和手段，但与中国翻译理论传统相比，西方似乎更为重视翻译理论的抽象性、条理性和系统性。例如，当哲罗姆等人明确区分直译与意译，多雷与泰特勒等人明确提出翻译的原则与规则，德莱顿、歌德、施莱尔马赫、雅各布森等人阐述翻译如何分类，以及奥古斯丁论述翻译中的语言学问题，文艺复兴以来众多翻译理论人物专题探讨翻译的理论问题时，他们都是在不同程度上把注意力从底层的翻译操作，提升到高层的理论分析和系统总结。特别是文艺复兴时期布鲁尼（Leonardo Bruni）、维弗斯（Juan Luis Vives）、汉弗莱（Humphrey）、曼内狄（Giannozzo Manetii）、塞巴斯迪诺（Sebastino）、杜贝莱（Du Bellay）、于埃[1]等翻译理论人物率先就翻译问题展开专门研究以来，西方的翻译研究即开始进入一个新的发展时期，即：一个不仅仅满足于就事论事，而是试图透过实际操作层面去挖掘抽象理论的新时期。

因此，特别是从文艺复兴时期到20世纪，与相应时期的中国翻译理论研究相比，西方翻译理论研究的理论倾向明显多于实用倾向。例如，早在文艺复兴时期，布鲁尼、维弗斯、汉弗莱、曼内狄、塞巴斯迪诺、杜贝莱等人就对翻译性质、翻译定义等问题进行了具有一定理论深度的抽象解释。后来于埃、巴特等人又给翻译理论注入语言学的“血液”。到了20世纪，更是出现了大量著述，从现代语言学角度对翻译理论进行“更富理论性”“有时更为抽象”的论述，如穆南的《翻译的理论问题》(Mounin，1963)、奈达的《翻译科学探索》(Nida，1964)、卡特福德的《翻译的语言学理论》(Catford，1965)、霍姆斯的《翻译研究的定名与定性》(Holmes，1972)、斯坦纳的《通天塔之后：语言与翻译面面观》(Steiner，1975)、图里的《翻译理论探寻》(Toury，1980)、巴斯奈特的《翻译研究》(Bassnett，1980/1991)、威尔斯的《翻译学：问题与方法》(Wilss，1982)、斯内尔-霍恩比的《翻译研究》(Snell-Hornby，1988/1995)、埃文-佐哈尔的《多元系统论研究》(Even-Zohar，1990)、哈提姆和梅森的《话语与翻译》(Hatim and Mason，1990)、巴恩斯通的《翻译的诗学》(Barnstone，1993)、韦努蒂的《论翻译者的无形》(Venuti，1995)，等等。

---

1 关于这些翻译理论人物对翻译性质、翻译原则等问题的理论探讨，详见里纳在《语言与翻译——从西塞罗到泰特勒》一书中的相关论述（Rener，1989：261—281）。

综观西方翻译理论自古至今的发展演化，似可得出这么一个结论：西方翻译研究传统的侧重点，与其说在于说明翻译实践究竟需不需要理论，以及如何指导和规范人们去进行实际的翻译操作，毋宁说是在于描述翻译实践后面存在什么样的理论，在于如何从理论角度去认识翻译、解释翻译。理论家主要关心的，是怎样对翻译实践的各个方面进行客观描写，对翻译中的各种关系进行严密分析，例如作者、译者与读者之间的关系，翻译目的、翻译材料与翻译手段之间的关系，以及怎样通过这些描写和分析来推断出翻译的规则和原理等等。

正因为西方翻译研究中重“虚”多于重“实”、重抽象立论多于重经验总结、重描写多于重规范，西方的翻译传统才得以产生较多较抽象的理论成果。也正因如此，特别是在当代西方翻译理论界，对于翻译方法、技巧、翻译难点等面向翻译操作的实用性研究，似乎较难产生广泛影响；而各种超翻译实践的、带有明显“纯理”特征的翻译学理论，如所谓的“翻译的语言学理论”“翻译的交际学理论”“翻译的（社会）符号学理论”“翻译的解构主义理论”“翻译的多元理论”等等，却很容易引起共鸣，得到广泛的接受和认同。

二、中西翻译理论互为区别的第二对命题，是在翻译理论问题上的悟性思维与理性思维（刘宓庆，1991；吴义诚，1998）。其实，这对命题首先并不是中西翻译领域的命题，而是更大范畴的、中西思想哲学上的命题。也就是说，中西翻译理论传统之间之所以有悟性思维与理性思维的区别，从根本上讲，是因为包孕各自翻译理论传统的中西方思想哲学传统之间，存在着悟性思维与理性思维的区别。在教化人们如何认识世界、了解人生的过程中，儒教也好，道教、佛教也好，都强调人的悟性，强调人对事物的往往无法“言传”、只能“意会”的领悟；而起源于柏拉图和亚里士多德的西方思想哲学传统，则强调人的理性思维，强调人对于世界的万事万物都应当、同时也能够作出理性的认识，并能予以形式上的解释。正是中西思想哲学传统上这种悟性思维与理性思维的区别，才导致了中西翻译理论思想上的相应区别。从某种意义上说，对这对命题的此类阐释，最能印证我们所坚持的观点，即：任何一个翻译传统的发展，都不可避免地会受到相关文化传统的影响与制约；不同的翻译传统必然会打上所属不同文化传统的烙印。

特别是在20世纪之前的发展进程中，中国翻译理论传统中的悟性思维倾向是较为明显的。一个主要表现是，翻译理论家们在谈论翻译问题时，往往凭兴趣所致，信步漫行，除道安、玄奘等少数人提出过“五失本”“三不易”和“五不翻”“十一步”等带有理性归纳印记的见解外，大都没有分门别类地、系统地阐述翻译问题的意识。

其次，翻译理论家们往往把翻译质量的优劣好坏完全系于译者的个人天赋和语文才能，而不甚过问翻译过程中有没有所有译者都必须遵循的共同规则。例如，北朝末年及隋代初年的彦琮在其翻译理论名篇《辩正论》中说：“余观道安法师，独禀神慧，高振天才，领袖先贤，开通后学……详梵典之难易，诠译人之得失，可谓洞入幽微，能究深隐。”（罗新璋，1984：44）唐代僧人道宣在评论玄奘译场的翻译质量时也指出：“今所翻传，都由奘旨，意思独断，出语成章。词人随写，即可披玩。”（同上：48）显然，不论彦琮或道宣，实际上都是在强调：翻译（也包括翻译理论）必须依靠译者和论者“出语成章”的“神慧”“天才”，也就是依靠他们对于“幽微”“深隐”的原文意蕴能“神而明之”的“独禀”悟性。

相比之下，西方翻译理论发展中则存在着较明显的理性思维而非悟性思维的倾向。其主要表现为：一是注重对于翻译客体即原文作者与文本进行客观、理性的分析，其中主要包括对作者意图、文本形式和内容的分析；二是重视对译文受体即读者因素的考虑；三是注重对翻译实践的抽象超越，注重对翻译理论的系统总结和归纳。

西方翻译理论家们在探讨翻译问题时，向来具有较强的“客体”和“受体”意识。例如，西塞罗在《论最优秀的演说家》一文中指出，任何用拉丁文翻译希腊雄辩大师德摩西尼的人，都必须能用德摩西尼语言和风格进行演说。由于西塞罗本人熟谙希腊雄辩家的演说风格，所以他着手把德摩西尼、埃斯其尼这两位最著名的希腊雄辩家的作品译成拉丁文，以作示范，“使（拉丁文）学生受益”（Cicero，46 BC：9）。无疑，西塞罗一方面强调了翻译者必须首先弄清楚原作风格这个“客体”，同时也强调了“（拉丁文）学生”即译文读者这个“受体”。

又如，哲罗姆翻译了优西比乌（Eusebius Pamphili）的《基督教教会史》（*Ecclesiastical History*），他在解释自己为什么不采用直译的方法时说：“在翻译中，原文独特风格的美感很难得到保留，因为原文的每一个用词都具有它们各自的含义。对于原文中某些词，在译语中或许找不到对等的词，而如果为了达到目的有必要放开手脚时，译者或许需要进行长途跋涉去完成实际上近在咫尺的任务。”（Jerome，395：25）在关于翻译问题的其他论述中，哲罗姆以类似的方式强调原作者和原文文本的重要性，强调尊重原文独特风格的重要性，这些都说明他在从事翻译，以及谈论翻译的问题时，是有着强烈“客体”意识的。

再如，英国 19 世纪下半叶，翻译界著名学者兼翻译家纽曼、阿诺德在如何翻译荷马史诗的问题上，发生了一场激烈的大争论。争论的核心议题实际上可简单归纳为二：一是原作到底为何种风格；二是译品质量到底由谁来检验。纽曼认为，荷马的风格是一个混合体，它既是直率的、通俗的、有力的、流畅的，又是怪僻的、饶舌的。其风格的起落往往随主题摆动，主题平淡则风格平淡，主题低下则风格低下。对于纽曼所持的观点，阿诺德表示强烈反对。阿诺德指出，“怪僻”“饶舌”“平淡”“低下”最不符合荷马的特征。他认为，荷马的特征是“轻快”“清晰”“质朴”“崇高”，谁掌握不到这些特征，谁就翻译不好荷马。在对待译品质量应该由谁来检验的问题上，纽曼和阿诺德更是各持己见，莫衷一是。纽曼的观点是，对译品质量进行评价，应当看一般读者的反应，而不应看学者的反应，因为就作品的趣味和风格而言，“只有受过教育但无学识的公众才有权评判”（Newman，1861：256）。阿诺德的观点与此相反，他认为：译品质量的优劣，应当由那些“既懂希腊源语文字又能鉴赏诗文的学者”来评判，因为只有“他们才能说得出荷马史诗是怎么感染他们的”（Arnold，1861：252）。在这里，不论纽曼或阿诺德，所谈的核心问题都是同一个，即“读者的反应”。 其实，这个“读者反应论”早在 16 世纪伊拉斯谟[1]、17 世纪德莱顿[2]即已提出过。到了 20 世纪，强调交际功能对等的翻译理论家如奈达等人又一脉相承地把“读者反应”提到了翻译中必须予以高度

1　伊拉斯谟极力主张《圣经》不仅应译成欧洲各民族语，而且应译成能为平民百姓喜闻乐见的表达形式和风格。他写过一段常为人们引用的名言：“但愿每一个妇女都能读到圣保罗的福音和使徒行传，但愿能把它们译成所有的语言，不仅为苏格兰人和爱尔兰人懂得，而且也为土耳其人和阿拉伯人懂得。但愿农夫能在犁边吟诵《圣经》，织工能在织布机边用《圣经》驱散心头的烦闷，旅行者能用《圣经》消遣以解除旅途的疲劳。”（qtd. in Schwarz，1963：13）

2　德莱顿认为翻译必须考虑读者因素，例如他在翻译古希腊诗人忒俄克里托斯的作品时，没有生搬硬套原作中的方言土语，“因为忒俄克里托斯是向操那种方言的西西里人写作；而译作的读者却是我国的女士们，她们既不懂那种方言，也不会欣赏方言的乡土气息”（Dryden，1661—1679：9）。

重视的地位。

此外，西方翻译理论家们除了谈论翻译经验，探讨翻译中的具体问题如上面所说的“客体”“受体”分析外，还趋向于对这种“谈论”和“分析”作抽象的超越。正如我们在前面已经提到的，古罗马时期奥古斯丁关于翻译问题的语言学观，文艺复兴时期布鲁尼、维弗斯、汉弗莱、曼内狄、塞巴斯迪诺、杜贝莱、于埃等人关于翻译属性等理论性问题的讨论，17—19世纪多雷、德莱顿、泰特勒、施莱尔马赫等人对于翻译原理和规则的系统总结和归纳，以及现当代西方各翻译学流派提出的各种理论等等，都具有较强的抽象成分，是西方翻译理论传统中理性思维特点的具体体现。

三、中西翻译理论互为区别的第三对命题，是翻译理论表述的含蓄性与明确性。在传统的中国翻译学文论中，翻译理论家们往往用词洗练、语意浓缩，因而给人们以较大的理解空间。笼统地说，对于翻译理论或翻译思想的表述，中国翻译理论的特点是模糊、含蓄。某个理论或思想的意义所在，往往不在于提出者自己给它做了何种界定，而在于他人对它做何种理解和解释，正所谓“一切尽在不言中”。例如，我们无论是对古代“质朴”“文丽”概念的理解，或是对现当代“信、达、雅”概念的理解，都必须依赖我们对于先辈思想融会贯通的联想与领悟，因为最先提出这些概念的人并未就它们作过明确解释或详尽论证。

举“信、达、雅”为例。严复在《〈天演论〉译例言》中划时代地提出“信、达、雅”一说之后，除了在该文的前半部分对此有所阐发外，在其他地方就再也没有为自己所提作任何进一步阐释或后续补充。“信、达、雅”这个三字原则中的“信”字到底是指什么？“达”和“雅”又是指什么？“信”“达”“雅”三者间的关系又如何？对于诸如此类的问题，严复几乎没作任何严密而明确的解释。由于汉语作为一种象形、表意文字，词义浓缩而用词洗练，因此这三个字的内涵和外延都极其丰富。譬如，“信”可以指“忠实”“诚实”“信用”“信奉”；“达”可以指“流畅”“通达”“到达”；“雅”则可以指“文雅”“典雅”“雅观”“不俗”等等，而严复对其所指又未加严格界定，因此这种丰富的内涵和外延就显现了汉语“一词多义”的本来面目，亦即导致了“信、达、雅”在语义上的多面性、模糊性和含蓄性，进而引起人们对它们能作出各种不同的理解和解释。此外，正如钱锺书所说，严复所标“信、达、雅”三字均可在支谦的《法句经序》中找到，其中的“信”则更是源自老子的“美言不信，信言不美”，因而“信、达、雅”三字又具有极其丰富的历史含义。

可以说，中国翻译理论和思想如此丰富而含蓄的内涵和外延，在西方翻译理论传统中是很难找到相同例子的。在西方翻译理论传统中，任何思想或理论的意思都取决于理论者对它所作的明白无误的解释和界定。过于简单或模糊、含蓄的表述，只会被认为是“定义不清、逻辑混乱”而遭排斥。西方的语言和翻译研究，受亚里士多德哲学思想影响，历来重视形式逻辑，重视推理、分析。因此，与中国翻译理论相比，西方翻译理论更为注重在语言形式上的表述，凡事都讲究“说个明白”。从积极的意义上看，这种形式主义的、凡事“说个明白”的倾向，导致了两大结果：一是使西方翻译理论传统获得了大量的有形作品，即关于翻译问题的较多的著述；二是使其获得了用来描述翻译理论的较多的翻译学术语。

如前所述，在翻译理论遗产方面，西方各国历史上翻译理论著述的总量，以及参与翻译研究、发表理论观点的人数，相对而言多于我国。这一点，从鲁宾逊（1997）、里纳（1989）、凯利（1979）、贝克尔（1998）、艾莫斯（Amos，1920）、斯坦纳（1975）、勒弗维尔（1977）、韦努蒂（1995）、贝尔曼（1992）、舒尔特（Schulte et al.，1992）等人有关西方翻译理论史料和马祖毅（1984）、罗新璋（1984）、陈福康（1992）、林煌天（1997）等人有关中国翻译理论史料的对比中，即可看出。

另一方面，由于西方翻译理论重形式，重表述，惯于给特定思想、概念、方法及翻译理论流派等冠以特定名称的传统，因而西方翻译理论也就同时产生和积累了较多的翻译学术语。例如，人们在谈论西方自古至今的翻译理论时，可以谈论从泰伦斯到列维的“文艺学翻译理论”，或从奥古斯丁到巴特、洪堡再到雅各布森、卡特福德的“语言学翻译理论”；也可谈论理性主义、浪漫主义时期施莱尔马赫、赫尔德、荷尔德林和歌德等人的“解释学翻译理论”；还可谈论现代翻译学研究中奈达、赖斯、弗米尔、诺德、纽马克等人的“交际学 / 功能学翻译理论”，奈达、威尔斯等人的“翻译科学论”，维纳和达尔贝勒纳的“跨语比较风格学”，哈提姆和梅森的“篇章 / 话语语言学翻译理论”，埃文-佐哈尔的“多元系统论翻译理论”，霍姆斯、勒弗维尔、图里、巴斯奈特、斯内尔-霍恩比、韦努蒂等人的“跨文化学翻译理论”“后现代派翻译理论”，或“解构主义翻译理论”“对比文本学翻译理论”“思维记录法翻译理论”“语义学”“语用学”“(社会）符号学”“成分分析法”“所指意义”“联想意义”“词汇意义”“语法意义”“修辞 / 风格意义”等等，如此这般，不一而足。

当然，翻译理论究竟需不需要在名词术语上兜圈子，翻译学术语究竟需不需要经常更新换代，这可能是一个见仁见智的问题。对于同一所指，西方翻译理论中可能使用多个含义不尽相同的术语来加以表达，而不管术语的创立或使用是出于理论上的真正需要，抑或是由于创立者或使用者的标新心态所致。所有术语只要有人提出并予以界定，它们在有关语言环境里就都不会被认为不自然。然而，如果把它们照直移入汉语，则不一定能被接受。举 target language 与 receptor language 为例。两者均为常见的、通用的现代西方翻译学术语，指 the language to be translated into，即“译入语”。在我国翻译学术语中，这两者的直译形式“译入语”“接受语”，似乎至今仍有人不认同，有人曾建议用“归宿语”一说取而代之。汉语中使用频率更高、更广泛的，仍然是传统的“译文语言”或其简化形式“译语”。 相反，如果在英语中不用 target language 与 receptor language，而专用字面意义相当于汉语“译入语”“译文语言”“译语”的 the language to be translated into，那么很难想象这是“翻译学行家”在谈论翻译。或许，这个翻译学术语问题是西方翻译理论需要“表述清楚、定性明确”、中国翻译理论需要“表述含蓄、留有空间”的又一例证。

还需要指出一点：虽然从整体来说，西方的翻译学术语库似比中国大，但这并不等于说中国的翻译学术语库就没有了特点。事实上，特别是涉及具体的翻译操作方法和技巧时，中国翻译学术语来得比西方翻译学术语多而形象。例如，“意译”“活译”“死译”“硬译”“乱译”“胡译”“对号入座”等汉语翻译学术语，就很难在西方语言中找到完全对等的形式，因为在这些汉语翻译学术语和常用来解释它们的西方对应术语之间，往往存在着“语义模糊而概括性强”与“语义狭窄而概括性弱”的区别。例如，除“直译”和 literal translation 等少数术语在中西之间存在几乎等同的对应关系外，其他术语如“意译”和 paraphrase/semantic translation、“活译”和 free translation、“死译”/“硬译”和 interlinear translation/

word for word translation、“乱译”和 uncontrolled/scrambled translation、“胡译”和 unrestricted translation 等等之间，中西存在着语义“广”与“狭”的区别。从某种意义上说，这种区别实际上也反映了即使是在翻译学术语的层面，中西翻译理论也不同程度地带有各自“表意模糊、含蓄”和“表意明晰、直接”的特点。

四、中西翻译理论互为区别的第四对命题，是翻译理论研究中的保守性与求新性。首先必须指出，对于这个问题，我们不能用绝对的尺度来衡量。也就是说，在中西这两个翻译理论传统之间，如果绝对地认为其中一个惯于“保守”，另一个惯于“求新”，这是不符合事实的，是错误的，因为无论哪一个翻译理论传统都既有保守的一面，也有求新的一面。然而，相对而言，说一个传统的保守性多一点，另一个传统的保守性少一点，或者说一个传统的求新性少一点，另一个传统的求新性多一点，却是不算为过的。

在思想传统上，中国人素有较强的崇古、崇权威的倾向，自古至今都不同程度地受着“凡是”哲学的影响，即：凡是古人、圣人、权威说过的思想，凡是已经确立的理论，人们往往不假思索地接受，不轻易背离和改变。孔子的“三纲五常”之所以统治中国数千年，除封建统治阶级强加的制度因素以外，中国人的上述崇尚权威、“接受”多于“挑战”的思想传统，无疑也是一个重要的制约因素。由于任何民族的翻译思想和理论传统，都不会也不可能会超脱该民族整个思想文化的影响，因此中国人的这一“接受”多于“挑战”，或“保守”多于“求新”的思想传统，也自然而然地反映到了中国人的翻译思想和理论传统中。这一点，在中国翻译界对严复“三难”说的长期崇拜中，足以得到证明。

其实，“信、达、雅”作为“译事三难”也好，作为“翻译三原则”也好，只不过是翻译理论所必须涉及的一个问题，即“翻译原则”的问题。翻译中的其他问题，如翻译的性质、翻译的过程、翻译的方法、翻译的目的、翻译的效果等等，也同样是翻译理论所必须研究与说明的问题。然而，自从有了严复的“信、达、雅”，中国翻译理论对于“翻译原则”的讨论，在很长时期里就似乎成了翻译理论研究的全部所在。虽然时至今日，中国翻译学领域已不再“言必信达雅”，对于“翻译原则”的讨论也早已不再是翻译研究的全部所在，但在很大程度上，即使是在今天，“信、达、雅”的权威，也依然未被中国翻译理论中的其他思想所超越。

严复的《〈天演论〉译例言》问世已经一个多世纪了。在这百余年当中，尽管不时有人提出诸如“信、达、切”“信、达、化”“忠实、通顺”“准确、流畅”“翻译的最高境界是‘化’”“翻译必须重神似而不重形似”之类的建议，以期修补或更新“信、达、雅”，但更新来更新去，“信、达、雅”理论却至今“还有生命力”，其他种种修补与更新，“看来没有一种能够完全取代它”（沈苏儒，1982：947—948）。要谈翻译的原则或标准，看来始终“还是信、达、雅好”（周煦良，1982：1）。

必须承认，之所以“信、达、雅”至今“还有生命力”，之所以始终“还是信、达、雅好”，这在很大程度上确应归功于“信、达、雅”本身的价值，因为“信、达、雅”三字，言简意赅，渊源有本，充分体现了既概括全面又简短扼要的中国翻译理论的特点。但从另一方面看，却也可以认为，至少在某种程度上，这是由于中国翻译理论传统中的保守因素所致。人们在思想深处或多或少地认为，严复的“信、达、雅”，或者说“信、达、雅”所代表的翻译理论模式，是完满的、权威的，是无法真正超越的。因此，也就没有谁真正试图提出既具中国特色，又不局限于严复思想框架，但影响力却能与之媲美的划时代的翻译新理论。

在西方翻译理论传统中，崇尚权威而不甚求新的守旧思想倾向也自古有之，人们对于翻译理论权威也从来都是比较迷信的。例如，自西塞罗、贺拉斯等人提出要意译不要直译的主张以后，不少翻译家曾经把这种主张奉为“圣旨”，认为对所有语言材料都必须一概采用“意译”，而把一切“非意译”或“直译”的方法统统斥为不合格的、“翻译学徒”的行为。

然而，每一种教条主义的、保守的行为，都不会持续很久。例如，虽然西塞罗、贺拉斯等人“意译”独尊的“单元”翻译观在西方译坛一度盛行，但后来却在很大程度上被哲罗姆“世俗作品用意译，《圣经》翻译用直译”、“意译”与“直译”并重的“二元”翻译观所取代。又如，虽然多雷在 16 世纪较为系统地总结出了“翻译的五要素”，但他并没有因此而支配西方翻译论坛，其他翻译家或翻译理论家如阿米欧、查普曼、德莱顿等人的翻译和翻译理论，也同样举足轻重。再如，泰特勒于 18 世纪发表的《论翻译的原则》更为系统地论述了翻译的原理和规则，因而在某种意义上给西方翻译研究带来了新的突破，但人们远远没有把泰特勒或他所阐述的原则视为不可超越的权威。从内容实质上看，他的“翻译三原则”与后他整整一个世纪的严复的“信、达、雅”如出一辙，然而，他在西方翻译理论中所获得的地位，却远不及严复在中国翻译理论中所具有的地位。特别在当代西方翻译理论界，甚至有人根本不把泰特勒看作翻译理论权威，而只把他当作众多翻译理论家中的普通一分子，仅此而已。

五、中西翻译理论之间的系统性区别，除以上几个方面外，还体现在立论的中立性与神秘性方面。这里主要涉及的是宗教翻译的问题。所谓立论的“中立性”，是指某个翻译思想或观点，尽管最初是从宗教翻译的实践中衍生而出，但却并不以宗教翻译为唯一归宿。从这个意义上说，中国佛教翻译家的思想和理论是“中立的”，因为从支谦到道安、鸠摩罗什，再到玄奘等等，他们不仅仅是佛经翻译家，而且他们的翻译思想和理论从来都不只是适用于佛经翻译。

与此相反，西方《圣经》翻译家的思想和观点却是“非中立”的，有时是充满神秘色彩的。他们在从事翻译或发表议论时，往往有着较强的《圣经》翻译意识，例如，从斐洛到哲罗姆、奥古斯丁，再到威克利夫、路德、伊拉斯谟、廷代尔（William Tyndale）等等，都十分明确地把自己的翻译理论定位于面向《圣经》翻译：斐洛、奥古斯丁的翻译理论特别强调译者必须依靠“神秘的”“神的感召”；哲罗姆认定《圣经》“充满玄义”，因此只有采取“直译”才能确保译文不走样；路德、伊拉斯谟、廷代尔的人文主义翻译观则为的是把“上帝的声音”原原本本地传给普通百姓。

就立论的“神秘性”而言，这主要表现在西方古代的《圣经》翻译中。公元前 1 世纪和公元四五世纪，《圣经》诠释的权威人物斐洛和奥古斯丁，先后按照自公元前 2 世纪流传下来的《阿里斯狄亚书简》（Letter of Aristeas）所记录的“神秘”故事，给《圣经》的翻译和诠释增加了更神秘的色彩。按照他们的解释，《七十子希腊文本圣经》的译者一个个“像着了魔似的，在神的感召下，多人所译结果不是互为区别，而是一字一句都相同，好比是根据某个隐形者的听写一样”（Philo，20？ BC：14）。在这种情况下，译者不再是译者，而已变为“破解秘密”的“神甫”、“指点迷津”的“先知”。也就是说，《圣经》翻译是一个神秘过程，只有依靠“无形”的、至高无上的神的力量才能懂得“充满玄义”的原文，也只有饱受“神的感召”者，如虔诚的神甫、基督徒，才能胜任《圣经》的翻译。

斐洛、奥古斯丁的上述“神秘”翻译论，现在听来近乎荒谬，但在西方的翻译及宗教界，特别是在文艺复兴以前的年代，其影响却是巨大而广泛的。然而，中国翻译理论传统里却没有与之相当的、关于佛经翻译的“神秘”论。另外，在西方，人们对《圣经》曾有过种种理解和诠释，而所有这些不同的理解和诠释，既起因于人们对《圣经》翻译所采用的诠释学方法，同时也进一步巩固了诠释学方法作为《圣经》翻译重要方法的地位。尽管中国的佛经翻译也同样涉及如何阐释经文的问题，但所谓“翻译的诠释学方法”却不存在。这或许也是因为，佛经翻译没有《圣经》翻译那么“神秘”，因此无须开发此类旨在“解谜”的特殊翻译理论和方法。

第五节　中西翻译传统的文化烙印

中西翻译传统由于涉及彼此不同的语言文化、翻译材料和思想体系，因此彼此之间存在着翻译实践和翻译理论上各种各样的差异。要使中西翻译传统的比较研究真正富有意义和价值，我们不能停留在对于表面的相似与差异的陈述，而更应该透过表面，去挖掘深层的根源。在翻译理论和翻译实践的思想深层，不同的翻译传统必定受到各自所属社会文化传统的制约，而深深打上各自社会文化的烙印，显现出相关社会文化的特征。

一、在翻译实践的层面，中西方各自社会文化环境对于翻译的需求，往往成了翻译事业发展与否的决定性因素。在翻译理论的层面，中西方社会文化以及思想哲学的发展，一直深刻地影响着各自翻译理论体系的形成和演变。中西方的社会文化不同，思想哲学不同，因而对于各自翻译传统产生的影响自然也不同。回顾中西方翻译传统的各个发展与演进阶段，人们不难看出：所有这些发展和演进阶段，没有哪一个是独立于与之相关的更大范畴的社会文化体系而存在的。

在佛教于汉代传入中国之前，翻译（且主要为口译）的作用多见于朝廷，见于接待觐见皇帝或前来进贡的“蛮国”使臣。“中央之国”的文化远远高于周边“蛮族”文化，它的生存与发展无须依赖对于外来文化的翻译引进。到了西汉末年与东汉初年，随着中国封建制度的发展，社会矛盾不断激化，国家赋税徭役日益加重，地主豪强兼并勾斗，再加上自然灾害连年不断，人民生活苦不堪言。这样就为宗教的传播提供了合适的土壤。一方面，挣扎在极苦世界的农民大众渴望从宗教中寻找精神慰藉，冀求神明能救芸芸众生于苦海深渊。另一方面，地主豪强、皇族宦吏等统治阶层也希望通过宗教的力量，来巩固和加强自己的统治，并冀求万能的神明保佑自己长命百岁。

佛教宣扬人生极苦，涅槃最乐，宣扬因果报应，宣扬人的悲欢离合皆因前世所定。而所有这些，既迎合当时统治阶级和劳苦小民企盼宗教的心态，又符合“天人合一”“富贵有命”“听天由命”等中国人业已普遍接受的儒教、道教的思想传统。在这样的社会和文化背景下，佛教作为一种外来宗教，自然受到欢迎，佛经的翻译也因此受到广泛重视。自公元 148 年西域高僧安世高于洛阳开佛经汉译之先起，通过大规模的翻译，佛教稳步进入华夏大地，并通过与儒教、道教、玄学的交织融合，而很快完全演化成一门国教。在长达七八百年的历史长河中，佛经翻译高潮迭起，经久不衰，于唐宋时期达到顶峰。

唐宋以后，佛经翻译失去了昔日的辉煌，而且一蹶不振。究其原因：一是到唐宋时期止，凡是值得翻译的经文典籍几乎全部有了中文译本；二是由于佛教早已在华夏安家落户，人们更愿诵读由汉语撰写的经文，而无须依赖译自外文的读本；三是唐宋之后，外来入侵频繁，国家发展缓慢，人民生活饱受战乱滋扰，大规模的翻译盛事便无从谈起。当然，此时的中国并没有因为战乱不断，而全无翻译活动可言。事实上，在唐宋之后的辽、金、元乃至明、清各代，中国国内各民族语如汉、蒙、藏、满之间的翻译交流，比唐宋时代各民族语之间的互译更为发达。但就诸如佛经翻译之类涉及异邦文化的翻译活动而言，自唐宋之后至明末清初，前后大约五百年，中国似乎处于一个停顿状态。直至明末清初，前来中国传教的耶稣会传教士们为了敲开中国的大门，不仅带来了西方的宗教，而且带来了西方的科学，并因此引发了中国翻译的另一个主要高潮，即西方科技翻译的高潮。

然而，明末清初的这一西方科技翻译高潮为期不长。由于朝廷的恐洋排外，中国逐步从泱泱开发之邦，转变为孤立封闭之国，对外交流被终止，一切翻译工作也就失去了市场。百余年的不思进取和闭关锁国，最终导致了国力的衰竭和在鸦片战争中的惨败。战败的耻辱震撼了朝廷，更是唤醒了民众。中华民族要雪国耻，图生存，就必须打开国门，向外国学习，向西方学习。于是，出于政治、经济、军事、社会、文化等各方面的需要，中国在鸦片战争以后出现了又一个翻译的高潮，一个以大规模引进“西学”为标志的翻译高潮。

随着1949年新中国的成立，特别是随着“文化大革命”的结束和改革开放时代的到来，举国上下重新认识到，在世界发展逐渐趋于全球化、一体化的时代，中国再也不能孤芳自赏，再也不能继续与世隔绝，而是必须实行改革开放，解放思想，扫清障碍，把外国好的东西吸收过来，以便更好地充实自己，发展自己。正是基于这么一种社会和发展的需求，中国的翻译事业才得以从20世纪70年代末、80年代初起，又一次进入发展的新高潮，这一最新高潮的规模之大，成果之丰，影响之广，是以往任何时期的翻译都无法比拟的。

二、以上所要说明的是，翻译事业的发展，无时无刻不受制于相关社会文化的需要和发展。中国如此，西方又何尝不是如此？公元前3世纪，罗马虽然在军事上战胜了希腊而称雄于西方世界，但在文化上却仍然落后。当时的罗马没有诗歌，没有戏剧，没有任何形式的文学。为了在文化上也赶超希腊，罗马人感到有必要向希腊人学习，有必要首先将希腊人的作品统统翻译成拉丁文。这样，通过翻译，拉丁文学也就应运而生了。同理，为了满足人们在宗教上的需要，《圣经》也就一而再，再而三地被翻译到了西方的各个语言中。古时的《七十子希腊文本圣经》《通俗拉丁文本圣经》，文艺复兴时期路德的“民众的德译本《圣经》”、英国的《钦定本圣经》，以及当代西方各式各样的民族语版本，无一不是为了满足传教与受教需要而产生的。

在12至13世纪，随着阿拉伯作品的流入，欧洲特别是西班牙出现了一股阿拉伯学术热。来自欧洲各地的不少文人墨客云集西班牙的中部城镇托莱多，把大量阿拉伯作品（其中主要包括早期从希腊语译成叙利亚语、再从叙利亚语译成阿拉伯语的希腊典籍）翻译成拉丁语，从而掀起了西方翻译史上一个特色鲜明的高潮，托莱多也因这一翻译高潮而名振整个欧洲。

中世纪末期，欧洲的民族地域逐渐划定，民族国家先后出现，民族语言相继形成，各民族的自我意识空前高涨。为了更好地巩固民族国家和民族语言文化的地位，各国人民要求阅读民族语作品的欲望愈加强烈。而民族语作品的产生，一方面来源于民族语作者的创作，另一方面则来源于民族语译者的翻译。特别在各民族语形成与发展的初期，民族语作者和读者更多是把目光投向古希腊、罗马的文学、文化，试图从中汲取创作灵感和精神食粮。这样就逐步导致了西方翻译史上的第一个黄金时代的形成，即文艺复兴时期的翻译。

文艺复兴作为“人类从来没有经历过的最伟大的、进步的变革”（恩格斯，1972：445），它的发生标志着西方文明继往开来的大发展。在“复兴”希腊、罗马古典文化，发展传播欧洲各国新文化、新思想的过程中，翻译的作用是巨大的。从某种意义上说，波澜壮阔的文艺复兴运动本身就包含并有赖于规模空前的翻译活动。大规模的翻译活动，不仅贯穿于文艺复兴运动的整个过程，而且一直延续到文艺复兴之后的17—19世纪。不论是17世纪的古典主义思潮，或是18世纪末至19世纪初的浪漫主义运动，都或多或少地有赖于翻译的帮助才得以形成和发展。因为没有对于希腊、罗马古籍的研究与翻译，就不会有文学中古典主义的作用；没有对于古典和各国当代作品的研究与翻译，也就不会有文学艺术和哲学领域的浪漫主义。

到了20世纪，特别是经过两次世界大战以后，西方的翻译形势又有了新的发展和变化：翻译的作用，不仅继续体现在宗教和哲学、文学等人文领域，而且越来越广泛地体现在科学、技术、军事、经济、商业等应用领域。欧洲共同体以及随后的欧盟内部日常工作的开展，北约的组成及其成员国之间的相互联系，以及在当今世界寻求建立经济一体化的努力等等，这一切在相当程度上都是通过翻译工作者的劳动才得以实现的。

以上各节清楚说明，中西方的翻译传统之所以互不相同，在很大程度上是由于中西方作为翻译先决条件的社会、政治、经济、文化等方面的环境互不相同。例如，中国第一个翻译发展高潮是佛经翻译的高潮，这是因为佛教产生于毗邻中国的印度，很容易传入中国，又由于许多佛教教义，如“因果报应”“生死轮回”“现世最苦，来世极乐”等，符合中国人关于“富贵有命”“生死在天”的人生哲学和传统心态，因此很容易为中国社会所接纳和接受。

相反，西方翻译的第一个发展阶段却与此大不一样。首先，构成西方翻译传统中第一大发展阶段的古罗马阶段，其翻译的主流是世俗作品而非宗教作品。由于古罗马与古代中国不同，缺乏自己的文学传统，因此当罗马人战胜希腊人、夺得欧洲霸主地位而发现罗马文化远不及希腊文化的时候，他们强烈地感受到翻译借鉴希腊典籍的需要。即便在宗教翻译的领域里，导致西方接纳、接受基督教的社会文化条件，与导致中国接纳、接受佛教的社会文化条件也是大不相同的。在很大程度上，佛教传入中国并得以在中国扎根，是由于佛教与儒教、道教和玄学等中国传统思想哲学在许多方面彼此相通、相融。而基督教的传入欧洲，并不是因为基督教能与西方思想哲学的传统，即柏拉图和亚里士多德的传统相通、相融。虽然后来基督教的发展也曾得益于柏拉图和亚里士多德思想哲学的融入，但在彼此的依存关系上，它们与中国的情形是有别的。

中西之间上述这种制约翻译发展的社会文化因素上的区别，不仅体现在古代翻译的发展阶段，而且也体现在自古至今的各个翻译发展阶段。例如，制约西方翻译"黄金时代"即文艺复兴时期翻译，以及随后 17—19 世纪翻译的社会文化因素，与制约中国相应时期翻译即明末清初科技，以及鸦片战争后政治、文学翻译的社会文化因素，彼此是迥然不同的。

三、对于中西翻译传统在社会文化方面的不同，还必须指出以下三点：

第一，在西罗马帝国于公元 476 年崩溃之后，欧洲的社会政治随着民族主义的兴起而发生巨变，民族国家和民族语言的独立文艺复兴时期地位得以确立，因此，特别是到了文艺复兴时期，把古代希腊、罗马作品翻译成各个新生的民族语言，便成了西方翻译传统在这一时期的最大特征。在 19 世纪末至 20 世纪初，中国也出现了一个不无类似的，以引进新思想、新语言为重要标志的"新文化运动"。但中国的这一"新文化运动"与西方的"新文化运动"即"文艺复兴"，是不相同的。因为，西方的"新文化运动"促进了欧洲各民族语作为文学语言的存在与发展，而中国的"新文化运动"只不过是使早已具备文学语言地位的汉语现代化，也就是用白话文取代文言文，而使白话文成为能登大雅之堂的书面语言。

第二，中国翻译的主流大都涉及来自中国文化以外的材料，而西方翻译的主流则主要涉及来自西方内部，即西方各民族文化的材料。固然，华夏大地各民族彼此之间的文化交流与翻译也源远流长，但与涉及异邦语言文化的翻译如东汉至唐宋的佛经翻译、明末清初的西方科技翻译、鸦片战争以后的西学翻译、新中国成立以来特别是 20 世纪 80 年代以来全方位的翻译相比，中华内部各民族文化之间的翻译并不占据中国翻译传统的主导地位。然而，在西方翻译传统当中，虽然涉及非欧洲语言文化的翻译也是一个重要的方面，如 12—13 世纪在西班牙托莱多进行的阿拉伯语翻译、18 世纪在法国等地出现的中国古典翻译热、19 世纪英国诗人菲茨杰拉德（Edward Fitzgerald）翻译的波斯名篇《鲁拜集》等等，但占主导地位的却始终是涉及西方“内部”语言文化的翻译，其中包括永无止境的对希腊、罗马典籍和《圣经》的翻译，以及对西方现代各国作品的互译。从这种意义上看，把中国翻译传统称为“外向型”翻译传统，而把西方翻译传统称为“内向型”翻译传统，似乎不无道理。

第三，中西翻译传统就彼此之间的互译活动而言，明显地存在发展上的不平衡。在中国翻译传统里，从第二发展高潮（即由西方耶稣会传教士和中国士大夫引发的科技翻译高潮），到第三发展高潮（即鸦片战争后的政治、文学翻译高潮），一直到目前的发展高潮（即 1949 年新中国成立以后，特别是自 70 年代末、80 年代初以来规模空前的翻译高潮），翻译的最大特征是：所翻译的原材料大都姓“西”。然而，在西方翻译传统里，虽然也经常出现对中国文化的翻译热，如 18 世纪法国、19 世纪英国和德国、20 世纪西方各国出现的中国文化翻译热，但相形之下，西方翻译中国文化的热忱却远远比不上中国翻译西方文化的热忱，翻译的影响也往往局限在较小范围如文人墨客的圈子里，而不像西方文化的翻译在中国那样，其影响触及中国社会和文化的各个层面。

当然，此种不平衡的产生，首先不可简单地归咎于翻译热忱上的不平衡，因为按照本节关于不同翻译传统势必打上不同文化烙印的理念，翻译热忱的不同首先是由制约翻译的社会文化因素不同引起的。从政治经济的角度看，欧洲国家自文艺复兴以来，其社会、经济发展迅猛，各国国势日益强盛；而唐宋以后的中国，社会、经济发展缓慢，国势日趋衰落。在这样的情形下，中西方文化交流中出现“西学东渐”多于“东学西渐”的现象，完全是不足为奇的。

然而，从纯粹翻译发展的角度看，中西方之间存在的上述这种不平衡，归根结底，是中国翻译传统对于西方翻译传统的一个优势。这是因为，中国翻译传统对于西方乃至全世界文化的包容，多于西方翻译传统对于中国乃至世界文化的包容，进而导致中国人通过翻译对于西方的了解，普遍多于西方人对于中国的了解，从长远意义上说，这无疑将十分有益于中华民族和中华文化的振兴，有益于中华民族和中华文化的再度辉煌。

四、正如中西方各自的社会文化影响和制约了各自的翻译实践，它们也同样影响和制约了各自翻译理论和翻译思想的发展。亦即说，中西方翻译的实践传统也好，理论传统也好，它们始终都是更大范畴的中西方文化传统的组成部分。从广义上说，一个民族、一个国家或一个地区的文化传统，它主要包括科学、宗教和思想哲学这三个层面的内容。因此，所谓文化传统对于翻译传统特别是翻译理论传统的影响和制约，也主要是指从这三个层面，尤其是思想哲学层面对它的影响和制约。

在传统上，中国人信奉强调天人合一、顺从“天意”，崇尚古人古文，崇拜权威，重形象和悟性思维，重归纳推理，重暗示含蓄，重言简意赅，重以史为鉴，轻形式逻辑、轻空谈假想等等的思想哲学。刘宓庆在谈论中国翻译传统的哲学根源时指出：“中国哲学主体思维注重内在的情感陶冶，而不是对客体（各种客观事物）的结构和功能分析。中国古代哲学思维的基本价值取向与佛家的倡导不谋而合，佛经翻译亦深受影响。传统翻译学力图强化主体功能、力倡提升人的悟性……”（刘宓庆，2005：56）

从某种意义上说，中国人以上这些颇为笼统的思想特征，或多或少地也成了中国翻译思想和翻译理论的特征。例如，古代支谦《法句经序》一文引用老子的“美言不信，信言不美”和孔子的“书不尽言，言不尽意”，即是中国翻译思想和翻译理论植根本民族古文化，依靠古圣贤、古权威来加以巩固和发展的最早例证。至于现代严复从古人箴言中悟出“信、达、雅”，则更是说明了中国翻译思想和翻译理论自古一脉相承的“崇古”特性。

在整个中国的翻译理论史上，从支谦的“因循本旨”“实宜径达”，到道安的“五失本”“三不易”，到玄奘的“五不翻”，再到严复的“信达雅”、傅雷的“神似”、钱锺书的“化”——所有这些思想或观点的表述，或是三言两语、洗练精到，或是意蕴深邃、高度浓缩含蓄。不论是古代为中国翻译理论“发头角”的支谦或“开宗明义”的道安，还是在现当代中国翻译理论体系中独树旗帜的严复、傅雷、钱锺书，谁都没有就翻译的理论和操作问题展开过全面、系统而详尽的论述，没有撰写过大部头的翻译专论。然而，正因为言简意赅、洗练含蓄符合我国文论的特点，所以上述翻译思想和观点的提出，在我国翻译理论传统中获得了最广泛的接受和认同。特别是严复的《译例言》，通篇不过千余字，论及翻译原则问题的核心文字则不过数百字，却因提出了简洁明了而内涵丰富的“信、达、雅”，而被认为是“一方面，集汉唐译经论说之大成，另方面，开近代翻译学说之先河”（罗新璋，1984：6）的中国翻译理论中最具标志性特征的里程碑。

另一方面，也由于中国人思想、学术传统中的“崇古”“崇权威”的特性，因而翻译理论发展过程中也出现了盲从而缺乏进取的教条主义。最典型的例子莫过于译界对“信、达、雅”一说的膜拜。百余年之前，严复感叹译事三难——“信、达、雅”，一百年以后，我们似乎仍然脱不开“信、达、雅”。虽然不至于再把“信、达、雅”奉作“译书者的唯一指南”“翻译界的金科玉律”，但在不少人看来，翻译原则和标准还是“信、达、雅”最好。其实，特别是在所谓“完全翻译”或翻译本体的范围里，笼统而抽象地说“翻译原则和标准还是‘信达雅’最好”，也许并无不妥。但实际的翻译是实实在在的、具体的、有着不同目的和要求的，因而对于实实在在的，具体的，有着不同目的和要求、不同读者对象的翻译，翻译者如果死守一个“信、达、雅”的原则和标准，显然有些过于盲从与教条，而违背了翻译的实际规律和需要。

与中国思想哲学相比，西方思想哲学也同样具有悠久的历史传统。从时间上看，柏拉图（公元前472—前347）比孔子（公元前551—前479）只晚了几十年；亚里士多德（公元前384—前322）与孟子（公元前372—前289）则几乎同时代。从内容和性质上，孔孟之道与柏拉图、亚里士多德的哲学是互为区别的：孔孟之道立足人的精神世界，主要涉及人类社会的伦理道德；柏拉图、亚里士多德的哲学则以人的物质世界为本，主要探究人类社会的客观存在，探究客观存在的各种逻辑关系。在这样的发展基础上，西方的思想哲学传统便逐步形成了这样的特点：强调人与自然的对立、矛盾，重视对未知世界的探究，喜质疑、挑战权威，重逻辑分析，重理性和抽象思维，重立论推理，等等。从某种意义上说，西方思想哲学传统中这些同样颇为笼统的特征，也或多或少地成了西方翻译思想和翻译理论的特征。例如，古罗马时期奥古斯丁的语言学翻译观，文艺复兴时期伊拉斯谟的人文主义翻译观，布鲁尼、维弗斯、汉弗莱、曼内狄、塞巴斯迪诺、杜贝莱、于埃等翻译理论家关于翻译性质问题的认识，以及文艺复兴以来出现的关于翻译原则、翻译方法、翻译类别等等的各种观点、论点，如多雷的翻译五要素、德莱顿的翻译三分法[1]、泰特勒的翻译三原则、施莱尔马赫的翻译二分法[2]、雅各布森的翻译三类别[3]等等，都从不同的角度反映出西方思想传统重逻辑、重分析、重理论、重抽象思维、重立论推理的特点。

第六节　中西翻译理论比较的几点结论

总括而言，对中西翻译理论进行宏观层面的比较，我们可以了解到两个基本情况。

第一，中西翻译理论的发展规律有一个基本共同点，就是两者都经历了一个从偏论、散论到主论、专论的发展过程。这里的所谓“偏论”“散论”，是指对于翻译问题的论述，不是作为有关文论的正题或主题，而是作为“偏题”即主要论题的附属话题而作出的，这些论述或分散于有关文论的各个章节之中，或以序言跋语形式置于翻译作品之前或之后。所谓“主论”“专论”，显而易见，指的是把翻译问题作为主题来加以专门论述。例如，西方翻译理论体系由西塞罗、贺拉斯、哲罗姆、奥古斯丁、德·阿布朗古尔、德莱顿等人的“偏论”“散论”，到多雷、于埃、泰特勒、施莱尔马赫、洪堡、巴特以及奈达、穆南、卡特福德、霍姆斯、威尔斯、巴斯奈特、斯内尔-霍恩比、贝尔曼等人的“主论”“专论”发展而来；我国翻译理论体系则是由支谦、道安、鸠摩罗什、玄奘、徐光启、严复、林纾等人的“偏论”“散论”到梁启超、鲁迅、郭沫若、林语堂、傅雷、钱锺书、董秋斯、王佐良、刘重德、刘宓庆等人的“主论”“专论”发展而

1　即：词译、释译、拟译。
2　即：翻译区分笔译和口译、真正的翻译（指文学、科技等作品的翻译）与机械的翻译（指实用型翻译，如口译、商业翻译等）、面向原作的翻译和面向读者的翻译等等。
3　即：语内翻译、语际翻译和符际翻译。

来的。

中西翻译理论的发展也有一个基本不同点，就是中国翻译理论重理论对于实践的指导，西方翻译理论则重实践到理论的升华。因此，中国的传统翻译理论体系谈论翻译困难、翻译方法、翻译经验的多，是一种趋向微观层次的翻译理论体系。支谦、道安、鸠摩罗什、玄奘、徐启光乃至严复的翻译观，莫不如此。相反，西方的传统翻译理论体系则谈论翻译原则、翻译种类、翻译属性的多，是一种趋向宏观层次的翻译理论体系。代表人物多雷、泰特勒、于埃、施莱尔马赫、洪堡以及巴特等人的翻译观，尤其能说明这一点。

第二，对于中西翻译理论各自的整个发展历程，我们可作两种不同角度的比较。一是从发展阶段的角度比，二是从翻译理论性质的角度比。翻译理论的发展阶段与翻译实践的发展阶段息息相关，彼此不可截然分离。虽然翻译实践并不以翻译理论为发展前提，但翻译的实际工作总是在一定原则指导下完成的，因此，大规模的翻译实践往往能引发大规模的翻译反思和理论升华，翻译实践的主要发展阶段同时也就成了翻译理论发展的主要阶段。在这个意义上，我国的翻译理论发展可分为四个主要阶段，即汉末隋唐时期的佛经翻译理论、明末清初时期的科技翻译理论、“五四”运动前后的现代翻译理论以及20世纪80年代以来的当代翻译学理论。西方的翻译理论发展则可分为五个阶段，即古罗马时期的文学和《圣经》翻译理论、中世纪的民族语翻译理论、文艺复兴时期的文学翻译理论、近代文学翻译理论以及第二次世界大战以来的当代翻译学理论。

从翻译理论性质的角度看，我国翻译理论体系中自远古至近世的翻译理论，主要可以视为语文学的、诠释学的翻译理论。虽然我国的传统翻译学术语中并不包括此类定义，但支谦也好，道安、鸠摩罗什、玄奘也好，其翻译理论的出发点，无不在于释经诠典，主张“改梵为秦”，或是“案本而传，不令有损言游字”，或是不“失其藻蔚”，以免“有似嚼饭与人”，“胡本（西域诸国文本）有误，用梵本校正，汉言有疑，用训诂来定字”（马祖毅，1984：34）。因此，把我国这一时期的翻译理论划归为语文学和诠释学性质的翻译理论，并非没有道理。另一方面，从严复到鲁迅，再到傅雷、钱锺书的现代翻译理论，似可冠以文艺学翻译理论之名。因为不论是严复的“信、达、雅”，或是鲁迅的“宁信而不顺”，或是傅雷的“神似”优于“形似”，或是钱锺书“投胎转世”似的“化境”，都是立足于译品的文学性。20 世纪 50 年代以来，尤其是 80 年代以来，受现代语言学发展的影响，我国翻译理论研究的主流开始向语言学倾斜，并逐渐转向发展为一门新兴的独立学科——翻译学。与我国翻译理论相比，西方翻译理论的性质则有着更为明显的特点，体系中也有着更为丰富的翻译学术语。西塞罗、贺拉斯、昆体良、斐洛、哲罗姆、阿尔弗烈德、德·阿布朗古尔、阿米欧、多雷、德莱顿、于埃、歌德、泰特勒、列维等人代表的是语文学和文艺学的翻译理论；奥古斯丁、伊拉斯谟、施莱尔马赫、洪堡、巴特、穆南、卡特福德等人代表的是解释学和语言学的翻译理论；奈达、霍姆斯、威尔斯、巴斯奈特、斯内尔-霍恩比、贝尔曼等人代表的是跨文化交际翻译学的翻译理论。根据这种分析，我们似乎可以得出这么一个结论：在宏观层面上，我国翻译理论体系中语文学和解释学的翻译理论较为发达，西方翻译理论体系中则是文艺学和语言学的翻译理论较为发达。

对中西翻译理论进行微观层面上的比较，则主要可以了解到以下几个基本情况。

第一个基本情况是，在中国翻译理论的起始阶段，代表人物支谦、道安、鸠摩罗什等的翻译文论无一例外地只涉及译经中出现的问题，他们的理论灵感始于译经，也止于译经；而西方翻译理论的起始阶段则呈现出一种多样性：代表人物既有文学翻译理论家西塞罗、贺拉斯、昆体良，又有《圣经》翻译理论家斐洛、哲罗姆、奥古斯丁，特别是哲罗姆，他既谈宗教翻译，又谈世俗作品的翻译。然而虽然如此，起始阶段的翻译理论，不论是中国的纯佛经翻译理论，或是西方的文学和《圣经》翻译理论，都在各自体系中占有极其重要的地位。这些翻译理论先驱的许多思想，不仅当时分别在中西译界产生了很大影响，而且成了后世中西翻译理论发展的基础。例如，被我国现代译坛奉为金科玉律的严复的“信、达、雅”，原来只不过是中国翻译理论开山鼻祖支谦的翻译观的延伸（罗新璋，1984：23；274—275）。西方翻译理论自古至今关于“直译”与“意译”，“直译”、“意译”与“拟作”等等的争论，可以追溯到西塞罗“我不是从解释员，而是从演说家的角度进行翻译”、贺拉斯“意义对意义”而非“词对词”、昆体良“译作必须与原作媲美”以及哲罗姆“《圣经》翻译用直译，文学翻译用意译”的主张。

中西翻译理论微观比较的第二个基本情况是，双方第一个主要发展阶段过去后，彼此都进入了较长时间的静寂期。中国的静寂期自北宋至明末共约四百年；西方的静寂期自 5 世纪末罗马帝国消亡，至大约 9 世纪民族文字形成以及民族语翻译兴起，先后约三百年。静寂期的特点是，翻译活动基本处于停顿状态，既没有大规模的翻译实践，也缺乏大规模的理论研究。特别是在西方的这个静寂期，不要说翻译活动，一切文化活动都处于低潮。这也就是史学家们眼中的“愚昧黑暗时代”。有一点必须着重指出：中西方这两个似乎相互对应的翻译理论“黑暗期”，并非发生在历史上的同一时间里。当西方“愚昧黑暗时代”出现时，中国翻译理论发展的第一高潮仍未退落，而当西方于 9 世纪随着各民族国家先后建立、各民族文字先后形成而经历翻译理论发展的第二阶段时，我国的翻译理论发展却仍处于静寂状态。中西翻译理论体系这种发展阶段交替形成的现象，似乎贯穿了整个中西翻译理论史，并足以说明中西翻译理论各自独立发展、自成体系的特征。

第三个基本情况是，西方翻译理论发展过程中，理论成果最为丰富的是第四发展阶段，即紧跟于文艺复兴时期之后的近代翻译理论发展阶段。虽然文艺复兴时期亦有意大利布鲁尼、荷兰伊拉斯谟、德国路德、法国多雷、英国查普曼等人的重要翻译思想和理论，但西方翻译理论的最大发展却出现在堪称“西方翻译理论黄金时代”的 17—19 世纪。在这一阶段，西方各国重要作家当中几乎没有不从事翻译的，而翻译家当中也几乎没有不谈论翻译理论的。法国的于埃、德·阿布朗古尔、巴特，英国的德莱顿、泰特勒、阿诺德、纽曼，以及德国的施莱尔马赫、洪堡、歌德、赫尔德、施莱格尔等等，即为其中最突出的代表。与此相比，我国最有影响的翻译理论发展阶段是翻译理论体系发展的第三阶段，即鸦片战争至“五四”运动时期。虽然这一时期翻译理论成果之丰尚比不上西方翻译理论体系中的第四阶段，但其翻译理论的影响在某些方面却是西方翻译理论的“黄金时代”所不能及的。最明显的例子，莫过于前面所提、广为人知的“信、达、雅”理论。由于严复的这一理论“渊源有自，植根于我国悠久的文化历史，取诸古典文论和传统美学……承袭古代修辞学和文艺学的成说而移用之于翻译”（罗新璋，1984：15），集中体现了我国传统翻译文论“语贵简要”的基本特点，因而被我国译坛广泛接受，并成为 19 世纪末以来我国翻译理论体系的几乎唯一的标志。严复翻译理论在我国翻译理论体系中享有的这一特殊地位，是西方任何一位翻译理论家在西方翻译理论体系中所没有享有过的，古罗马的西塞罗和贺拉斯没有，文艺复兴时期法国的多雷没有，就是“翻译理论黄金时代”英国的泰特勒或德国的施莱尔马赫也没有。

另一个基本情况是，中西翻译理论发展到现阶段，即我国翻译理论体系的第四阶段、西方翻译理论体系的第五阶段，双方已从以往的彼此独立发展、互无影响，逐步转向相互影响、相互代替、相互融合的发展新阶段。当然，我们也毋庸讳言，由于种种原因，至今为止的影响，主要是由西向东，而非由东向西。但随着时间的推移，中国翻译理论的振兴和发展，这一现象势必逐步扭转，而变为真正意义上的相互影响，以至最终可能发展成世界翻译理论体系的大统一。不过此是后话。我们在这里要谈的，是这一基本情况在现阶段的具体表现。我们可以着重指出三点。第一，不论在我国，或在西方，翻译理论界似乎已经有了一个基本共识，即：翻译研究（涵盖语际翻译、语内翻译、符际翻译的翻译研究）不应当被当作其他学科如文艺学、语言学的分支或附属品，而应当被当作具有独立地位的一门学科。说它是科学也罢，非科学也罢，总之，它应当享有独立或相对独立的地位。第二，现代“翻译科学”说的提出，在西方首先主要与奈达的名字联系在一起，在中国则主要与董秋斯的名字联系在一起。奈达于 1947 年在《论〈圣经〉翻译的原则和程序》（*Bible Translating: An Analysis of Principles and Procedures*）一书中，把翻译研究纳于语言学门下，开翻译科学说之先（Wilss，1982：52）；而董秋斯则于 1951 年在《论翻译理论的建设》一文中，更为明确地提出了建立翻译学的主张。第三，如上所述，翻译学应当享有独立学科的地位，这一点在中西翻译理论界已获得较为广泛的接受，但翻译学的内涵和外延是什么，人们似有不尽相同的思路。较典型的一点区别是，西方翻译学理论家如奈达、霍姆斯、威尔斯、巴斯奈特、勒弗维尔、斯内尔-霍恩比、贝尔曼、韦努蒂、鲁宾逊等人趋于强调翻译学的多文化或跨文化性，我国翻译学理论家如董秋斯、刘宓庆、金隄、刘重德等人则趋于强调翻译学应显民族特色，提倡要建立具有中国特色的翻译学。

对中西翻译理论体系加以比较，我们可以得出以下三点主要结论：

（一）“相通性”是翻译思想发展的主要特征，它不受不同语言文化的制约。毫无疑问，不同的语言文化在不同的历史时期，都产生过不同的翻译思想。但这种不同多为表象。例如，虽然中西翻译理论家各有各的翻译理论术语，各有各的翻译经验，对待翻译问题也各有各的理论取向，但在认识论的深层，他们对翻译原则、方法、标准、操作规则、程序以及翻译类别等基本问题的看法，却表现出惊人的相似。因此，严复的“信、达、雅”与泰特勒的“译作应完全复写出原作的思想；译作的风格和手法应和原作属于同一性质；译作应具备原作所具有的通顺”，以及与多雷的译者“必须完全理解所译作品的内容；必须通晓所译语言和译入语言；必须避免字字对译，因为这样会有损原意的传达和语言的美感；必须采用通俗的语言形式；必须通过选词和调整词序使译文产生色调适当的效果”等等之间，便出现了翻译原则的“共振”；支谦、道安、鸠摩罗什等人主导的“质”“丽”之争，与西塞罗、贺拉斯、昆体良、哲罗姆等人思想中的“意译”“媲美”“直译”“逐词译”之间，也同样反映出翻译思维模式中的内在共性。中西翻译理论发展历史互为独立，彼此间却又存在如此“共振”“共性”，这恰恰说明翻译是一项有规律可循的活动，这种规律是客观的，跨越不同语言文化的。而正是由于翻译规律的这种相通性，才产生了上述包括中西翻译理论在内的世界翻译思想发展的相通性。

（二）中西不同的哲学思想，不同的价值体系，以及不同的语言文化，始终对中西翻译理论体系发生着重要的影响。中西翻译理论植根于不同的文化土壤，便无可避免地打上了不同的文化烙印。例如，西方哲学严格的方法论，讲究对客观世界观察、描写的精确、细腻，讲究由定量到定性的分析。这种严密的哲学方法论反映到翻译理论传统中，便产生了 16 世纪法国的多雷、18 世纪英国的泰特勒以及 19 世纪德国的施莱尔马赫传统。相反，我国的哲学传统不以定性分析为必需，观察客观世界时重心灵感应，描写时不拘泥细节，因而在 20 世纪以前的翻译理论传统上，也就没有产生多雷《论如何出色地翻译》和泰特勒《论翻译的原则》一类的翻译专论。再如，西方宗教理念中崇尚人格化的、无所不能的上帝，因而产生了 1 世纪斐洛、4 世纪奥古斯丁关于《圣经》翻译有赖于“神灵感召”的神秘主义翻译观。而中国的宗教理念并不把释迦牟尼的教义和孔孟之道严加分隔，因此虽然支谦、道安、鸠摩罗什、玄奘等人只译佛经，其翻译文论也只涉及佛经翻译，但他们翻译理论思想的适用范围，却从来都不只局限于宗教翻译。正因如此，严复翻译《天演论》等科学名篇时，竟能如鱼得水地在支谦的思想里寻找养分。

（三）中西哲学和思想体系对事物的命名传统，对各自翻译理论术语的形成与发展起了至关重要的作用。这一点与上述哲学方法论不无关联。西方哲学继承亚里士多德的希腊传统，信奉哲论推理始于严格正名的理念，因而凡事都冠其名，推其理，久而久之就形成了较为发达的命名习惯和传统。反映到翻译理论上，也就出现了较为丰富的翻译理论术语。我国的哲学传统固然也强调“名不正则言不顺”，但在对具体事物的解释上，更乐于取法其中，而不是依靠多少个标新立异的名词术语。西方翻译理论动辄“文艺学的”“诠释学的”“语言学的”“语义学的”“符号学的”“交际学的”“社会符号学的”“浪漫主义的”“神秘主义的”“结构主义的”“后结构主义的”“解构主义的”“布拉格学派的”“鹿特丹学派的”等等。相形之下，我国翻译理论在这方面就比较缺乏，因此特别在现代翻译学研究中往往需要借镜于西方。如何发展既切合自身特点，又能与国际接轨、易为外界理解与接受的一整套翻译学术语，便成了我国翻译学界需要解决的重要任务之一。

我们认为，世界各国的翻译理论（自然也包括中西翻译理论）发展到今天，已经进入了彼此更加融合而非彼此更加分离的时代。尽管不同翻译理论传统之间过去存在、将来可能还会继续存在这样或那样的不同，但随着科学技术的发展、跨语言文化交流的加强，不同翻译理论体系之间在未来发展中会出现更多的共同点。我们都知道，翻译是人类社会一项共同的活动，不论它作用于哪两种语言，其目的都是要把一种语言中业已表达出来的某种信息、某个思想或某种意思，通过一定的程式转移到另一种语言当中。因此，任何两种语言间的翻译与任何其他语言间的翻译之间，一定存在许多共同的东西，而这些共同的东西，又往往是跨民族、跨语言文化的。例如，本章所讨论到的翻译原则、标准、性质、方法等方面的问题，都是不同翻译理论传统所共同关心并彼此存有共识的问题。我们通过对不同翻译理论传统进行系统的比较研究，旨在强化共识，使不同的翻译理论体系能彼此获益，从相互比较中得到启发，推动现代翻译学向前发展。这就是中西翻译比较以及整个比较翻译学的根本任务所在，也是我们开展翻译学研究的根本任务所在。

思考题

〔1〕比较翻译学的目的是什么？研究意义在哪里？涵盖的范围有哪些？

〔2〕比较翻译学与翻译学研究领域中哪些方面的关系最为密切？

〔3〕中西翻译理论比较的任务是什么？可以采用什么样的研究方法？

〔4〕怎样看待中西翻译理论之间的相似性？相似性是两者之间的主要特征还是次要特征？

〔5〕除本章所讨论的内容外，你认为中西翻译理论的相异性还有哪些？

〔6〕中西翻译理论的相似性与相异性之间，哪一种更能引发你的兴趣和思索？为什么？

〔7〕翻译理论发展与文化体系的关系是什么？

〔8〕中西翻译理论的发生和发展还在哪些方面受制于各自社会文化的影响？

〔9〕在文化交流日益增多、全球经济发展一体化的当代，中西翻译理论的发展还能显现各自的特点吗？如何显现这些特点？

〔10〕中西翻译理论比较能给当下的翻译学研究带来何种启发？我们应当如何加强研究，如何使它深入持久地开展下去？

本章参考文献

常谢枫，1981，《是“信”，还是“信、达、雅”？》，见罗新璋（编），1984，《翻译论集》，900—905。

陈福康，1992，《中国翻译学理论史稿》，上海：上海外语教育出版社。

陈康，1942，《论信达雅与哲学著作翻译》，见罗新璋（编），1984，《翻译论集》，443—446。

陈圣生，1990，《关于“总体文学”》，见智量（编），《比较文学三百篇》，上海：

上海文艺出版社，12—15。
董秋斯，1951，《论翻译理论的建设》，见罗新璋（编），1984，《翻译论集》，536—554。
恩格斯，1972，《自然辩证法・导言》，见《马克思恩格斯全集（第三卷）》，北京：人民出版社，德文原著写于1873—1882年。
傅雷，1951，《高老头・重译本序》，见罗新璋（编），1984，《翻译论集》，558。
金隄，1989，《等效翻译探索》，北京：中国对外翻译出版公司，增订本；1998，台北：书林出版有限公司。
劳陇，1996，《丢掉幻想，联系实际——揭破"翻译（科）学"的迷梦》，见《中国翻译》，第2期，38—41。
梁启超，1897，《论译书》，见中国翻译工作者协会、《翻译通讯》编辑部（编），1984，《翻译研究论文集（1894—1948）》，8—20。
林煌天，1997，《中国翻译词典》，武汉：湖北教育出版社。
林语堂，1933，《论翻译》，中国翻译工作者协会、《翻译通讯》编辑部，1984，《翻译研究论文集（1894—1948）》，259—272。
刘宓庆，1991，《汉英对比研究与翻译》，南昌：江西教育出版社。
——1994，《现代翻译理论》，台北：书林出版有限公司。
——2005，《中西翻译思想比较研究》，北京：中国对外翻译出版公司。
刘重德，1993，《文学翻译十讲》，北京：中国对外翻译出版公司；重印本，1998。
罗新璋（编），1984，《翻译论集》，北京：商务印书馆。
——1984，《我国自成体系的翻译理论》，见罗新璋（编），1984，《翻译论集》，1—19。
马建忠，1894，《拟设翻译书院议》，见中国翻译工作者协会、《翻译通讯》编辑部（编），1984，《翻译研究论文集（1894—1948）》，1—5。
马祖毅，1984，《中国翻译简史》，北京：中国对外翻译出版公司；增订本，1998。
茅盾，1954，《为发展文学翻译事业和提高翻译质量而奋斗》，见罗新璋（编），1984，《翻译论集》，501—517。
任继愈，1990，《佛教与中国文化》，台北：国文天地杂志社。
——1973，《汉唐佛教思想论集》，北京：人民出版社。
沈苏儒，1982，《论"信、达、雅"》，见罗新璋（编），1984，《翻译论集》，942—949。
谭载喜，1984，《奈达论翻译》，北京：中国对外翻译出版公司。
——1998，《论比较翻译学》，见萧立明（编），1998，《英汉语比较研究》，长沙：湖南人民出版社，24—32；"中华翻译研究丛书"《翻译思考录》，1998，武汉：湖北教育出版社，567—578。

——1999，《新编奈达论翻译》，北京：中国对外翻译出版公司。
——2004，《西方翻译简史（增订版）》，北京：商务印书馆；重印本，2006。
吴新祥、李宏安，1990，《等值翻译论》，南昌：江西教育出版社。
吴义诚，1998，《中西翻译理论的比较》，见《外国语》，第3期，47—51。
萧立明，1998，《英汉语比较研究》，长沙：湖南人民出版社。
谢天振，1994，《比较文学与翻译研究》，台北：业强出版社。
许钧、袁筱一，1998，《当代法国翻译理论》，南京：南京大学出版社。
支谦，224，《法句经序》，见罗新璋（编），1984，《翻译论集》，22。
中国翻译工作者协会、《翻译通讯》编辑部（编），1984，《翻译研究论文集（1894—1948）》，北京：外语教学与研究出版社。
周煦良，1982，《翻译三论》，见《翻译通讯》，第6期，1—6。

Amos, Flora Ross. 1920. *Early Theories of Translation*. New York: Columbia University Press. Reprinted. New York: Octagon Books. 1973.

Arnold, Matthew. 1861. *On Translating Homer*. Reprinted in Robinson, 1997. 250-255.

Arrowsmith, W. and R. Shattuck (eds.). 1964. *The Craft and Context of Translation*. New York: Anchor Books.

Augustine. 428 AD. *De Doctrina Christiana* (*On Christine Teaching*). English version edited and translated by R. P. H. Green. 1995. Oxford: Clarendon Press.

Baker, Mona (ed.). 1998. *Routledge Encyclopedia of Translation Studies*. London and New York: Routledge.

Barnstone, Willis. 1993. *The Poetics of Translation: History, Theory, Practice*. New Haven: Yale University Press.

Bassnett, Susan. 1980. *Translation Studies*. Revised edition in 1991. London and New York: Routledge.

Batteux, Charles. 1747-1748. *Principes de littérature*. Excerpted in English translation (by John Miller) in Robinson, 1997. 195-199.

Berman, Antoine. 1992. *The Experience of the Foreign: Culture and Translation in Romantic Germany*. Translated from the French by S. Heyvaert. New York: State University of New York Press. French original *L'Epreuve de l'étranger* published in 1984.

Brower, Reuben A. (ed.). 1959. *On Translation*. New York: Oxford University Press.

Bruni, Leonardo. 1426. *De interpretatione recta*. English translation (by James Hankins) printed in Robinson, 1997. 57–60.

Catford, John. 1965. *A Linguistic Theory of Translation: An Essay in Applied Linguistics*. Oxford: Oxford University Press.

Cicero. 55 BC. *De oratore* (*On the Orator*). Reprinted in English translation (by E. W. Sutton and H. Rackham) in Robinson, 1997. 7.

——46 BC. *De optimo genere oratorum* (*The Best Kind of Orator*). Reprinted in English translation (by H. M. Hubbell) in Robinson, 1997. 7–10.

——45–44 BC. *De finibus bonorum et malorum* (*The Ends of Good and Evil*). Excerpted in English translation (by Harris Rackham) in Robinson, 1997. 10–12.

De Waard, Jan and Eugene A. Nida. 1986. *From One Language to Another: Functional Equivalence in Bible Translating*. New York: Thomas Nelson Publishers.

Dolet, Etienne. 1540. *La maniere de bien traduire d'une langue en aultre* (*How to Translate Well from One Language to Another*). English translation (by David G. Ross) printed in Robinson, 1997. 95–97.

Dryden, John. 1661–1679. *Essays of John Dryden* (edited by W. P. Ker). New York. 1961.

——1680. Preface to *Ovid's Epistles*. Excerpted in Robinson, 1997. 172–174.

——1697. *Dedication of Aeneis*. Excerpted in Robinson, 1997. 174–175.

Even-Zohar, Itamar. 1990. *Polysystem Studies*. Special issue of *Poetics Today* 11: 1. Tel Aviv: The Porter Institute for Poetics and Semiotics; Durham: Duke University Press.

Gentzler, Edwin. 1993. *Contemporary Translation Theories*. London and New York: Routledge.

Hatim, Basil and Ian Mason. 1990. *Discourse and the Translator*. London: Longman.

Holmes, James S. 1972. *The Name and Nature of Translation Studies*. Unpublished manuscript, Amsterdam: University of Amsterdam, Department of General Literary Studies. Reprinted in Holmes, 1988. 66–80.

Horace. 20? BC. *Ars Poetica* (*The Art of Poetry*). Excerpted in English translation (by E. C. Wickham) in Robinson, 1997. 15.

Jakobson, Roman. 1959. "On Linguistic Aspects of Translation". In *On*

Translation, edited by Reuben Brower. New York: Oxford University Press. 1959. 232–239.

Jerome. 395 AD. *Ad Pammachum* (*Letter to Pammachius*) Ep. 57. Reprinted in English translation (by Paul Carroll) in Robinson, 1997. 23–30.

Kelly, Louis G. 1979. *The True Interpreter: A History of Translation Theory and Practice in the West*. Oxford: Blackwell.

Lefevere, André. 1977. *Translating Literature: The German Tradition from Luther to Rosenzweig*. Assen: Van Gorcum.

——1992. *Translating/History/Culture: A Sourcebook*. London and New York: Routledge.

Letter of Aristeas. c.130 BC. English Translation (by Moses Hadas) printed in Robinson, 1997. 4–7.

Lyons, John. 1968. *Introduction to Theoretical Linguistics*. Cambridge: Cambridge University Press.

Morgan, Bayard Quincy. 1959. "Bibliography: 46 BC–1958". In R. A. Brower (ed.), 1959. 271–293.

Mounin, Georges. 1963. *Les Problèmes théoriques de la traduction*. Paris: Gallimard.

Newman, Francis. 1861. *The Unlearned Public Is the Rightful Judge of Taste from Homeric Translation in Theory and Practice*. Reprinted in Robinson, 1997. 256–258.

Nida, Eugene A. 1964. *Toward a Science of Translating*. Leiden: E. J. Brill.

——and Charles R. Taber. 1969. *The Theory and Practice of Translation*. Leiden: E. J. Brill.

Nord, Christiane. 1997. *Translating as a Purposeful Activity*. Manchester: St. Jerome Publishing.

Philo. 20? BC. *De viva Mosis* (*The Life of Moses*). Excerpted in English translation (by F. H. Colson) in Robinson, 1997. 13–14.

Rener, Frederick M. 1989. *Interpretatio: Language and Translation from Cicero to Tytler*. Amsterdam and Atlata, GA: Rodopi.

Robinson, Douglas. 1997. *Western Translation Theory: From Herodotus to Nietzsche*. Manchester: St. Jerome Publishing.

Schleiermacher, Friedrich. 1813. *Über die verschiedenen Methoden des Übersezens* (*On the Various Methods of Translation*). English translation (by Douglas Robinson) reprinted in Robinson, 1997. 225–238.

Schulte, Rainer and John Biguenet (eds.). 1992. *Theories of Translation: An Anthology of Essays from Dryden to Derrida*. Chicago and London: The University of Chicago Press.

Snell-Hornby, Mary. 1988. *Translation Studies: An Integrated Approach*. Revised edition. 1995. Amsterdam and Philadelphia: John Benjamins.

Steiner, George. 1975. *After Babel: Aspects of Language and Translation*. Oxford: Oxford University Press.

Storig, Hans J. (ed.). 1973. *Das Problem des Übersetzens*. Darmstadt: Wiss. Buchgesellschaft.

Toury, Gideon. 1980. *In Search of a Theory of Translation*. Tel Aviv: The Porter Institute for Poetics and Semiotics.

——1995. *Descriptive Translation Studies and Beyond*. Amsterdam and Philadelphia: John Benjamins.

Tytler, Alexander Fraser. 1790. *Essay on the Principles of Translation*. Reprinted. New York: Garland. 1970. Also see excerpts in Robinson, 1997. 209–212.

Venuti, Lawrence. 1995. *The Translator's Invisibility: A History of Translation*. London and New York: Routledge.

Wilss, Wolfram. 1982. *The Science of Translation: Problems and Methods*. Tübingen: Gunter Narr Verlag.

第五章
哲学与翻译研究

哲学是关于世界观和方法论的学说。它以理论化的方式阐发关于世界的总体理解和根本看法，进而解答人们应该做什么和怎样做的问题。“哲学不是世界之外的遐想”（马克思，1956：120），“任何真正的哲学都是自己时代精神的精华”（同上：121）。它不仅是安身立命的精神家园，也是一种运思方式。哲学研究的对象和范围是人类知识体系的各个组成部分，是关于各种知识的概括和总结，是对整个世界一般规律的认识。在古希腊，各门学科还未分门别类，独立出去，哲学是包罗万象的一门学科。虽然在近现代，各门学科的发展日趋成熟，但是人们还是离不开哲学的理性思辨能力，例如抽象概括能力、分析综合能力、推理归纳能力、鉴别判断能力等。

毋庸置疑，作为一门新型学科，当代译学的理论构架离不开哲学的引领。在翻译研究中，作为具体的翻译个案经过分析、提炼之后，有待上升到一般抽象的翻译原则。翻译实践的感性认识有待上升到理性认识，译学研究也需要透过翻译现象看本质。这一从具体到一般的过程有助于揭示翻译活动或翻译研究的规律。与此同时，翻译原则或理性思考反过来进一步深化人们对翻译过程的认识。通过哲学思辨，翻译研究逐步提高其理论水平。

第一节　翻译的哲学研究

在讨论哲学与翻译研究的关系之前，让我们尝试思考一下下列问题：我们应该怎样看待翻译学与哲学的关系？哲学真正能够对翻译学起指导作用吗？或者说哲学可以成为翻译学的元学科吗？ 翻译学研究的对象、性质、学科定位及相关学科、方法论与哲学的关系如何？哲学如何参与到翻译学的范式构建中？在其中，翻译理论家怎样运用哲学知识来指导翻译理论研究？翻译研究的“哲学转向”有可能发生吗？

翻译与哲学水乳交融，有着千丝万缕的联系，尤其是语言哲学中涉及不少的翻译论题。同时，翻译理论的建构也包含了哲学思辨和哲学方法论的运用。一方面，翻译作为一种话语实践，可以为哲学提供大量的研究材料。另一方面，哲学也蕴涵着翻译研究所需要的“精髓”和“灵魂”，给翻译研究以指导。就学科建设而言，翻译研究也应该有意识地从哲学中吸取营养，使之理论化和系统化。

从哲学与方法论的关系来看，哲学的世界观与翻译学的方法论之间存在内在的一致性。哲学的世界观使翻译理论工作者成为自觉的主体，使经验性的方法形成理论，从而使译者（翻译理论家）在哲学观指导下自觉地认识翻译的本质，进行翻译活动或从事理论研究。从这个方面看，一定的哲学原则运用于翻译实践和翻译理论研究过程时即表现为方法论，一定的翻译方法论则总是以一定的哲学原则为内在依据和理论前提的。

首先，我们看到，翻译活动涉及两种语言之间的转换，研究两种语言之间的转换规律需要以哲学、语言学、符号学、文艺学、心理学等学科的研究途径为切入点，来规范其研究范式与概念范畴。就翻译的本质而言，它涉及两种语言之间转换的思维活动，以另一种语言的再现形式呈现。从哲学角度看，语言及思维共性为翻译活动提供了可译性的基础。

其次，通过研究翻译来研究哲学成为一种新的现象。不少西方哲学家们通过翻译而思，用讨论翻译的形式来构建自己的哲学思想。解构主义哲学家德里达就有过这方面的努力。

最后，翻译研究在一定程度上是研究语言活动的规律。在西方，关注哲学与语言的关系可追溯到古希腊。爱菲斯的赫拉克利特（Herakleitos）

认为万物是不断变化和更新的，而变化与更新是有规律的。赫拉克利特把这种规律称为“逻各斯”（言语、言说、论说或者类似于汉文化的“道”）。逻各斯具有普遍性和共性，不依赖人的意志而客观存在。从一定的意义上看，寻找翻译中的规律性和发现哲学的普遍性与特殊性的关系存在关联。

随着现代翻译学的发展，哲学逐渐成为翻译理论的元学科。翻译研究所关注的核心问题，其理论框架和概念范畴都离不开哲学的视野。翻译研究的基本原理、基本内核与哲学休戚相关，其深层理论及活水源头来自哲学。毫不夸张地说，如果不了解西方哲学，也可以说无法完整地把握西方翻译理论的某些本质和现象。

从历史上看，柏拉图是西方哲学史上最重要的哲学家之一，他提出的“理念论”直接影响了西方翻译理论。柏拉图认为，从哲学意义上看，人们感官所感受到的一切事物都变动不居，因而都是不真实的。他把理念看作永恒不变的真正实在，个别事物有生有灭，而理念则永存不息。在翻译研究中，把译文当作原文的摹本（copy）和副本（reproduction）的最早源头就来自柏拉图。这种原型-摹本（model-copy）的关系一直影响到现在。至今还有不少翻译理论家坚持认为译文是原文的模仿。原文是原型，是译文的试金石，而不同的译文都是理念（原文）的摹本，译文只不过是分有理念结果的衍生物。由此推衍开来，在翻译研究中，原文的权威性是绝对的。毋庸置疑，译文（摹本）对原文（原型）是否模仿得相似，要依赖于理念本体的先在。也就是说，译文（摹本）永远处于从属的地位。不同的译本、无数译文的重译，也只是柏拉图影像制造的过程，是不真实的，而原文（理念）则不朽。

亚里士多德是古希腊集大成式的哲学家。他最先区分专业门类，建立学科体系。从翻译角度看，亚里士多德给翻译理论的启迪是：（一）“是”（Being）概括了诸如“本原”“存在”“本质”“一与多”“不变与变”等研究对象，哲学以这样一个统一的研究对象为核心，展开了多层次、全方位的研究。（二）文艺的本质是模仿，模仿的对象是现实中的个别事物，即第一实体。文艺要模仿现实，再现人生。（三）关于语言、符号的论述，包括口语重于书面语、名词与动词的功能区别以及语言中的时态范畴。这些观点对后来洛克（John Locke）的“词语是观念的符号”观影响很大。（四）语言具有普世认知功能。美国语言学家沃尔夫（Benjamin Lee Whorf）在此基础上提出了反亚里士多德的语言观，即有名的“萨皮亚–沃尔夫假说”。沃尔夫否认概念范畴的先验存在，提出除非所有的观察者语言背景相似，否则所有人不可能分享同一宇宙图式。从这一反亚里士多德理论观点出发，我们可以说，翻译是个相对的概念。每一种翻译代表着一种语言观对另一种语言观的看法，翻译中不可能不作改变或变形。译者所能达到的是原语与译语之间的近似对等。

翻译的本体研究与外围研究恰好体现了“一与多”的关系。本源与替补、本源与延异的关系说明了翻译的不确定性因素。亚里士多德的“文艺要模仿现实”的观点与柏拉图的模仿论不同，它强调了语言现象是可以再现的。在《工具论》中，亚里士多德有关符号的论述影响了后期的奥古斯丁、莱布尼兹、皮尔斯、卡西尔、艾柯等人的符号学观点。语言具有普世认知功能的观点一方面说明了翻译活动的共性，另一方面突出了语言活动的认知特点。

将亚里士多德符号理论进一步发展的是著名的基督教哲学家和翻译家奥古斯丁。奥古斯丁主持校订了拉丁文《圣经》翻译。在《论基督教教义》（*On Christian Doctrine*）中，奥古斯丁对符号的“能指”“所指”以及译者之间的关系有过较为详尽的论述。他的语言学理论对后世的笛卡尔、索绪尔等人影响很大。 在《翻译的用途》这篇文章里，奥古斯丁较为详细地探讨了符号（sign）、意义（sense）和翻译理解的关系。他认为，不同的译文的存在有利于发现《圣经》的真正意义，特别是当原文意义模糊不清，比较不同的意指和意义，看哪一种更有说服力。聪明的译者在判断不同的意义时应有一定的自由度，而不拘泥于一种意义（Lefevere, 1992b：73）。对于“能指”与“所指”的同义或多义问题，译者要运用自己的语言判断力加以分析，了解原文出自何种语言。通过对比原文与译文所采用的意译或直译法，就可以了解译文的准确性。奥古斯丁的语言与翻译观对中世纪及 20 世纪的翻译理论产生了深远的影响。

在德国古典哲学终结之后，叔本华哲学和尼采哲学先后兴起，对同时代以及随后的人文科学产生了巨大影响，其中也包括翻译研究。他们关于翻译的思想直接影响到德里达和韦努蒂等人。叔本华在《论语言和语言学习》中，把翻译看成无意识地扭曲原文的行为，他呼吁回归拉丁语等古典语言。在叔本华看来，由于概念的非对应性，翻译中所表达的概念要么有差异，要么找不到对应词。由此，他得出所有翻译是无法一一对应的结论。特别是传递包孕多种意义的文本时，遇到的困难尤为突出。在翻译中，为了表达原文的意义，译者不可避免地要引进新的概念。由于每种语言的思维方式不同，我们每掌握一种新的语言，这门语言就改变或影响了人们的思维方式。即使通过翻译，我们与原文文本仍然还有很遥远的距离。这种强调文化相对主义的翻译观成为不可译性的理据之一。

进入20世纪后，哲学发生了“语言学转向”（linguistic turn），而翻译也出现了“文化转向”（cultural turn）。这使哲学和翻译的联系越来越紧密。这种从语言哲学、文化哲学上给翻译以形而上的思考，是翻译研究的一个新趋势。20世纪西方哲学家维特根斯坦、海德格尔、伽达默尔、德里达、奎因（Willard Van Orman Quine）等人纷纷从哲学角度论述翻译或者从语言、翻译角度探讨哲学。

首先，就翻译的本质而言，翻译是涉及两种语言之间转换的思维活动，它以另一种语言的再现形式呈现。从哲学角度看，语言及思维的共性为翻译活动提供了可能性。现代西方哲学的一个重要特征在于，许多哲学家认为语言哲学并不以形而上学或认识论为基础，相反，形而上学、认识论以及其他任何哲学学科都必须以语言哲学为基础。只有通过语言分析，才能澄清或解决哲学问题。20世纪的哲学流派，如分析哲学、现象学、结构主义、解释学、解构主义等，采用了不同的方法对语言进行阐释。在阐释语言的过程中，有关语言的理解、解释和翻译是他们关注的焦点。这样西方哲学的发展经历了从本体论阶段、认识论阶段到达了语言哲学阶段。翻译学通过利用语言哲学的成果，极大地拓展了其研究疆域。例如，乔姆斯基的“转换生成语法理论”是建立在以笛卡尔为传统的唯理论哲学基础之上的。从笛卡尔的天赋观念论到康德的先验论等，是西方唯理论的发展线索。著名翻译理论家奈达的翻译理论模式就建立在乔氏的深层和表层结构之上，从而使当代翻译理论研究向前迈出了一大步。翻译与哲学的渊源由此显而易见。“翻译研究如同文化研究一样，需要各种不同的声音。”（Bassnett & Lefevere，2001：138—139）翻译的对话特性决定了它必须走跨学科的道路。从哲学角度看，语言及思维的共性以及哲学的概念范畴为翻译研究提供了源泉。

当翻译理论家越来越关注翻译本身的时候，哲学家却对翻译理论问题情有独钟。许多哲学家认为，从语言的角度考察哲学是哲学研究的必要条件或先决条件。翻译中的问题同时也成为哲学研究的问题。例如，理解（understanding）、解释（interpreting）和翻译（translation）近来成为语言哲学和翻译学关注的重点。应该说理解和解释在反馈原语话语时差别不大。就语内翻译而言，我们可以理解或解释同一语言中的一个句子。在语言哲学家看来，理解似乎受制于讲话人明显表达的意义，或者是谈话者所包含的意义，而解释则强调讲话人想解释的预先知识结构：（1）讲话人表达的意义难懂或者不清楚需要解释；（2）解释传递了讲话人想传递的“言外之意”；（3）讲话人的话语在整个大的文化背景下是否重要，也需要解释补充。在奎因和戴维森看来，理解、解释和翻译三者区别不大，甚至可以换用。虽然三者按照约定俗成的词义，在不同场合下有不同的含义，但并不是说它们的认知活动是同一的，也就是说三者的差别不是在意义上，而是在用法上。“理解”表达作者相对直接而无歧义的意义（Martinich，1996：443）。因此，奎因和戴维森认为，翻译就是解释，而解释也就是翻译。理解、解释及翻译三者之间无本质区别。解释学翻译研究的代表人物乔治·斯坦纳在《通天塔之后：语言与翻译面面观》中，提出了“理解即翻译”（understanding as translation）的命题。根据解释学的原理，无论是语内翻译、语际翻译或符际翻译，都呈现为一种解释。

奎因在《语词和对象》（*Word and Object*）中对翻译的不确定性作了详尽的讨论。其主要内容是，翻译的不确定性首先基于意义的不确定性，我们不能在绝对意义上确定可接受的规范是否正确。不确定意味着：“以不同方式编撰把一种语言翻译为另一种语言的翻译手册，这些手册与语言倾向的总体是相容的，但彼此之间却不相容。”（Quine，1960：27）奎因翻译的不确定性作为思想实验的引入，其意图在于夸大把理论语句译为观察语句方面的困难。在处理土著语言之间的“根本翻译”（Radical Translation）时，我们没有任何先前存在的翻译工具可使用。不确定性既包括内涵意义的不确定性，也包括外延指称的不确定性。指称的不确定性与某个协调的系统相关联，否则就没有意义。奎因确实是把翻译当作一个特例，放在他的语言哲学中加以讨论的，这一论题带给语言翻译界的影响却是深远的。它不仅给多元翻译标准提供了理论依据，而且为翻译中文化相对主义的成因找到理据。

翻译研究中真正的哲学转向发生在德里达身上。他将解构主义引入译学，试图打破形而上学和概念化的方法，宣称译者是创造者，翻译文本是创造新的语言，给翻译研究注入新的活力。首先，德里达摧毁了逻各斯中心主义的堡垒。两千多年来，从赫拉克利特到柏拉图，从康德到黑格尔，追求现象背后的逻各斯成为哲学的终极目标。通过对能指-所指、主观-客观、文字-书写、原文-摹本等二元对立的言说方式的解构，他打破了西方语言、哲学及翻译的暴政及等级观念。这样摹本可以替代原文，边缘可以走向中心，衍生可以取代本体，符号可以被延异和播撒。其次，重新给翻译以定义。翻译不再存在固定不变的意义，从一种语言到另一种语言之间没有绝对纯粹的所指。翻译是一种改写、增补和“扬弃”（Aufhebung），即既有提升又有替换的作用。最后，提出“文本之外无他物”（qtd. in Davis，2001：9）。除非将文本置于语境中阐释，否则无意义可言，也即意义不能脱离具体的语境而存在。传统的结构主义的文本观认为，一切文本以结构为根基，而且意义确定，翻译是寻找确定性和对等。但是，对于认同巴特的德里达来说，文本是由印迹编制而成的织物。印迹与印迹之间，织物与织物之间构成了文本的互文性，这样就再次颠覆了文本意义的确定性。易言之，德里达清理了西方形而上学的根本基础，指出意义在延异中播撒。因此，解构既是一种暴政，又是一种革命。它打破了翻译研究中的原文本质中心论、模仿论、原文决定译文的形式论，给后来的“文化转向”奠定了基础。如果我们用解构主义的眼光审视、重估翻译研究，我们不仅看到了尼采的影子，而且看到了新的自我、新的翻译理念的诞生，看到了翻译研究中意义的多义性、对话的可能性。从尼采、福柯到德里达，传统的文本中心、作者中心被颠覆，翻译研究释放出前所未有的生命力。

毫无疑问，这一切是由翻译本身的特点决定的：翻译既是具体实践，也是一种理论思考。德里达说过：“我们所研究的翻译问题，也恰好是通向研究哲学问题的道路。”（Benjamin，1989：1）显而易见，对于20世纪的许多哲学家而言，讨论翻译本身，也就是探讨哲学所面临的问题。可译性与不可译性、翻译中范式的通约性与不可通约性、翻译中的普遍性与特殊性、文本中的生命与再生、解释与理解、确定性与不确定性等话语，既是翻译学也是哲学关注的内容。翻译研究与哲学的相互依存、协调重构，拓展了现代翻译研究的多向度性和复合性，从而使翻译理论具有多元主义的特点，从另一个角度看，这种相互交往的关系也展现了哲学在翻译研究中的重要作用。

第二节　翻译的美学研究

在讨论翻译美学之前，我们先了解一下什么是美，什么是美学(Aesthetica)。许慎在《说文解字》中说："美，甘也。从羊，从大。"从哲学上看，美是客体被主体需求、认识和再造的一种属性。拉丁语Aesthetica（美学）的最初意思指的是专门研究感性认识和情感的学问。美学主要研究的对象是艺术，并通过艺术来研究人对现实的审美关系，包括审美对象、美感经验、审美意识、审美范畴和美学思想等。艺术作品之所以具有美的特点，是因为它诉诸人的心灵，能引起欣赏者的共鸣。

黑格尔提出，"美就是理念的感性显现"（黑格尔，1979：138)。"心灵不仅能把它的内在生活纳入艺术作品，它还能使纳入艺术作品的东西，作为一种外在事物具有永恒性。个别的有生命的自然事物不免转变消逝，在外形方面显得不稳定，而艺术作品却是经久的——尽管艺术作品所以真正优于自然实在的事物并不单靠它的永久性，而且还要靠心灵所灌注给它的生气。"（黑格尔，2003：340）因此，美包含着心灵意蕴的感性化和感性形象的心灵化，体现了理性与感性、内容与形式、主体与客体的辩证统一。

审美到底是感性的还是形式的？感性突出个人此时此地独特的体验，追求变化，而形式强调普遍性和系统。不少哲学家如康德、黑格尔、叔本华、尼采和克罗齐等都从哲学的角度论述到美和审美。如康德提出的"无利害关系的观照"（disinterested contemplation）的观点，强调审美脱离实际需要。黑格尔的心灵审美是主客观精神的辩证统一，突出美是个别事物显现出概念或理念。叔本华的视野中，艺术的动力与生命力都是强力意志的反映。在尼采眼里，意志的世界变成了酒神精神，表象的世界变成了日神精神，审美变成了由前者向后者的逃避。克罗齐的"美即直觉，即表现"，说明了直觉先于概念，并且把它当作审美及艺术问题的前提。新黑格尔主义美学家鲍桑葵（Bernard Bosanquet）认为，人类的审美意识产生于原始宗教向哲学的过渡阶段，在这一阶段人类的审美意识很不成熟。虽然美的观念已根植于人们的宇宙观念及人自身的观念，但对美的哲学反思，看到艺术与哲学之间更深刻的内在关联还是比较晚的事。19 世纪末与 20 世纪初的唯美主义、生命美学和象征主义将对语言形式美的追求推到极致。

在翻译研究中，我们必须回答这样一些问题：翻译为什么要追求美？翻译的形式美、节奏美，如何与译文的忠实、通顺的美相统一？翻译特别是文学翻译与美学的关系如何？在翻译过程中主客体的关系如何？形式美如何与内容美有机地结合？

翻译研究应该摆脱翻译不是艺术就是科学的二元对立的纷争。翻译学作为一门学科的规范性，使它无疑具有科学性的一面，而翻译作为一种实践活动，体现了艺术的二度创作的特点，因此它是艺术活动。翻译审美包含审美主体（译者、读者）和审美客体（文本）两个部分，翻译之美是主客体的统一。

作为艺术活动的翻译美学从文本的类型来说，可以被分为三种：(1)“内容中心的文本”(content-focused text)，旨在传递翻译的信息，如新闻报道、评论、商业通信、说明书、自然科学领域等内容的翻译。翻译此类作品时，强调的是再现原文信息内容和翻译的逻辑性。(2)“以形式为中心的文本”(form-focused text)，关注的是作者表达自己的方式。其语言层面注重的是审美和表情，如文学翻译中的风格、修辞和形式保留。审美形式的对等并不是亦步亦趋，而是在目的语中重新创造与原语相对等的形式。(3)“以操作为中心的文本”(appeal-focused text)，以一种独特的视角、清晰的目的来再现原文信息，文本的内容在于传递特殊信息，如广告、演说、宣传手册等。(Reiss，2000：26) 在这三种文本中，第二种是我们关注的焦点。但就文本和审美主体来说，翻译中的审美主体是我们应该探讨的重点。

从审美主体方面去看，文学翻译（或其他类型的翻译）作为一种艺术创作活动，是译者把自己的心灵定性纳入译文中，将其主观的意志贯彻到作品里，从而在译作中留下他自己内心生活的烙印和审美情趣。同时，在这个过程中译者认识了自己，也实现了自己。

当然，在翻译的创造过程中，译者一定会运用审美原则或者从美学角度来审视原文，欣赏译文。因此，顾名思义，“文学翻译原理是翻译理论的一个分支。它从美学角度研究文学翻译作为艺术创造过程的实质和一般规律，也就是叫作翻译艺术学或翻译美学”（张今，1987：1）。那么，翻译美学的基本任务是什么呢？“就是运用美学的基本原理，分析、阐释和解决语际转换中的美学问题，包括对翻译中的审美客体、审美主体和审美关系的研究，对翻译中审美体验的一般规律的研究，对翻译中审美再现手段及翻译美的标准的探讨，等等。”（刘宓庆，1994：510）这里的审美客体指的就是原文的表象要素和非表象要素，审美主体指的是译者以及翻译中审美客体的审美认识——对审美认识的转化—对转化结果的加工—对加工结果的再现。

翻译美学可以作为翻译艺术的总的方法论，指导翻译实践。在翻译批评中，翻译理论家用美学原则欣赏、评价译文的高下优劣。此外，提高译者的审美情趣和翻译水平也是翻译审美的要求。实际上，在翻译创造过程中，译者无论是从微观的语言表达，还是从宏观风格的再现，都离不开一定的美学原则作指导。能够自觉地运用美学原则进行翻译再创造的译者，则显示出较高的艺术素养。翻译审美体现了翻译主体与文本（译文）的融合，既有超越性，又有自由性。从超越性看，它具有直觉性、愉悦性和超功利性。从自由性看，译者不应“以物累形”，而要超脱世事或利害之外，也即达到“游乎方外”的忘我之境。

一、翻译的美感经验与心理距离

翻译的美感经验主要涉及的是翻译主体的心理活动。它包括直觉（intuition）和知觉（perception）的内容。译者的直觉经验是翻译美学的起点，它是译者的心知物的过程。译者的直觉通常以文本的形象为对象，产生形象的直觉过程也就是翻译再创造的起始过程。译者的知觉是他运用观念的能力，即译者的大脑在反映文本的个别属性（如语言、修辞等）的基础上，通过感官和经验的作用，把文本的多种属性合起来，形成对某一文本的整体认识。

总的来说，不同的译者审读不同的文本，会有不同的初步反应，这种初步反应并不涉及原文本身的实质特点。例如，读到无名氏的《金缕衣》中的诗句“花开堪折直须折，莫待无花空折枝”时，译者的初步反应可能是，在英文里有一种似曾相识的感觉。译者的直觉反映是仓促的，不能马上提供再现的适当的原文。但是，人能把直观的经验悬挂在心，在适当的时候予以反省。译者经过思考发现，英国诗人罗伯特·赫里克（Robert Herrick）的诗句Gather your rosebud while you may与汉语古典之风旗鼓相当，而以艺术美再现。

作为审美主体，译者借助符号化的东西获得一种心理满足。译者的美感经验通过进入一种聚精会神的心理状态，以至于达到物我两忘、物我同一的意境。在主客体交融的基础上，译者的心理被引向一个超越现实时空、沉浸在形而上的境界中。“无我之境”指创作主体完全消失，隐在艺术意象的后面，而“有我之境”中的“我”则以强烈的主观色彩明显地渗透于艺术意象中。同理，在翻译过程中，“有我”与“无我”也以各自独立，又相互渗透的方式创造着艺术意境。在“无我之境”中，译者一方面把自己当作了原作者，另一方面完全进入了与原文往复交流的状况，在无意识中把自己的性格投射到原作。翻译中“有我之境”体现出译者主体性的觉悟。通过两种符号的转换，译者的审美欲望得到转化和升华。

从翻译的直觉到翻译的知觉，是翻译美感经验的进一步升华。翻译知觉过程包含三个阶段：（1）呈现（presence）；（2）再现与想象（representation and imagination）；（3）反思和情感（reflection and feeling）。（王岳川，1999：125）在呈现阶段，翻译主体（知觉者）与对象（文本）之间的交融是初级阶段。在再现与想象阶段，翻译主体倾向于客体化，把被感知的作品的初步内容形成明显的实体和事件，赋予作品以再生的意义。译文并不是凭空想象出来的，这一阶段的审美经验并不起关键作用。在反思和情感阶段，译者的反思是情感的反思，也即是接受力和感悟力。这时候译者通过情感与审美对象的固有表现建立了联系。只有当翻译主体的情感渗透翻译客体时，通过全身心投入而产生共鸣，翻译客体才显示出主观审美经验。

译者文学审美欣赏的心理活动主要有如下特点：（1）形象的直觉性（例如中国古典诗歌的翻译）；（2）注意力的集中性（庄周的“心斋”“坐忘”以及荀况的“虚壹而静”都是注意力高度集中的体现，译者也需要这种专注）；（3）感受的完整性（对整个文本的审美感受）；（4）想象的生动性（对审美意象的觉察）。审美欣赏的深层次心理特征的表现是：生理与心理矛盾的统一，个性与社会性的统一，具象性与抽象性的统一，自觉性与非自觉性的统一，功利性与非功利性的统一。翻译的审美，一方面是一种微妙的心理活动，如钱锺书所云，“如水中盐，蜜中花，体匿性存，无痕有味”（钱锺书，1979：274）；另一方面，美感满足了译者和读者的精神需要，这本身也是非功利性。

当然，经过直觉到知觉，从呈现到再现与想象阶段，再到反思和情感阶段，翻译主体应该与文本（读者与译文）拉开一定的心理距离。通过与翻译客体拉开心理距离，而产生空间感的审美经验，因为太远或太近都难激发审美经验。叔本华讲的“超然”（detachment）指的就是这种“若即若离”的空间感。这种辩证的关系说明了译者在把握翻译客体时，应具有心理上的超越性与内在性。王国维在《人间词话》里说：“诗人对宇宙人生须入乎其内又须出乎其外。入乎其内，故能写之，出乎其外，故能观之。入乎其内，故有生气，出乎其外，故有高致。”我们将这番话用于翻译审美，又何尝不是如此。一方面，我们需要直觉和知觉的美感经验，这是“入内”，对翻译文本充满情感关照；另一方面，似离非离的超越性是一种“出外”，它摆脱了常态的羁绊，以灵活适当的距离观之，从而产生翻译审美的新质。也即是，在语言的能指与所指之间保持着欲擒故纵的中间地带，这给译者带来理解和表达的多重暗示和心理愉悦。

如何把握“出”与“入”的度，是译者要考虑的。审美距离也称为“距离的矛盾”（antinomy of distance）。翻译与欣赏的成功与否，就看译者或读者能否妥帖地掌握这个度。有关翻译的内容与形式、翻译标准、翻译等值、主体性等问题，归根到底，在一定程度上是如何保持审美距离的问题。

二、翻译的和谐美

“和”是中国美学史上最有特色的范畴，也是翻译美学的范畴之一。其基本含义是谐调适中，刚柔相济。翻译的和谐美要求审美对象的各要素彼此协调、交融渗透，形成一种趋向完美的译作结构。翻译再创造中的和谐问题，也是翻译理论家思考的问题之一。

从中国传统的和谐美学中，我们怎样审视翻译中的和谐美呢？总的来说，美的基本特征是和谐。美建立在人与客体世界最终的和谐共存关系中。就整体而言，美的对象是内外关系的和谐，是外观形式与美的内容的相互协调，以及个体形态与普遍内容完美有机的结合。美的事物在感性形式方面多具有柔和、精致、轻盈、绚美、柔媚、静谧等品质。翻译的和谐之美既体现在译者与文本的沟通是否和谐，翻译中不同要素是否有机地结合，甚至也包括不同的翻译理论观点是否能兼收并蓄地和谐相处。

首先，从翻译标准来看，可以看出“和”的实际运用。对于严复提出的“信、达、雅”，不同的人有不同的看法。有人认为“信”是主要的，“达”是次要的，“雅”则可有可无；有人认为翻译只要“信”就行，“达”“雅”是多余的。“作为一个翻译标准，‘信达雅’是一个有机的整体。但在翻译实践中，不少译者误解它的精神实质，割裂三者之间的关系，一是把‘信’绝对化，认为译者只能拜倒在原文脚下，亦步亦趋，宁可‘死在句下’，也不敢越雷池一步……二是把‘雅’简单化，以为雅是译文的文采，所以在译作里大量使用华丽的辞藻，或者随意发挥。”（郑海凌，2005：27）因此，翻译标准是一种适度、适中、不偏不倚的“和”。这种“和”考虑到不同的因素、不同的语境、不同的审美经验、不同的风格、不同的译者甚至不同的时代。一种能体现审美差异的、多元互补的翻译标准才能体现和谐之美。

其次，可以说“和实生物，同则不继”的命题，是最早用传统美学概念表达出来的对立统一的思想。如果把它应用于翻译研究，我们就应该注重翻译中不同元素的辩证统一，它至少可以分解为以下几层意蕴：翻译中的“和”是诸多异质要素的集合。在翻译理论中提倡“异化”策略的翻译法近年来大行其道，反映了翻译中重视异质性、差异性。舍此，就谈不上统一性，这是翻译中“和”产生的前提条件。此外，异质要素的有序、有机的结合才能形成真正的“和”。翻译中的形式转换、意象转换等打破了翻译中亦步亦趋地寻求“同”，创造了一种新的和谐。很显然，翻译的“异化”策略带来的是全新的他者文化和多样性的对立统一观。不同的异质成分创生出的新事物，也就是“和实生物”的必然结果。

最后，诗歌翻译中的形式、意义、韵律、节奏要求译文体现一种和谐美。在形式上，诗歌形式通常体现了文字符号排列的建筑美。但由于两种语言之间诗歌传统的迥异，形式传递比较困难，尤其是诗歌出现的破格和变异本身就有独特的审美价值，如果放弃翻译，形式就会影响意义，如美国诗人卡明斯等人创作的具象诗。再例如，莎士比亚的素体诗（blank verse）有时候被一些译家翻译成散文体，形式发生变化。形美是指译作形式工整，韵律自然，逼肖原诗，以凸显和再现原诗的形美。（刘军平，1999）庞德认为，诗歌的音乐性不可翻译，因为音乐的再现性因素最少，要在两种语言中找到直接对应的东西难度较大。所谓意美是译出原诗的意境和诗味之美。翻译中所失去的往往是诗味。某些有特殊文化含义的意义和双关则不可译，这从一个角度说明了翻译诗歌的挑战性。就韵律而言，如果原文在押韵和节奏上精益求精，格律谨严，译文也应该保留原文独特的格律音响。特别需要指出的是，能够融意美、音美和形美这三者于一体，产生和谐的整体美，是翻译诗歌追求的境界。

总之，在文学翻译中，只有音韵、意象、节奏以及形式的和谐结合，才能产生美的译文。文本的形式与译者的直觉、情感和谐地融于一体，才能产生新的艺术创造。

三、翻译的风格美

翻译风格指一定的话语秩序所形成的文本文风，它折射出译者独特的精神结构、体验方式和人格内涵以及笔调、意味、气韵等。中国是个非常讲究文体风格的国家，《诗经》的风、雅、颂有不同的体裁之分，赋、比、兴有不同的文体之分。楚辞掀起了诗歌文体的一场革命。《文心雕龙·体性》篇说："夫情动而言形，理发而文见，盖沿隐以至显，因内而符外者也。然才有庸俊，气有刚柔，学有浅深，习有雅郑，并情性所铄，陶染所凝，是以笔区云谲，文苑波诡者矣。"（引自祖保龙，1993：539）《体性》中的"体"不是指体裁，而是指体貌、风格，"才"指创作个性。它讨论了文学风格形成与作家个人才性的关系，着重论述才、气、学、习。隐藏于内心的情和理，通过外在的语言、笔调及韵律表现出来。由于译者的才气、学识、修养及习染不同，其译作也自然各有风格特点。

王昌龄的《诗格》把风格分为"高格""古雅""闲逸""幽深""神仙"等"五趣向"。司空图的《诗品》把风格分为二十四种：雄浑、冲淡、纤秾、沉着、高古、典雅、洗练、劲健、绮丽、自然、含蓄、豪放、精神、缜密、疏野、清奇、委曲、实境、悲慨、形容、超诣、飘逸、旷达、流动。王国维在《人间词话》里把风格分为壮美与优美。西方文论家朗吉努斯在《论崇高》中确立了“崇高”这一美学范畴，以追求惊心动魄的强烈效果。崇高的风格应该有不同凡响的意味、如火如荼的热情、宛若大海的气概和光芒四射的文采，其审美特质是阳刚之美。

应该看到，无论是读者还是译者在阅读某一作品时，看到的不仅仅是某一具体的风格，而是从境界、韵味、气脉中去把握文体的整体风格。特别是翻译过程中，翻译主体应该从大处鸟瞰风格，从细处遣词译句。如欧阳修的诗句“月上柳梢头，人约黄昏后”表现的是一种柔美的风格，宾纳（Witter Bynner）的译文是：

The moon climbed to willow tops, I trysted her at yellow dusk.

宾纳的译文“较好地传达了原诗的柔美风格，主要原因就在于 trysted 一词比 promised 一词富于诗意”（张今，1987：89）。因此，如果原文的风格是优雅的，译文就应该再现这种优雅。如果原文是简明的，则译文就应该再现这种简明风格。语言风格的再现主要体现在词汇的创新上。只有进行词汇的创新，译文风格才能保持永不凋谢的青春。

风格的保守和创新实际上涉及原文作者与译文作者的关系。毫无疑问，译文风格并不等同于原文风格，因为译文风格一定会打上译者的印记。在保留原文风格与坚持译者的风格之间，存在矛盾和张力。总的来说，译者应该以原文风格为依据，让作者的风格通过译者的风格凸显。作为译者，既不能过分张扬自己风格的优势，也不能对原文风格打折扣。翻译风格的“过”与“不及”，说的就是这种辩证关系。

名著经典之所以经得住时间的考验，除了有引人入胜的内容外，精湛的艺术风格也是主要原因。爱尔兰名著《尤利西斯》的文字犹如一只万花筒，气势万千，变幻无穷。萧乾与文洁若翻译的中文译文较好地展现了原文的风格魅力。对于原文较古的部分，两位译家翻译成半文半白的汉语。涉及抒情风格和史诗风格处，译文也亦步亦趋。作为这部名著的译者，他们的翻译风格又不同于其他译家的风格。二人的成功之处在于抓住了乔伊斯的意识流风格。为了再现意识流断断续续、不连贯的跳跃思维，萧乾与文洁若在译文之间留下了空格，既没有加标点，也没有断句，再现了意识流风格的漂流性。不仅如此，《尤利西斯》的译文充满了文学气息和神韵，使译文有较强的可读性。（参见刘军平，1997）

就风格而言，在深刻感受和理解原文风格的基础上，译者不仅要再现原著的风格，而且也要体现自己独特的翻译风格，达到原文审美和译文审美的辩证统一。

四、文本的召唤结构与期待视野

翻译的审美从文本到审美主体（译者），从译作到译作读者，重心发生了转移。这一切无疑与“接受美学”（reception aesthetics）或“接受理论”相关。以伊瑟尔（Wolfgang Iser）和姚斯（Hans Robert Jauss）为代表的美学家认为，过去人们始终把作者、文本抬到很高的地位，而忽视读者的地位，现在应当关注读者。因为读者是作品的直接消费者和承受者，没有读者也就没有文本的意义。对于接受美学来说，阅读文本应该是开放的。文本的开放性使之充满了不确定性，读者应该填充那些不确定的内容。姚斯认为，“文学作品的效果和意义，取决于文本在读者阅读经验中具体化的实现过程”（qtd. in Eagleton，1996：68）。阅读是破解一系列密码的过程，读者必须运用自己的知识去挖掘这些密码背后的信息。随着读者在审美过程中能动作用的加强，阅读本身成为一种创造活动。

柏拉图最早在《理想国》里提到读者的作用。亚里士多德的《诗学》给悲剧下的部分定义来自观众的情感活动。贺拉斯的《诗艺》主要强调的是让读者或听众“寓教于乐”，作者的目的在于教益与娱乐，通过赋予读者以快感，使之获益良多。翻译理论研究中的“贺拉斯模式”（The Horace Model）强调的不是对原文的忠实，而是对读者的忠实。在贺拉斯眼里，不存在神圣的原文文本，翻译总是朝着目的语读者倾斜，朝着有利于目的语的文化倾斜（Bassnett，2000：4）。这也可以说是开了翻译的接受美学之滥觞。

从翻译研究的角度看，“文本的不确定性”意味着译者需要调动自己的想象力和创造力来建构意义。伊瑟尔进一步将“空白”理论引入了阅读的交流活动。在翻译过程中，“空白”成为想象的催化剂，使译者补充被隐匿的部分，干预或调整已经建立起来的联系。如，白居易的诗句“回头一笑百媚生，六宫粉黛无颜色”如果直译成英文则是：

If she but turned her head and smiled, there were

A cast of a hundred spells,
And the power and paint of the six palaces
Faded into nothing.

这种直译没能够将“粉黛无颜色”的想象空间传递给读者。另一种译文是：

Her sparkling eyes and merry laughter
Fascinated every beholder,
And among the powder and paint of the harem
Her loveliness reigned supreme.

很显然，“无颜色”翻译成 faded into nothing 不如 her loveliness reigned supreme，前一种译文平铺直叙，而后一种译文赋予“六宫”以“可爱”（loveliness）。这一信息的填补极大地增强了诗意。虽然文本的意义可以由读者以往的欣赏经验补充完成，但是由于中外文化的差异，译者留给读者的“空白”不能太大，否则会带来理解的障碍。例如，苏曼殊描写的南方秋色的小诗《寄望莫愁湖》：

清凉如美人，
莫愁如明镜。
终日对凝妆，
掩映万荷柄。

诗人将清凉山比作盛装的美女，将莫愁湖比作明净的圆镜。“清凉”和“莫愁”如果不交代，会给读者留下许多不确定的东西。作为译者，首先也是第一文本的阅读者，在极力填补阅读空间的同时，有责任为第二文本（译文）的读者弥补空白。按照中国传统文论的说法，美的文本是虚实相结合的产物。“空白”（虚，无言）是具体（实，有言）不可缺少的部分。中国画的虚实结合为人们留下丰富的想象空间和张力。虚虚实实的相互依存才是艺术生命力的源泉所在。道家强调“虚怀而物归，心无而入神”也是摒弃私我，进入一种“神”的状态。同理，在翻译实践中，我们对于有些原文翻译得太“实”（直译），毫不保留未定的空间，反而不忠实。太“虚”（意译）则走样，不忠实于原文。汉字的“忠”是由“中”与“心”组成的，“中”说明做任何事情要适中、适度，“心”则表示让读者留下思考的余地。这也是翻译的审美之道。

在原文作者与译者之间，译者与读者之间，可能有一定的时间与空间距离存在。若译者要把外国的古典文本传递给当代读者，不仅时间存在距离，而且文本风格也存在差异，要让一个全知的读者去捕捉这一切空间，显然是有困难的。这些不确定的、模糊的因素自然构成了文本的或者译者审美的基础结构。在原作、译者和读者三个环节之间，翻译信息的传递有如下局限：

首先，原作本身在概念上存在着模糊性。如诗人往往用若隐若现的朦胧美代替真实性。

其次，译者时常陷入既要照顾原文作者，又要照顾译文读者的两难局面。

再次，从不同的读者接受与鉴赏译作的角度看，由于译文读者与原作者甚至译者拥有不同的时空，不同的地域和文化，他们之间的时空距离和审美经验是无法完全克服的，所以人们通常说：“有一千个观众，就有一千个哈姆雷特。”审美情趣的不同，鉴赏水平的高下，造成译文接受效果殊异。

因此，作为一个沟通者，译者在发挥想象力，运用知识、经验和审美情感的同时，有为译文读者提供忠实的意义和想象的空间的双重责任。在作品—译者—读者之间，虽然我们强调读者审美批评的主动性，但是，由于译者（也是读者）始终处于这样一个双向交流的中枢地带，是这一审美过程的发动者，因此译者与审美对象之间的交流、调节、商谈、沟通与合作，打破了忠实于原文的单一结构，从而进入文本审美的多元体系。

不仅如此，在审美过程中，译者所欣赏的艺术意象也是审美的焦点所在。译者通过意象才能获得审美愉悦和艺术体会。艺术接受中的意象并不是直接传递的，因为原作者创造的意象不能直接为译者所感知、体验和欣赏。译者必须借助作品为中介来理解意象。作品符号与意义的关系是译者对符号的解读过程。在这个过程中，根据符号的暗示而由译者自身的主体意识重建意象。易言之，作为接受主体的译者所感受的意象，不同于作者所创造的意象，它是根据原文符号的意象通过译者而重建的意象。因此，意象的重建是翻译艺术审美的核心问题。

最后，翻译审美也是寻找译作的真善美的过程。既然艺术完全是心灵的活动，那么翻译与欣赏也是一种再创造活动。由于每人每时的心境不同，每次审美活动必然意味着一种再创造。因为这个原因，译作并非一成不变，它要不断地经欣赏者（译者或读者）再创造（或复译）。作为读者的欣赏者，须从审美的观点出发，运用直觉、知觉、联想和想象，从多层次、多角度对译文进行评品和鉴赏。翻译审美需要敏锐的审美意识和扎实的语言文化素养。

第三节　翻译的认知思维研究

什么是思维？思维是人运用表象和概念对事物进行分析、综合、判断、推理等认识活动的过程。这一过程构成了人类认知的高级阶段。我们习惯上把思维分成三种：抽象（逻辑）思维、形象（直觉）思维和灵感（顿悟）思维。从广义上讲，思维是人认识、理解事物和现象并运用知识与经验解决问题的能力，它与“智力”（intelligence）是同义词。从狭义上讲，思维与“认知”（cognition）等同。本节主要涉及后一种意义。

译者在思维过程中并不是单纯运用一种思维方式，有时候各种思维方式在交替起作用。总的来说，译者从感性到理性，从具体到抽象来解读文本。翻译研究中的思维研究具有跨学科性质，它涉及认知心理学、认知语言学、人工智能、语言哲学等学科。研究思维或认知主要有三种途径：其一是心理学方法，其二是神经科学，其三是认知科学，包括认知语言学和人工智能等。

一、思维、格式塔与再现

近年来，认知科学对翻译研究的影响越来越大。cognitive 的词源本义是“感知”“识别”，它说明认知科学是从“感知”出发去研究思维的倾向。“语言是人类认知不可分割的组成部分。因此，描述语言结构应该反映已知的一般认知过程。”（Langacker，1987：99）探究翻译研究与认知的关系，就要从语言与思维、语言与表征等出发去考量思维、认知、再现与语言的种种关系。

翻译中的主体是译者，而译者只有在掌握了两种语言、概念系统之后，才能成为翻译认知的主体。翻译的信息转换主要是对翻译客体的“输入”做出反应。除了转换的反应外，更重要的是翻译主体积累知识，对转换的语言进行创新。翻译的主体思维实际上是一个系统，在这个系统之下又可分为若干个子系统，如认识系统可以分为感觉、知觉、表象和语言、推理等功能，因而具有多层次、多样性的特点。例如，在子系统中，思维层次与语义层次有着不可分离的关系：

思维层次与语义层次的关系是十分密切的，思维层次是语义层次的基础，语义层次是思维层次的体现，拿语义层次中的主要语义部分如词汇意义与思维层次中的概念的关系为例，它们之间存在的就是这种相互依存的辩证关系。概念是词汇意义的基础，词汇意义是概念在语言中的表现形式。概念是人们意识中概括反映现实的思维形式，而词也是客观同类事物的反映。（许钧，2003：3）

思维、概念、词汇相互依存的关系说明了主体认知对客体的反映。

由于语言是沟通认知与世界的主要手段，研究认知一定要了解其与语言的关系。研究语言思维有两种基本原理，也就是亚里士多德的范畴原则和非亚里士多德的语言自洽原则。前者强调语言系统中的二元对立和范畴的区别特点，后者也就是索绪尔所说的语言有其内在的自洽体系。认知语言学的主要代表人物是乔治·莱可夫（George Lakoff）。他反对在语义与语用学之间划出一条分界线，认为言语表达没有自洽的存在，因此，它必须考虑到人的背景和实际知识以及交际行为的认知能力。朗艾克（Ronald Langacker）认为，概念范畴可以围绕原型来建构，再现可以通过语汇和概念来表达。具体的概念可以直接在另一种语言中再现，而具有文化意义的概念（cultural specific concepts）和抽象概念在另一种语言中再现比较困难。总的来说，认知语言学主要集中探讨概念的分类的心理现实。研究发现，许多分类围绕“原型”组织，原型赋予分类以突出特点，能够影响记忆和推理。其中，从完形心理学（20 世纪 20 及 30 年代）发展起来的“图式”也是认知讨论的内容。20 世纪 70 及 80 年代以来，随着人工智能的兴起，由于“图式”可以解决视觉识别和文本理解问题，又一次引起了人们的重视。为了探索普遍的认知模式，认知学家发展了三个基本模型：信息处理模型（information-processing models）、认知发展模型（cognitive developmental models）和感知经验模型（perception and experiential models）。这些模型对语言学、翻译学、哲学、文化人类学的认知研究起着重要的指导作用。

试以信息处理模型为例，在翻译及话语分析中，"格式塔"对文本的处理起着关键作用。一般认为，人类的语言用于操纵环境、维持社会关系。但是，在译者"格式塔"面临新的问题时，大脑必须建立新的"格式塔"以适应新的经验。与文本互动的知识由"格式塔"概念作支撑，它们是不同类型的心理再现。在翻译过程中，文本的语言因素会激活译者的"格式塔"，用于判断文本的意义。对于翻译来说，不同的文化呈现不同的心理积淀，翻译不仅体现着文本的转换，更重要的是，它是译者与不同文化、不同概念范畴和"格式塔"的沟通活动。

翻译作为一种语言活动会以认知的方式楔入译者的格式塔，呈现新的格式塔模式。例如，在翻译中原文的"文学性"（literariness）如果要在译文中体现出来，必须要有两个前提，其一是，译者在目的语中能够找到与原文相类似的语言等值的文学效果；其二是，译者在目的语中需要增加原文没有的新词项。就前者来说，翻译具有文学性，但是，这种文学性的审美是其自身的特点，而不是来自原文。另一方面，原文的文学虚拟世界可以保留，虽然语言词项不同，语义所指相同。语言形式虽然有变化，但是文学的真实性通过翻译保留下来了。这一观点与建构主义的原则相吻合：语言再现（翻译）是通过心理再现的另一种形式的转换。原文和译文之所以是等同的，是因为它们有相类似的格式塔（Cook，1994：97—98）。在实际翻译活动中，这两种情况都有可能存在，文学的特性可以通过精心选择的对等语言保存下来，有些文学特点可能会失去，但翻译的总体文学效果相同。

格式塔的心理变异可能带来语言变异和结构变异。由此，我们知道，话语的格式塔可以分为三个类型："格式塔加强"、"格式塔保存"和"格式塔更新"（同上：10）。在这三种类型中，第三种类型对翻译的认知思维研究颇有启迪，这是因为格式塔"更新"的前提意味着对先前格式塔的破坏（所谓破旧立新），所以"更新"的翻译认知过程，是一个解构、建构和链接的过程，也是“更新”译者思想和语汇库的过程。

格式塔在认知过程中的运用，还体现在互文性的翻译上。原文在特定群体的读者心理中产生的互文联想及互文暗示，需要在译文中以同等的格式塔表现出来。事实上，中西诗歌中的暗示、隐喻随处可见。马致远的“枯藤老树”写的是乡村的荒凉，艾略特（T. S. Eliot）虽写的是都市的荒凉，但两首诗却在最后用上带感情的字眼“断肠人”（lonely）。考虑到原语和目的语读者的格式塔产生的相似的心理，如果直接套用是可行的。作为译者，他不仅要运用格式塔模式来对应两种语言的认知心理，而且还应该具有敏锐的嗅觉和深厚的学养，并将文本内的互文认知传递给目的语的读者。（参见刘军平，2003）

二、认知的隐喻与翻译

在翻译过程中，由于隐喻构成了认知活动的基础，因此它也成为翻译的认知研究所关注的内容。

随着认知科学的发展，隐喻的研究范围已经超越了词项和句子，具有认识论价值的语言结构，成为评价和解释认识世界的一种方式，甚至凸显人的存在的本性。

莱可夫和约翰逊（Lakoff & Johnson，1980）认为，隐喻部分地构筑我们日常的概念，是我们赖以生存的基础。除此之外，关于隐喻有如下四种理论：（1）张力理论（Then Tension Theory）；（2）冲突理论（The Controversion Theory）；（3）变异理论（The Deviance Theory）；（4）语义变则理论（The Semantic Anomaly Theory）。（胡壮麟，2004：5—7）隐喻与认知的研究范围主要有，处理常规和新的隐喻，在语句、图形中发现隐喻、隐喻语句的翻译，发现隐喻的推理及内涵意义，确定隐喻与人工智能、隐喻与认知的非本义形式关系等。

意象作为代表物体和事件的非言语心理表达，体现了一种心理认知过程，涉及情感、思维、心理状况或视觉体验。译者对意象的理解也是一个认知过程。在诗歌中，意象是其灵魂。对于庞德来说，意象是“理性和情感的复合体”。其翻译思想是准确地翻译细节，准确地翻译每个词，保留每一个不完整的意象。庞德的《诗章》（*The Cantos*）中有数百个这样的意象，其中许多来自他对中国古典诗歌意象的解读。对意象的认同也就是需要对“默认概念”的认同，也就是译者形成一种不同于自身的概念能力。将一种语言的意象翻译成另一种语言的意象，实际上就是一种心理转换（mental transfer）。译者的主体化也与心理转换有关，也就是说，作为译者，他一方面是意象（概念化）过程的观察者，另一方面也是概念化的目标。译者与意象的互动反映了认知微妙的复杂过程。

三、认知与等值翻译

“翻译”本身的字面意思与“隐喻”恰好相等。现代希腊语“隐喻”（metaphora）等于拉丁语“翻译”（translatio），衍生于“传递”（transferre）的过去分词，这两个词的词根意义是“搬运过去”（carry across），也指将一个词义转移到另一个词义身上。

翻译中完全绝对的对等是人们期待的理想，也是完全不可能的。翻译是创造隐喻的活动，也是一种创造差异的过程。如果翻译不能完全复制或模仿，就不可能产生一一对等。诗歌翻译产生的隐喻差异最大，因此很多人认为诗是不可译的。但是，既然翻译等同于隐喻，那么它所追求的不应该是一致性，因为隐喻的本体与喻体差异越大，反而更有生命力。因此，“翻译的成败与否应该由新创造的隐喻的质量来判断，也就是由最后的翻译产品来决定”（胡壮麟，2004：18）。等值意味着传递，也意味着隐喻和差异。

在许多翻译理论家看来，等值既是翻译理论研究的中心任务，又是一种幻觉。雅各布森认为，在不同的语符中求得对等是语言的主要问题，也是语言学的主要问题。在他看来，准确的翻译取决于信息的对等。在语际翻译中，符号与符号之间一般没有完全对等关系。人们在翻译中替代的不是语符，而是信息。这样翻译研究的终极目标不是描述等值本身，而是分析它的本质特性。每一次具体的、独特的翻译行为的先导，是具体独特的接受和解释行为。

由于不同阶段受不同语言、社会和历史常规的制约，主体和客体结合产生的是独一无二的产品：翻译的“解释结构”类似于认知语言学理论结构的“解释结构”。就等值的条件来说，不同的翻译理论家对在什么程度上达到等值，意见不一。是在词汇上等值？还是在句子范围内等值？或者是两个文本之间的等值？翻译等值的单位究竟多大为好？至今人们还聚讼纷纭。

近年来，认知语言学既反对将语言看成结构的“构成成分”(constitutive)，也反对将语言看成自洽的整体，而主张将人的认知能力的表征一体化，强调语言是人的心理与外在世界的关系。认知理论应用于翻译的启示是，就语言的真正本质来说，它不能带来新的发现，但是，认知有可能将译者的经验层面上的直觉加以系统化。

四、翻译的认知过程

译者对原文的接受并不是对文本信息进行消极的解码，而是对文本进行积极的处理的过程。翻译过程是一个有序的、系统的、完整的认知过程，是由物到意，又由意到物的复杂认知转换过程，一般由感知阶段、构思阶段、行文阶段组成。这几个阶段体现了感知、知觉、记忆、想象、情感、意志等心理活动。

从原语到目的语的翻译，译者经过阅读、理解、分析原文的意义后，脱离了原文的线性结构，在脑海里形成认知图像，再将此图像转换成另一种语言的线性结构。对于客观实在的描写场景，这一转换较容易实现。但是，如果原文是抽象的论说文字，译者必须首先在大脑中建立起对等的认知概念或一系列的意象、图式。译者具体的操作步骤大致如下：

首先，译者把不同的体验纳入一个共同的表征之下，把总的知识体系归类于一种结构，对不同的场景、不同的刺激反应产生概念链接。

其次，译者在推理和选择适当的语言表达时，主动地将体验加以概念化。原文的词项不可能一一在目的语中找得到对应，一旦译者掌握了某一概念，他的判断推理就起作用，正确的翻译成为一种“不思而获”的行为。

最后，译者在某种程度上是概念的使用者。思维、知识和体验都涉及概念的运用。一方面，概念的规范性说明了某个判断是否符合逻辑；另一方面，大脑的信息处理机制对概念的形成有重要影响。这样，翻译的认知研究必须熟悉译者的“认知器官”(cognitive apparatus)。

翻译中需要解决的是，如何跨越等级概念思维与线性语言结构之间的鸿沟。(Alamargot and Chanquoy，2001：65) 海耶斯与福劳尔(John Hayes and Linda Flower) 在总结写作的认知过程经验的基础上，将翻译过程划分为六个部分：

(1) 组织下一个部分写作计划，该部分涉及新文本的短时记忆；

(2) 规划下一个句子，跟踪陈述结构，重复句子，表达陈述。该部分涉及有关语义结构的长期记忆；

(3) 逐步实施语言阶段。它涉及句法–语义结构；

(4) 保持对已经翻译的部分的短时记忆，以更好地跟踪和表达语言形式；

(5) 在写作之前，更好地测试这些形式；

(6) 最后一个部分是“询问部分”。为了选择适当的措辞，有必要对该部分进行询问。

海耶斯与福劳尔提出的翻译过程的模式分析了翻译认知的本质特点(Alamargot and Chanquoy，2001：68—69)。这一流程的创新之处在于，不是将翻译看作线性的转换，而是一个反复的认知过程。但由于这一过程是基于写作的认知过程，其等级序列组织结构面临的主要和次要目标，与翻译的认知过程还存在一定的区别。规划阶段主要是产生思想，将想法变成计划；句子生成包括生产正式的句子；修改阶段是修改第一稿。三个大的阶段并不是泾渭分明，而是相互重叠。虽然写作也包括转换和翻译过程，但毕竟这一过程与双语转换过程还是有距离的。无论如何，二人提出的模式对了解译者的认知有相当大的借鉴作用。

由于翻译过程中的功能及其处理过程非常复杂，要做充分描述是很困难的。从认知语言学的角度来阐述概念和语言的表征，以及它们之间的匹配，我们能更进一步了解翻译的认知过程。认知语言学对翻译的启示是，我们不仅可以了解句子一级的翻译过程，而且可以跟踪到具体的思维单位(阐述阶段)。翻译过程的认知处理不仅涉及语言知识，而且还涉及语义及句法知识。对语义单位的线性化过程的跟踪就涉及语义和认知。

目前，认知研究的重心主要放在微观的句子一级上，涉及语篇文本的转换以及语言和概念之间的处理，还有许多问题亟待解决。有关翻译中直觉和灵感的产生，我们还要从神经语言学、认知语言学、心理语言学等学科去作跨学科的研究。此外，随着机器翻译、口译中的心理认知过程等方面研究的深入，它们将为我们了解复杂的翻译过程提供新的视角。

第四节　翻译的解释学研究

解释学的翻译研究，我们在第三章第四节中已有一定的介绍，这里进一步展开讨论。更确切地说，解释学是关于理解和解释的学问，可以宽泛地定义为关于理解和解释文本意义的理论。“解释”一词最早起源于古希腊，赫尔墨斯（Hermes）是希腊神话中传递信息的神。他主要把宙斯的旨意传达给人或者把众神的语言翻译、转换为人间语言，使凡人可以理解。解释学从它一诞生开始，就与翻译结下了不解之缘，在一定意义上，可以说解释（interpretation）就是翻译，翻译就是解释。

一、现代解释学的历史发展及特征

一般说来，解释学大体经过了三个大的发展阶段。

第一阶段是古典解释学阶段，其核心和主体是神学解释学，即如何正确解释《圣经》。它主要涉及《圣经》的翻译和解释。作为译者，解释者必须对《圣经》中出现的歧义和模糊难懂的词作出解释和选择。解释学作为书名第一次出现在1654年，丹豪尔（Johann Conrad Dannhauer）所要表达的是陈述正确的意义。

第二阶段开始于19世纪末。那时候，经过施莱尔马赫的努力，解释学从神学解释学上升为理解和解释的一般理论，从而摆脱了教义理解、解释和翻译的偶然性。作为现代解释学的奠基人，施莱尔马赫认为解释学主要涉及这几个方面的内容：（1）文本的解释包括语法解释和心理解释两个层面，即文本语言文字的解释和揭示作者的生活而产生的心理状态和思想状态；（2）解释学要考察的是人的认识能力和理解能力，也即是考察有效解释的可能性和条件；（3）文本的解释过程是文本的创造过程，也是理解者把书面文字变成活的思想的过程。这一过程突出了解释者（译者）的重建和主体性地位。狄尔泰（Wilhelm Dilthey）把解释学由单纯的文本研究扩展到对现实世界中的人（Mensch）的研究，创造了所谓“生命解释学”(die Hermeneutik des Lebens)。作为解释学发展史上承前启后式的人物，他认为，解释学的使命在于，从历史文献、作品出发，通过“体验”和理解，复原它们所表现的原初体验和所象征的原初的生活世界，使解释者像理解自己一样去理解他人。狄尔泰最大的功绩之一是提出了“解释的循环”。无论是在施莱尔马赫那里，还是在狄尔泰那里，解释学还是一种方法论或认识论，尚没有获得本体论的地位。

在第三阶段，解释学在海德格尔和伽达默尔手里发生了本体论的转变，因而他们的解释学理论也被称为哲学解释学。海德格尔的“存在本体论”把“存在”放在优先地位，其目的就是要解释本体存在的意义。通过对存在、语言、诗歌及翻译的思考，海德格尔提出翻译是回到本真，让语言最初的体验显现。因此，翻译在这种意义上看是一种思维方式，也是把我们的思维转变（翻译）成“他者”语言思维的体验。沿着海德格尔开辟的道路，伽达默尔创立了哲学解释学。自 1960 年以来，解释学逐渐成为西方人文学科的显学，迅速在哲学、文学、美学、法学、社会学以及翻译学领域掀起了一股解释学的热潮，并深刻地改变了人们的观念和思想。伽达默尔反对将语言仅仅看成工具或一种符号系统，指出语言即是人的存在，即是真理的显露。从这种角度看，语言是理解的模式，也是人的存在模式。

解释学的发展除了德国的主线之外，还有法国的利科尔的文本理论和美国的文学理论家赫施提出的“解释的有效性”理论。他用“意义”（meaning）指作者的原意，“意指”（significance）指作者的原意加上解释的意义。除此之外，哈贝马斯（Jürgen Habermas）的批判解释学，德里达与伽达默尔有关解释学的对话以及罗蒂的新解释学，也都为解释学增添了新的内容。

二、翻译：理解与解释

如何理解、翻译原文？谁掌握着文本意义的终极权力？是原文作者，还是译者？或者是读者？

解释学从它诞生那一刻开始，就注定要与翻译发生关联。从翻译的角度看，译者既是原文语言的读者和解释者，也是译文语言的再创造者。译者处于一种双重角色，一方面他需要理解原文的作者和文本，另一方面他需要理解目的语读者。

对施莱尔马赫来说，翻译是对原文的一种理解和阐发。他对翻译的理解超越了直译与意译、忠实与背叛的争论。“要么尽量照顾作者，将读者带向作者；要么尽量照顾读者，将作者带向读者。”（Munday，2001：28）他主张翻译应该是将原语作者带到目的语读者的“异化翻译”法，这样读者就可以领略到不同的语言文化差异。为了更好地理解“他者”文化，克服种族自我中心主义，译者应该设身处地理解目的语文化。施莱尔马赫有关翻译中异化法的采用对西方翻译理论影响巨大，从韦努蒂展开的有关“同化”与“异化”的讨论，到本雅明的语言的异质性的提法，到斯坦纳的解释学的翻译法，都打上了施莱尔马赫的烙印。斯坦纳更是将解释学的普遍意义应用于翻译。在他看来，翻译就是理解（understanding as translation）。他给解释学翻译法下的定义就是：“研究‘理解’口头或书面的文本意味着什么，在总的意义的模式下，试图诊断理解的过程。”（qtd. in Munday，2001：28）对他来说，翻译的理解过程是一个解释、阐释的过程。为此，他提出了翻译解释学的方法是属于艺术范畴而不是科学范畴。斯坦纳认为，解释学翻译观包含四个步骤：一、信任；二、入侵（进攻）；三、融合（或吸收）；四、补偿（Steiner，1976：313—315）。原文文本是可以理解的，“信任”文本也就是理解文本，这是翻译的第一步；“入侵”意味着对原文的操纵，也意味着译者对原文异质性的理解；译者在理解原文之后，要么拒斥要么接受目的语的异质因素，这一辩证过程包含“融合”的成分；“补偿”是一种增补手段，来弥补融合带来的不平衡[1]。

哲学解释学认为，两种语言之间的转换需要译者，他的作用在于把理解的原语意义移植到目的语语境之中。对于伽达默尔来说，翻译的过程也即是解释的过程：“因此，一切翻译就已经是解释（Auslegung），我们甚至可以说，翻译始终是解释的过程，是翻译者对先给予他的语词所进行的解释过程。”（伽达默尔，1994：490）从这种意义上看，每一种翻译（包括直译、口译或笔译）都是一种解释，而每一种解释也就是翻译。个人的理解或阅读实际上也是一种翻译。“我想在一种十分宽泛的意义上将这种方式称为‘翻译’。阅读已经是翻译，翻译则是再一次翻译。且让我们反思一下这样一个事实：当我们翻译时，即当我们把某种只是以外语写下并作为文本而给予我们的死的东西转化为一种新的阅读性理解过程，乃至于一种以另外的语言即我们自己的语言来理解的新的过程时，这意味着什么。”（引自严平，1997：181—182）文本如果没有人阅读或翻译，充其量是一堆死材料。用伽达默尔的话来说就是：“因为所有的翻译者都是解释者。”（同上：492）译者解释的内容就是翻译，翻译概括了解释的结果。

1　有关内容参见本书第三章第四节。

需要指出的是，这种解释的结果并不意味着语言和概念只是工具。解释学反对把语言概念当作“得鱼忘筌”的工具。

译者生活在语言世界中，他的语言世界在与不同语言之间的相互理解中展现出来。语言在相互理解、双向阐释中构成了新的现实，它绝不是理解的手段。因此，理解不是认识上或认知方面的现象，是人的存在。换言之，译者的理解和解释方式构成了他的存在方式。

三、“视域的融合”：译作与译者的对话

解释学是理解的理论，理解的关键在于“视域的融合”。按照解释学观点，因为理解受制于译者（解释者）的前理解，所以理解不可能具有客观性。译作的真正意义出现在文本与解释者的理解事件中的“视域的融合”中。

任何翻译者都不可能超越历史，作为译者和理解者也都是从自身的解释学处境出发作出理解。所谓视域，就是一个人所能够看到的范围和区域。这种理解的视域或局限是文本翻译的立足点。前理解是译者的一种认知结构，是译者自身的素质与资源。“任何翻译都带有翻译的诠释学‘境遇’和理解‘视域’，追求所谓的单一的真正的客观意义乃是不可实现的幻想。”（伽达默尔，1994：13）由于译者的文化心理结构、知识结构、理解结构及创造性迥异，翻译出的译文意义与见解也不同。从时间纬度上看，译者在理解过去的文本时，由于自己的前理解容易出现两个极端，要么急于将历史文本变成现代所期待的意义，要么将自己植入过去的历史。故而，作者和译者之间为了达到理解，就必须诉诸动态的对话。

这种动态的对话关系也就是解释的循环。译者，也即是解释者经过前理解，走向文本，进行文本的阐释，完成译作（也就是完成了对此在世界的揭示），然后回到译者自身。如此循环往复，周而复始。解释的循环说明我们必须从个体出发去理解整体，并且从整体出发去理解个体。但是，翻译中这种解释的循环并不是一成不变的重复。在每次解释过程中，译者都在发挥自己的创造性，给翻译和解释增添新的内容。

由此可以看出，翻译是两种文本（原文和译文）、两种时间（过去和现在）和两位作者（原作者和译者）之间的一种对话。“视域融合”的成功与否取决于对话。由于译者在大多数情况下无法面对作者，因此对话成

了译者与原文之间的对话，或者说与原文作者的观点立场对话。作为译者，一旦置身于对方的立场，理解对方的观点，就不得不作出妥协。在作者（原文文本或作者的立场）与译者的对话中，通过语言与理解，达成文本意义的共识。翻译中对话的目的是使所有的细节和整体和谐起来，使洋化与异化相统一，使自我与他者处于相互理解的平台上。翻译的对话不是主观的，也不是客观的，它是主客观交融的产物。

四、模仿与不可译性

解释学认为，解释者对文本的认识是有限的。翻译是一个对文本认识和再认识的语言传递过程。柏拉图曾在其灵魂轮回说里，把再回忆的神秘观念与其辩证法的途径联系在一起思考。柏拉图认为理念世界与感觉世界是对立的，因而它是超越经验的、超越时空的永恒的存在；关于理念世界的知识也同样是先验的。他认为，人在出生前已经具有知识，只是在出生以后忘记了，通过某种具体事物就可以回忆起来。这就是柏拉图的“回忆说”。柏拉图认识论的“回忆说”是和灵魂不朽说联系在一起的。灵魂与身体是“一与多”，身体是“多”，是物质性的，因而是要分解消散的；灵魂则是“一”，是精神性的，是永恒不灭的。不朽的灵魂在轮回转世时，受到身体的窒息，忘掉生前对于理念的认识，这时候就需要摆脱身体的羁绊，受到一定的启发，才能回忆起真正的知识。这样，柏拉图就将“回忆说”建立在他的理念论的基础之上。在柏拉图的《理想国》中，有一个著名的洞穴比喻来解释理念论：

假设有些人住在地下的洞穴中。他们背向洞口，坐在地上，手脚都被绑着，因此他们只能看到洞穴的后壁。在他们的身后是一堵高墙，墙后面有一些人形的生物走过，手中举着各种不同形状的人影，由于人偶高过墙头，同时墙与洞穴间还有一把火炬，因此它们在洞穴的后壁上投下明明灭灭的影子。在这种情况下，穴中居民所看到的唯一事物就是这种“皮影戏”。他们自出生以来就像这样坐着，因此，他们认为世间唯一存在的便只有这些影子罢了。

柏拉图借着这个洞穴神话，想要说明的是，哲学家是如何从影子般的影像出发，追寻自然界所有现象背后的真实概念。黑暗洞穴与外在世界的关系就像是自然世界的形式与“理念”世界的关系。

解释学的翻译观继承了柏拉图的理念论观点，它认为，文学艺术是对现实的模仿，现实是对理念的模仿，翻译作为文学艺术的再现，因此可以看作是模仿的模仿。这样的理论用在翻译身上，我们不难得出：翻译不过是“理念”在翻译实践中的体现，只有理念（原文）才是永恒的。尽管解释是开放性的，并且在特定意义上就是一种再创造，但是，这种再创造不是一个现行的创造行为，翻译所创造的作品形象，是解释者按照他在其中所发现的意义使该形象达到表现。翻译作品作为模仿的模仿而处于“与真理隔着三层远”（柏拉图语）的情境中。

伽达默尔的解释学强调文本具有不可译性的特点。他指出：

在对某一本文进行翻译的时候，不管翻译者如何力图进入原作者的思想感情或者设身处地把自己想象为原作者，翻译都不可能纯粹是作者原始心理过程的重新唤起，而是对本文的再创造（Nachbildung），而这种再创造乃受到对本文内容的理解所指导，这一点是完全清楚的。（伽达默尔，1994：492）

翻译或解释只是一种静态的、暂时超越时空的过程，审美存在时间性，翻译活动是译者在当下时间活生生的体验。施莱尔马赫企图重建原文文本的努力，在伽达默尔看来是徒劳无益的。伽达默尔主张“不可译性”（unubersetzbarkeit），强调了翻译的非完美性和绝对准确性。解释学的翻译观认为，要把原文的意义和内蕴全面而客观地表现出来是不可能的，因为任何译者都带有译者的解释学的“境遇”和理解的“视域”，追求原文所谓真正的绝对客观意义是不切实际的幻想。

总之，在柏拉图、黑格尔以及伽达默尔看来，在原型和摹本之间会出现许多偏差，再现的准确性毕竟受制于原型。翻译和解释从认识的角度看是再创造，但是从本体论去看，这种再创造的前提建立在解释原文的形象基础之上。用柏拉图的辩证法来看，译文对于自己来说是“同”于自己的，是自足的，但对于原文来说是“他者”。同一之中包含着差异性，这就是解释学对于翻译的解释。

第五节　主体性与主体间性

1968 年，巴特宣称：作者死了。这使作者传统的主体地位遭到解构。

那么，主体性或者说翻译的主体性，经历了哪些风雨？主体间性又是在什么样的背景下提出的？作为译者的主体，怎样面对作为原作者的主体和作为读者的主体？翻译主体怎样从自我主体性抵达主体间性的彼岸？在作者、译者与读者之间，译者的定位到底在哪里？

一、作为隐身人的译者：主体性的遮蔽

谁在翻译？当然是译者。译者就是从事翻译的主体。但是，长期以来，综观中西翻译史，译者的主体性地位始终难以得到确立。

古今中外，不少翻译观面向的是“原语中心论”。追本寻源，中国翻译理论中发展的基本线索“案本—求信—神似—化境”，就是“原语中心论”的典型代表。“这四个概念，既是各自独立，又是相互联系，渐次发展，构成了一个整体的；而这个整体，当为我国翻译理论体系里的重要组成部分。”（罗新璋，1984：19）其中“案本”和“求信”是要求译者忠实于原作，“神似”无疑受传统绘画理论的影响很深，“化境”的标准“是指译本对原作应该忠实得以至于读起来不像译本”（同上：18）。甚至连钱锺书也说：“17 世纪的一个英国人赞美这种造诣高的翻译，比为原作的‘投胎转世’（the transmigration of souls），躯体换了一个，而灵魂依然故我。换句话说，译本对原作应该忠实得以至于读起来不像译本，因为作品在原文里决不会读起来像翻译出的东西。”（钱锺书，2002：77）这样一来，译者只不过是原作者的投胎转世。译者披着作者的外衣在写作，其神情依然如故，但灵魂却不是自己的。如果这样，译者的主体性从何而来？

这种将原文翻译成目的语后读起来像原文的做法，长期以来也受西方人的追捧。西方翻译界长期主张译作应该明晰化、同化，也即是保持译文流畅性的翻译法。如此，译者不得不放弃主体性，成为隐身人。这种做法的结果是，译文读起来流畅、通顺，译者反映的是原作者的个性、风格、意图以及原文的意义。可读性取代了译者的创造性和主体性。“通过采用流畅翻译法，译者尽量使他或她的译作‘不显眼’（invisible），从而产生了一种明晰化的幻觉，这种幻觉让人戴上了面罩：翻译文本似乎自然贴切，也就是不像是翻译过来的。”（Venuti，1995：5）这种“明晰化的控制法”（dominance of transparency）无视翻译主体存在，进一步延

续了翻译是赝品、是模仿的传统。译者只是替代作者出场，其地位从属于作者。

这样一来，不仅原文作者，而且译者的作用也被完全悬置起来。译者的主体作用仅仅在于认知的过程，即将不同的符号系统转换成另一个符号系统。追求文本的等值就是译者的任务，而译者的主观意向和解释则成为空中楼阁。

二、“认识你自己”：译者主体性的觉醒

从大的范围看，译者的主体性涉及心理领域、社会领域、伦理领域和认知领域。所谓的译者主体性的含义是，译者在翻译活动中创造性地发挥自己的主体意识，在翻译策略和翻译方法上凸显译者的独特性。

具体地讲，译者的主体性大概有以下特点：

（1）译者的主体意识与潜意识；

（2）译者的主体创造性；

（3）译者的意向性与选择性；

（4）译者的操纵或抵抗。

（一）译者的主体意识与潜意识

从心理学的角度看，译者是某种类型的个体，其翻译过程和心理值得翻译理论家关注。译者的个人风格、能力和素养就像大海里的冰山，通过译者的主体意识或潜意识，或者采取凝缩、改装等方式，在译文中浮现。“由此，我们可以获知所谓意识（consciousness）的基本性质——意识的一种特殊心理行为，它由感官将其他来源的材料，经过一番加工而成的产品。”（弗洛伊德，2004：30）翻译者长期以来被比喻为“巫师”“灵魂附体”，而佳译则被比喻为“神来之笔”（divinely inspired）。用弗洛伊德的科学解释，我们进一步了解到作为翻译主体的有意识和无意识的心灵深处。

传统的理性主义否定译者主体性，认为翻译是让原作者说话，作为译者的主体只不过是人们交际的工具，翻译的主体应该成为“空心人”，应该否定自我。翻译中提倡主体性就意味着翻译的失败。我们既不赞成理性主义者的观点，即翻译是传声筒和工具，也不赞成非理性主义的观点，即翻

译是“巫师”。在我们看来，译者的主体性体现在理性与非理性、意识与潜意识之间。翻译是主体积极的创造活动，是译者自身对语言的体验。文本通过译者的翻译和阐释在目的语中生存下来。

（二）译者的主体创造性

法国人埃斯卡皮（Robert Escarpit）曾提出，翻译是一种“创造性叛逆”，它体现译者主体创造性的一个方面（埃斯卡皮，1987：147）。译者力图打破原文的桎梏，穿越时空的限制，为目的语文学带来新的惊喜。译者主体性和创造性就在于敢于取舍，敢于叛逆和创新。主体创造性的叛逆在于：“它把原作引入了一个原作者原先所没有预料到的接受环境，并且改变了原作者原先赋予作品的形式。”（谢天振，1999：140）在这样一个崭新的参照体系下，原作获得了新生。译者的主体性地位在原作者、原作、译者和读者四种关系之间，通过译者的创造性确立了其中心地位。

（三）译者的意向性与选择性

我们研究译者主体性应该阐明作为译者的主体与作为译本的客体之间的关系。客体是译者进行翻译的对象，是有限和无限的统一。

意向性指在特定的情况下译者的意图行为。作者通过文本传递自己的意向，文本起着交际的功能。由于文本有一种或多种意向，译者需要决定传递原作的哪种意向。这种选择也体现了译者的主体意向。特里·伊格尔顿（Terry Eagleton）说：“作者的意图本身是个复杂的文本，它可以被讨论、被翻译甚至作出各种不同的解释。”（Eagleton，1996：60）因此，认为译者能够完全抓住作者意图的观点是有问题的，因为即使我们了解了作者的全部意图，我们就可以确定文本的意义吗？作者纯粹的意义和意图是不存在的。由此，我们可以说，译者的意向性一方面直接指向原作者的意图，另一方面，面对目的语读者，译者确实是在进行某种程度的创作。“在这个意义上说，我们可以把译者视为狭义的翻译主体，而把作者、译者与读者当作广义的翻译主体。我们在定义翻译主体性的时候，显然要考虑到作者、读者的主体作用，但居于中心地位的，则是译者这个主体。”（许钧，2003：351）把译者当作演员的观点只看到原文的作者，而无视译者的翻译效果和主观能动性，更没有正视译者面对目的语读者所做出的策略选择。

译者的选择性还体现在译者对所译之书的精心选择上。如严复在20世纪初有意识地选择改变国人思想观念的书籍，认定当时中国所需是富国强兵，是西方政治、经济、法律、社会思想。他按照时势的缓急，择书而译。鲁迅和茅盾选择翻译东欧被压迫民族的小说，也体现了译者较强的选择性。

（四）译者的操纵或抵抗

对译文进行操纵的源头来自改写。在翻译的“文化学派”看来，翻译是对原文的改写，这种改写反映了译者的意图、意识形态和诗学。

从翻译实践的历史上看，译者操纵翻译具有悠久的历史。不仅如此，更极端的主体性发挥是将翻译看成一种征服。在评论古罗马的翻译活动时，尼采说：“的确，翻译是一种征服形式。译者不仅省略了历史的含义，而且添加了暗示当今事情的内容，通过以自己的名字取代原来诗人的名字——他们一点也没有感到这是在偷窃，为了罗马帝国的利益而心安理得。”（Robinson，1997：236）在尼采看来，译者即是征服者，对原文的挪用和改写是绝对权力的需要。一方面我们看到，操纵和改写将翻译的主体性抬高到无以复加的地步；另一方面，这种恢复译者主体性的地位以歪曲原文、游离原作者意图为代价，从钟摆的一极摆到了另一极。

在翻译中忠实于原文语言和文化，保持译文的明晰和可读性，表明了翻译主体的顺从。相反，翻译读起来像翻译，译者追求的是翻译中的异国情调和文化他者，则显示了主体的干预或抵抗。

总而言之，抵抗有利于反抗强权话语和文化霸权主义，抵抗意味着让“他者”出场，让译者在场，作为译者的主体充分享受这一文化多样性的盛宴。

三、从主体性到主体间性

很显然，主体性的提法也有其局限，它很容易陷入夸大自我解释的唯我论和独断论，使翻译的解释从一个极端走向另一个极端。为什么要坚持自己的解释是确实可靠的最终解释呢？也许翻译主体把盲人摸象、坐井观天式的观点作为普遍有效的信念。怎样摆脱没有翻译主体不行、有翻译主体也不行的尴尬局面呢？

针对否定主体制约而走向唯我主义的极端化倾向，现代西方哲学的代表人物如胡塞尔（Edmund Husserl）、海德格尔、伽达默尔以及哈贝马斯，甚至包括日常语言学派的摩尔（G. E. Moore）、奥斯丁（J. L. Austin）、塞尔（John Searle）和赖尔（Gilbert Ryle）等人，纷纷转向了主体间性（intersubjectivity）。主体间性又可译为主体际性、主体（观）通性、共主体性、交互主体性等，其字面意思是表征自我与他者的关系，两个或两个以上的主体能够达到或建立的客观性。（参见吴国林，2001：4）

翻译主体性寻求的是从个人独白到理性共识，从工具理性变为交往理性，从个体主体变为交互主体，从“单个的主体”变为“复数的主体”。译者的翻译实践是在表达主体的思想和体验，这是私人的，但现象学主体间性的答案是，分享类似的经验可以达到主体的相互认同。对于已被观察的个体现象，人们可以通过谈判达成共识。当然，当分歧出现时，主体之间可以通过谈判澄清对方的观点。这种通过谈判达成的“共享的视角”（shared perspective）即“第二人称”的视角。对于译者来说，不仅要强调分享体验，而且还需要分享语言、知识、认知结构、世界观和范式（Alves，2003：33）。这样翻译才能达到一个较为客观的交际目的。传统的翻译观只看到译者与原作的关系，这种主客二分的思维模式反映了人的理性的力量。但是，仅仅把作者与原作的关系看成是“我-它”关系，只满足于把翻译当作对象，满足于在自我经验中认识事物，只解读原作，犹如建立一座空中楼阁。马丁·布伯（Martin Buber）特别强调“我-你”关系的相互回应。在“我-它”关系中，只有我对“它”采取行动，没有“它”的参与和回应。实际上，在“我”与“它”之间并没有进入关系领域，只有在“我-你”关系中看待事物，事物才有相互性，才有动态的生命意义。（Buber，1953：43）从存在论的角度看，“它”并不是被动不变的，只有“你”将“它”看成对象时，它才是加工的对象。如果你把“它”当作平等的，“它”也可以升华为“你”，因而有了回应，有了意义。

这里，翻译的主体间性理论有这样几个层次：

首先，译者与原作者的主体间性关系。在理解过程中，译者进入他人思想的主体，感受“他者”的思路，在心灵中与他人交流，译者在这种交流中开拓并提升自己的主体性。译者与“他者”的主体间性的对话是一种相互依存的关系：“主体与‘他者’无论是认识自我，还是认识他人，都是一种对话。这种对话之所以能够进行，是因为在多元共生的后现代时代，‘你中有我，我中有你’，两者相互交汇，相互砥砺，而翻译为这种对话提供了认识他者的途径。”（刘军平，2004：17）作为“我”的译者的主体性，如果没有作为“他”的作者主体性的碰撞是不存在的，反之亦然。这种主体–主体（subject-subject）的视角形成了相互影响，而采取共同行动，它先于主体–客体模式。在我、你、他的参与下，解释的视角成为所有人共同的视角，也就是主体间的相互理解。

其次，主体间性中译者与文本的关系。通常的理解是译者是主体，文本是客体。翻译是主客关系，也就是“我–它”关系，这样无形中产生了主客间的限隔。海德格尔的解释学存在论强调人不仅与人交流，而更应该与“物”交流，学会倾听自然。译者与语言的间性体现在让语言自己说话。“海德格尔的翻译理论标志着一个根本性的转变，因为他不再是寻找作者的意图，而是追寻语言本身的特点。”（Genztler，1993：157）这样译者的主体间性不仅体现在与原作者的对话中，而且还体现在与文本的对话中，感官不再受制于符号，物我、主客与道为一。

最后，两种语言的对话及主体间性。既然原文是主体化的客体，那么，译文呢？它们之间有主体间性吗？既然语言是不同世界观的显现，它是对话中不同讲话者的交互理解，那么，翻译中原语和目的语之间的主体间性也是存在的。不同的符号系统的交流打破了“我思”的偏执，而进入了对话的“融合”。语言只有通过对话才存在，如同“此在”通过对话才能生存。这种融合，超越了传统的译者是主体，译文是客体的二分法。

此外，还有译者与译者、译者与读者之间的间性对话。译者与译者交往、译者与读者之间的交流也是翻译主体间性应该关注的方面：不同的译者之间切磋和比较不同的译本，译者与读者之间的信息交流与反馈。重译和复译问题等也涉及不同的主体的对话。

我们看出，翻译中的主体间性是多层次多角度的。通常，我们心目中只有主客二分的一问一答，而忽略了翻译中多种主体间性的存在。哈贝马斯的交往行为理论给翻译的启迪是，翻译不仅仅是个人行为，翻译中“意义决定指称”应该放在更大的社会、文化背景下进行；不同的主体之间的交往应该采取一种平等的对话，只有这样翻译实践中才能消除不可通约（incommensurability）的难题，以找出翻译中相对客观的标准、衡量方法和价值观。一方面，翻译中主体的阐释是个体行为，另一方面，也不排斥共识。在主体间性理论的关照下，文学翻译中解释的个体性与共性得到了解决。这样，译者与作者之间、译者与文本之间、译者与读者之间就找到了对话的平台。

综上所述，对翻译主体性问题的研究有待进一步深化。伽达默尔的"对话"、哈贝马斯的"交往"、阿贝尔（Karl-Otto Apel）的"交往共同体"、巴赫金（Mikhail Bakhtin）的对话美学、费什（Stanley Fish）的"解释共同体"以及克里斯蒂娃（Julia Kristeva）的"互文性"理论给翻译主体间性以极大的想象空间。它们既沟通了主客体之间的关系，又超越了历史的理解，是翻译主体间性研究的丰富的理论资源。

第六节　翻译的伦理道德研究

翻译的伦理道德研究涉及译者行为规范、译者能力以及伦理问题。翻译的伦理道德主要涉及对译者的动机和效果的行为判断，即忠实与背叛的问题以及真、善、美的伦理价值问题等。伦理道德还包括什么是译者应当做的，什么是不应当做的，甚至包括其专业修养问题、任职条件问题等。

一、传统伦理价值观：作为译者的条件

古今中外，自从有了翻译活动以来，人们就自觉或不自觉地遵守翻译的伦理操守，努力做到对原文负责，对读者负责，对艺术负责。作为译者，应该具有良好的职业素养，恪守职业道德。

第一，大体来讲，熟悉两种语言是从事翻译的最基本要求。没有扎实的语言基本功和语言驾驭能力，而仅仅依靠查词典来从事翻译，就没有达到翻译伦理的基本要求。对掌握两种语言的要求应该是不同的：如果译者从事的是将一门外语翻译成自己母语的工作，他差不多是用母语写作或表达。如果译者是将母语翻译成外语，那相当于用外语写作，对外语的要求则更高了。

第二，语言是活的社会现象，它与产生它的文化密切相关。翻译不仅是一种认知的能力，而且涉及情感、态度、信仰及伦理因素，这就要求译者对文化差异有很敏锐的感受力。只有尊重文化、伦理及宗教差异，才能完整准确地传递译文的思想内容。

第三，译者应该尽量地扩大自己的知识面，因为翻译涉及各行各业，很少有译者是各种不同领域的专家，随时保持好奇心和求知欲是一个译者应该具备的另一种品质。

第四，遵守翻译合同，按时保质保量地向用户提交译文，不得借口推迟合同上规定的。

第五，对翻译内容保密。注意知识产权意识，在未经作者或出版社授权的情况下，不得随意用其他形式发表、转载或网上传播译文内容。保密还涉及不向第三方泄露商业、法律、军事、政治秘密等。

第六，熟练掌握各种翻译技巧，包括口译中的即席、同传、耳语等技巧。没有实力，不得率尔操觚，仓促上阵。随着社会的发展，当今的翻译人员还应该了解和使用各种计算机软件知识、计算机辅助翻译等，跟上日新月异的高科技的发展。“靠手写、打字及其他的‘史前的’翻译交流手段已经一去不复返了。经历的翻译越多，就越感觉到有必要追赶上最新的科技发展。”（Sofer，1996：37）

第七，译者在翻译中要坚持不偏不倚的态度，不应该将自己的个人偏见或宗教信仰、伦理道德观强加给他人。译者不应该主动为受译方建立个人关系或寻求个人利益。在口译中不应该随意给任何一方提建议、出主意，不应该歪曲翻译的信息而袒护其中一方。保持中立的态度意味着，不因种族、国籍、性别、年龄、宗教、政治或性取向以及教育程度，而做出倾向于任何一方的翻译。当翻译中各方利益发生冲突时，译者也应保持中立。如果受雇的活动在明显从事违反伦理道德的勾当时，译者应该坚持正义，主动放弃或撤出此项翻译活动，而不惧怕报复打击，这是译者应该具备的道德情操。

第八，译者的翻译伦理道德还包括在翻译中出现错译、漏译时，应该勇于承认自己的过失或不足，有机会给予更正或澄清。

第九，熟悉两种语言是翻译的前提，是否能够从事翻译工作，还要看译者是否受过相关的教育、执业及职业训练。随着市场准入制度的推行，翻译产业要求译者具备基本执业资格或获得资格证书，不具备相关条件而从事翻译职业是不道德的。

第十，在商业翻译活动中，译者应该信守翻译的合同，翻译前应该签订书面合同，一旦签约，不得因为自己的原因而推迟翻译时间、进度，或途中要求更改合同条件。同时，译者有权要求受译方按时支付报酬，以捍卫自己的正当权益。如果在支付劳动报酬时出现纠纷，应当寻求第三方仲裁。试译或免费翻译的内容通常不超过一页（500 字左右）。

不仅如此，不同的翻译领域对翻译的职业伦理道德，有更细致、更具体的要求。例如，从事法庭翻译的译者应该做到法律翻译的公正性。对于口译人员来说，口齿伶俐、反应机敏、声音清晰是必备条件。从国际译联到世界上地区性协会以及国别翻译协会，对所属会员都有业务上的执业要求，或者职业上的伦理道德要求，这些是作为译员的前提条件。

二、忠实与背叛：两难抉择的伦理

翻译的忠实问题是翻译理论与实践中永恒的话题。忠实问题不仅涉及翻译审美，而且还涉及价值判断。一方面，从翻译的基本要求来看，忠实、对等不仅仅是保持知识传递一致性的问题，而且也涉及译者的良心道德的伦理问题。因为人们总是拿译文与原文相比较，看看译者是否删除或增添了什么，是否误传信息，而一般读者也需要从原文中接收到准确忠实的信息，所以，准确性也就意味着文本上的忠实或品格上的忠诚。另一方面，由于翻译是一门艺术，并不是消极的模仿和复制，翻译中译者主体性以及译作在目的语社会、文化的适应性和接受性等问题以及价值观问题，使忠实的问题更加复杂。

翻译的忠实问题不仅仅是个事实问题，更重要的是个价值问题，或者是兼备两者。从技术角度讲，不同的人采用不同的标准来判定一篇译文是否忠实。此外，两种语言在音、形、文法、句法、修辞、思维习惯、审美情趣及文化上既然有差异，我们提倡的忠实究竟体现在哪个层面上？事实上，有些方面的忠实对等是无法取得的。翻译的忠实和对等不仅仅表现在字面上，更是两种语言风格、两种民族性格的交流或者交锋。

翻译实践中的欠额翻译或者超额翻译是不难看到的情形，是对原文的某种形式的背离。例如，翻译中由于碰到困难而故意跳过一句话或略过一段文字，或者由于译者的认知水平而错误理解了原文，都是译者不忠实于原文的表现。这种缺憾与其说是伦理的，不如说是能力水平问题，也就是译者不能胜任此项翻译。但是，为了某种特殊目的，翻译的“创造性叛逆”则是另外一回事。创造性叛逆不应该与“不忠实”混为一谈。创造性叛逆应该区别于普通的“误译”或“误读”，与这个罪名划清界限。

这样，译者的忠实问题需要全面来考察。碌碌无为的“忠实”也可能是缺乏翻译创造性的借口，乏味机械的操作，也许是语言文字贫乏、思想僵化的代名词，绝不是高质量译文的标准。至于为了达到某种政治、文化或为目的语读者服务的目的而产生的创造性叛逆，在某种意义上其动机和行为也就可以与翻译的伦理道德无悖。

三、全新的翻译观：差异的伦理

翻译中的伦理主题实质上是探讨关于原文和译文的关系问题。如果按照传统二元对立的伦理观点来看，二者的关系是主仆关系，或者说是模仿关系。这样翻译的伦理主要看译文是否对原文忠实的问题。随着后结构主义、解构主义以及翻译中文化研究的转向，翻译中的一些全新概念颠覆了传统的忠实标准，树立起译者的主体性权威。“这种不相妥协的做法使我们再次审视译者的权威性，即创作中的诚实性与译者的权威是密切相关的，因为忠诚是权威的有机构成部分。”（Green，2001：37）

通过打破翻译的传统定义及界限，翻译中“忠实”的道德观引起了人们的进一步思考。确实，翻译理论长期以来一直与翻译中二元对立的思想“共谋”。经过伦理思想的解放，我们会再追问：翻译的忠实等于对原文的亦步亦趋吗？在目的语读者与文本之间，译者有干预的权利吗？翻译中大量的注释、删改、调整和误译是否严重的伦理道德问题？在不诚实的翻译行为与译者的创造性叛逆之间，译者有多大的自由度？

在回答这些棘手的问题之前，我们必须注意到，在评价某个译本时，我们必须将翻译活动发生的社会文化语境和条件纳入思考的范围。翻译伦理思考的不仅是语言层面的问题，也不仅是译者的道德品质问题，它更广泛地涉及种族、文化及其他诸多问题。

为了解放和保存文化的历史，为了当下的相互理解和未来的思考，我们必须翻译。此外，我们从事翻译也是为了试图在伦理上回应每种语言的语境、互文和他异性的本质。这种双重的责任恰如其分地描述了翻译的责任，或者温和地说明了翻译中伦理的影响。至少，它给我们提供了反思自我与他者的伦理关系的契机，以及所能设想的语言与它在世界上的传播与转换的关系。事实上，这种思考已经催生了文学和文化的分析模式。(Bermann and Wood，2005：37)

在全球化的今天，现代性、民族性与翻译性（tranlationality）已经呈现水乳交融的态势。民族和现代性的建构，依赖话语实践的建构，而话语的建构（翻译活动）不仅仅是个认识论的问题，它与种族、文化，特别是他者的存在，息息相关。翻译不仅仅带来了语言“他者”的新颖声音和意义的嫁接，也带来了外国的伦理观。不难理解，当下的翻译理论如此重视对异化、“他者”、混杂性等异质文化的研究，其意义远远超越了传统的忠实伦理的边界。

随着解构主义、后殖民研究的推波助澜，翻译伦理研究中突出异质性、个性、特殊性的文化相对主义伦理观越来越受到重视。新的翻译伦理的重点在于抵抗霸权主义的话语，重估传统的价值和秩序，因而给翻译的伦理研究带来全面的冲击。自施莱尔马赫发表《论翻译的方法》以来，归化与异化翻译法一直是人们讨论的中心问题。贝尔曼在此基础上提出了翻译的伦理概念，其关键之处在于说明，在译文可读性或者忠实通顺的外表下，翻译实行的是种族自我中心之实。韦努蒂接过了前辈主张异化的大旗，极力提倡“差异的伦理”(the ethics of difference)。归化法坚持翻译的流畅性、明晰化、透明性（transparency），将外国的文化价值观排除在国门之外，对待异域文化采取一种高高在上、唯我独尊的自恋态度，其结果体现的是同一的伦理价值观（ethics of sameness）。值得注意的是，韦努蒂是从堡垒内部对西方逻各斯中心主义进行解构的。

“差异的伦理”解放的不仅是读者，还有译者。长期以来在忠实伦理原则的压迫下，译者被压得喘不过气来。他所做的就是隐藏自我个性，压抑他者的声音，迎合目的语话语的需要。差异伦理寻求改变的是目的语语言、文化、意识形态甚至机构设施，最重要的是改变人们的传统的忠实伦理观。

“差异的伦理”让长期以来处于弱势群体的人从边缘走向了中心，译者、他者、女性、被殖民者、少数族裔和他们所代表的不同立场、不同价值，通过翻译家、翻译理论家和文化研究者的努力，被社会承认和接受。如果翻译界不倾听这些声音，就永远只会做一个“忠实”的奴仆，也就没有历史的良知。相反，如果让这些“众声喧哗”的大合唱出场，译者不仅听到自己的声音，而且看到伦理价值的多样性。翻译理论研究借助“差异的伦理”的概念，打破了传统规范和范畴，丰富了话语实践的主题。它带给我们的将不仅仅是语言上的变异，更是改变社会的潜在力量。

无论如何，至少要从以下三个层面切入翻译的伦理问题：伦理学层面、文学层面以及社会文化层面。伦理学层面关注的是译者的伦理道德品质；文学层面关注的是如何认识译者的创造性叛逆和误读；社会文化层面感兴趣的是文化差异以及接受或拒斥这些差异。然而，要清楚地说明翻译的伦理道德问题并非易事。且不说主观价值判断的迥异，还有客观条件的制约，以及不同社会文化价值观的影响干预。

值得注意的是，任何理论的洞见和突破必然带来新的遮蔽和局限。对翻译中“创造性叛逆”和“差异的伦理”的过分强调，有可能忽略了文本意义相对的可读性和稳定性，也带给翻译的伦理观极大的主观色彩和相对主义的成分，在一定程度上消解了价值的客观性和普遍意义。总的来说，“差异的伦理”给我们带来的是建设性思想，其积极影响不可低估。

由此，我们可以得知，只有综合各种研究方法，通过不同的视角，才可能取得对翻译的伦理道德观比较全面和透彻的认识，对翻译活动做出清醒的、恰如其分的价值判断。

第七节　翻译与意识形态

翻译研究的重心不仅应该放在语言、认知及审美层面上，而且更应该关注研究其政治社会效果及影响。作为社会生活的反映，翻译必然要涉及翻译作品，反映所在政治社会生活的关系，而意识形态是译作与社会生活关系反映的典型代表。

在一定程度上讲，没有意识形态的批评话语，就没有西方马克思主义，就没有当代西方文化研究所取得的巨大成果，也就没有翻译研究的操纵和改写学派。自从翻译研究的文化转向以后，人们逐渐把翻译研究的重心从微观研究转向了宏观研究，从文本的内部研究转向了外部研究，而意识形态是翻译宏观研究或外部研究最恰当的切入点。

一、马克思主义的意识形态理论

何谓意识形态？ 英文 ideology 源于法语 idéologie，意思是想法和模式，拉丁后缀 logos 的意思是话语。这个法语单词是法国哲学家蒂斯特·德·特拉西（Destutt de Tracy）于 18 世纪末所创造的。当时意识形态只是一个哲学术语，用来表示“观念科学”（science of ideas），指的是对“观念”的特殊理解。这种特殊理解在很大程度上就是洛克和经验主义传统对“观念”的认识。所以，观念不能够也不可能被理解为任何“形而上学”或“唯心主义”意义上的观念。观念科学一定是自然科学，因为所有观念都起源于人类对世界的经验。（Williams，2001：122）马克思最早在《神圣家族》中提出了“意识形态批判”的概念，后来在《德意志意识形态》中对该概念作了分析。“意识形态”被马克思创造性地引入，是为了解释作为意识形态的德国哲学与德国现实的关系，进而揭示资产阶级意识形态的虚假性。

葛兰西对意识形态及“霸权”概念作了全面阐述，引发了当代马克思主义政治理论的重要转向。他认为意识形态存在两个领导权问题，一个是政治上的领导权（国家机器及暴力），另一个是文化上的领导权（市民社会，包括政党、工会、学校、教会、学术团体以及各种意识形态的文化组织）。意识形态的领导权主要体现在教育文化方面。路易·阿尔都塞提出的“意识形态国家机器”（Ideological State Apparatus，简称 ISA），旨在说明艺术不只是个人的自由创造，它服务于特定生产关系的再生产。这种创造其实是与特定的出版机构、新闻机构、大众传媒、读者需要联系在一起的。并且，艺术文本的意义的实现是由具体语境决定的，因为文本是在一定场合的意识形态国家机器中被消费的。意识形态不仅是人类经验的表现，而且是意识和主体性的前提与基础，社会现实就是通过它被建构、生产和阐释出来的。

尽管西方意识形态理论史并不长，但其内容十分丰富。在不同的学派学者中，意识形态的含义也不同。除了上述提到的主要代表人物和批评理论之外，还有戈尔德曼的发生型批评、本雅明的生产型批评、威廉斯的文化唯物论型、法兰克福的否定批判型、詹姆逊的后现代批评型以及斯蒂芬·格林布拉特的新历史主义的意识形态批评型等。这些批评理论被广泛应用于翻译理论研究、文化批评、文学批评等领域。

二、意识形态理论的应用：翻译操纵与改写

20 世纪 80 年代，翻译研究进入了一个全新的时代，翻译理论家们不再将自己局限于对“等值”的探讨，不再仅仅局限于对字、词、句对等的追寻，而将目光投向广阔的文化空间。意识形态成为翻译研究的文化转向中的关键因素。

翻译不仅仅是个简单的解码过程，译者不仅仅是解码者，而是被赋予某种权力为读者建构某种文学形象，分享文学史家、批评家的某些权力。全面研究翻译与意识形态之间的关系可以说是肇始于勒弗维尔。他颠倒了自下而上的研究模式，提出了翻译研究的四个层面。按照等级秩序和其在翻译研究中的重要性分别为：（1）意识形态；（2）诗学；（3）话语体系；（4）语言。（Lefevere，1992：87）意识形态是翻译研究的外围研究，它通常被研究者忽略。但是，如果译者的译作要被目的语文化、意识形态认同，他就不得不对译文进行改写或删节。诗学是文学翻译的内部构成，如果译作要被目的语读者接受，译文就必须遵从目的语的文学式样和风格。话语体系是指一系列概念、意识形态等与整个目的语文化是否相融洽。如果原文的风俗习惯、概念等对目的语读者来说难以理解，译者就应该做出适当的调整。语言涉及翻译中语言文字的运用和选择，不同的时代有其主题思想和语言风格，不同的作家也有其独特的风格。译者不仅要翻译思想、风格，更重要的是引进新的语言，创造新的词汇，这是译者的使命，目的语语言的发展与所引进的外国语言休戚相关。

从诗学的角度看，翻译是从技术角度对原文的改写。“改写”可能包含这样几层意义：（1）首先是文学史的改写，以一种全新的方法或角度重写文学史；（2）文学作品改写、改编成其他的形式；（3）翻译的改写。西方翻译史上不乏等量齐观的翻译改写，如古罗马对古希腊经典作品的改写（翻译），文艺复兴对古希腊、古罗马作品的改写（翻译）等。随着现代掌握拉丁语和希腊语的人越来越少，被改写的译文往往替代了原文。“赞助人作为权力机构的代理人可能会推动或妨碍文学的阅读、写作和改写。”（同上：15）因此，赞助人与其说是对“诗学”感兴趣，不如说是对意识

形态更感兴趣。

“操纵学派”不仅从定义上改写了翻译（翻译是对原文的改写），而且更重要的是赋予它以意识形态的含义。在“操纵学派”看来，翻译作为一种改写，反映了特定社会以特定的方式突出其意识形态和操纵文学的功能。这种改写有利于引进新的概念、新的文学式样，革新文学史和翻译史，造成一种文化的权力对另一种文化的影响（同上：vii）。意识形态会不遗余力地从政治、经济和社会方面，来引导或干预译者的改写，而改写后的译作需要突出的则是一种为意识形态服务的意象，这种意象的塑造反过来强化了占统治地位的意识形态。

意识形态对译者的操纵还反映在阿尔都塞在“意识形态国家机器”（ISA）理论中阐述的主体身份的“召唤”（interpellation）。国家意识形态通过话语、总体性（totality）、机构设施、法律建构了受压抑的主体形象。通常，译者作为社会成员的一部分，通常被塑造成一种“传声筒”。“成为一个译者也就意味着被称为或被意识形态塑造成一个译者。”（同上：72）换言之，意识形态以一种权威的声音在调节、控制着译者，而处在等级序列队伍中的译者扮演的是一种无声的角色，他的天命就是服从。译者这种被操纵的角色恰好阐明了弗洛伊德的集体无意识在起作用。没有记忆、健忘症以及非个性化（depersonalized）是强权意识形态需要译者在社会中扮演的角色。

由于意识形态具有总体性，它渗透到包括上层建筑和经济基础的各个方面。在意识形态的操纵下，翻译活动的技术优先让位于政治优先，萎缩的自我以集体或集权的面貌出现。但是，随着后现代、后殖民权力话语的出现，译者在文化沟通和意识形态的交锋中，逐渐扮演着双面演员的角色。译者颠覆了对传统意识形态的忠诚，叛逆传统翻译观，在“权力转向”中发出了自己的声音。

三、后现代主义意识形态的崛起：翻译的权力与话语

自它诞生以来，意识形态话语一直指导、操纵着翻译和文学批评的理论与实践。在新的语境下，意识形态更加显示出它与翻译的密切关系。在福柯的谱系学理论中，权力居于中心地位，不仅权力是话语运作的支配力量，而且哪里有话语，哪里就有权力。可以说，“自文化转向以来，给翻

译研究新方向提供动力的就是权力”(Tymoczko and Gentzler, 2002: 16)。在后现代语境里，权力话语是意识形态的一种反映。从翻译研究的角度看，它主要有这样三个表现：翻译与权力话语的关系、翻译与文化霸权主义的关系以及翻译与他者及自我身份的认同关系。

毫无疑问，翻译成为权力与话语角逐的最新领地，它作为一种话语形式，也有助于权力建构。人们不得不面对这样一个现实：翻译文本的生产离不开权力关系，离开权力关系网，脱离意识形态影响的翻译，或者说纯粹“艺术为艺术”的翻译是不存在的。自从翻译的“权力转向”(power turn)以来，译者意识到他们手中的笔同刀剑一样有力量。自我身份的塑造、多元文化和价值取向决定知识的产生。翻译作为一种知识的生产形式，无疑会产生更大的权力。“殖民主义、帝国主义过去与现在之所以成为可能，并不仅仅因为军事强权或经济优势，还有知识的缘故；如此塑造的知识和再现越来越被理解为权力的主要内容。翻译是生产此类知识和再现最关键的工具。”(同上：xxi)翻译研究学者越来越注意到，翻译中意识形态对翻译的操纵越来越明显：翻译不是生活在真空中。它作为一种文化交流，应该是平等的双向交流，但是，近代历史见证的却是，强国通过其文化霸权行径对弱国的欺凌。在现代性的进程中，翻译的这种不平等对话，表现在翻译实践上采取的归化、涵化策略。反映在意识形态的差别上，它体现了帝国主义国家对于弱势国家采取抹平其权力影响。通过利用“文化资本”输出中的霸权优势，西方国家向后殖民国家大量输出自己的文化产品，使这些国家认同和接受他们的价值观念与意识形态取向。

因此，翻译研究中的“文化转向”实际上是一种“权力转向”。在翻译研究中，边缘话语以抵抗帝国主义权力话语的方式，逐步走向中心。意识形态的翻译研究越来越关注异化、他者、女性、少数族裔等弱势群体的声音。异质性、混杂性给我们带来的是一种被霍米·巴巴称为“翻译的文化”(translational culture)的现象。翻译中语言的新颖性、异质性说明了在表达文化差异时，翻译是言有所为的。它不仅仅摧毁了原文的指称结构，而且为文化间隙创造了条件，打破了欧洲自我中心主义和种族至上的优越感。“他者”通过翻译找到了新的寓所，在文化转换中显示了其独特魅力。不仅如此，“他者”通过自己的“在场”确立了自我身份认同，融合了富有渗透力、干预力的意识形态思想。

世纪之交的翻译研究的演变，更体现了意识形态及文化的变迁。如果我们意识到翻译并不是文本的对应，而是文化之间的交流，那么，意识形态的重要作用不容忽视。对于处在文化交融和碰撞冲突过程中的翻译本身，我们不禁要提出下列问题：在意识形态的冲突和交融中，翻译起一种什么作用？西方主流文化如何通过翻译等文化交流活动，延续其意识形态的霸权话语和文化强权？意识形态的终结是否是以“文化翻译”的登场为起点？跨边界、跨语境、跨民族的翻译活动是否是一种意识形态的碰撞与价值转换？我们如何以一种积极的态度预期碰撞的结果？

我们有太多的问题要提，而答案就在于“文化转向”发展的未来。

思考题

〔1〕柏拉图和亚里士多德的哲学思想是怎样影响西方翻译理论的？

〔2〕从翻译的文本类型来看，它有哪三种？哪一种与审美有关联？

〔3〕翻译的形式美和节奏美，如何与译文的忠实、通顺的美相统一？

〔4〕译者的思维具有什么性质？研究思维和认知有哪几种途径？

〔5〕认知与隐喻有什么关系？关于隐喻有哪几种理论？

〔6〕怎样理解解释学中翻译、理解与解释之间的关系？

〔7〕译者的主体性体现在哪几个方面？翻译的主体间性有哪几个层次？

〔8〕怎样从伦理角度看翻译的忠实与背叛？怎样看待翻译中“误读”的伦理问题？

〔9〕翻译的伦理主要涉及哪三个层面？

〔10〕翻译的文化转向与意识形态有什么关系？翻译中的“改写”包含哪几层含义？

本章参考文献

艾柯（著），王宇根（译），1997，《诠释与过度诠释》，北京：生活·读书·新知三联书店。
埃斯卡皮（著），王美华、于沛（译），1987，《文学社会学》，合肥：安徽文艺出版社。
弗洛伊德（著），罗林等（译），2004，《梦的解析》，北京：九州出版社。
伽达默尔，汉斯-格奥尔格（著），洪汉鼎（译），1994，《真理与方法》（上、下卷），上海：上海译文出版社。
谷方，1994，《主体性哲学与文化问题》，北京：中国和平出版社。
黑格尔（著），贺麟、王太庆（译），1959，《哲学史讲演录》，北京：商务印书馆。
——朱光潜（译），1979，《美学》第1册，北京：商务印书馆。
——2003，《美学讲演录》，见章安祺编《西方文艺理论史精读文献》，北京：中国人民大学出版社。
胡壮麟，2004，《认知隐喻学》，北京：北京大学出版社。
金元浦，2002，《“间性”的凸现》，北京：中国大百科全书出版社。
卡勒，乔纳森（著），陆扬（译），1998，《论解构》，北京：中国社会科学出版社。
刘军平，1997，《〈尤利西斯〉两种译本的比较研究》，见《中国翻译》，第3期，35—37。
——1999，《“三美”齐备谱华章，“三昧”醇香共品尝》，见郭著章等（编著），《翻译名家研究》，武汉：湖北教育出版社，450—462。
——2003，《互文性与诗歌翻译》，见《外语与外语教学》，第1期，55—59。
——2004，《超越后现代的“他者”：翻译研究的张力与活力》，见《中国翻译》，第4期，12—17。
刘宓庆，1994，《翻译美学基本理论构想》，见杨自俭、刘学云（编），《翻译新论》，武汉：湖北教育出版社，510。
——2001，《翻译与语言哲学》，北京：中国对外翻译出版公司。
罗新璋（编），1984，《翻译论集》，北京：商务印书馆。
马克思、恩格斯，1956，《马克思恩格斯全集》，北京：人民出版社。
钱锺书，1979，《谈艺录》，北京：中华书局。
——2002，《七缀集》，北京：生活·读书·新知三联书店。
萨义德，爱德华·W.（著），王宇根（译），1999，《东方学》，北京：生活·读书·新知三联书店。
塞尔登，拉曼（编），刘象愚等（译），2003，《文学批评理论：从柏拉图到现在》，北京：北京大学出版社。
涂纪亮，1988，《英美语言哲学概论》，北京：人民出版社。
王岳川，1999，《现象学与解释学文论》，济南：山东教育出版社。
吴国林，2001，《主体间性与客观性》，见《科学技术与辩证法》，第6期，4。

谢天振，1999，《译介学》，上海：上海外语教育出版社。
许宝强、袁伟（选编），2001，《语言与翻译的政治》，北京：中央编译出版社。
许钧（主编），1998，《翻译思考录》，武汉：湖北教育出版社。
许钧，2003，《翻译论》，武汉：湖北教育出版社。
严平（编选），邓安庆等（译），1997，《伽达墨尔集》，上海：上海远东出版社。
章安祺（编），2003，《西方文艺理论史精读文献》，北京：中国人民大学出版社。
张今，1987，《文学翻译原理》，开封：河南大学出版社。
郑海凌，2005，《译理浅说》，郑州：文心出版社。
祖保龙，1993，《文心雕龙解说》，合肥：安徽教育出版社。

Alamargot, Danis and Licile Chanquoy. 2001. *Through the Models of Writing*. Dordrecht: Kluwer Academic Publisher.

Alves, Fabio. 2003. *Triangulating Translation: Perspectives in Process Oriented Research*. Manchester: John Benjamins Publishing.

Bassnett, Susan. 1988. *Translation Studies*. London and New York: Routledge.

——1998. "When Is a Translation Not a Translation?" In *Constructing Cultures: Essays on Literary Translation*. Clevedon: Multilingual Matters Limited.

——and André Lefevere. 2000. *Constructing Cultures: Essays on Literary Translation*. Clevedon: Multilingual Matters Limited.

Benjamin, Andrew. 1989. *Translation and the Nature of Philosophy*. London and New York: Routledge.

Bermann, Sandra and Michael Wood (ed.). 2005. *Nation, Language, and the Ethics of Translation*. Princeton: Princeton University Press.

Bhabha, Homi. 1994. *The Location of Culture*. London and New York: Routledge.

Buber, Martin. 1958. *I and Thou*. New York: Charles Scribner.

Chandler, Daniel. 2002. *Semiotics: The Basics*. London and New York: Routledge.

Cook, Guy. 1994. *Discourse and Literature*. Oxford: Oxford University Press.

Culler, Jonathan. 1981. *The Pursuit of Signs: Semiotics, Literature, Deconstruction*. Ithaca: Cornell University Press.

Davis, Kathleen. 2001. *Deconstruction and Translation*. Manchester: St. Jerome Publishing.

Derrida, Jacque. 1982. *The Ear of the Other: Otobiography, Transference, Translation*. Christie McDonald (eds.). Lincoln: University of Nebraska

Press.

Eagleton, Terry. 1996. *Literary Theory: An Introduction*. Oxford: Blackwell Publishing.

——2000. *The Idea of Culture*. Oxford: Blackwell Publishing.

Gadamer, Hans-Georg. 1975. *Truth and Method*. New York: The Crossroad Publishing Company.

Gentzler, Edwin. 1993. *Contemporary Translation Theory*. London and New York: Routledge.

Gillett, Grant. 1992. *Representation, Meaning and Thought*. London: Clarendon Press.

Green, Jeffrey M. 2001. *Thinking Through Translation*. Athens: The University of Georgia Press.

Hawkes, Terence. 1997. *Structuralism and Semiotics*. London and New York: Routledge.

Heidegger, Martin. 1985. *Being and Time,* trans. John Macquarrie and Edward Robinson. Oxford: Basil Blackwell.

Hirsch, E. D. 1967. *Validity in Interpretation*. New Haven: Yale University Press.

Lafont, Christina. 1999. *The Linguistic Turn in Hermeneutic Philosophy*, trans. Jose Medina. Cambridge: The MIT Press.

Langacker, Ronald. 1987. *Foundations of Cognitive Grammar*. Stanford: Stanford University Press.

Lefevere, André. 1992(a). *Translation, Rewriting and the Manipulation of Literary Fame*. London and New York: Routledge.

——1992(b). *Translating Literature: Practice and Theory in a Comparative Literature Context*. New York: Modern Language Association of America.

Martinich, A. P. 1996. *The Philosophy of Language*. Oxford: Oxford University Press.

Munday, Jeremy. 2001. *Introducing Translation Studies: Theories and Applications*. London and New York: Routledge.

Niranjana, Tejaswini. 1992. *Siting Translation: History, Post-structuralism, and the Colonial Context*. Los Angeles: University of California Press.

Quine, Willard Van Orman. 1960. *Word and Object*. Cambridge: MIT Press.

Rescher, Nicholas. 2001. *Cognitive Pragmatism: The Theory of Knowledge in Pragmatic Perspective*. Pittsburg: University of Pittsburg Press.

Reiss, Katharina. 2000. *Translation Criticism: The Potentials and Limitations,* trans. Erroll F. Rhodes. Manchester: St. Jerome Publishing.

Rice, Philip & Patricia Waugh (eds.). 2001. *Modern Literary Theory.* Oxford: Oxford University Press.

Robinson, Douglas. 1997. *Western Translation Theory: From Herodotus to Nietzsche.* Manchester: St. Jerome Publishing.

——2001. *Who Translates? Translator Subjectivities Beyond Reason.* Albany: State University of New York Press.

Sofer, Morry. 1996. *The Translator's Handbook.* Rockville, MD: Schreiber Publishing, Inc.

Steiner, George. 1975. *After Babel: Aspects of Language and Translation.* Oxford: Oxford University Press.

Tymoczko, Maria and Edwin Gentzler (eds.). 2002. *Translation and Power.* Amherst: University of Massachusetts Press.

Venuti, Lawrence. 1995. *The Translators Invisibility: A History of Translation.* London and New York: Routledge.

——(ed.). 2000. *The Translation Studies Reader.* London and New York: Routledge.

Williams, Raymond. "Marxism and Literature". In Philip Rice & Patrica Waugh (ed.). *Modern Literary Theory.* Oxford: Oxford University Press, 2001.

第六章
语言学与翻译研究

第一节　翻译研究的语言学理论概述

语言学是一门先行科学。翻译研究从经验主义的研究转入以语言学为基础的人文科学研究，这既是翻译研究的进步和发展，也是历史的必然。语言学是多门人文学科如文学的先行学科。每每语言学有什么新的发展，仅仅过几年后这些新的研究成果马上就会被有关人文学科移植过来，从而推动有关人文学科的发展和进步。相比之下，语言学和翻译研究的关系显得更加紧密，因为说到底，翻译首先是在语言层面上的一种操作。

从宏观上观察，翻译研究随着语言学的进步和语言科学的引进，依次走过了语义学、系统功能语言学、语用学、文体学、语篇分析研究和类型研究等各个阶段。从微观上分析，每一种语言学翻译研究方法的诞生都同一种具体的语言学理论密不可分。比如，奈达的动态对等理论是从乔姆斯基的转换生成语法脱胎而出的；卡特福德关于意义是不可以从一种语言转达到另一种语言中去的理论，同韩礼德（M. A. K. Halliday）的系统功能语法有着千丝万缕的联系；而格特的关联翻译理论（Relevance theory）则从斯珀伯（Dan Sperber）与威尔逊（Deirdre Wilson）的关联理论中汲取了丰富的理论营养。更不用说，语篇翻译研究直接得益于话语分析理论的兴起，而文体翻译研究则离不开类型研究的发展和进步。尽管每一种理论都不难找到自己的所谓母论，即一种翻译理论得以诞生发展的基础理论，但是同样必须注意的是，几乎没有一种翻译理论只有一种母论。翻译理论和母论的关系，呈现错综复杂、盘根错节的情况，比如，谁也无法割断奈达理论与乔姆斯基的转换生成语法的关系，然而，奈达理论绝不仅仅只有转换生成语法一种母论。奈达理论与语义学同样有着密切联系，另外，奈达理论中还看得出现代通讯理论的影子。从这个意义上讲，本章的小节划分完全是为了论述的方便而进行的分类，并不能完全覆盖某种理论所赖以生成的所有母论。我们将某一种翻译理论归入某一种特定的语言学理论的研究范畴，只是说，这一种翻译研究受到某一种语言学理论的影响大一点，而绝没有排斥或否认其他语言学理论的影响和作用。翻译理论得益于语言学理论，这是毫无异议的。然而翻译学者在引进语言学理论的同时也对有关的理论做了一定程度上的修改、补充、革新，以更好地适应翻译研究的现实和满足理论发展的需要。这种引进并不是原封不动的、静态的引进，而是一种引进基础上的动态创新。奈达的动态翻译对等理论是一个典型的例子。一方面，奈达引进了转换生成语法的基本框架，如表层与深层结构、核心句等基本概念，但是，奈达特别指出，在他的理论框架里，转换不是在深层中进行，而是在近核心句的层次上进行。奈达的理论与深层结构理论最大的区别在于，在近核心句层次上，意义是必须加以考虑的一个重要因素。这样的例子很多，我们在学习语言学翻译理论的时候必须充分予以注意。

语言学翻译研究相对于传统的经验主义研究，主要的区别是它的系统性和科学性。传统的翻译研究，有人形容为是“印象式、随感式、评点式”的研究，直观地指出了这种缺乏科学理论为依托的研究方法的不足。语言学翻译研究是在语言学这门专门研究语言的科学的基础上进行的研究，试图从研究过程中总结出一些带规律性的东西来指导翻译实践，或者分析翻译过程，或者评价翻译产品——译文，或者解释翻译的本质特征。语言学研究是演绎式的，不同于归纳式的传统的经验主义研究。语言学翻译研究得出的结论往往比较可靠、系统，往往不但可以教你怎么做，还可以告诉你为什么这样做；不但可以提供微观的技巧指导，还可以在宏观上指点迷津。语言学翻译研究走出了经验总结的老路，从业者一般情况下不是翻译工作者或翻译家，研究形式也一般不是译作的前言和后记。从事语言学翻译研究的人往往是语言学工作者或者是高校教师。研究成果往往是论文、专著，还有翻译课上的讲课内容。总而言之，语言学翻译理论研究开辟了翻译研究一个崭新的领域，使学习者不但知其然，还可以知其所以然，让人们对翻译的认识不断走向深入。

学习语言学翻译理论还有一个无法回避的问题，那就是翻译到底是不是“科学”。人文科学顾名思义当然是一门科学，但是人文科学毕竟不同于自然科学，不能奢望有一套那样的公式，做翻译的时候，不管是什么样的句子，拿过哪个公式往上一套译文就应声而出。机器翻译举步维艰，自20世纪40年代提出设想以来，一直很难取得实质性的突破。这从一个侧面充分说明翻译不是自然科学，不能用自然科学的研究方法去研究翻译。我们说翻译的科学性泛指人文科学的一般特性。奈达对于翻译科学性的问题，做过一番精彩的阐述。他指出：说翻译是科学，是指可以用一种办法，对翻译的过程进行严格的描述，对翻译的结果进行严格的评价。简单讲，“科学”的翻译研究，也就是语言学的翻译研究，是相对于经验主义的翻译研究而言的。语言学翻译研究的科学性体现在它更加严格、更加系统、更加贴近语言的本质特点。

在21世纪再谈学习语言学翻译理论，还有一个相关的话题是，语言学翻译研究是否已经过时。随着文化转向和认知科学的兴起，人们对翻译研究的主要兴趣似乎已经逐渐转向更加宏观的文化层面和更加微观的心理层面，语言学研究似乎处于一种渐渐被淡忘的境地。其实，这种忧虑是完全没有必要的。翻译学是人文科学，人文科学有别于自然科学的一个主要的地方是，自然科学新论的问世昭示着旧论的灭亡；而人文科学新论的诞生，并不意味着旧论的消亡，而是表明对这门学科的研究又找到了一个新的角度，新的方向，新的切入点。新论和旧论的关系，决不是你死我活、有你无我的关系，而是互补共存的关系。在新论和旧论的共同观照下，翻译的本质特点将更加全面、清晰、整体地展示在世人面前，人们对翻译的认识也会因此而进入一个全新的境界。而且翻译研究的发展，从来也没有离开过语言的层面。无论是文化研究还是认知研究，都是从语言研究起步的，正是语言研究无法解释的一些新的现象促使学者选择新的角度对翻译重新审视；即使是今天，文化研究、认知研究如日中天的时候，仍然有不计其数的学者在从事翻译的语言研究和探索。应该说从语言的角度研究翻译永远也不会过时。换一个角度分析，翻译研究是循序渐进的，是一脉相承的。每一种新论的诞生是有着深刻的原因的，并且与原先的理论有着千丝万缕的联系。学习理论必须做到系统化，理清理论发展的脉络。从这一点出发，学习曾经在翻译理论发展史上起到过重大作用的语言学翻译理论也就具有了十分重要的现实意义。

第二节　翻译的语义学研究

语义学（semantics）由布雷尔（Michel Bréal）于1897年首次提出，用来指称语言学的一个分支，以分析和描写语言表达式的真实（literal）意义为研究内容。语义学研究意义的不同方面：(1) 研究语言表达式内部的语义结构，比如意义的成分分析；(2) 语言表达式之间的语义关系，比如同义词反义词；(3) 句子的整体意义，每一个词汇意义的集合以及它们之间的语法关系，比如句意或作文原则；(4) 语言表达式即语言表达式的意义和语言之外现实世界的关系，比如指称语义学。通俗一点讲，语义学是研究词汇（word）和世界（world）之间的相互关系的，隶属于符号学（semiotics）。符号学一共有三个分支，除了语义学之外另外两个分支是句法学（syntactics），研究词汇和词汇之间的相互关系，以及语用学（pragmatics），研究词汇和使用者之间的相互关系。

建立在语义学基础上的翻译研究可以说是语言学与翻译最早"联姻"的一个分支。从事翻译，第一个需要考虑的问题就是如何把原文的意义准确地传达到译文之中去。"信达雅"将"信"放在第一位，正是说明了意义在翻译中的重要地位；语义学翻译研究的代表人物奈达说过，翻译就是翻译意义，也从一个侧面反映出语义学和翻译的密切关系，以及从语义学入手研究翻译的合理性和人们对语义学翻译研究的盼望。

翻译是从单词开始的。语义学翻译研究运用意义的成分分析法（componential analysis），对词义进行细致入微的分析。分析的单位，可以小到区别性特征（distinctive features）。比如，奈达举过一个经典的例子，英语单词 chair，bench，stool 和 hassock 的区别可以通过意义的成分分析法，以它们之间的区别性特征为基础，得出如下的结果：

bench	chair	stool	hassock
有腿	有腿	有腿	无腿
有靠背	有靠背或无靠背	无靠背	无靠背
供二人或二人以上坐	供一人坐	供一人坐	供一人坐

对 chair 不同含义之间的细微区别，也可以通过成分分析法，设立必要充分的区别性特征将它们区分开来。请看奈达举出的例子：

A	B	C	D
指制品	指制品	指人	指职位
供坐	供坐	地位突出	地位突出
供休息	供处死刑	会场用	学术用
如 bought a chair	如 electric chair	如 address the chair	如 the chair of philosophy

同传统的经验主义翻译研究相比，用语义学提供的意义成分分析法即非此即彼的两分法（dichotomy）来精确地区分词义的细微差别，无疑是一大进步。特别是区分单位从词变成了词素，可以分析得更加精细，并可以将主要的区别用图表的形式清晰地展示出来。进行意义的成分分析，确定区别性特征是至关重要的。区别性特征的数量必须是充分必要的，少了区别不开，多了又显得累赘啰嗦。

意义的成分分析，对于我们准确地理解英语原文每一个单词的确切含义有着十分重要的意义。我们在学习英语的过程中，一般是以词汇为单位的。但是两种语言的翻译对等词的对应关系并不是整齐划一的。对等词的关系错综复杂，绝大部分情况下只是部分对应。意义的成分分析法有助于我们看清楚对等词之间的细微差别，以做到准确翻译。下面我们举出一组学生英语作文的例子，来看一下意义的成分分析法对我们准确把握英语词义所起的作用。

例一：我出生在沿海城市秦皇岛。眼观蔚蓝的大海与拍岸的波涛，不禁让我对大海心驰神往。

译 文：I was born in seashore city Qinhuangdao. I watch the

blue ocean and great waves, hear the roaring waves, so I like the ocean very much.

作者用 ocean 去表达“大海”的意思，是没有对 ocean（大洋）与 sea（大海）的含义进行严格的意义成分分析的结果。在中文里，“海”和“洋”可以说是意义基本一致、可以换用的。驻守华北的舰队，清朝叫北洋水师，如今叫北海舰队，即是例证。然而在英语中，ocean 与 sea 有共同的一面，即两者均指 a large body of salty water that covers much of the earth's surface，但是也有明显的差异。第一个差异是 sea 指 a large body of water smaller than an ocean，“海”比“洋”体积要小，如英国的北海（the North Sea）是大西洋（the Atlantic Ocean）的一个组成部分；第二个差异是 sea 特指 a body of water (mostly) enclosed by land，如 the Dead Sea，the Mediterranean Sea。例句中涉及的秦皇岛濒临的渤海完全符合上述两个有别于“洋”的特征，用 sea 恰到好处，而用 ocean 去表达是不合适的。

例二：洪水退去，全家除了他一人之外，其他的人全部罹难。

译文：After the turbulent water drew back，the whole family died except him.

“洪水退去”这个“退”字，翻译成 draw back 是有问题的。Draw back 有往“后退”的意思，但是一般似乎要用有灵主语，譬如 He drew back，表示 to hold oneself at a distance。这儿比较准确的一个词应该是 subside，它的概念是：(of bad weather or other violent conditions) to go back to the usual level。洪水显然是一种 violent condition，同时还有退回到“the usual level”的含义。不过，要翻译“今年大旱，水位下降了”，这儿如果还用 subside，就又不对了。

例三：从 1949 年新中国成立以来，中国的社会主义建设取得了巨大进步，到 1978 年已从旧中国发展成了一个初步繁荣的国家。

译文：China's socialist construction had made great progress from 1949, in which the New China was founded, to 1978. China became a basic prosperous country from the old China.

“初步”翻译成了 basic 是不妥当的。这儿似乎应该用 initial 比较好。Initial 是 which is (at) the beginning of a series 的意思，与

prosperous 连用，含有这是刚刚开始的繁荣，随着时间的推移，会越来越繁荣的意思。而 basic 的意思则是 of that which is more necessary than anything else，and on which everything else is built，显然与中文“初步”的概念不符。

以上例子选自学生的英文作文，意义的成分分析是在外语中进行的。然而，意义的成分分析不应该仅仅在外语（始发语）中进行，在母语（译入语）中也应该认真地进行，以最后确定译文的用词。不少人认为，译入语一般是母语，译者辨别母语词汇的细微差别应该是不成问题的。事实远非如此。要提高翻译质量，译入语中的意义成分分析同样是有益和重要的。在译入语中为了选词而进行的意义成分分析，应该根据具体情况，从各个不同的角度进行。下面想通过一些实例，来说明可以从哪些方面对词义进行成分分析：

一、区别感情色彩

例句：Our conference did in the end make detailed plans for the invasion. The date was to be May 1, 1944.

译文：我们的会议最后制订了进攻 / 入侵的详细方案，进攻 / 入侵的日期定在 1944 年 5 月 1 日。

译者可以对有待决定的 invasion 的翻译对应词“进攻” / “入侵”的意义成分做如下的分析：

进　　攻	入　　侵
接近对方	接近对方，主动攻击
中性词	含有强烈的贬义
不限地域	一般指向别国

这里说的是第二次世界大战中，盟军计划向被德国法西斯占领的地方发起反攻，无疑“进攻”是合适的选择。

二、区别语义轻重

例句：She's too stubborn to give in.

译文：她十分固执 / 顽固，不肯让步。

分析：

固执	顽固
坚持己见，不肯改变	坚持己见，不肯改变
含贬义	含贬义
语义较轻	语义较重

如原文中的 she 是我们的亲友，显然，用“固执”去翻译 stubborn 是比较合适的。

三、区别范围大小

例句：The family are encouraged to settle the frontier.

译文：鼓励大家携带家眷去边疆 / 边境安家落户。

分析：

边疆	边境
表示地域	表示地域
靠近边界	靠近边界
面积大	面积小

这儿，“边疆”似乎比“边境”更加合适一些。

四、区别具体与概括

例句：There are numerous rivers in our country.

译文：我国有众多的河 / 河流。

分析：

河	河流
天然和人工的大小河流	天然或人工的大小河流
语义具体	语义概括

此处 river 是泛指，并不表示具体指某一条有名有姓的河，无疑“河流”是最好的选择。

五、区别语体风格

例句：Necessity is the mother of invention.

译文：需求乃创造之母（亲）/ 妈妈。

分析：

母　　亲	妈　　妈
有子女的女子	有子女的女子
书面语体	口语体

原文是一句英语，言简意赅，显然用书面语体的“母亲”更加合适。

六、区别普通用语与专业用语

例句：Did you hear the cock crow at dawn?

译文：你听到过公鸡在黎明 / 拂晓时分啼叫吗？

分析：

黎　　明	拂　　晓
天快亮的时候	天快亮的时候
普通用语	军事用语

这儿，用“黎明”贴切多了。

在词汇这个层次上，我们除了注意词义的分析研究，从而准确地进行翻译以外，词性也是一个值得注意的研究领域。在这方面，语义学翻译理论同传统的经验主义的研究也有着很大的区别。经验主义的翻译研究将词性的转换归入翻译的一种技巧，什么时候转换，什么时候保持原来的词性，完全是译者自己凭经验做出的决定，说不出任何理由，也没有必要去说任何理由。语义学翻译理论则不同。它试图设计出一套理论系统，精确周密地阐述翻译过程中词性转换的根据、方法和原理。比如，奈达就摈弃了原来的传统词类（parts of speech），创造性地规定了四种语义范畴（semantic category），即 object（事物范畴）、event（事件范畴）、abstract（抽象范畴）、relation（关系范畴），以此来分析研究词类。这种词汇分类法有两个突出的特点。第一，四个范畴囊括了不同语言的所有词类。这样我们就不必为词类数量不匹配而费心，比如英语中没有量词，而汉语中没有冠词，等等。每一个词都可以在四个语义范畴之内在另一种语言中找到与之匹配的对应词。第二，哪个词应该划分到哪个范畴，不是事先确定的，也不是固定不变的。每个词语义范畴的确定，完全取决于上下文。一个传统意义上的名词，在上下文甲当中它是事物范畴，而一旦到了上下文乙当中，它完全可以变成事件范畴。奈达为了阐释语义范畴的理论，从《圣经》各种版本的英译本中引用不计其数的例子，其中最有说服力的一个例子是这样的：

John [preached] a baptism for the forgiveness of sins.

如果完全按照传统的词类分类法去区分，我们会得到如下的结果：

John	[preached]	a	baptism	for	the	forgiveness	of	sins.
名	动	冠	名	介	冠	名	介	名

译文可能是这样的：

约翰为原罪的宽恕而进行布道。

而如果用语义范畴去重新分析，我们会得到完全不同的结果。一个重要的区别是语义范畴与传统意义上的词类不再是一一对应的了。把哪个词归入哪个范畴完全不受词类的影响，而完全根据上下文而确定。我们经过分析，由此得出了如下的结果：

John	[preached]	a baptism	for	the forgiveness	of	sins.
O	E	E	R	E	R	E

语义范畴概念的提出，不是目的而是手段。建立语义范畴是为了通过语义范畴将始发语的句子拆分成所谓的核心句，通过所谓的逆转换，最后过渡到译入语的表层结构，从而生成译入语文本，完成翻译过程。从以上论述，我们可以看到，奈达的语义翻译理论还有一个重要的母论，即乔姆斯基的转换生成语法。转换生成语法的一个核心思想是，尽管在表层各种语言表现出各种不同的形态与句型，但是在深层结构上，在核心句这个层次，各种语言是共通的。奈达借用了这个理论，并做了一些修改，主要一

个修改是将转换的位置从深层提升到了“近核心句”的层次，以区别于转换生成语法，强调各个核心句之间在语义上是有联系的，以适应翻译理论的实际与需要。

上引句子John [preached] a baptism for the forgiveness of sins.在做了语义范畴的分类后，可以得到以下五个核心句：

1. John preached X (in which X stands for the entire indirect discourse）.

2. John baptizes the people.

3. The people repent.

4. God forgives X.

5. The people sin.

将这些核心句通过转换、重组等几个程序，根据译入语英语的要求组织起来，可以得到如下一个意义显豁的句子：

John preached that the people should repent and be baptized in order that God would forgive their sins.（约翰布道，以使人忏悔、受洗，让神宽恕他们的原罪。）

将这样一个句子经过意义范畴分类，生成核心句，在核心句层面上转换，再将它翻译成任何语言，都会显得轻而易举了。由句子到段落，再由段落到篇章，一篇通顺流畅、意义显豁的翻译就此诞生了。

语义学指导下的翻译理论研究，最重要的一个结论就是，语言的不同主要表现在表层句子结构上，在深层结构上任何语言都是一样的；同样的句子结构往往会有完全不同的意义，而不同的句子结构却往往有着相同的意义。在一种语言中可以表达的东西，在另一种语言中也完全可以表达。这就为我们在翻译中如何分析句子，不被原文的结构牵着鼻子走，提供了宝贵的理论支持。

意义的成分分析、核心句和逆转换的理论在实际翻译当中是非常有用的。下面，我们将结合一些翻译实例来具体说明如何用语义范畴来分析句子，然后将始发语的句子变成核心句，在核心句层次上转换，再根据译入语的特点，生成另一种语言。

例一：He'd already reclined his aisle seat, thrown his day bag and warm coat on the one by the window.

原译：他已经将靠着过道的椅子放斜了，将包和大衣扔到了窗户边的座位上。

这样的译文，一个很明显的问题是，他放斜了谁的椅子？英文是清楚的，his seat 确凿无误地告诉读者，这是他的椅子，他放斜的是他的椅子。那么，能不能依样画葫芦，将“他的”添上呢？“他已经将靠着过道的他的椅子放斜了。”好像也不行。除了语气不太通顺之外，“他的”含义也欠清晰明了。英文中的 his seat 与 his bag，表面上看过去好像完全一样，但是如果套用语义范畴分析一下，意思是不一样的。his seat 中 seat 是这位旅客暂时占用的，所有权属于铁路公司，而 his bag 中，bag 是为他所有的。在核心句里，上述两个句子应该分别是 He occupies the seat for the time being 与 He owns the bag。有了这层分析，我们完全可以打破原文的句子结构，按照汉语的特点，先发生的事情先说，后发生的事情后说，将这句话改译。

改译：他坐在靠过道的椅子上，将椅子背放斜了，将包和大衣扔到了窗户边的座位上。

例二：I live in an apartment building and with or without binoculars, I cannot see my mailbox, one of the thirteen dinky aluminum cells bolted to the lobby wall. The mail usually comes around four in the afternoon ... which means that at around three just in case, I'm likely to visit the lobby for the first of several reconnaissance missions.

原译：我住在一栋公寓楼里，不管拿不拿望远镜，都看不到那个用螺栓固定在门廊墙壁上有 13 个小而精致的铝质格子的信箱。信通常会在下午四点钟左右送到……这意味着三点左右，我会去到门廊完成首次侦察任务，以防信件提前送来。

译文从表层到表层，没有考虑英汉两种语言在表达习惯上的差异，造成了前半部分句子太长，让人无法一口气卒读，而后半部分有点语焉不详。如果能将原文按照语义范畴划分，再将它们切分成若干个核心句，最后，遵循译入语中文的行文习惯，重新组织，句子就会通顺许多。

改译：我住在一栋公寓里，楼厅的墙壁上钉有 13 个精致的铝质信箱。不管用不用望远镜，我都看不到我的信箱。信通常会在下午四点左右送到……我却会从三点起，就一次又一次地到大厅里查看信来了没有，怕万一邮递员会提前将信送来。

第三节　翻译的系统功能语法研究

在本书第三章第二节，我们粗略地对卡特福德的翻译观作了介绍。本节我们将通过介绍卡特福德语言学翻译理论，重点论述系统功能语法与翻译研究的关系。

如果说奈达的语义学研究是一种基于普世性（universalism）的研究的话，那么以卡特福德为代表的研究就可以说是基于相对性（relativism）的研究了。发展到极致，普世性认为，一种语言中能表达的东西，在另一种语言中也完全可以表达。而相对性则认为，从语言学的角度分析，意义是无法传达到另一种语言中去的。

卡特福德的翻译理论是建立在应用语言学基础上的，严格地讲，卡特福德的母论是韩礼德的系统功能语法。顾名思义，系统功能语法有两大特点，一是系统，它将语言看成一个系统。在这个大系统下，每一种语言又是由若干个支系统组成，比方在英语这个大系统之下，有名词单复数支系统、代词支系统、冠词支系统、肯定问答否定回答支系统、时态支系统等等。在英汉互译的时候，英语是一个系统，对译的另一种语言汉语同样是一个系统，在汉语这个大系统下，同样有若干个支系统，如代词支系统、肯定问答否定回答支系统、数量词支系统等等。不难看出，互译所涉及的任何两种语言中，支系统未必一致。即使支系统数量完全一致，也未必在实际使用过程中，能够达到完全一致。一个合乎逻辑的结论是，既然各个支系统不相一致，那么，语言作为一个大系统，是不可能完全一致的。卡特福德把这种不对等叫作形式意义（formal meaning）的不对等，以区别于语境意义（contexual meaning）的不对等。语境意义对等，我们在上一节已讨论过。在语义学翻译研究阶段，人们的注意力集中在语言的语境意义上，对于语言的形式意义注意得很不够。卡特福德将语言的形式意义特别地提出来，指出形式意义对于翻译所造成的潜在或现实的障碍。这无疑是为翻译研究拓宽了视野，从此人们对于翻译的认识更加全面，对于一些不可译的现象也可以从理论的高度给出满意的答复了。系统功能语法的另一个特点是功能，强调语言与现实世界的关系。语言的功能是描写世界，而这种描写是通过语言来实现的。这是语言（form）与实体（substance）之间的关系。语言的功能特点与翻译的关系是，两种对译语言覆盖现实实体的情况千差万别。说两个词对等，说两种语法现象对等，这仅仅是在某一个特定的语境中的情况，从绝对意义上分析，语言覆盖现实实体的情况是不会完全一样的。这从另一个方面证实了语境意义不能代替形式意义，不能认为因为在某个语境当中两个词可以互为翻译对等词，两种语法现象可以有相同的功能，就理所当然地认为这两个词或这两种语法现象在任何情况下都是完全对等的。

卡特福德举出了许多例子来证明语言是系统，翻译对等词的形式意义与语境意义是不对等的以及形式与实体的关系。

例一：英语 I have arrived 与俄语译文 Ja prišla 的形式意义分析。

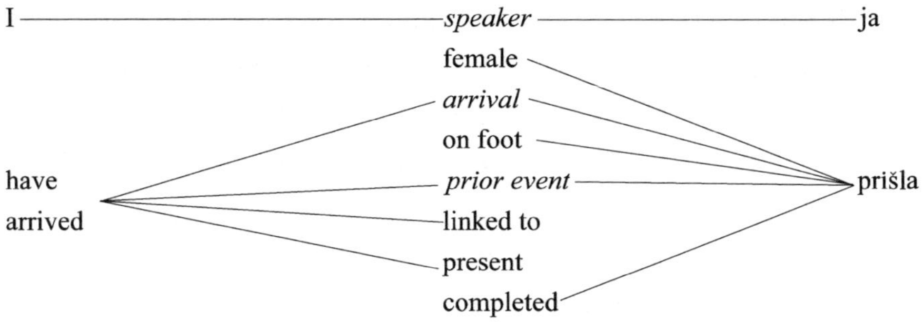

这个例子看似很小，却形象地说明了形式意义与语境意义的关系，说明了即使在语境意义完全对等的情况下，形式意义也是不可能完全对等的。

这两句英俄对译的句子表达了“我来了”这个语境意义。应该说在语境意义上，这两个句子可以说是完全对等的。以前的翻译研究到此为止，卡特福德则深入一步，进而着手分析形式意义。事实上，只有分析形式意义，才能真正看到语言的本质特点，才能全面地看清翻译对等词之间的关系。这样一分析，语言之间的不对称就凸显出来，从而人们对语言本质的认识也随之深化了。这两句看似“完全对等”的句子，只有三处是一样的。第一，说话人“我”；第二，“来”；第三，这是一桩已经发生的事件。除此之外有许多不同的地方。第一，俄语 ja 清楚地表明说话者是女性。这实际上折射出英语和俄语人称代词支系统的区别。俄语有性的区别而英语则没有。第二，俄语动词 prišla 具体说明来者是步行来的，没有乘坐任何交通工具。而英语对等词 arrive 含义广泛，不管是步行，坐汽车、火车、轮船，还是乘飞机，都可以用 arrive 表达。这实际上反映出 arrive 和 prišla 在各自语言的词汇系统中所占有的地位并不一样，或者说这两个词（form）在各自语言中覆盖的实体（substance）大小是不尽相同的；英语 have arrived 说明这个动作与现在的情况有联系，这是英语现在完成时的定义使然，是英语时态支系统的具体表现，而俄语 prišla 则与现时无关。两者的区别实际上折射出俄英两种语言在时态（tense）和体（aspect）支系统上的差异。最后，prišla 表示该动作已经完成，而 have arrived 则更强调与现在的联系。这同样是体支系统不同造成的区别。

例二：应答支系统区别。卡特福德举出了英语、日语和法语肯定回答和否定回答支系统为例，生动地说明了这种区别。

<table>
<tr><th></th><th colspan="2">Question Situation</th><th>English</th><th>Japanese</th><th>French</th></tr>
<tr><td>Did you? I did.</td><td>+</td><td>+</td><td rowspan="2">yes</td><td>hai</td><td>oui</td></tr>
<tr><td>Didn’t you? I did.</td><td>-</td><td>+</td><td rowspan="2">iie</td><td>si</td></tr>
<tr><td>Did you? I didn’t.</td><td>+</td><td>--</td><td rowspan="2">no</td><td rowspan="2">non</td></tr>
<tr><td>Didn’t you? I didn’t.</td><td>--</td><td>+</td><td>hai</td></tr>
</table>

不难看出，中文的应答支系统与日语比较接近。这可能和中日两种语言的渊源有关。显然，在翻译过程中，若要翻译“你昨天没去北京吧？”“是的，我没去。”这类问答句，中日互译要远比中英、中法翻译容易。这种难易程度上的差异，说到底是语言的系统差别造成的。

卡特福德确定在语言是一个独立的系统的基础上，将翻译分为完全翻译（full translation）和部分翻译（partial translation）、整体翻译（total translation）和有限翻译（restricted translation）。在有限翻译里面，翻译在四个不同的层次上进行，分为：音位翻译（phonological translation）、字位翻译（graphological translation）、语法翻译（grammatical translation）和词汇翻译（lexical translation）。

对于卡特福德翻译理论的研究，一般集中在所谓的层次转换（level shift）上，用以解释一些常见的翻译现象。比如，英语说：He is a teacher. 将这个句子变成疑问句需要将主语和谓语动词改变位置，写成 Is he a teacher? 而汉语将“他是老师”变成疑问句，需要在句子后头加上语气助词，写成：“他是老师吗？”又如“白房子”，法语却要说 une maison blanche，将形容词后置。英语 The man who came to see you yesterday is here again. 翻译成汉语是：“昨天来找你的那个男人又来了。”将原文的从句 who came to see you yesterday 转换成了词组“昨天来找你的”。卡特福德对于词汇翻译说得很少，其原因不难想象。词汇是一个开放支系统，不像代词支系统、时态支系统、冠词支系统以及上面介绍过的问答支系统，是个封闭的系统，加到一起不过四五种情况，便于分析、研究，让读者看了一目了然。但是，一些研究卡特福德的学者发现，卡特福德对于翻译研究最有价值之处，莫过于利用他的语言系统论去分析词汇，研究两种对译语言词汇的差别，从而在理论上打破“对等词绝对对等”的观念。这对于翻译的指导作用应该说是功莫大焉。

卡特福德对于翻译对等词下的定义是，始发语与译入语的文本或词项如果要对等，那么这两个对等物各自所指称的实体中的（至少）一些特征相吻合。言外之意是，翻译对等词所各自指称的实体完全重合是不可能的。这儿所说的实体特征包括所指意义和语法意义两个大的方面。所谓语法意义是指对译的两种语言的所谓形式意义。语法意义有时会出现空缺的现象。比如，一幅画叫《骏马奔驰》。中文在语法上是没有单复数这个“意义”的，中文和具有单复数的英语之间就不完全吻合，在翻译这个画名的时候就会发生问题。译者必须先了解画中是一匹马还是一千匹马，然后才能决定究竟是翻译成 A horse gallops，还是 Horses gallop。又比如 book 与“书”。它们是翻译对等词，比如在 I bought a book yesterday 与“我昨天买了一本书”这样的对译句子里，因为它们共同指向现实世界中“书”这种事物，用卡特福德的术语来阐述，就是两者所指称的实体特征（这儿是所指意义）吻合，是理想的翻译对等词。这种情况往往会造成一种误会，好像所有的对等词都是完全对等的。其实不然。大家都知道，book 的定义即它的概念意义是 number of sheets of paper，either blank or printed，bound together with a cover。而汉语对等词“书”的定义，即它的概念意义却是：“用文字、图画或其他符号在一定材料上记录知识、表达思想并形成卷册的著作物。”两者最大的区别在于，中文的“书”必须是印上字的，而英文的book指称的实体既可以是印上字的也可以是空白的。因此，book除了“书”之外还可以是“本子”。

从语言学的角度去研究，特别是根据卡特福德的理论，我们平时所说的翻译对等词，其实是所谓的语境对等词（contextual equivalents），是语境意义的对等，也就是建立在一定的上下文当中的对等词。我们在翻译研究中往往忽视了词的概念意义（conceptual meaning），而且往往把一个词的语境意义误以为是这个词的概念意义，并在这个基础上建立起对等词完全对等的错误印象。我们翻译当中举不胜举的误译，或者僵硬、词不达意的翻译，最后往往可以追溯到这个根本的原因上。

我们下面通过一些实例来具体说明如何利用卡特福德语言是一个系统的观点，分析翻译对等词貌似相等其实不完全对等的特点，并以此指导翻译，从而更加深刻全面地了解卡特福德的意义。

例三：张好生副市长要求做好市场供应工作。

原译：Vice Mayor Zhang Haosheng demanded (requested) the officials to do a good job in market supply.

打开词典，“要求”词条下给出的翻译对等词首先就是demand与request。应该说在某些上下文中这两个词自有它们的用处。然而在这个上下文中，无论是demand还是request都是不合适的。若用demand，语气嫌重了一些；若用request，语气又嫌轻了不少。这儿是上级对下级的带有一定强制性的指令，比较合适的词是urge：to beg or persuade with force。

例四：昨天，和平区拆除了一批违章建筑。

原译：Some sheds and kiosks which had been erected in violation of the relevant regulations were dismantled yesterday in Heping District.

这儿用dismantle是不正确的。dismantle是to take a machine or article to pieces，即有拆而无除的意思。正确的词应该是demolish，这个词的意思是：to destroy，pull or tear down。

例五：4月18日，三辆面包车为蓟县人民送去了数千册图书。

Three vans sent thousands of books to the people of Jixian County on April 18.

把“送”译成send是中国学生常犯的一个错误。几十年前就有人撰文深入地探讨过这个问题。几十年后的这个例子再次说明，这个问题还远远没有解决。“送”与send之间一个最大的区别在于，一般情况下，“送”的人随被送的人或物同行，如“我送你回家”，“把这样东西给张先生送去”。而send则不然，是让别人去送，而真正送的人则留在原地不动。如I sent a letter to Mr Zhang，这儿说话者并没有随着信而远行。

例六：For the rest, the occasional exploratory shafts and trenches must suffice.

原译：对于剩下没有挖掘的，偶尔挖条竖井横沟勘查勘查也已经足够了。

这儿的语境是：阿拉伯人发现地下藏有无数古迹，但是经费紧张，无法逐一挖掘，于是引起作者这一番感叹。译者根据上下文看出了这儿的must不能翻译成“必须”。于是他纯粹从语境出发，从中文表达通顺、流畅出发，想当然地将原文翻译成了现在这个样子。如果他学习了卡特福德的翻译理论，认识到语言是各自独立的系统，对等词之间实际上是两个不同系统之间的对话，对等词是不可能完全对等的，也许他就会去查原文词典，研究一下must这个词的概念意义。于是他也就不会那样去翻译了。must的概念意义除了“必须”之外还有to do，in spite of unwise or unwanted。Example：Must you shout so loudly？（你非得这样大声嚷嚷不行吗？）这儿取的是to do, in spite of unwise之义：明明知道这样有选择地浅挖而止对于考古研究是不明智（unwise）的，但是由于经费有限，明知不妥，也不得不这样去做。结合上下文可以改译成：“对于剩下没有开挖的，只得偶尔挖条横沟竖井勘查勘查罢了。”

例七：One morning a few years ago an envelope arrived from my parents containing the bill from New Rochelle Hospital for my delivery, in 1953.

这个例子，有不少人将envelope照字面意思翻译成了“信封”，全句成了：“几年前的一天上午，我收到了父母寄来的一个信封，里面装着1953年我在新罗切尔医院出生时的医药费账单。”这样的译文，给人的印象好像信封里面没有别的东西，只有一张账单。问题出在英语的envelope与中文的“信”和“信封”的关系上。中文的“信”可以包括信纸以及信纸之外别的东西。比如我们可以说：“我收到一封信，里面有稿件录用通知书。”这样的意思，英文就不能说：“I have received a letter which contains a notice of acceptation of my contribution.”也就是说，英文想表达“信”的意思，如果信里只有信纸，可以用 letter 来表示，而如果里面另外还装了别的什么东西，就不能再用 letter 了。要用别的方法，如这一句的 envelope 等等。上面这个句子，完全可以翻译成：“几年前的一天上午，我收到了父母寄来的一封信，里面装着 1953 年我在新罗切尔医院出生时的医药费账单。”中文的“信”里面是可以装点儿别的东西的。

下面这个例子选自《1997 年美国最佳散文选》中的《东北特快》(“Northeast Direct”)。故事讲的是一位作者在火车上邂逅一位正在读自己作品的读者。两人前后排坐着。作者几次想与读者攀谈，但是碍于面子以及其他的考虑，一直未能开口说话。这时，正好读者去前面一节车厢打电话，于是作者乘机伸出头去，想了解一下读者是在哪儿买的书。不料，读者偏偏在这个时候回来了。

例八：I'm dying to know the name of the bookstore he's been to, and I kind of arch upward, over the back of the seat in front of me, to see a flossy store bag when just as suddenly he's on his way back and he's eyeing me again, I squirm under the psychic weight of these circumstances, though now also from the guilty fact that I'm so nosy. I pretend I am stretching, looking this way and that, rotating my neck — such uncomfortable seats, wouldn't you say?

文中有 squirm 一词，查 squirm 一词做不及物动词解释时，有一本英汉双语词典给出的翻译对等词是这样的：“1. 蠕动；蠢动。2. 折腾；辗转反侧地不安，觉得不好意思。”这样的定义，并没有将 squirm 的概念意义全部说出来，因此无论用哪一个都是不合适的。如上所述，一个词的概念意义只有通过查原文词典才能查到。原文词典给出的 squirm 的概念意义是 twist of the body as from discomfort，shame and nervousness，用在这儿真是妙不可言。twist of the body 不一定是“蠕动、蠢动、折腾、辗转反侧”，可以泛指身体位置的变化。再来看 squirm 的原因。作者一开始的 squirm 是出于紧张（nervousness），以为读者发现了自己在偷看他的东西，这种做法与自己作家的身份很不相称，很丢面子，因而感到惴惴不安；接下来继续 squirm 则是出于不好意思（shame），怨自己太爱打听别人的事了。但是作者马上就镇定了下来，接着原来的动作，顺势装模作样地伸伸胳膊扭扭脖子。作者之所以可以装模作样（pretend），做得天衣无缝，是因为 squirm 这个动作，还可能是不舒服（discomfort）引起的。可以断定，同车旅行的那位读者最终也不会看出破绽来，他还真的以为作者是火车坐久了感到不舒服而在那儿 squirm 呢！根据 squirm 的概念意义，我们试译如下：

我太想知道他到底是去了哪家书店了。于是我便微微弓起身子，探过面前的椅子背，去看那只光泽夺目的购物袋。没想到这时他突然回来了。他又一次地盯着我看。我忙不迭地缩回身子，是出于此时此地的心理压力，也是出于羞愧，感到自己太爱打探别人的事情了。我于是顺势装模作样地伸伸胳膊扭了扭脖子，这边看看那边瞧瞧——这椅子坐着太不舒服了，您说呢？

例九：When the quarrel was made up... and Guido was sincerely repentant, was as nice as he knew how to be when the music has stopped and his mind was free to think of Robin once more... I asked him how he liked the music.

译文：争吵结束了……基多诚心诚意地认了错。音乐一停，他又恢复了他一贯的忠厚，心也能用到罗宾身上了。这时，我问他这音乐怎么样。

原文前边并没有说基多、罗宾发生过争吵，译文中出现的“争吵”显然是对 quarrel 词义的理解出了偏差。quarrel 尚有 occasion of complaint against person or his action 的意思。联系上下文，不难看出，这个词用在这儿是非常贴切的。罗宾此前确实对基多表示过不满，嫌他一门心思听音乐，不陪他玩。quarrel 意思是他俩闹别扭而已，离争吵还有很大距离。在这样理解的基础上，正确的译文也就随之而来了。

改译：一曲终了，基多的思想又能自由地思考，又能想起罗宾了，这时他由衷地表示后悔，并尽其所能地对罗宾好，两个小孩子又和好了……我问基多那音乐怎么样。

例十：He had preferred to say that he would think about it. And now he was asking our advice.

译文：他说让他考虑考虑。现在他来征求我们的意见了。

now 是个再熟悉不过的英语单词了。但是，不是每个人都清楚 now 和“现在”的区别到底在哪儿。now 除了有“现在”的意思之外，还有 in the time immediately to follow 的意思。也就是“紧接着的一段时间”，这个解释，用在这儿正合适。译文完全可以因此而改写。

改译：他说让他考虑考虑。于是他便赶紧来征求我们的意见了。

例十一：I could put my head up into a trapdoor ventilator and stand up straight.

译文：我只能将头伸到气窗里才能站直身子。

一位美国友人到自己的出生地中国天津旧地重游，坐上一辆公共汽车。汽车为中国人设计，车顶比较低，这位外宾上车后无法站直身子，于是便发出了这番感慨。译文“只能”是从 can 的对等词“能够”并参照上下文衍生出来的。译者也许想，can 这个词我还不认识吗？事实上，can 绝不仅仅等于汉语的“能够”。原文词典给出的定义对等词中适合于这个上下文的是 feel inclined to，用在此处恰到好处。处在这种状况下的外宾是想从气窗里将脑袋伸出去，以便站直身子。而且用 can 还表示尽管想做某事，但是由于当时的客观条件或主观顾忌，最后并没有付诸实施。

改译：我真想将脑袋从气窗里伸出去，好站直身子。

以上，我们讨论了如何利用卡特福德的系统功能语法翻译理论来指导翻译实践的问题。应该指出，一些有经验的翻译工作者，也会对译文做类似的修改。然而，他们的修改，往往是建立在语境的基础上，更多的时候是凭经验、凭中文语感，缺乏理论的支持，有很大的主观性，有时是很不可靠的。而卡特福德的理论，从语言是各自自成体系的系统出发，从理论的高度，阐述了“对等词不对等”的理论，为我们准确把握词义提供了有力的理论武器，也为我们提高翻译质量打下了扎实的基础。如果说语义学翻译理论告诉人们怎样去分析翻译对等词之间的细微差别的话，那么，系统功能语法翻译理论则从更高的层次上向人们展示了为什么翻译对等词会有这些差别。

第四节　翻译的语用学研究

语用学是语言学的一个分支，是综合语言学、哲学和社会学各门学科，在此基础上发展起来的。具体而言，语用学是符号学的一个分支，专门研究自然语言表达式和这些表达式在具体使用当中的关系，研究语言符号和使用者之间的关系。语用学这个词是莫里斯 1938 年在他撰写的关于符号的一般理论的著作中首次提出来的。符号学的另外两个分支是语义学和句法学，我们已经在上面两节介绍奈达和卡特福德理论的时候分别做了介绍。本节专门介绍语用学翻译研究。

语用学和语义学与句法学的关系，推而广之，语用学和社会语言学的关系，一直不是十分明晰。语用学和语义学的边界更加显得模糊。正因为如此，语用学也一直没能成为一门独立的学科。换一个角度说，也正因为语用学和其他相关学科有着千丝万缕的联系，它有着比较广泛的研究领域和应用范围。目前人们比较感兴趣的研究领域有：指示词（deictic expressions）、主题化（topicalization）、主位和述位（theme and rheme）、预设（presupposition）、言语行为（speech acts）以及基于格赖斯的会话原则（maxims of conversation）理论而进行的会话分析（conversation analysis）等等。

下面，我们先来简单地就语用学涉及的一些领域如何与翻译研究相结合，分别加以阐述：

一、指示词（deixis）

指示词包括话语指示词（discourse deixis）和社会指示词（social deixis）。

话语指示词表示话语中的空间关系与时间关系。在不同的语法系统里，它们之间并不存在一一对应的关系，因此颇具研究价值。比如，英语话语指示词 this/that 是个两位体系，与之相对应的，在西班牙语中却是个三位体系 este/ese/aquel，分别表示离说话者近、离听话者近、离说 / 听话者远；在北美西北部的 Tlingit 语中，表达同样的空间关系的却是一种四位系统。不言而喻，在这样的情况下，要在这几种语言之间翻译话语指示词是会有一定困难的。有的时候，尽管两种语言的话语指示词在数量上完全一样，但翻译起来也不是那么容易。比如英语和汉语，英语的 this/that 与汉语的这 / 那初看之下好像完全对应，其实却并非如此。比如：

"I saw him yesterday." In that sentence we used the past simple tense.

"I saw him yesterday." 在这个句子里我们用了一般过去时。

英文中的 that 翻译到中文变成了"这个"。

社会指示词包括代词、敬语、呼语等。林书武指出，"爷""妈""妹"的译法就属于社会指示词研究范围（林书武，1994）。当然，除此之外，还有许多别的题目可以研究。汉语代词"咱们"与"我们"的区别，敬语中的"您"如何英译，法语 tu/vou 与汉语"你 / 您"的相同与相异处，天津方言中的"您啦""大爷""大娘"和上海方言中的"爷叔"的翻译，都是很有研究价值的题目。

二、会话隐含意义（conversational implicature）

会话隐含意义是会话分析的一个子课题，系指会话双方根据某些"合作原则"，可以从字面推断出来的意义。会话的隐含意义有不少值得探讨的内容。比如：（一）是怎样一种大脑机制使读者从表层话语结构推断出话语中的隐含意义，如何翻译才能够译出这层隐含意义；（二）隐含意义明晰化的可能性、必要性与局限性；（三）隐含意义的定义。Peter is sick 一句中，Peter is my son 是隐含意义，而 Peter has brown hair and is six year old 在这个上下文中则不是隐含意义，这种认识，无疑对翻译中增词的把握很有帮助。以上这些我们在翻译中都应该注意。

三、预设（presupposition）

人们在会话时，必然要对会话对象、环境等诸多方面进行一系列的预设，舍此会话便难以成功。比如，饭桌上有人说：Where is the salt？说这句话起码要有两个预设：一是说话者视野之内没有盐；二是他认为听话者可能知道盐放在哪里。译者与语言研究者还要研究原文的预设与译文的预设是否一致。如果不一致，如何在译文中采用种种语法的、词汇的手段进行补偿。

四、言语行为（speech acts）

言语行为是指对语段（utterance）在言者、听者的行为上产生的影响所进行的分析，不仅研究话语本身，即所谓言中行为（locutionary act），还要研究言者意图，即所谓言外作用（一译“施为作用”，illocutionary force），还有话语在听者身上所发挥的作用，即所谓言后作用（一译“成事作用”，perlocutionary force）。

有人将言语行为分为指令（directive）、承诺（commissive）、表情（expressive）、宣告（declarative）等几种类型。译者在理解原文的时候，要透过字面辨认原文言语所具有的施为作用，不要为字面所迷惑。比如，售货员见到顾客往往说：Is there anything I can do for you？或者简单地说一个词：Yes？这里面的施为作用要远远大于它的字面意思。如果没有辨认出其中的施为作用（这两句话中含有表示欢迎的表情行为），而照字面直译成“有什么事我可以为您效劳的吗？”或“是吗？”，那恐怕就会贻笑大方。这两句含有表情施为功能的句子似乎应该译作“您要点什么？”“您来了？”才能达到言语行为上的对等。

当然译者同时还必须考虑成事功能，即话语在译文读者身上可能产生的影响。译者认出了原文语段中的施为作用，并不等于他已经完成了任务。如若忽视了成事作用，他已经付出的劳动可能会前功尽弃，甚至会造成误会。这方面的问题主要出在汉译外上。比如，在一次欢迎德国籍客人的宴会上，中国主人让德国客人“慢慢吃”，说这句话的原意是想起到一种表示客气的“表情”型施为作用，席间的中国陪客想必辨认这种作用不会有什么困难。但是如果照字面直译过去，非但这种表情功能根本无法传达，而且这个语段会带上一种“指示”型施为作用（directive），因为在德国文化里，让人“慢慢吃”是家长对孩子的一种训诫。

以上所举仅仅是一些简单而且显而易见的例子。在实际翻译过程中，译者碰到的情况远比上述诸例复杂。因此无论是准确地辨认原文的施为作用，还是将施为作用不打折扣地传达给译文读者，以期在他们身上产生相应的足够的成事作用，都绝非易事，值得译者进一步研究探讨。

国内外有不少学者运用语用学理论来研究翻译，其中影响比较大的应该是格特（Ernst-August Gutt）所从事的关联翻译理论研究。严格讲起来，格特的翻译研究，不完全是语用的研究。除了语用理论之外，格特还运用了基于认知理论的关联理论。当今多学科互相渗透、互相印证、互相交叉的情况下，一种翻译理论往往有好几个母论。格特的翻译理论也不例外。

格特巧妙地将语用学和关联理论结合起来，揭示了翻译的本质特点，让人们得以从一个全新的角度对一些问题有了正确的认识，比如直译和意译。

语用学的一个基本思想是一个词、一个句子的意思是在使用中确定的。比如有这么一个句子：

We are about to close.

从语义的角度分析，这个句子的意思再简单不过："我们这就打烊了。"但是在实际使用过程中，问题似乎远非如此简单。在不同的听者的耳朵里，这个句子可能会有迥然不同的含义。对于一个准备进餐馆吃饭的顾客而言，这句话的隐含意思是："对不起，请明天再来。"同样一个句子如果是说给好朋友听的，隐含意思就变成了："等我一会儿，咱们一块儿走。"

格特认为翻译同交际一样，是一个推理的过程，上文提到的那位顾客和朋友要正确理解 We are about to close，都要进行推理。推理依赖于每个人的认知环境（cognitive environment）。正因为每个人的认知环境都是不一样的，所以，人们在使用语言的时候才会对同样一句话经过推理作出不同的解释。

要了解认知语用翻译理论，还要知道人类认知必须遵循的一条原则，即最大最小原则（minimax principle）。也就是说，每个人都想花最小的处理努力（minimum processing efforts）获得最大的语境效果（maximum context effects）。一件简单的事情，你花了不少时间费了好大的劲才讲清楚，这样就违反了最大最小的原则，这样的交际无疑是失败的。翻译也是这样。本来原文一个非常简单的情节，由于语言文化的障碍，翻译过去之后句子变得很是复杂，读者需要反复琢磨才能弄明白里面的意思，这样的翻译也同样是不成功的。必须指出的是，最大最小是个相对的概念，花的力气的大小和取得的语境效果的好坏是相比较而言的。

语用认知理论是一种极富解释力的理论。它可以对翻译界为人所熟知的一些概念重新作出解释，有助于人们对翻译的认识进入一个新的领域或层次。

语用认知理论认为，"意义""功能"并不如人们想象中的那样是个常量，而是个变量。同一句话，言者可以在他的潜在的认知环境内试图让听者作出不同的解释；同样，听者也可以在自己的潜在认知环境内对同一句话作出不同的解释。翻译成功的关键是译者了解读者的认知环境。

先来观察一下意义的不同解释。比如，“江南”“塞北”，好像意义是固定不变的，我们在翻译的时候，只要将它们分别翻译成 the south of the Yangtze River, the north of the Great Wall 就行了。其实问题并非如此简单。一位读者在他的认知环境中没有在中国生活的经验，是不能确切地了解这两个词组的丰富内涵的。也有人说，只要在后面加一个注解，问题就迎刃而解了。比如，说一下“江南”是鱼米之乡，气候是如何宜人，文化是如何发达，物产是如何丰富；说一下塞北是如何荒凉，是如何人烟稀少，土地是如何贫瘠，等等。事实上，只要你没有去过那两个地方，那么你对于它们的理解永远是肤浅的、不全面的，甚至有时是不准确的。人人都说家乡好，如果拿客观标准去衡量，肯定是有差别的，之所以人人都认为自己的家乡是最好的，是认知使然。

再来看一下隐含意义（implicature）的理解。比如 He eats like a pig。首先，要使译文读者获得和原文读者一样的反应，译文读者对于“猪”这种家畜的寓意理解必须是一样的，也就是说，原文读者和译文读者应该具有一样的认知环境。如果在译文读者文化里，“猪”是受人尊重的动物，那么，直译是达不到应有的效果的。那么，隐含意义应该如何去翻译呢？有人比如奈达主张用解释性翻译的办法，比如将 He eats like a pig 翻译成“他吃得很多”。问题是隐含意义是没有穷尽的。还以这句话为例，它可以是“他吃得很多”的意思，但是同时，它还可以表示“他吃相难看”“他咀嚼声大”“他吃得贪婪”等等。简而言之，隐含意义是不确定的，也是无穷尽的。要根据上下文来确定，要由读者自己去理解。当然，理解的前提是译文读者应该具备与原文读者一样的认知环境。以前，翻译词不达意，人们总是责怪译者，认知翻译理论揭示了问题的另一个侧面，提醒译者，我们在翻译时，也应该充分注意读者的认知环境。改善读者的认知环境，也许比改进译文更加重要。

语言功能也是一个变量。有人认为，翻译的信息功能永远是占第一位的，不翻译内容还算是翻译吗？事实上，世界上存在着体裁不一、目的不同的各种各样的翻译。语言的各种功能比如信息功能、美学功能、祈使功能等等，它们在某一种体裁某一种目的的译文中的相对地位是不确定的，不能认为信息功能永远是第一位的。比如诗歌的翻译，有的学者提出了音美、形美、意美的翻译主张，这实际上已经把信息的地位贬到了第三，而把音韵、形式提升到了至关重要的位置上。这样提是有道理的。诗歌要是没有了工整的格式、悦耳的韵律，只有故事情节，那么诗将何在？

从某种意义上说，语言各种功能的地位是平等的，在翻译某一种文章体裁的时候，某一种功能会上升到第一的位置上。没有一种功能的地位可以永远保持第一的位置。

译文生硬、不自然（unnaturalness）也是译界经常议论的一个话题。一般的解释是，这种现象的出现往往是由于原文的干扰或者译者掌握译文语言不够熟练，结果是让译文读者白白费了不少无用功。但是这也不能一概而论。从语用认知的角度观察，有时，一些不“自然”的译文，尽管读者多费了点劲，却获得了相应的更大的语境效果。而这恰恰是原文作者试图通过这种不“自然”的句子结构传达给读者的。反之，如果不顾原文作者的意图，一味使之简单化、“自然化”，那反倒不忠实于原文了。比如狄更斯的《艰难时世》一开始的几句：It was the best of the times; It was the worst of the times... 若译成“这是最好也是最坏的时代”，自然倒是自然了，但是原作者企图通过这种矛盾修辞法传达的语境效果却是丧失干净了。

语用认知翻译研究突破了语言内部研究的限制，将研究的范围扩展到了社会中，研究语言在使用中出现的种种有趣的现象。一些固有的观点和概念受到了严峻的挑战，引发了人们对翻译现象的新的思考。从语义学的研究到功能系统研究一直到语用认知翻译研究，学界对翻译现象的认识在不断地深化，视野不断地拓宽，人们对翻译本质的探索也不断取得新的成果。

第五节　翻译的语篇分析研究

翻译研究以前一直以句子为最大翻译单位，翻译研究也一直封闭局限在句子范畴之内。无论是奈达还是卡特福德的研究基本上都属于这种以句子为对象的研究。中国的翻译研究，受国外语言学的影响，在 20 世纪五六十年代也一直信奉句子至上的理论，并在理论上对这种做法进行阐述。这种现象持续了很长一段时间。一些影响很广泛的翻译教科书，比如张培基的《英汉翻译教程》，便带上了这种研究方法的烙印。随着语篇分析研究的兴起，人们将视野从句子拓展到了上下文以至整个语篇。语篇分析研究从理论基础上讲，与认知语言学有着深厚的渊源关系。很久以来，结构主义语言学遵循的是从下到上的研究方法（bottom up），从词素，到单词，到词组，到分句，直到句子。以boy 这个词为例。首先进行词义分析，用 ANIMATE，ADULT，MALE 这几个区别性特征，得出 boy 的词义是 +ANIMATE，-ADULT，+MALE。然后对含有 boy 的句子中每一个单词做如此成分分析。完成这一步后，进而分析词组、分句，直至句子。这样的自下而上的分析方法是不符合人类认识事物的自然规律的。人们认识自然往往采取的是相反的所谓从上而下（top down）的方法。再以 boy 为例。人们一般不会见到一个小男孩过来，先分析一下他是否男性，是否成人，等等。他首先看到的是一个整体，得到的是一个全面的（holistic）印象。翻译的语篇分析研究也是这样。从整体出发，首先看到的是整个语篇，有一个整体印象，搭起一个整体的框架，然后再在这个整体框架的基础上，逐一分析每一个细节，让每个词在语篇中找到自己的合适位置。

一般认为，语篇结构（textuality）具有七个要素（standards）。它们是：语句黏着性或衔接（cohesion）、语义连贯性或连贯（coherence）、信息度（informativity）、接受度（acceptability）、意向性（intentionality）、语境因素（siuationality）、互文性（intertexuality）。这七个要素互相关联，缺一不可，否则就会导致交际的失败。

语篇分析的一个重要作用是，对于长句的翻译有了更多的考虑角度，有了更加可靠的理论根据。因为有的时候，注意力集中在孤立的一个句子上面，是无法决定应该采取何种翻译策略的。当你跳出句子的框框放眼整个语篇，视野顿时开阔，决策起来便有依据了。下面通过一些翻译实例来说明如何用语篇分析理论来指导长句翻译。

例一：Neither she nor he had entered the house since that drizzly November day forty-seven years ago when the movers had cleared out their furniture, damaging the cane-backed sofa and breaking two plates of Philadelphia blue ware in the process.

如果不看上下文，只考虑中国人的思维方式与表达习惯，这个带有两个时间状语和两个分词短语的长句似乎应该用所谓的“逆序法”去翻译。

译文一：47 年前 11 月的一天，细雨蒙蒙，搬家工人搬走了他们家所有的家具。搬运过程中，弄坏了那个藤背沙发，打碎了两只费城蓝瓷盘。从那天起他与她再也没有踏进那所房子一步。

这个长句，用“顺序法”去翻译其实也是完全可以的。

译文二：47 年来，他与她再也没有踏进那所房子一步。那年 11 月的一天，细雨蒙蒙，搬家工人搬走了他们家所有的家具。搬运过程中，弄坏了那个藤背沙发，打碎了两只费城蓝瓷盘。

脱离开上下文，仅仅从这个长句本身考虑，译评家也许会说，译文一要比译文二略胜一筹。一个重要的原因是这样的译法比较符合汉语一般喜欢按照时间顺序叙事的做法，也比较符合译入语汉语读者的阅读习惯。但是，如果读一下上下文，按照衔接和连贯的要求，上面这个判断也许未必准确。

上文是这样的：

Embarrassingly, Lee felt, his mother had phoned the Jessups and explained how much it would mean to her son if he, on one of his monthly visits from New York City, might come by.

原来，原文中的第一句 Neither she nor he had entered the house since that drizzly November day forty-seven years ago 是解释为何主人公李会感到母亲打电话时的语气很“尴尬”（embarrassingly）的：47 年了，他们从老房子搬走后再也没有回去过。如今突然跟现在的房主提出来要回去看看，不免会有点儿难堪（开始几年，约瑟普夫妇曾几次三番地邀请过他们，而他们未予回应）。译文一尽管比较通顺，但是，这种译法将解释性的话语“从那天起他与她再也没有踏进那所房子一步”（Neither she nor he had entered the house）移到长句末，与解释对象“母亲打电话时的尴尬”（Embarrassingly... his mother had phoned the Jessups and explained）远远隔开，削弱了与上下文的语气连贯和文字上的衔接。从语篇分析角度观察，译文二显然要好多了。

再看下文：

The family, which numbered five then, climbed into a newly bought Chevrolet and drove twenty miles in the rain to the unimproved farmhouse.

译文一由于颠倒了原文的顺序，最后一句是：“从那天起他与她再也没有踏进那所房子一步。”再接这一句：“当时，全家五口人钻进一辆刚买的二手雪佛兰车，驱车 20 英里，冒雨来到了一间未经装修的农舍。”这时第二次出现语气梗阻，从语篇分析连贯和衔接的角度看，是不合格的。尽管仅仅看那个长句，译文一比较符合汉语的表达习惯。然而译文二以“搬家”结句，与这一句“走人”一气呵成，顺理成章。从整体上看，着眼于语篇，通盘衡量，译文二无疑要比译文一略胜一筹。

例二：海伦·凯勒那篇不知叩动多少人心扉的散文 *Three Days to See*（《假如给我三天光明》）是这样开的头：

The most important day I remember in my life is the one on which my teacher, Anne Mansfield Sullivan came to me. I am filled with wonder when I consider the immeasurable contrast between the two lives which it connects. It was the third of March 1887, three days before I was seven years old.

有人译作：1887 年 3 月 3 日，在我差三个月满七岁时，我的老师曼斯菲尔德来到我家。这一天是我记忆中一生最重要的日子。每当我想到前后两种生活无法衡量的巨大变化时，我感到惊奇。

从原文作者的意向性（intentioanlity）来分析，译文有失去重心的问题。原文把 The most important day 放在句首，意在强调，译文将其后移，失去了强调的语势。另外从连贯、衔接的角度观察，有衔接不够流畅的问题。原作者把日期放在长句最后说出，目的是与下一段的第一句话“In the afternoon of that eventful day...”密切相连。译文词序经过更动，也就不再具备这一功能。

例三：A few days later when we were sitting in the garden after luncheon, drinking our coffee, Guido's father, instead of passing with a nod and the usual cheerful goodday, halted in front of us and began to talk. He had a thin brown face...

英文原文的衔接与连贯的脉络是清楚的，“我们吃完饭，喝咖啡”是时间状语，说明事件发生的时间。句子的主要部分是基多父亲的一系列动作：停下，开始与我们交谈，接下来便开始交代基多父亲的长相。在描写基多父亲动作的时候，插进去一个介词短语 instead of，交代了父亲平时的习惯做法。句子结构尽管复杂，但是由于用了时间状语和介词短语，衔接自然、主次分明，而且主要的成分 Guido's father 与下文主语 he 紧密相接，不露破绽。

中文缺乏相应的语法结构去翻译英文。为了在译文中同样做到衔接连贯，需要充分了解汉语的语法特点，并适当地增减词语，以便做到自然衔接，上下文呼应。

根据以上分析，比较理想的译文应该是这样的：

译文一：几天后，我们吃过午饭，坐在花园里喝咖啡，基多的父亲来了。平时，他点点头，笑着打个招呼就走过去了。今天他却在我们跟前停下，同我们攀谈起来。他晒得黑黑的脸庞瘦瘦的……

这里关键是加了“基多的父亲来了”一句，起到了承上启下的作用，为以下译文按照中文的叙事规律即时间顺序叙事展开打下了基础。翻译这句话，遵循衔接连贯的要求，需要注意避免欧化倾向，以译文二为例。

译文二：几天后，我们吃过午饭，坐在花园里喝咖啡，基多的父亲不像平时那样微笑点头问一声就走过去，而是在我们跟前停下来，同我们攀谈起来。他晒得黑黑的脸庞瘦瘦的……

这样的译文衔接上有点瑕疵。“我们喝咖啡，基多的父亲不像平时……”连接显得突兀，也带有一点欧化的味道。不过与下文的衔接还是可以的。而下面这种处理方法，则有点顾前不顾后了。

译文三：几天后，我们吃过午饭，坐在花园里喝咖啡，基多的父亲在我们跟前停下来，同我们攀谈起来。而在平时他会点点头，笑着打个招呼就过去了。他晒得黑黑的脸庞瘦瘦的……

“而在平时……”一句，是补充说明上文的，与下文脱节。这样的译文也是可以从衔接连贯的角度出发加以改进的。

语篇分析还有从主位（theme）述位（rheme）、话语（topic）评论（comment）以及情景–框架语义（scenes-frames semantics）角度进行研究的。总的看来，目前中国学界研究的重点落在了衔接和连贯上。

当然，对七要素中的互文性的研究也比较受到重视。比如有的学者研究中国小说中关于“梦”的描述，试图寻找其中的关系和规律；也有人分析了古典诗歌中对柳树、亭子和饮酒的描写，试图寻找其中的象征意义；也有学者从现代文学作品中的典故出发，试图追寻这些典故与古典小说的渊源关系，等等。

至于语篇构成七要素中除了上面提到的衔接、连贯、互文性之外的其他四个要素，即意向性、信息度、接受度、语境因素，学界关注的相对较少，有些甚至几乎无人问津。对语篇要素的研究不平衡，集中偏向某一两个要素，这是当前语篇研究的一个问题。

另一个问题是，缺乏一种三维、整体的研究。其实，语篇的这七个要素是互相联系、互相渗透、缺一不可的。拿出其中的某一个要素集中研究，而同时将其他要素扔到一边不予理睬，这样的研究是做不全面的。我们不妨试将语篇构成的这七个要素的相互关系概述如下：

首先，每一个信息发出者，无论他是说话还是写文章，都有一个明确的意向，即想达到某一个所谓的目的。为此，他必须用符合语法规则的语句表达出来。同时，他所表达的内容必须是连贯的，不是前后矛盾、词不达意的。一般情况下，语义连贯和语句衔接是一致的。有时出现破坏语句衔接现象，是因为作者的意向在起作用。作者是想通过这种看似跳跃式的语句收到某种特殊的效果，如诗歌，又如意识流小说等等。在这种并不罕见的情况下，语句不衔接的现象并不是语义不连贯所致。意向性、语义连贯、语句衔接这三者的相互作用对于“翻译就是翻译意义”“长句翻译的词序安排”等研究课题也有指导意义。有时原文中某种词序的安排是由作者的意向性决定的，译者若是只考虑语句的衔接，一味“发挥译文的优势”，那就误读了原文作者的意向，从根本上损害了译文的语义连贯性。信息度和接受度是话语与读者之间的一对矛盾。读者的接受度越高，也就是说，读起来越不费劲，话语的信息度相应地就越低；反之，信息度高了，接受起来就困难些。诗歌比小说难懂，内涵深邃，可以用这种理论解释。又比如，奈达提出的动态对等理论，强调的是接受度，是读者的完全理解（complete comprehension），但不可否认的是，在奈达理论指导下译成的《圣经》的信息度降低了。学者们仍然偏爱钦定本《圣经》不是没有道理的。当然，信息度和接受度的比例怎么安排，归根结底，是受作者（译者）的意向性左右的，是通过语义连贯和语句衔接来实现的。信息量大的文本，会给连贯和衔接造成困难，而语义流畅连贯、语句简单衔接顺畅的文本，信息量往往会打点折扣。话语还要受到语境因素的制约。同样一句话在不同的场合出现可以表达不同的意思。比如：

Slow

Children

At Play

如果你是在公路边上的标志牌上看到这句话，那么，它的意思很可能是“慢行，附近有孩童玩耍”。而同样这句话，放到一家弱智儿童医院边上，那意思就会变成“弱智儿童在附近玩耍”。最后，互文性也是十分重要的。一篇文章，前后照应，浑然一体，有着割不断的联系；不同的文章之间也会通过某种意象，如反复出现的梦的形象，亭子、柳树的形象等等来互相借鉴；一个典故也会在小说中不断借用，如西方小说中不断引用的《圣经》、莎士比亚的典故等等。这些都是互文性研究的课题。比如，一篇短篇小说中有这么一句话：She turned and ran lightly after Husky, who had walked on, up the path, leading the reluctant Pongo, who, still barked and strained heraldically at his leash. 这句话是很难译的。不过，同篇小说四页之前，有一段文字描写另一条狗，可以为译好这一段文字提供线索：The little black dog immediately bounded forward in the direction of his reluctantly retreating enemy. He came to the end of his tether with a jerk that brought him up on to his hind legs and kept him, barking, in the position of a rampant lion on a coat of arms. 最后借助于互文性，画线的这部分译成了：“……狗还在叫，以纹章图案上的姿势把拴狗的皮带绷得紧紧的。”

语篇分析研究还有一个问题，是将语篇分析研究的范围无限制地扩大，好像语篇研究可以替代现在所有的研究途径和方法。这种观点，其实折射出“一论统天下”的想法，不适合丰富多彩的翻译现状。语篇研究，顾名思义，应该以篇章研究为己任，而把认知研究、文化研究、主体研究等等分别交给有关的学科去深入研究。各自将自己领域内的问题研究透了，整个翻译研究就会呈现出百花齐放、欣欣向荣的局面。

第六节　翻译的类型研究

在中国翻译研究的历史上，总有人想用一种翻译理论来统领所有的翻译现象，不管涉及的是哪种文体的翻译。实际上，我们面临的是各种各样的翻译。翻译可以有不同的目的和不同的读者，不同的时代也需要有不同的翻译。翻译还涉及不同的文体。一种翻译理论通常是针对某些具体的翻译现象提出的。就拿人们熟知的美国翻译理论家奈达提出的动态对等翻译理论来做例子。奈达提出这个理论，是针对《圣经》翻译中的问题，特别是针对当时译者出于对《圣经》的崇拜而在翻译过程中违反了翻译的原则，采取过于直译的方法，造成了《圣经》译文表面忠实、实际难以达意的现象而提出来的。奈达理论传到中国之后，不少学者试图将此运用到所有类型的翻译中去，甚至有人提出科技翻译也应该以动态对等为标准。这其实是忽视文本类型的反映。

有的翻译理论工作者认识到了文体类型与翻译的关系，把翻译策略同文体类型紧密挂钩，按照不同的文体提出了不同的翻译策略。这中间比较突出、研究成果卓著的是纽马克。纽马克就读者在译者心目中究竟应该占有多大分量这一点上，同奈达有着原则的分歧。纽马克认为，译者应该“根据原文使用的语言种类，力图确定原文读者群的特点，并据此确定给予译入语读者多少注意力（若是诗歌或任何旨在自我表现的作品，我想，这种注意力是微乎其微的）”。在 1979 年冬季号 *The Incorporated Linguist* 上发表的一篇文章中，纽马克明确指出：“在翻译文学名著或重要言论时，译者首先应忠实于原文作者，其次是忠实于译入语，最后才是忠实于读者。”纽马克认为，根据各自的功能，文本主要可以分为：以表达功能（expressive function）为主的文本，如严肃文学、权威言论、自传、散文、私人信件等等，其核心是说话者或作者或话语发出者的思想，他通过这些话去表达情感，而不太在意读者的反应；以信息功能（informative function）为主的文本，如教科书、技术报告、报纸、杂志文章、学术论文、会议记录、会议日程等等，其核心是语言外部的情况，关于某个主题的事实，关于语言之外的现实世界；还有一种功能叫呼唤功能（vocative function），其核心是读者或听者，是一种“号召读者去行动、去思考、去感受的功能”，以此为主的文本包括通知、指示、公关材料、宣传文字等等。纽马克指出，很少有纯信息功能、纯表达功能或纯呼唤功能的文本。大部分文本是以一种功能为主而同时兼有其他两种功能的。不过纽马克着重指出，译者必须首先确定一篇文章是以什么功能为主，或针对这同一篇文章的不同部分确定每一部分的语言功能，从而有针对性地采用相应的翻译策略。

赖斯对于文本的分类更加详细，分析也更加到位。

文本类型	信　　息	表　　达	呼　　唤
语言功能	信息（代表事物事件）	表达（表达话语发出者态度）	呼唤（在文本接受者身上产生感应）
语言性质	合乎逻辑	给人美感	一如对话
文本重心	内容	形式	反应
译文应该	传达内容	传达美感	引起反应
翻译策略	如有需要“白话”解释	“认同”从原作者角度出发	“改动”，取得一致效果

赖斯对每种文本的特点做了如下的分析：

1. 信息文本翻译应该完整传达原文的指称和概念，译者应该使用“平实朴素”的语言；

2. 表达文本翻译应该传达原文的美感和艺术形式，译者应该使用认同策略，采用原文作者的观点和立场；

3. 呼唤文本翻译应该在译文读者身上产生预期的反应，译者应该采用“改动”策略，在译文读者身上引起对等的反应；

4. 音像文本翻译应该采用辅助策略，以视觉形象和音乐辅佐文字。

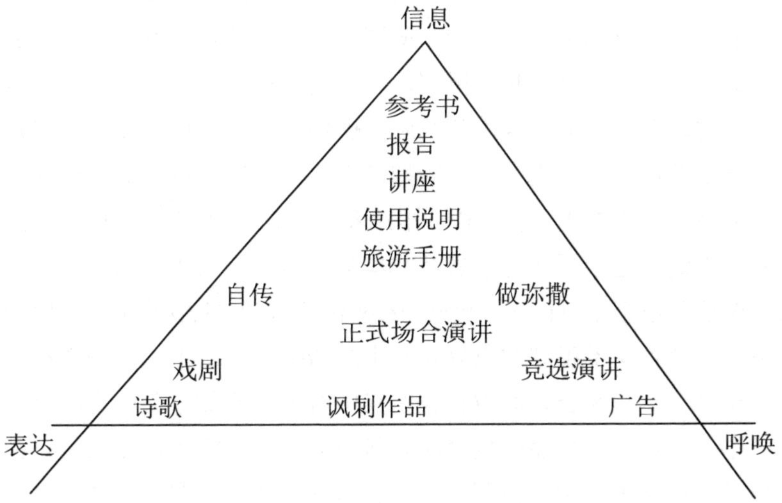

赖斯通过上述图表表达的意思是非常清楚的。不同的文体有着不同的功能，应该采用不同的翻译策略。文本类型的理论成了后来的目的论的基础理论，开拓了翻译研究的领域，打破了翻译研究局限于文学翻译，翻译只有一种理论的局面。从另一个角度观察，文本类型理论的出现也是应运而生的时代产物。没有各国人民交流的日益扩大，没有经济全球化，就没有对于不同文本翻译的客观需求，也就不会有文本研究，以及由此而产生的目的论等一系列新的翻译理论了。以中国为例，改革开放以前，中外交流处于停顿状态，每年到访的外国游客屈指可数，外商在中国投资建厂、开展合作更是闻所未闻。在这种情况下，绝大多数翻译的文本只能是文学文本，其他的如合同、法律、广告、使用说明、旅游手册等文本类型的翻译，十分鲜见。结果是在中国很长一段时间里，一提起翻译就是文学翻译，其他类型的翻译很少涉及，地位堪忧。这种局面，如今有了天翻地覆的改变。人们开始越来越重视文本类型的研究。

文本类型研究，对于翻译研究者有着非常实际的意义。现在的翻译界早已不是文学翻译一统天下。恰恰相反，文学翻译从数量上分析，只占到翻译总量很少的一部分，绝大部分的翻译是在经济、贸易、政治、外交、科学技术等应用领域。我们应该将翻译类型细化，分别认真地加以研究，争取为每一种翻译类型总结出一套翻译标准来。有人提出在翻译实用英语文本的时候，“信达雅”未必适合，根据实际需要，总结出了“看译写”的标准。所谓“看”就是在翻译实用英语文本之前，应该大量“看”说英语的国家类似的文本是怎样写的；所谓“译”就是在“看”的基础上，根据平行文本的格式、语气甚至用词，对原文进行改写，以尽量满足译入语读者的欣赏习惯；最后，实用英语应该提倡“写”，也就是以事实为依据，直接用英语写作。其他文本类型的翻译也应该定出各自的翻译标准，以适应不同类型翻译的需要。言必称“信达雅”的做法显然已经不合适了。

应该看到的是，现在有学者对文本类型研究提出了不同的意见。他们认为，应该用原型学（prototype）来替代类型学（typology）。他们提出的理由是，各种文本类型的边界并非十分清晰。事实上，各种文本类型往往相互交叉，互相融合，你中有我，我中有你。比如，在广告中也许有文学的成分，而在文学作品中也可能有科技的内容，等等，无法将一种文本类型与另一种文本类型完全割裂开来。这种说法有一定的道理，但是，从整体上看，文本类型的区别还是有的。绝大部分情况下，我们还是能够一下子就判断出这是文学、科技文章还是广告。我们不能以文本类型边界不清晰来否认对文本进行分类的必要性和可行性。更为重要的是，文本分类是手段而不是最终目的。我们进行文本分类的目的是在研究每种文本特点的基础上，制定出适合某种文本的翻译理论来。这方面我们还有很多工作要做。

思考题

〔1〕在后语言学时代，你如何理解语言学翻译理论的历史意义与现实意义？

〔2〕如今在某些人看来，语言研究与文化研究似乎是势不两立，特别是认为文化研究在排斥语言研究，甚至想取代语言研究。你如何看待这个问题？

〔3〕关于语义学翻译研究，你觉得除了本章重点探讨的意义的成分分析以及语义范畴、核心句以外，还有哪些语义学理论可以用于翻译理论研究，以促进翻译理论的发展？

〔4〕对卡特福德理论，国内外学界比较关注的是层级转换（level shift）理论，本章阐述了语言系统论对认识翻译对等词不对等本质的作用。除此之外，你认为卡特福德理论还有可以指导翻译实践的其他内容吗？

〔5〕如何理解格特的关联翻译理论的核心内容？

〔6〕如何理解翻译的类型研究的理论价值？

〔7〕何为母论？为什么“母论”的学习对于翻译理论的学习是那么重要？

〔8〕如何理解语篇分析理论对翻译实践的指导意义？

〔9〕你如何看待翻译研究从经验主义的研究转向语言学研究，然后又转向文化研究？你认为翻译研究下一步可能走向哪个方向？

〔10〕语言学翻译研究有哪些局限性？

本章参考文献

林书武，1994，《翻译中的语用意义问题——从某些汉语称谓的英译谈起》，见《中国翻译》，第 5 期，9—11。

Baker, Mona (ed.). 2004. *Routledge Encyclopedia of Translation Studies*. Shanghai: Shanghai Foreign Language Education Press.

Catford, J. C. 1985. *A Linguistic Theory of Translation*. Oxford: Oxford University Press.

Chomsky, A. N. 1957. *Syntactic Structures*. The Hague: Muoton.

Gentzler, Edwin. 2004. *Contemporary Translation Studies*. Shanghai: Shanghai Foreign Language Education Press.

Gutt, Ernst-August. 2004. *Translation and Relevance-Cognition and Contex*. Shanghai: Shanghai Foreign Language Education Press.

Halliday, M.A.K. 1961. "Categories of the Theory of Grammar". In *Word*, Vol.17.

Hatim, Basil & Ian Mason. 2001. *Discourse and the Translator*. Shanghai: Shanghai Foreign Language Education Press.

Leo Hickey (ed.). 2001.*The Pragmatics of Translation*. Shanghai: Shanghai Foreign Language Education Press.

Newmark, Peter. 2001. *A Textbook of Translation*. Shanghai: Shanghai Foreign Language Education Press.

Nida, Eugene A. 2004. *Toward a Science of Translating*. Shanghai: Shanghai Foreign Language Education Press.

——and Charles R. Taber. 2004. *The Theory and Practice of Translation*. Shanghai: Shanghai Foreign Language Education Press.

Shuttelworth, Mark and Moira Cowie. 2004. *Dictionary of Translation Studies*. Shanghai: Shanghai Foreign Language Education Press.

Sperber, Dan and Deirdre Wilson. 1986. *Relevance: Communication and Cognition*. Oxford: Blackwell.

第七章 文学翻译理论

第一节 概述

我国的翻译理论研究，有以文学翻译为基础的传统。把文学翻译作为翻译研究中最主要的考察对象，是因为与非文学翻译相比，文学翻译不仅要准确地传达出原作的基本信息，而且要求译者通过原作的语言外形，深刻把握原作的精神实质，传达出原作隐藏在字句背后的、弥漫在字里行间的意蕴、情致，使译作成为同原作一样富有艺术魅力的文学作品。文学翻译是一个融入了译者思想、感情、理解、想象和审美体验的较为复杂的艺术再创造过程，通过对它的研究，我们能够较深刻地把握翻译活动的本质，对翻译活动的过程、影响翻译的因素、翻译中的矛盾、译者的地位等翻译研究的根本问题有一个较全面的认识。其次，文学翻译研究并不仅仅囿于语言文字转换层面，文学翻译作品具有独立的艺术价值，把它作为文学研究的对象，研究译作在译入语国家接受、传播、影响的事实，研究在翻译过程中两种文化的交流、融合、碰撞乃至扭曲、变形，这无疑大大拓宽了翻译研究的领域，体现了翻译作为人类一种跨文化交流手段所具有的独特价值和意义，也反映了自 20 世纪下半叶以来西方翻译研究的重大转变——翻译研究的文化转向。

在对文学翻译理论进行界定之前，我们有必要先将文学翻译理论和文学翻译活动加以区分。文学翻译活动本身是一门艺术。在这项活动中，译者的任务不是寻找翻译中的规律，而是创造性地再现原作的形象和风格。文学翻译理论研究却是一项科学活动，是对文学翻译活动的实践经验的理论总结和概括，是对文学翻译活动的本质特征和一般规律的系统把握。这种对文学翻译活动及其艺术发展规律进行研究的科学，我们也可以称之为“文学翻译学”。

文学翻译理论的基本特征有以下几点：

1. 科学性。文学翻译理论既然是一门学问，那么，科学性就是它的灵魂。所谓科学性，就是要求它的原理的客观性、概念的确定性、表达的明确性、意义的可证实性。我们研究文学翻译的艺术，探索它的奥秘，就是要在前人研究的基础上，建构适合于我国文学翻译实践的学科理论体系。为此，我们要规范文学翻译理论的基本概念和理论范畴，以加深人们对文学翻译本质的认识，指导翻译实践。

2. 人文性和社会性。文学翻译研究不能像自然科学那样，做到无涉价值和情感，研究成果可以接受任何个体主体的检验和证实，文学翻译研究是一门人文科学，其研究对象本身具有很强的主体性，研究者要注重考察译者的体验、感性和直觉，通过对译者的审美心理的考察来探索文学翻译的本质和基本规律。

3. 实践性。文学翻译研究是一门实践性很强的学科，它的研究直接取材于翻译实践。它的理论与方法来自翻译实践，反过来要能够真正为实践服务。

4. 接缘性。文学翻译研究处在语言学、文艺学、美学、心理学等诸多学科的交叉点上，在艺术与非艺术的交合圆通中生存发展，属于一门典型的接缘性学科。

文学翻译研究是广义的翻译学的一个分支。它的研究对象只限于文学翻译活动本身。它揭示文学翻译活动的本质特征和一般规律，其研究范畴大致包括以下几个方面：

第一，文学翻译的本体论。研究文学翻译的理论观念和翻译过程，探讨文学翻译的本质、特点，揭示我国传统翻译理论的审美观念，探索文学翻译的审美标准，研究文学翻译活动的结构模式、译语形态、翻译过程中的再创造的创造心理等问题。

第二，文学翻译的主体论。研究文学翻译的主体和译者的“自我”表现，包括译者的素质和修养、译者“自我”表现的类型等问题。

第三，文学翻译的风格论。探索原作风格的可译性、风格的翻译与流失以及译者的风格问题。

第四，文学翻译的方法论。辨析中外翻译史上有关的翻译倾向，探索文学翻译的具体程序，揭示翻译过程中带有规律性的东西，为译者提供切实可行的科学的方法原则。

第五，文学翻译批评。探讨翻译批评的基本理论，包括翻译批评的性质、对象、任务、方法，以及批评者的修养等问题。

第二节　文学翻译的基本特征

一、什么是文学翻译?

文学翻译的界说问题，是文学翻译的基本理论问题之一。界说不明确，会引起理论上的混乱和实践上的误导。长期以来，我国翻译理论研究往往不注重翻译的分类，把文学翻译和非文学翻译放在一起讨论，文学翻译的界说不够严密。

文学翻译作为一个独立的概念，最早出现在西方翻译理论里，西方人对文学翻译的界说，往往偏重于把它看作一种创作。西方文学翻译理论的开山祖师、古罗马修辞学家西塞罗提出的“演说家式的翻译”主张对后世影响较大，从贺拉斯到当代的列维、加切奇拉泽，都强调文学翻译是一种文学创作，注重它的创造性、随意性，而忽视它的局限性。

把翻译当成创作的现象，并非西方独有。我国近代翻译家严复在理论上标举“信、达、雅”，但在实践上却“信达”不足，“尔雅”有余，假借翻译来实现自己的创作理想（当然，严复的翻译也有他为了迎合心目中的读者，达到自己的政治目的的原因）。在翻译中加入创作成分，最鲜明的例子莫过于林纾的翻译了。他的译文与原作有出入，但富有创造，至今仍为我国读者称道。钱锺书先生在《林纾的翻译》一文中指出林译的时代局限，同时肯定了林纾的创造性的翻译在翻译学上的意义。

在理论研究上，中西方学者也给文学翻译下过不同的定义。我国唐代学者贾公彦曾指出："译即易，谓易换言语使相解也。"用现代汉语来说，翻译是把一种语言文字转换成另一种语言文字，并不改变它所包含的意义，以达到彼此沟通、相互理解的目的。新中国成立后出版的翻译教科书，例如教育部委托在洛阳的解放军外国语学院编写的我国高校通用教材《英汉翻译教程》指出："翻译是运用一种语言把另一种语言所表达的思想内容准确而完整地重新表达出来的语言活动。"北京外国语学院的《俄译汉教程》的提法略有不同："翻译是把一种语言表达的东西用另一种语言表达出来。"

我们再来看看西方翻译理论家为翻译所下的定义。

英国 18 世纪翻译理论家泰特勒认为："好的翻译应该把原作的长处如此完备地移注入另一种语言，以使译入语所属国家的本地人能明白地领悟、强烈地感受，如同使用原作语言的人所领悟、所感受的一样。"

俄罗斯当代翻译理论家巴尔胡达罗夫指出："翻译是把一种语言的言语产物在保持内容方面（也就是意义）不变的情况下，改变为另外一种语言的言语产物的过程。"

美国当代翻译理论家奈达的看法是："所谓翻译，是在译语中用最切近而又最自然的对等语再现源语的信息，首先是意义，其次是文体。"

英国当代翻译理论家纽马克给翻译下的定义是："什么是翻译？通常（虽然不能说总是如此），翻译就是把一个文本的意义按原作者所意想的方式移译入另一种文字（语言）。"

从以上定义可以看出，无论是在我国还是在西方，有关翻译的界说多半是从语言学的角度去界定翻译的内涵与外延的。这些定义包括了文学翻译，但却没有明确区分文学翻译和非文学翻译，忽视了文学翻译的特殊性。

当然，在中西方翻译界也有专门对文学翻译下定义的，如茅盾给文学翻译所下的定义：

"文学的翻译是用另一种语言，把原作的艺术意境传达出来，使读者在读译文的时候能够像读原作时一样得到启发、感动和美的享受。"

而苏联文艺学派代表人物加切奇拉泽指出：

"文学翻译是文学创作的一种形式，在这里它同原作在创作中要表现生活现实这一功能相似。译者按照自己的世界观反映自己选择的内容和形式浑然一体的原作中的艺术真实。"

这两个定义的积极意义在于，突出了文学翻译的特殊性，强调了文学翻译的艺术性，把文学翻译看作文学创作的一种形式。但这两个定义也有明显的缺陷，如“艺术意境”“艺术真实”这些概念显得空泛而模糊，不能让译者真切地把握翻译活动的本质。因此，我们有必要对文学翻译的界说做进一步修正。

首先，从翻译的对象来看，文学翻译是指文学作品的翻译，也就是说，只有小说、散文、诗歌、报告文学、戏剧和影视作品才属于文学翻译的对象，而文学作品以外的各种文体，如各种理论著作、学术著作、教科书、报刊政论作品、公文合同等，就不属于文学翻译的范畴。（用文学语言写的非文学作品的翻译，也应属于文学翻译的范畴，如尼采、海德格尔用文学语言写的哲学著作，这类作品的翻译应算文学翻译。）其次，从翻译的语言来看，文学翻译所面对的原作是用文学语言写成的，文学翻译也要采用文学语言来完成，文学语言不是一般意义上的仅仅为了达到交际和沟通信息目的而使用的语言，而是一种特殊的语言，是一种诗化的语言，是一种具有美学功能的艺术语言。再就是翻译手段的特殊，文学翻译采用的是艺术手段，带有主体性、创造性。由于文学翻译具有这些特殊性，我们对它的要求也不同于非文学翻译，文学翻译的对象（即文学作品）是用诗化的语言创造的艺术品，具有形象性、艺术性，体现着作家个人独特的艺术风格。所以，文学翻译不是技术性的语言外形的变易，而是要求译者通过原作的语言外形，深刻体会原作者的艺术创作过程，把握原作的精神实质，在自己的思想感情和生活体验里找到最适合的印证，然后用恰当的译语把原作的艺术形象和艺术风格恰如其分地表现出来。

基于以上分析，我们对文学翻译的定义做如下概括：

文学翻译是艺术化的翻译，是译者对原作的思想内容与艺术风格的审美把握，是用另一种文学语言恰如其分地完整地再现原作的艺术形象和艺术风格，使译文读者得到与原文读者相同的启发、感动和美的享受。

我们对文学翻译的概念的界定，揭示了文学翻译的本质属性，即艺术性；肯定了译者在翻译中的主体地位，即对原作的审美把握和审美传达；强调了读者反应是衡量译作标准的重要依据；突出了译作语言的文学性，并且把原作的艺术形象作为文学翻译的对象。因为艺术形象是文学作品最本质的东西，并且是具体可感的，对于文学翻译来说，再现原作的艺术形象和艺术风格是至关重要的，也是可以实现的。所以，我们认为，这样界定文学翻译的概念比较符合文学翻译的实际情况，对文学翻译实践更具有指导意义。

二、文学翻译的艺术本质——审美性和形象性

艺术是一项与人的想象、直觉、情感、经验、理念、思维、意识等心理过程有关的复杂活动，是一种有意识的创造活动。这种活动的对象是现实生活，它用形象来反映现实，但艺术形象高于现实生活，比现实生活更富有典型性。所以，我们可以这样概括艺术活动的本质：艺术是艺术家对现实生活的审美把握。

我们说文学翻译是一种艺术活动，这是因为，首先，从文学翻译的内涵来看，文学翻译是一种译者对原作进行解读、与原作者沟通对话并用译语再现原作艺术美的创造性活动。这种活动本身涉及译者的想象、情感、经验、意识等审美心理过程，并且带有创造性，这一点与艺术活动是十分接近的。再者，从文学翻译的对象来看，文学翻译活动的对象是文学作品，而文学作品是作家对现实生活的审美把握，是艺术创作活动的产物，这就是说，文学翻译是在和艺术活动的产品打交道，归根结底还是一种艺术行为，只不过是一种要受原作制约的特殊的艺术行为罢了。

文学翻译的艺术性主要体现在以下两个方面：

第一，文学翻译是审美的翻译。所谓审美，是一种思维方式，是一种富有诗意的思维和体验的方式。我们说文学翻译具有审美性，这是因为，首先，文学翻译再现了原作的艺术美；其次，文学翻译是一种创造性的劳动（人们经常把文学翻译称为“再创造”），具有鲜明的创造性，其创造性的程度是衡量它的审美价值的尺度。许多人以为翻译审美的根本在于传达原作的艺术美，而忽视了审美活动的直觉性，即忽视了译者在翻译过程中的审美再创造能力。艺术的本质在于主体的审美创造，译者在对原作进行审美把握乃至审美传达时，已不由自主地掺入了自己的想象、理解和审美体验，把原作的人物、形象、气氛、色彩、语言都情感化了。所以，应该说，文学翻译是译者的审美能力与原作的艺术现实的一种遇合和对话。

第二，文学翻译是形象的翻译。对于译者来说，形象是审美的具体化。我们说文学翻译是形象的翻译，有两层意思，一是指文学翻译再现原作的艺术形象，即生动具体的生活画面；二是指译者所使用的艺术手

段（译语）具有形象性。译者在翻译过程中从感受形象到表现形象构成了一个完整的艺术创造过程。文学翻译的形象性，首先体现于译者的思维方式。译者以原作的艺术现实为审美对象，在观照其中的生活画面以及它的人物、事件、情节、语言、气氛等等细节时，深深地被原作的艺术形象所感动，如临其境，如闻其声，把自我融合于原作里，不自觉地体验原作者营造的艺术氛围，这种思维方式就是形象的思维。译者用形象的思维感受原作的艺术形象，这仅是文学翻译的形象性的一个方面，而最重要、最本质的一面，则是译者对原作的艺术形象的再现。译者再现原作的艺术形象，就是运用形象思维，在透彻理解原作精神实质的基础上，使用另一种文学语言（译语），通过再现原作的形象描写手法来再现原作的艺术形象。艺术形象既出，原作的艺术意境也就随之呈现出来。

以审美的态度来对待产品，是人类劳动的一个基本特征。人类的一切带有创造性的劳动，都存在审美的成分，文学翻译活动也不例外。马克思曾经从人类最基本的实践活动出发来揭示美的规律，他指出："人则懂得按照任何物种的尺度来进行生产，并且随时随地都能用内在固有的尺度来衡量对象，所以人也按照美的规律来塑造物体。"既然文学翻译是一项具有审美性、形象性的艺术活动，那么它的独立的艺术价值的形成也必然离不开审美主体——译者的艺术创造力。文学翻译的创造性是显而易见的，"当在一种语言环境中产生的文学作品被'移植'到另一种语言环境中去时，为了使接受者能产生与原作同样的艺术效果，译者就必须在译语环境里找到能调动和激发接受者产生相同或相似联想的语言手段。这实际上也就是要求译作成为与原作同样的艺术品。在这种情况下，文学翻译与文学创作已经取得了相同的意义，文学翻译也已显而易见不再是简单的语言文字的转换，而是一种创造性的工作。"（谢天振，2003：63）

三、文学翻译的局限性和辩证性

与文学创作相比，文学翻译的一个重要特征，就是它的局限性。

文学翻译的局限性主要表现在译者对原作的依赖。译者的审美与创造活动都是以原作为依托的，他发挥创造的艺术空间是有限的。文学翻译在审美创造上的局限性，也是它的本质特征之一。

文学翻译对原作的依赖性和从属性是不可超越的，它限制了译者的艺术创造的自由度。译者发挥创造的余地很有限，他的创造必须以贴近原作为前提，离开了原作，译者的任何创造都是对原作艺术价值的背离和毁坏。然而，文学翻译的局限性也不是绝对的，而是相对的，译者在有限的艺术空间里发挥“再创造”，在矛盾的对立中寻求统一，这即是文学翻译的辩证法。

翻译的困难在于文学文本的“抗译性”。就本质而言，文学翻译活动是两种不同的语言与文化的对立统一的过程。文学翻译活动充满着矛盾与对立，文学翻译活动中的矛盾对立主要表现为译者的主观愿望与原作的客观现实之间的矛盾。成熟的译者在矛盾的对立中发挥艺术再创造，寻求各方面的协调与平衡，尽最大可能再现原作的艺术形象和风格。同时，文学翻译中存在的矛盾对立也是翻译艺术得以产生与发展的原动力。文学翻译活动是矛盾的对立与统一的过程，译者随时随地都要化解矛盾，在矛盾对立中求统一。实际上，文学翻译就是在各种矛盾的对立与统一中生存与发展的，离开了矛盾的任何一方，文学翻译就不存在了。

文学翻译的审美本质决定了它的创造性，但它的艺术创造受到原作的制约，只能是一种有限的创造，或者称作“再创造”。然而，这种有限的创造却是翻译的艺术得以产生的先决条件。译者以原作为依托，在有限的艺术空间里发挥审美的再创造，在主观与客观、主体与客体的矛盾对立中寻求统一，最终创作出一个新的、与原作具有同等艺术价值的独立的文学文本（译本）。

第三节　文学翻译的审美原则

审美原则问题是文学翻译理论的核心问题之一。非文学翻译强调“准确”，不论是外事外贸还是一般的对外技术合作或文献资料的翻译，恪守准确就足够了。而文学翻译是一项艺术再创造活动，是形象的翻译，审美的翻译。审美活动是带有主观性的，无法用“准确”的标准来把握。但这并不是说审美的翻译没有客观的标准，审美趣味固然与主体的主观爱好有关，无法科学地加以量化分析，但它毕竟是人们在审美活动中所表现出来的审美的倾向性，代表着一定历史时期的审美理想。因此，我们在研究翻译标准的时候，既要考虑它的理论意义，又要注重它的实用价值，即对翻译实践有无指导意义。这一节我们将对我国翻译史上有代表性的翻译原则加以梳理，使读者对我国文学翻译理论研究的发展脉络有一个比较清晰的认识，并在当今各个学科相互交叉渗透的学术大背景下，在翻译学日益取得独立的学科地位的今天，探讨文学翻译应该采取怎样的审美标准才更加具体实用、更加切实可行。

一、中国传统翻译思想回顾

我国的文学翻译活动始于周代，但在当时还处于幼稚时期，没有留下有文字记载的翻译理论。直到汉末大规模的佛经翻译活动开始，我国的文学翻译理论才由翻译的附庸地位逐渐独立出来。

（一）文质之争

“文”与“质”是翻译美学的一对主要范畴。我国的传统翻译理论，原本就是古典文论和传统美学的一股支流，因此，文与质的翻译原则和审美主张是与我国古代的审美理想和文艺思想的辩证结构密切相关的。在我国古代文化思想里，文与质的含义有：

（1）文质并举时，文指的是形式，质指的是内容，两者相辅相成，密不可分，是同一事物的两个方面。这是文质概念的基本含义。

（2）文与质表示两种风格、两种文体，文指文饰、华美，质指质直、朴实。

将文与质的概念运用于翻译理论，最早见于三国时期佛经翻译家支谦的《法句经序》。在这篇序言中，支谦阐述了自己的翻译思想，指出“名物不同，传实不易”，提出了“因循本旨，不加文饰”的翻译主张，这被认为是中国最早的直译理论。

东晋时的道安，继承和发扬了支谦的思想，提出“五失本、三不易”的翻译原则，主张“案本而传，不令有损言游字”。道安充分认识到了两种语言在语法、修辞、文体、行文习惯以及思维方式上的不同，认为“案本而传”只是相对而言，而失本则是绝对的，不失本便不成翻译。道安翻译理论的高明之处就在于他能以得补失，失原作之本，得译作之本，有得有失，得失辩证，体现了翻译的“辩证法”思想。

随着译学的发展进步，译者开始注重原作的艺术形式和文体风格的传达。六朝时期的鸠摩罗什重视翻译的文体，主张“依实出华”，在不失本的前提下尽量再现原作风格，“曲从方言，趣不乖本”，是意译派的代表。

到了唐朝，玄奘主持译经，提出“既须求真，又须喻俗”的翻译标准和“五不翻”的原则。他既不赞同道安等人的直译，也不赞成鸠摩罗什等人的意译，而是主张直译和意译的完美结合。正如梁启超所言：“若玄奘者，则意译直译，圆满调和，斯道之极轨也。”至此，中国古典翻译理论中的文质之争由矛盾趋于统一。

我国古代翻译思想中的文与质，并不限于直译意译之得失，而是传统译学的审美思想体系的一个重要方面。从我国传统译学思想的发展来看，古代翻译家在处理内容与形式的矛盾时，始终把“案本而传”放在首位，在不得不失本时还要设法补救，以求文与质的调和统一。因此可以说，以质为本、文质兼备是我国传统译学的主要审美原则，它奠定了中国翻译理论的初步基础，对中国近现代翻译思想的形成发展有着深远的影响意义。

（二）严复的“信、达、雅”原则

1898 年，我国近代学者严复在《天演论·译例言》里提出“信、达、雅”的翻译原则。他说：“译事三难，信、达、雅，求其信，已大难矣！顾信矣不达，虽译犹不译也，则达尚焉。”“‘言之无文，行之不远’，三者乃文章正轨，亦即为译事楷模，故信达而外，求其尔雅。”“信、达、雅”标准是最早被我国翻译界公认的翻译标准，也是在我国近代翻译史上流传最广、影响最大的翻译标准，一度被“奉为翻译界的金科玉律”（郁达夫，1924：390），成为“译书者的唯一指南，评衡译文者的唯一标准”。

严复的翻译思想与学说的影响是深远的，其对翻译标准的高度概括开了近代译学之先河，“信、达、雅”标准的学术价值在于（参见许钧，1998：4—5）：

（1）从直觉到自觉到自律。长期以来，翻译被认为是一种纯粹的“直觉性”的语言转换活动，译者完全凭自己的直觉、灵感进行翻译，而对翻译中所涉及的因素，对翻译的重重障碍，对翻译的目的与要求，缺乏一种自觉的认识。而严复的“信、达、雅”三难说，突破了这种直觉而盲目的翻译状况，明确了翻译的困难所在，表现出了译者主体意识的觉醒和对译事的自觉追求。译者只有发挥自己的积极主动性，才能寻找到克服障碍的各种有效途径，从而向翻译的理想靠近。

（2）从译技到译艺到译道。翻译，常被人视作一种雕虫小技，而对翻译的认识与探讨，也多停留在技的层次，对翻译没有一种本质上的认识，在实践中往往成为原文语言的奴隶，拜倒在原文脚下，亦步亦趋，不敢越雷池一步。而严复提出的“信、达、雅”，以“信”为本，兼达兼雅，三位一体，正是他基于对译事的深入思考，对译术的深刻认识，对翻译之道所做的深刻探索与领悟。

（3）从经验到理性到科学。在中国翻译界，在20世纪之前，涉及翻译的文字大多为经验之谈，缺乏理性的思考，更少有科学的探索。严复“信、达、雅”的提出，可以视为中国翻译理论史上从经验之谈走向理性思考的一个重要标志，而理性思考的不断深入和系统化，必然导向科学。正是在这个意义上，罗新璋先生在《我国自成体系的翻译理论》一文中指出，严复的《译例言》，开创了中国近代翻译学说之先河。

严复对于翻译的贡献，不仅在于他在继承中国传统翻译理论，特别是佛经译家对翻译研究成果的基础上，提出了一个深刻影响中国翻译事业的“信、达、雅”标准，还在于“他的理论本身引起了几代译学家长期不懈的思考和探索，自成体系的‘信、达、雅’理论，不仅对我国翻译实践具有重大的指导价值，同时也为我国翻译理论的深入探讨提供了广阔的空间”（刘期家，2004：96—97）。

（三）“神似说”

从20世纪二三十年代起，我国的文学翻译活动日益昌盛，人们开始从艺术的角度把握翻译。50年代初，著名翻译家傅雷参照我国传统的绘画理论，提出了翻译标准“神似说”。他在《高老头·重译本序》中指出：“以效果而论，翻译应当像临画一样，所求的不在形似而在神似……各种文字各有特色，各有无可模仿的优点，各有无法补救的缺陷，同时又各有不能侵犯的戒律。像英、法，英、德那样接近的语言，尚且有许多难以互译的地方；中西文字的扞格远过于此，要求传神达意，铢两悉称，自非死抓字典，按照原文句法拼凑堆砌所能济事。”

“神似”是一种审美观念，是译者追求的审美境界。傅雷借用画论来探讨文学翻译的艺术问题，其独到之处在于把文学翻译纳入文艺美学的范畴，把翻译活动提高到审美的高度来认识。

“神似说”的核心是注重“神似”。表面看来，“所求的不在形似而在神似”，“重神似不重形似”，这些提法在文字表达上给人以一重一轻之感。但傅雷并不是重视“神似”而轻视“形似”，更不是只要“神似”不要“形似”。实际上，神与形是一个不可分割的统一体，二者相互依存，神以形存，形为神体。在具体的翻译过程中，“神似”与“形似”是一个统一的过程的两个方面，不存在孰先孰后的问题。一部作品的“神韵”是弥漫、荡漾于作品中的一种气质，它是缥缈的，看不见摸不着的，但又是客观存在的，是具体可感的。因为“神韵”客观存在于具体的文学作品中，它附丽于文学作品的形体之上，是通过语言文字来实现的。既然如此，那么从理论上说，“神韵”是可译的，译者应该能够用语言文字来传达出原作的“神韵”。从翻译实践的角度来看，要在译作中保留原作的精神韵致，就得尽量保持原作的句法。傅雷深知形似对于神似的重要性，他在致林以亮的信中指出：“我并不是说原文的句法绝对可以不管，在最大限度内我们是要保持原文句法的。”“重神似不重形似”这个提法，意在强调神似，悬出文学翻译的审美理想，提醒译者不必斤斤计较字句或语言形式的得失，而把注意力集中于神韵的传达。所以，从翻译实践的角度理解傅雷的翻译主张，应该是依形写神，以形出神，形神统一。

关于形似之于神似的重要性，我们可以借助现代西方文学文体学加以进一步论证。文学文体学特指以阐释文学文本的主题意义和美学价值为目的的文体学派。它是连接语言学与文学批评的桥梁，注重探讨作者如何通过对语言的选择来表达与加强主题意义和美学效果。北京大学申丹教授将西方现代文学文体学与翻译研究有机地结合起来，认为实用性强、较易掌握的文学文体学对翻译学科的建设意义重大。文学翻译（主要是小说翻译）中的许多问题，尤其是“假象等值”问题，可以采用文学文体分析的方法加以解决。所谓“假象等值”，即译文与原文看上去大致相同，但文学价值或文学意义相去较远。之所以会出现“假象等值”，一是由于原文中带有美学价值和主题意义但表面上不合逻辑的表达形式，与译者认识、解释和表达事物的常规方式发生冲突，被译者改为更合乎常规逻辑的方式，从而造成对原文的某种歪曲。造成“假象等值”更主要的原因是，译者对原文中语言成分与主题意义的关联缺乏充分认识，未能很好地把握原文的文体价值所在。在文学作品的翻译中，传统上人们不仅关注所指相同这一层次，而且也关注译文的美学效果。但这种关注容易停留在印象性的文字顺达、优雅这一层次上，不注重从语言形式与主题意义的关系入手来探讨问题。为了译文的流畅自然、客观可靠，且较容易被译语读者接受，原文中表达形式的突然转换或遣词造句上的夸张强调往往被译者通过人称形式的转换改为客观、平实的叙述，从而使人物的主观情感、内心想法一定程度上客观化、事实化，进而造成文体价值的损失。

(四)“化境说”

钱锺书先生的“化境说”是“神似”理论的进一步发展。

钱锺书先生在《林纾的翻译》开篇援引许慎的《说文解字》里的一段训诂，深刻地揭示了文学翻译的本质特征——它的性质、功能、局限和理想境界。

《说文解字》卷六“口部”第二十六字：“囮，译也。从‘口’，‘化’声。率鸟者系生鸟以来之，名曰‘囮’，读若‘譌’。”南唐以来，“小学”家都申说“译”就是“传四夷及鸟兽之语”，好比“鸟媒”对“禽鸟”所施的“诱”，“譌”“讹”“化”“囮”是同一个字。“译”“诱”“媒”“讹”“化”这些一脉相承、彼此呼应的意义，组成了研究诗歌语言的人所谓的“虚涵数意”(manifold meaning)，把翻译能起的作用（“诱”)、难于避免的毛病（“讹”)、所向往的最高境界（“化”）仿佛一一透视出来了。(钱锺书，1979：62)

钱锺书先生从《说文解字》中有关翻译的训诂，引申出文学翻译的最高境界——“化”。他说：“文学翻译的最高理想可以说是‘化’。把作品从一国文字转变为另一国文字，既不能因语文习惯的差异而露出生硬牵强的痕迹，又能完全保留原作的风味，那就算得入于‘化境’。”

境界本来是我国古典美学里的一个概念。钱锺书把它推广到翻译领域里来，既指明了文学翻译的审美本质，同时亦把翻译从美学的范畴推向艺术的极致。“化境说”的核心是“化”。钱锺书阐释入化的翻译，强调两点：(1) 译作里不流露生硬牵强的痕迹；(2) 译作能完全保存原作的风味。因此，译者在翻译中须正确处理这样两对矛盾：一是翻译与抗译的矛盾，即化解翻译过程中易于流露出的生硬牵强的痕迹；二是化解“痕迹”与保留“原作风味”的矛盾，最终达到译本读起来不像译本，而像是原作家使用译语文字进行的创作。

译者要向着“入化的翻译”的理想目标靠近，就必须重新认识翻译中的“信”的内涵，正视翻译中的“译必讹”现象。以往的翻译理论机械地理解“信”，把“信”绝对化，把“信”看作对原作内容和形式的绝对忠实。钱锺书指出：“一国文字和另一国文字之间必然有距离，译者的理解和文风跟原作品的内容和形式之间也不会没有距离，而且译者的体会和他自己的表达能力之间还时常有距离。从一种文字出发，积寸累尺地度越那许多距离，安稳到达另一种文字里，这是很艰辛的历程。一路上颠顿风尘，遭遇风险，不免有所遗失或受些损伤。因此，译文总有失真和走样的地方，在意义或口吻上违背或不尽贴合原文。那就是‘讹’。”因此，有“化”必有“讹”，“译必讹”是翻译艺术的正当观念。在翻译实践中，没有绝对意义上的“信”。钱锺书先生指出“信之必得意忘言”，为了再现原作的精神实质（即“得意”），原作形式的流失（即“忘言”）是不可避免的。这就扩大了“信”的适应面，肯定了译者的创造性。译者在翻译过程中发挥自己的艺术创造力，再现原作的艺术美，对翻译中不可避免的流失用其他方式加以弥补，这实际上是另一种形式的“信”，是对“信”的弥补，形异而实信。这即是“化境说”的实质所在。

二、当代学者的几种新看法

进入 20 世纪 80 年代以后，在我国翻译界，学者的注意力多半集中在引进西方翻译理论和阐发“神似”与“化境”上，翻译研究虽有很大成绩，但缺少开拓精神与争鸣意识。这里介绍当代学者关于文学翻译原则的几种新看法，仅供读者参考。

（一）“多元互补说”

辜正坤教授于 1989 年发表的论文《翻译标准多元互补论》（此文首刊于《北京大学研究生学刊》1988 年第 1 期，后摘要刊载于《中国翻译》1989 年第 1 期），破除了翻译标准（原则）的一元化观念，拓展了文学翻译研究的学术视野。

“多元互补说”的理论核心是翻译标准的多元化、系统化和互补性。其理论依据是人类审美趣味的多样性。辜正坤认为，翻译标准是相对的，把一部译作放在观察点上，一百个读者会产生一百种印象。因为该译作的价值并不依该译作所谓的固定价值而定，而常常是依欣赏者本身的文化素养、审美心理及其他功利性目的而定。所以具体的翻译标准不可能只有一个。

辜正坤倡导的多元化翻译标准，是一个由若干标准组成的相辅相成的具体标准系统，它们各自具有其特定的功能。辜正坤认为，翻译标准的多元化本身就意味着翻译标准的互补性，不同的翻译标准代表了译作价值的各个方面，每个标准各自发挥自己功能的同时，其实也就是在和所有的标准相辅相成，起着弥补其他标准缺陷的作用。

“多元互补说”的贡献在于：它打破了“信、达、雅”标准一元化的一统天下，使得各种不同的翻译理论找到自身存在的价值。对于译者来说，“多元互补说”使他们不至于固执一端、囿于成见，而是可以有意识地博采众家之长，欣赏多样化的译风，系统地实践多样化的翻译手法，全面发展自己的翻译才能。对于读者来说，“多元互补说”可以培养其多样的审美情趣，陶冶其兼容万物的情操，提高其译文欣赏能力。

（二）“优势竞赛论”

20世纪80年代，许渊冲在大量翻译实践的基础上，提出了“优势竞赛论”，在我国翻译界引起强烈反响和论争。“优势竞赛论”的核心观点是：扬长避短，发挥译文语言优势。许渊冲先生认为：“文学翻译是两种语言甚至是两种文化之间的竞争，看哪种文字能更好地表达原作的内容。译者应尽可能发挥译语优势，即尽量利用最好的译语表达方式，以便使读者知之、好之、乐之。”（许渊冲，2000：2）

“优势竞赛论”的理论基础是文学翻译的创造性原则。创造性是文学翻译的本质属性，许渊冲先生引用大量例证证明，译者在同源语文化的交流中应发挥自己的艺术创造力，取译语之长，补原文之短，争取译文胜过原文。

“优势竞赛论”重在求译文之“美”，标举译者的创新意识。许渊冲在钱锺书“得意忘言”说的基础上又前进了一大步，提出翻译要从心所欲。“他所说的从心所欲，实际上是追求一种自由，且‘从心所欲重于不逾矩’，也就是说要从心所欲，不能不逾矩，甚或要敢于逾矩。”（许钧，1997）当然，“优势竞赛论”所倡导的“竞赛”并不是让译者摆脱原文，无限制地发挥自己的想象力，而是在有限的范围内发挥自由创造，在必要时为了求美可以逾越一定的界限。从许渊冲大量的翻译实践来看，不论是中译英、中译法还是把英、法文著作译为汉语，他都是以“忠实于原作”为基础的。许渊冲在忠实的基础上，发挥译语的优势，有时为了求美，不妨失真。许译的“失真”，不同于一般译者的不忠实。一般译者的不忠实也不美，而许译是不忠实但美。“失真”只是在局部，而整体还是忠实，或者说，美在整体。

二十多年来，“优势竞赛论”在我国翻译界引起广泛注意。因它与传统的翻译观念有抵牾，不断在我国翻译理论界引发争论。有人说它是我国翻译理论研究的一次飞跃，但也有学者持不同看法。“优势竞赛论”的贡献在于，它突破了翻译“以信为本”的传统观念，标举译者的创新意识，体现了译者对美的译文的追求，这是我国翻译理论研究的一大进步。同时，“优势竞赛论”也揭示了文学翻译的客观规律。不管承认与否，译者在翻译中都会自觉不自觉地发挥译语优势来“美化”原文。尤其是西方作品的汉译，译文往往表现出一种“美化”的趋势。因为汉语是描写性很强的语言，多华丽修饰语，先天地在艺术表达上更富于表现性，更具美感。从发展的眼光来看，未来的文学翻译应该富有更多的创造性和艺术性，而创造性和艺术性是以“美化”为标志的。

（三）“和谐说”

1999 年 7 月，郑海凌在《中国翻译》第 4 期发表《翻译标准新说：和谐说》一文，依据中国古代哲学“和实生物，同则不继”[1] 的思想，提出文学翻译的“和谐”原则，并在后来的《文学翻译学》《译理浅说》等著作里详细阐述了这一原则。“和谐说”不强调译作的忠实通顺，而强调艺术传达的“适中”与“得当”，关注译作本身的逻辑自洽，自圆其说。作者提出“和谐说”的主要依据是翻译过程的选择性。俄国形式学派理论家尤里·迪尼亚诺夫曾指出：“词没有一个确定的意义。它是变色龙，其每一次使用所产生的不仅是不同的意味，而且有时是不同的色泽。”“在文

1　西周末年史伯答郑桓公说：“和实生物，同则不继。以他平他谓之和，故能丰长而物归之；若以同裨同，尽乃弃矣。”三国时期学者韦昭注释：“和，谓可否相济。”参见《国语·郑语》。

学中，语言功能的独特性和专门性决定着词汇的选择。”（Юрий Тынянов，1965）语词和句子，都可以有多种理解和表达。就文体而言，译者可以选择接近本民族文化的表达方式，也可以选择接近异民族文化的表达方式。对那些不接触理论的翻译家来说，这种选择是在潜意识里进行的。他们凭着经验和审美直觉，迅速作出判断和选择。要选择就要有标准。以审美的态度来对待产品，是人类劳动的一个基本特征。人类的一切带有创造性的劳动，都存在审美的成分，文学翻译活动也不例外。马克思曾指出：“人则懂得按照任何物种的尺度来进行生产，并且随时随地都能用内在固有的尺度来衡量对象，所以人也按照美的规律来塑造物体。”就文学翻译而言，作者指出，译者在翻译过程中的选择遵循的尺度不一定是“忠实”，而是在某一个特定语境里的“适中”与“得当”。

“适中”与“得当”是“和谐”的实现和对象化，其根源来自上古以来的中国文化哲学思想。“和谐”包含人类生存和技艺中的“和”“中”“巧”“调”，用当代哲学话语表达，也就是在成功的实践活动中主观合目的性与客观合规律性的一致融合。“和谐”以适中与得当为核心精神，形成一种普遍的和谐的关系体系。译者在翻译过程中从整体着眼从局部着手，按照既要适中，又要协调的准则行事，处处把握分寸，随时随地选择一种最为正确、与各方面的关系最为协调的表达方式。“和谐”包含译者的创新。翻译的艺术就是因难见巧，在不和谐中创造和谐。

第四节　文学翻译的方法问题

契诃夫曾说过：“方法就是才能的一半。”任何艺术都有自己的方法论体系，文学翻译也不例外。翻译与作文一样，其方法技巧都不是固定的模式，而是艺术活动的一般规律。以往的翻译教学和研究，往往把翻译方法看得过于狭隘，在加词减词、词类转换、词义引申等技术手段上做文章，忽视对一般性规律的探索和总结，结果只能是一叶障目，因小忘大。还有一种倾向是忽视方法，以为只要心悟神解，就自能笔达，小看了方法对翻译实践的指导意义。

文学翻译的方法原则与它的审美原则是一致的。总体而言，文学翻译过程是译者依据原文的艺术现实进行再创造的过程。它的忠实性、创造性、审美性体现着译者的翻译观念和艺术观念。

文学翻译的美在于它的和谐性，即一部翻译作品成其为文学文本的特性，而构成和谐性的基本要素是修辞。修辞作为一个译学范畴，是指译者运用各种表现方式，修饰文字词句，使得译作的语言表达得准确、鲜明、生动有力。

中国翻译理论界对翻译修辞的重视发生在20世纪最后10年。不少学者集中精力讨论“忠实”“背离”等基本理论问题，也有细心的学者关注翻译过程本身，在较高的理论层次上探索修辞问题。从翻译实践的角度看，任何译者，即便他是亦步亦趋紧跟原文的，也不得不对译作的语言做某种程度的修饰、美化或者调整。因为汉语和西方语言在语文习惯和文化背景上存在较大差异，不经过修饰和调整很难让读者读得懂，也很难使得译文达到文学语言所必备的和谐性。

修饰和调整是一种美化，相对于汉语文学语言来说，是一种异化。翻译的修辞不是人们通常所说的“归化”，而是译语的优化。文学翻译是两种语言、两种文化的对抗与对话。译者把一部作品译成另一种语言文字，其译语可以是浅陋的，带着浓重的翻译腔，读来佶屈聱牙，也可以是优美的，亲切的母语中带着淡淡的异国情调，像扑面的晨风给人以清新的愉悦。关键在于译者是否具有科学的翻译观和相当的艺术表现力。许渊冲提出扬长避短、发挥译语优势的见解，并提出“三美”的修辞论。“三美”的基础是“三似”，即“意似”“音似”“形似”。“意似就是要传达原文的内容，不能错译、漏译、多译。一般说来，意似和意美是一致的。但是，意似和意美却有矛盾。也就是说，意似并不一定能传达原文的意美。”与此同时，辜正坤先生提出诗歌翻译的“音象美”“视象美”“义象美”“事象美”“味象美”，丰富了翻译修辞的理论范畴。此外，辜正坤针对译诗而创立的“归化还原增色（或减色）翻译法”，为翻译修辞提供了具有指导意义的方法原则。这一法则的基本原理是：汉语是描写性特强的语言，英语则是逻辑性特强的语言（用海德格尔的话来说，是所谓“形而上学思维的语言”），因此，相对说来，汉语多华丽修饰语，而印欧语要少得多。因此，汉语言文字先天地就在艺术表达上更富于表现性，更富于美感性（参见辜正坤，2000）。在这种前提之下，一首英语诗译成汉语，即便没有刻意美化原文，译作也不可避免地被增添了文采。如果译者有意为之，译作在审美效果上自然超过原作。黄杲炘先生的研究也有类似发现。他以大量翻译实例证明，汉语方块字一字一音的特点在格律诗翻译中具有独特潜力，还证明了汉字凭借其某些天然特点甚至可以在汉译里消除原作中因文字本身特点所限而造成的不得已之处，使译文既忠实于原作而又比原作更加合理（参见黄杲炘，2002）。

上述研究成果所显示的汉语言文字的优越性以及中西文化背景的差异，使我们进一步推演翻译文学翻译修辞美化功能的普遍意义。笔者以为，文学翻译修辞的内在规律是陌生化[1]。作为一种艺术手法，“陌生化”是指作家诗人手腕的新奇，使所表现的客体在接受者那里显得“陌生”，从而达到一种新鲜的美感。就修辞而言，作者点化或者蜕化前人文字以出新意，具体的手法变化无穷，因人而异。这一手法在文学翻译中显示得尤为鲜明，例如傅东华把 *Gone with the Wind* 译作《飘》，辜正坤把 I have been here before, but when or how I cannot tell 译作“似曾浪迹此邦，何故何年费思量”，都是典型的陌生化。

根据文学翻译的一般程序，我们把文学翻译过程分为原作解读和艺术传达两大步骤。译者首先是一名读者（而且是更细心的读者），他对原作的理解、阐释是翻译的前提和基础。传统的语言学观认为，语言符号与客观事物之间是一种自然的、一一对应的关系，语言是传达意义的工具，是意义的载体，人可以透过语言的意义而对客观世界一目了然。因此，语言应是精确、透明的，意义是确定、唯一的，意义像一种实体一样被包孕在词语里，任何人面对语言，只要依据语言规律，都可以领悟到相同的意义。在这种语言观的指导下，翻译活动成了一种简单化、程式化的技术操作，译者成了被动的接受者。任何译者，只要方法得当，都可以做到“客观”“忠实”地理解原作，得出毫无二致的译文来。而实际上，这种对原文绝对“忠实”“客观”的解读只是翻译的理想，它显然与翻译实践是不符的。不同时代的译者，同一时代有着不同文化修养、生活经历、审美情趣的译者，面对同一部作品，是不可能得出完全相同的译文的。文学作品的译者，要能准确理解并欣赏原作，除了牢靠的外语功底，还要懂得一些

---

1 “陌生化”是俄国形式学派的代表人物什克洛夫斯基（Викт ор Шкловский）提出的一种艺术主张。“陌生化”（ост ранение）一词含有“使之陌生、奇特、不同寻常”等含义。

批评理论，了解解读学和阐释学的相关原理。西方现代阐释学和接受美学的相关理论能使我们更清晰、更准确地把握原作解读的基本原则。

20 世纪西方哲学发生了令人瞩目的转变，从认识论的主体哲学转向了语言论的解释哲学（20 世纪几个主要的西方哲学传统，一是分析哲学传统，一是现象学-解释学传统，通常的“语言哲学”特指分析哲学传统的语言哲学），哲学家们对语言给予了普遍的关注和重新审视。解释哲学认为，语言不是一种外在的工具，它不可能脱离主体而存在，只有当人们使用它时，才显现了它的存在，它是有主体性的。意义也不是静止的、绝对客观的，它是一种动态生成物，它是在从主体的对象化（由作者写出文本）再到对象的主体化（读者对文本的解读）过程中形成的，即它是在读者通过文本的中介与作者的对话过程中形成的。在这种意义观的观照下，译者不再把文学文本视为无生命的文字符号，不再认为文本的意义是纯客观、静止不变的。对原作的阐释活动，因为有了译者的审美参与而带有了主观性，译者发挥出自己的能动性、创造性，从完全被动的接受者的地位解放出来，成为作品意义的积极构建者。由此可见，译者解读原作的过程，也就是通过文本中介同隐含的作者对话、交流的过程。通过对话，文本的潜在意义得到充分展示，以至一部作品在产生后，其意义经过不同译者的理解和阐释，会得到逐渐扩大，这种在对话中生成的意义往往会超出作品的原义。

既然译者对原作文本的解读是一种对话活动，那么这种对话是如何发生的呢？解读学专家曹明海先生指出：“解读活动中的主体能动性参与行为，实际上是读者的解读经验对文本的‘空白’结构加以想象性充实、补充和建构的过程，是一种融注了解读者感知、想象、理解、感悟等多种心理因素的发现性活动。这是因为任何文学文本都存在‘未定点’，是一种多层面的未完成的图示框架，其本身具有一种‘召唤结构’，具有许多‘空白点’。”译者在解读原作文本的过程中，把自己的“前理解”[1] 和感知、

1 每个读者都不是带着一片空白进入一个新的文本的，这是因为每个人都处在特定的时代环境中，有着自己独特的文化历史传统和境况，因而对艺术文本的理解也会打上自己的个性和存在的烙印。这种先有、先在、先识的知识结构就是海德格尔所说的“前结构”或“前理解”。伽达默尔把这种“前结构”称作“偏见”，他充分肯定了偏见对审美理解的重要意义，认为合法的偏见是构成理解的历史性因素。接受美学的奠基人姚斯把这种“前结构”的概念发展为“审美经验的期待视野”的概念。翻译活动就是译者的这种期待视野与作品的召唤结构互相作用下形成的创造主体与接受主体间的对话。

想象参与其中，并且通过自己的“完形知觉”[1]把存在于原作文本中的“未定点”和“空白点”充实弥补起来。

原作文本的开放性结构，给译者提供了阐释的自由和空间，但这并不意味着译者可以抛开原文任意发挥。原作文本具有开放性，但它也不是完全的空白和不确定，它有一定的限制性。译者只有以原作文本作为依据和依托，所生成的意义才不会荒诞不经，才会具有合理性。艺术传达是指译者对原作的艺术形式的传译，是译者在原作解读之后把意会的东西形之于物。艺术传达是文学翻译的中心环节，也是译者的艺术再创造和翻译能力的最终体现。就文学翻译而言，译者的艺术传达既取决于他的“心”，也取决于他的“手”。这里的“手”，即文学翻译的技法，是艺术传达的关键。在翻译实践中，译者的“言传”要比“意会”难得多，而“言传”的关键就在于译者“心”与“手”的和谐统一。由于“心”与“手”之间客观存在一定的距离，译者需要有高度的技巧，才能克服二者之间的矛盾，达到得心应手。艺术传达的最高境界在于译者表现的自由。“盖艺之至者，从心所欲而不逾矩，师天写实而犁然有当于心；师心造境而秩然勿倍于理。”（钱锺书，1984：73）译者在大量的翻译实践中不断提高自己的表达能力，其技法由生而熟，由熟而巧，在艺术传达上由“隔”而“透”，由“透”而“和”，逐渐进入从心所欲不逾矩的艺术境界。从心所欲，就是表达的自由。然而，在具体的艺术传达过程中，从心所欲并非随意翻译，并不是说译者可以借题发挥，将自己对原文的理解、阐释，一股脑儿地和盘托出。一般读者的阅读活动可以生成他认为有意义的新的东西，不必考虑留有什么余地。而译者则不然，他必须留给他的译文读者以充分的阐释空间，让他的译文读者与译文文本对话。如果译者将自己阐释中的所有联想、所有意义都如实地写下来成为译文文本的内容，他就实际上封闭了原文文本的阐释空间，变原来的开放文本为封闭性文本。所以，译者的艺术传达还要注意“不逾矩”，有当于心，把握分寸。

黄雨石曾指出：“有些教授翻译的书籍，把某些译者在翻译过程中偶然使用的一些处理方法，一一挑出，加以归纳分类，然后冠以种种庞大

1　格式塔心理学派认为，人的审美知觉中有一种将审美对象加以组织、改造或补充从而使之成为完美的结构的倾向。我们把审美主体（译者）通过自己的知觉活动，对原作的思想内容和艺术形式进行积极组织和构建，以达到对原作整体把握的能力称为“完形知觉”。

的名目，如什么‘词类转移法’‘重复法’‘增词法’‘省略法’等等，作为固定的法则向初学者推荐。这种做法也显然是十分不妥的。”（黄雨石，1988：171）黄雨石的意见提醒人们，确立翻译方法要注意它的科学性，不可把方法简单化。我们认为，就本质而言，翻译方法是译者在翻译过程中所遵循的程序与准则，也是译者为了解决翻译中的矛盾，以便于最终达到翻译标准所采取的对策。翻译方法多种多样，并且因人而异，不可强求统一，这里提出几点仅供初学者参考的注意事项，不是细致具体的操作方法，而是针对文学翻译过程中客观存在的矛盾和译者在翻译实践中经常遇到的问题，提供给初学者参考的几个方面。

一、整体把握

整体性原则是一切艺术的普遍的审美原则。整体性原则要求创作者从整体上把握艺术创造的全过程。译者在翻译过程中要有一种整体和谐意识，整体理解，整体传达，整体转换。我国著名戏剧家、翻译理论家焦菊隐曾提出过“整体（全局）论”的翻译思想，他说：“当你译孤立的句子的时候，你要辨清原文句子里字或字群的相对价值，用价值相等的中文去翻译。等到你把全篇句子联系在一起的时候，你要深深抓住原文的主题、思想与情感，根据你所消化了的意念联立关系的‘整体’精神，去修正每一句的译法和句群的译法，使每一句、每一句群都能为这个思想与情感的‘整体’服务。”（王秉钦，2005：253）

在原作解读方面，译者根据格式塔心理学的有关原理和方法，通过对原作的感知、理解和领悟，领会和把握原作的内在意蕴和结构的艺术。在艺术传达方面，译者的整体把握，就是心中有整体，目中有全牛，从整体着眼，从局部着手，按照“和谐”的翻译原则，对原作的艺术整体进行具体的、有序的重构。在翻译实践中，西方语言的一词多义就使得译者要随时随地作出选择，而译者判断选择的依据恰恰是他的整体和谐观念。

二、译意为主

文学作品的内容和形式是一个有机整体。内容包含着形式，形式包含着内容。在翻译实践中，原作内容和形式的传达往往产生矛盾。译作要让读者看懂，就必须把它的意思译出来，可是译意却牺牲了原作里的表现形式。这种两难的境地是文学翻译的本质决定的，是“言”与“意”的对立问题。

我国很早就有了“直译”与“意译”两种翻译倾向。“直译”的倾向是我国传统的“以信为本”的翻译思想的反映。字比句次的翻译方法是不科学的，对翻译实践没有普遍的指导意义，但它给译者的启示是：提醒译者在形式上紧贴原作，不可脱离原作自行其是。我们在“直译”倾向的基础上，提出“译意为主、形意相随”的方法原则。大多数情况下，翻译都是译意为主的，因为翻译的主要目的是让读者领会原作的意蕴，如果译文让读者看不懂，等于没有翻译。“形意相随”是对“译意为主”的限定和补充。在一般情况下，“译意”要保持原作的形式，有时为了传达原文的“意”，不得不改变原作的表达方式。原文的“意”随着形式的改变，也发生了一定程度的改变，但是不影响（或者有利于）译文整体上的和谐。

确立了“译意为主”的方法原则，还需要解决“归化”与“欧化”的问题，否则“译意为主”就会出现偏差。我们认为，在“译意为主”的原则之下，译者应该把握“归化”与“欧化”适度，既不过于“归化”，也不过于“欧化”，尽量在二者之间保持平衡，以译语的和谐为度。

三、以句为元

林语堂先生曾指出，翻译只能以句为主体地“句译”，不能以字为主体地“字译”。他从语言学的角度阐明翻译过程中字与句的关系，认为“与其求守原文逐字意义，毋宁求达原文语意”。文学翻译以“和谐”作为审美标准，讲究译作与原作之间的整体和谐。译者在翻译过程中重视对原作的内容和形式的整体把握，在解读原作和艺术传达中具体操作的最小单位不是词素、单词或者短语，而是句子。译者以句子为单位对原作进行整体的把握，这种把握是创造性的、审美的，是在瞬间完成的。在翻译过程中，译者的审美意识处于紧张状态，他的视知觉在接触原作的每个句子时，首先捕捉的是句子的含义，并且这种捕捉是在瞬间完成的。在这一瞬间，译者关注的是句子的意义，而不可能是句子内部的词素、音位、词组的具体含义。有一定翻译实践经验的人都有这种体会，意义的瞬间生成凭的是译者的直觉。

“以句为元”并不是一定要把原作的一个句子译作一个句子。译者根据整体和谐的原则，可以把原作里的一个句子译作一个句子，也可以译作几个句子，也可以把原作里的两个（或者更多）句子译作一个句子。“以句为元”要求译者在断句或者造句时遵循文学翻译的整体性原则，既注意译作与原作之间的和谐，也注意译作本身的和谐。

四、以得补失

以得补失是我国传统的翻译方法原则，是译者针对不可译性和抗译性所采取的创造性手段。我们在上一节里谈到，翻译本身是和谐与不和谐的矛盾统一，由于译者的体会与原作的艺术现实之间有一定距离，他的“心”与“手”之间也有一定的距离，他在翻译中必然会遇到主观与客观、意会与言传之间的矛盾。在这种情况下，有经验的译者往往因难见巧，采取以得补失的手段，在不和谐中创造和谐。

翻译过程中的“得”与“失”，往往表现在“言”与“意”即内容与形式两个方面。翻译活动本身固有的矛盾往往把译者置于两难境地，得其意而失其言，或者得其言而失其意。应该说，“得”与“失”是一个统一体的两个方面，是相反相成的。所谓“以得补失”，是指在“言”与“意”不能两全的情况下，译者以一方面的成功弥补了另一方面的损失，使译文达到了整体和谐的效果。以得补失多半是译者对原作的语言形式做某种程度的背离（但双关语、谐音等文字游戏的翻译要尽可能保留原有的语言形式），由于原作形式的改变，原作的内容在翻译中也会有一定流失，但译文的和谐畅达弥补了原作形式上的牺牲和内容的流失。

五、显隐得当

译者的“自我”在译文中的显现是不可避免的。文学翻译是一种审美的创造性的活动，译者作为创造的主体，他的个性必然要在译作中显现出来。但是，文学翻译毕竟是“隐性”的艺术，译者的再创造是要受原作约束的，他不能像画家和诗人那样挥洒自如地表现“自我”，这就出现了“显”与“隐”的矛盾。译者作风的过分显露，像一团迷雾似的遮蔽着原作的真面目，会直接损害原作的风格。

译者要做到显隐得当，需要保持清醒的头脑，注意克服创造冲动，自觉接受原作的束缚。具体地说，译者接受原作的束缚，就是在翻译中自觉地紧贴原作，以原作的内容和形式来约束自己，时时处处与原作保持一种和谐的关系，不随便添加内容，在有限的范围内发挥再创造的自由。

六、隔而不隔

和谐的障碍是“隔”，在翻译过程中，译者会遇到心理上的“隔”、语言上的“隔”、文化上的“隔”、艺术传达上的“隔”。可以说，译者在翻译中所做的种种努力，所采取的种种手法，都是为了化“隔”为“透”，寻求和谐。但是，从翻译的实际效果来看，即使是有经验的资深译者，也无法达到完全“不隔”的程度。“不隔”只是相对的，而“隔”则是绝对的。这里说的“绝对”，是指译文不可避免地存在着一定程度的“隔”，但这种“隔”并不影响译作的整体和谐，优秀的译本往往与原作“和”而不同，隔而不隔。

隔而不隔，作为文学翻译的方法论的一项原则，注重“隔”与“不隔”的统一性。对照原文审读译文里的一个句子，单独看来，也许会给人以“隔”的感觉，但从整体看来非但不隔，而且恰到好处，传达出原作的精神实质，更符合原作的情调和意境。

以上六个方面不是孤立的，而是一个相互联系的统一的整体。其中“整体把握”是起统率作用的，其他的几个方面都离不开整体把握。当然，这六个方面并不代表翻译方法的全部，而只是对文学翻译活动的一般规律的初步的总结和把握。在具体的翻译实践中，译者切不可把它们当成教条，而应适度把握，灵活运用。把握适度取决于译者的分寸感，译者受分寸感的制约，才能恰如其分地把握与运用各种方法原则，从心所欲而不逾矩，在复杂多变的翻译过程中把握整体的和谐。

第五节　文学翻译的风格问题

风格翻译问题，是文学翻译里的难题，也是文学翻译的艺术生成的关键问题。我国古代翻译家所说的“依实出华”，鲁迅先生提出的“保持原作的丰姿”，傅雷的“神似说”和钱锺书的“化境”理论，都涉及传达原作的风格问题。“从某种意义上说，再现了原作的风格，即保存了原作的生命；反之，无异于断其生命之源。”（许钧，2002：51）那么，文学作品的风格究竟可不可译？风格翻译的关键是什么？译作风格与原作风格是什么关系？这就是我们需要探讨的问题。

一、风格是什么？

为了探讨风格可不可译的问题，首先要弄清楚什么是文学作品的风格，它包括哪些要素。我国 1979 年版《辞海》对风格的解释是：“作家、艺术家在创作中所表现出的艺术特色和创作个性。作家、艺术家由于生活经历、立场观点、艺术素养、个性特征不同，在处理题材、驾驭题材、描绘形象、表现手法和运用语言等方面都各有特色，这就形成作品的风格。风格体现在文艺作品内容和形式的各要素中。”我们从这一界定中可以看出，风格即作家、艺术家的艺术特色和创作个性，它体现在作品的内容和形式的各要素中，是作家、艺术家运用独创性的思想、情感，融化和深化生活素材，表达自己独特的审美认识的产物。

我们理解文学作品的风格，首先要认识风格的完整性。风格是一个完整的不可分割的统一体。一方面，它是贯穿于作家的所有作品中的鲜明的、具有一定稳定性的个性特征；就一部作品来说，这种个性特征表现于作品的内容与形式的统一之中。另一方面，风格体现在组成这个完整的统一体的每个具体的单位之中，忽视了对每个具体单位的认识和理解，会直接影响对风格这个统一体的正确理解。

对译者来说，作家的艺术特色和创作个性依然是抽象的、难于把握的，译者需要具体地认识构成作品风格的要素，把抽象的风格具体化，才能谈得上传达风格。

苏联著名作家费定（Konstantin Fedin）曾指出：“组成风格的成分是很多的，把握这些成分之所以困难，是因为它们没有绝对的存在形态。节奏、音韵、词汇、布局，都不能独立地生存。它们互相联系着，犹如象棋盘上的棋子，走一步卒，就要牵一发而动全局。……不过风格的基础，它的灵魂是语言，这是风格棋盘上的老帅。没了老帅，棋就没法下了。没有语言，也就没有作家。”不论是艺术世界的人物、事件、环境，还是作品的主题思想和深层的人生哲理，都是通过语言来表现的，作家的艺术手法诸如言语、章法、赋比兴，以及作品的神韵和意境，都离不开语言的表达。这就为我们研究风格的翻译指出了具体的途径，即从作品的语言着手。

二、风格的可译性问题

风格的可译性问题与文学作品的不可译因素或抗译性密切相关，人们往往由文化的不可传译和神韵、意境的抗译性联想到风格翻译的困难。

我国翻译界在风格的可译性问题上一直存在分歧，主张风格不可译的学者，如周煦良先生，认为："风格离不开语言，不同的语言无法表达同样的风格。"还有的学者对风格的内容的理解有些狭隘，把文学作品中的不可译因素当成风格本身，忽视了风格的可译因素。

我们认为，文学作品的风格是可译的，但这种可译性有一个幅度，百分之百地再现原作的风格是不可实现的理想。

风格可译性的依据有以下几点：

第一，风格作为优秀作家的独特的表达体系，它所表达的主要内容例如人物形象、故事情节和环境是可以翻译的。内容和形式是一个不可分割的统一体，风格是附丽于人物形象、故事情节等成分之上的，实际上，读者往往是通过作家所创造的独特的人物画廊和他所营造的艺术氛围感受该作家的风格的。人物形象、故事情节的可译性，自然决定了风格的可译性。

第二，作家独特的表现手法是可以翻译的。就一部文学作品来说，独特的表现手法是构成其风格的要素。苏联文艺学家赫拉普钦科（Mikhail Khrapchenko）曾指出："如果用一个简明的公式，风格应该说是形象地把握生活的表现方法，是说服和感染读者的方法。"把抽象的风格简化为表现方法，有助于译者具体地认识和把握它。从译者的角度来看，原作的表现手法是可以翻译的。

第三，文学作品的语言具有可译性，关键是不同的语言是否可以传达同样的风格。

三、风格的传达与流失

在翻译实践中，风格的传达可分为两种情形：无意传达和刻意传达。我国翻译界的多数译者属于前者。无意传达的可能性是由风格的可译性决定的。前面我们说过，作品的风格就是由它的语言形式构成的表达体系，因此，译者在翻译中虽然没有注意原作的风格，但他把原作的内容与语言形式构成的表达体系翻译成汉语，在无意中传达了原作的风格。但是，无意传达往往会出现偏离，与原作的风格差距较远，所以，译者在传达中还要遵循一定的艺术规则，有意识地尽量完美地再现原作的风格。

风格传达的总的原则是和谐，译者要自觉遵循和谐性原则，在具体的翻译过程中注意以下几个方面：

（一）注意风格的整体性。文学作品的风格是一个完整的统一体，译者要传达原作的风格，首先要从整体上理解和把握原作的精神实质，除了反复通读原作、从不同角度对原作进行观察思考以外，译者还要注意体会原作的语言特色，因为原作的语言形式是构成原作风格的要素，并且与原作的精神实质不可剥离。此外，译者对原作风格的整体把握，还要正确处理整体与局部的关系，通过原作的语言外形，深入理解原作的思想内涵、情节脉络、人物形象、艺术手法以及语言特点，同时从整体的角度理解和体会原作的局部因素，如修辞特色、语法结构及每一个词句的含义。

（二）注意保持原作的句法结构。许多翻译家的经验表明，能够较好地传达原作风格的译文，往往在语言形式上与原作十分贴近。傅雷在谈到风格翻译时说过："风格的传达，除了句法以外，就没有别的方法可以传达。"他主张最大限度地保持原作的句法。但保持原作的句法形式，往往会造成译语句子太长、累赘，这就需要译者有自觉的和谐意识，寻找一种既能体现原文语言特点，又符合译语语文习惯的最佳的表达方式。

（三）注意保持异域情调，正确处理"归化"与"异化"的矛盾。异域情调是体现原作风格的重要因素，是外国文学作品中流露出来的独特的格调。异域情调由原文中的文化因素如风俗习惯、语言特色、民族色彩等构成，它弥漫于原作的字里行间，呈现出一种与我国文学作品不同的风味，即洋风洋味。要保留原作的异域情调，译者在翻译中就要正确处理"归化"与"异化"之间的矛盾，尽量采用"异化"的翻译方法。对于某些既不令人生厌，与汉语表达习惯又不矛盾，还能吸引读者的原作韵味，应予以保留。诚然，归化与异化的翻译方法都有其存在和使用的合理性，但在当今飞速发展的信息社会，随着全球一体化进程的加快，国际社会交往的日益频繁，不同文化间的相互兼容性会越来越大，人们的经验视野也会不断扩大，中国读者对异质文化的接受能力会不断增强，所以归化和异化的翻译方法在动态变化中的总趋势是越来越趋向异化的。但也不可否认的是，译者采用异化的翻译方法，总会与本民族的欣赏趣味产生矛盾。在这种情况下，译者就要遵循“和谐”原则，把握适度，在选择表达方式时，既要适中，又要协调。一方面，译语要注意断句，以免句子过于欧化；另一方面，使用四字词组和成语要慎重，在翻译外国成语俗语时，切忌不加区别地直接套用带有浓厚汉文化色彩的汉语成语。译者应在读者易于理解的基础上，让读者感受到来自外国的异域情调、异国风情。

四、译者的“风格”与原作风格

译者将原文的风格传译到译入语的过程中，不可避免地会遇到语言、文化差异所造成的障碍，而为了克服这些障碍，译者充分发挥自己的创造性，寻求各种手段进行变通，这样一来，译者的艺术功力、行文习惯、个人气质不可避免地、或多或少地会在译文中反映出来。那么，这到底是不是译者的风格？译者有没有可能形成自己的风格呢？这是一个值得研究的问题。

我们认为，关于“译者风格”的说法是一种误解，而被人们误认为“译者风格”的东西，是译者“自我”的显露，充其量只能算是译者的某种个性特点（或者叫作“类似于个性的东西”），或者是译者的某种表达习惯，而不是真正的风格。译者的“自我”与风格是有差别的。

第一，风格是优秀作家在长期的创作实践中形成的独特的表达体系、修辞体系，这个体系在词语、句型、修辞手法等方面都具有独特性，而且这个表达体系具有可译性，译者在翻译过程中虽有个人的创造，但并没有把原作者的表达体系变成译者的表达体系。译者在翻译中要保持原作者的风格，就不可能把原作者的表达体系化为我有。

第二，作家、艺术家在创作活动中形成的风格具有一致性、稳定性，代表着创作者的艺术特征和整体面貌。俄罗斯语言学家维诺格拉多夫称之为“作者形象”。而优秀的译者在翻译中流露的“自我”则是不一致的、不稳定的，译者不可能在翻译活动中形成自己的稳定的面貌和形象（除非译者只译一类风格的作品，且又与自己的美学追求的文字表现力相近，译者的“自我”与原作风格才能融为一体，相得益彰）。

第三，作家、艺术家的风格是标志作品成功的积极的因素，往往是作家、艺术家刻意追求的结果，而译者的个性（即译者的“自我”）的过分张扬则会成为译作中的消极因素，给译作的整体和谐带来负面影响。

风格是作家、艺术家成熟的标志，一般说来，只有大作家和真正的艺术家才有自己的独特风格，也有的艺术家刻意追求某种风格。而译者没有风格，也不可能去追求某种翻译风格，他在翻译中充当的是一个模仿者的角色，他不可能脱离开原文去单独表现自我。当然，译者在翻译过程中不可避免地会流露出自己的形迹，会形成某种表达习惯，在大量的翻译实践中养成某种作风。但是，不论是形迹，还是表达习惯或者作风，都不是真正的风格，而只是译者的“自我”显现。“自我”流露得过于鲜明，就会遮蔽原作者的风格，成为翻译中的消极、负面因素。所以钱锺书先生奉劝译者要有“克己功夫”，以免“自我”不适当的显现破坏了原作的风格。

在一部译作里，原作的风格与译者的“自我”是一个不可分割的统一体。译者作为文学翻译活动的主体，他的审美能力、气质、个性在翻译中起着统率一切的作用，他的艺术追求和创作个性必然在他的译作中显露出来。译者的“自我”是不可避免的，也是翻译需要的。没有译者的个性发挥，就没有译作的文学性和艺术性。因此可以说，译者的作风是文学翻译的艺术生成的要素之一，是客观存在的。译者“自我”的适度表现具有积极的创造性，但是它的过分显现会影响原作风格的传达，甚至遮蔽原作的风格。为了正确地传达原作的风格，译者必须具备一种“和谐”意识，注意显隐得当，把“自我”统一于原作的风格里，保持有我与无我的和谐。要做到显隐得当，译者就要有相当的“克己功夫”，让“自我”与原作者融合起来，时时处处与原作保持一种和谐的关系，在有限的范围内发挥再创造的自由。

第六节　比较文学与翻译研究

比较文学是兴起于 19 世纪末、20 世纪初的文学研究的一个分支。北京大学乐黛云教授为《中国大百科全书》撰写的“比较文学”词条中对比较文学下的定义是："比较文学是历史地比较研究两种以上的民族文学之间相互作用的过程、文学与其他艺术形式以及其他意识形态相互关系的学科。"从20世纪下半叶开始，比较文学研究发生了重大转变，比较文学学者发现了翻译研究与比较文学之间的特别关系，开始从翻译入手研究比较文学。比较文学学者之所以重视翻译研究，这与比较文学的学科性质有密不可分的关系。比较文学自诞生以来，它的一个主要研究对象就是不同民族、不同国家之间的文学交流、文学关系。而不同民族、不同国家之间的文学要发生关系——接受并产生影响，就必须打破相互之间的语言壁垒，其中翻译毫无疑问起着首屈一指的作用，翻译也因此成为比较文学学者最为关注的研究对象之一。（谢天振，2005：4）

一、什么是译介学？

从比较文学的角度进行的翻译研究称为"译介学"（Medio-translatology）。译介学是比较文学研究的一个分支，但它的产生要比比较文学晚得多，大约起始于20世纪30年代，而真正取得重要的地位，则已经是20世纪50年代以后的事了。在国内，译介学是从20世纪70年代末随着比较文学在中国大陆的重新崛起才逐渐为国内学术界所了解的一个新的文学研究术语。谢天振在其专著《译介学》中对译介学的界定是："译介学最初是从比较文学中媒介学的角度出发、目前则越来越多是从比较文化的角度出发对翻译（尤其是文学翻译）和翻译文学进行的研究。严格而言，译介学的研究不是一种语言研究，而是一种文学研究或者文化研究，它关心的不是语言层面上出发语与译入语之间如何转换的问题，它关心的是原文在这种外语和本族语转换过程中信息的失落、变形、增添、扩伸等问题，它关心的是翻译（主要是文学翻译）作为人类一种跨文化交流的实践活动所具有的独特价值和意义。"（同上：1）

谢天振认为，比较文学学者对翻译所作的研究与相当一部分传统意义上的翻译研究并不完全一样，在某些方面甚至存在着实质性的差异。首先，比较文学是从更为广阔的背景上去理解翻译的。它认为文学作品创造过程的本身就是一种翻译——作家对现实、生活、自然的翻译，而一部文学作品一旦问世，它还得接受读者对它的形形色色的、无休无止的翻译——各种读者的不同理解、接受和阐释。因此，译者对另一民族或国家的文学作品的翻译就不仅仅是两种语言之间的转换，它还是译者对反映在作品里的另一民族、国家的现实生活和自然的翻译（理解、接受和阐释），翻译研究因此具有了文学研究的性质。正是从这个意义上，我们可以说，比较文学为我们看待文学翻译和文学翻译研究提供了一个新的视角。

具体来说，比较文学中的翻译研究也即译介学研究与传统意义上的翻译研究的区别体现在：

首先，研究角度的不同。比较文学学者研究翻译多把其研究对象（译者、译品或翻译行为）置于两个或几个不同民族、文化或社会的巨大背景下，审视和阐发这些不同的民族、文化和社会是如何进行交流的。

其次，研究重点的不同。传统翻译研究多注重语言的转换过程，以及与之有关的理论问题，而比较文学学者关心的是在这些转换过程中表现出来的两种文化和文学的交流，它们的相互理解和交融，相互误解和排斥，以及相互误释而导致的文化扭曲与变形，等等。比较文学学者一般不会涉及这些现象的翻译学意义上的价值判断。

最后，也是最根本的区别是研究目的的不同。传统翻译研究者的目的是为了总结和指导翻译实践，而比较文学学者则把翻译看作文学研究的一个对象，他把任何一个翻译行为的结果（也即译作）都作为一个既成事实加以接受（不在乎这个结果翻译质量的高低优劣），然后在此基础上展开他对文学交流、影响、接受、传播等问题的考察和分析。因此，比较文学的翻译研究相对说来比较超脱，视野更为开阔，更富审美成分。

从以上比较文学的翻译研究与传统翻译研究的区别中我们不难发现，比较文学的翻译研究已经跳出了单纯语言层面的文本层面的研究，而进入了一个更为广阔的文化研究层面。

二、译介学的研究领域

比较文学为翻译研究开拓了一个很大的研究空间，译介学的一个首要的研究领域就是文学翻译中的创造性叛逆。

文学翻译的创造性性质是显而易见的，它使一件作品在一个新的语言、民族、社会、历史环境里获得了新的生命。然而，文学翻译除了创造性一面外，另外还有叛逆性的一面。如果说，文学翻译中的创造性表明了译者以自己的艺术创造才能去接近和再现原作的一种主观努力，那么文学翻译中的叛逆性，在多数情况下就是反映了在翻译过程中译者为了达到某一主观愿望而造成的一种译作对原作的客观背离。但是，这仅仅是从理论上而言，在实际的文学翻译中，创造性与叛逆性其实是根本无法分割开来的，它们是一个和谐的有机体。因此，法国文学社会学家埃斯卡皮提出了一个术语——“创造性叛逆”（creative treason）。他说：“说翻译是叛逆，那是因为它把作品置于一个完全没有预料到的参照体系里（指语言）；说翻译是创造性的，那是因为它赋予作品一个崭新的面貌，使之能与更广泛的读者进行一次崭新的文学交流；还因为它不仅延长了作品的生命，而且又赋予它第二次生命。”（埃斯卡皮，1987：137）确实，在古今中外的文学史上，正是文学翻译的创造性叛逆，才使得一部又一部的文学杰作得到了跨越地理、跨越时空的传播和接受。

创造性叛逆并不为文学翻译所特有，它实际上是文学传播与接受的一个基本规律。一部作品，即使不超越它的语言文化环境，它也不可能把它的作者意图完整无误地传达给它的读者，因为每个接受者都是从自身的经验出发，去理解、接受作品的。一部《西游记》，政治家从中发现了“偏听偏信的主观主义的干部”和“明辨是非敢于斗争的勇士”，文学人类学家从中发现了人类成年礼的原型模式，而普通百姓却只是看到了一部充满鬼怪打斗的有趣的神魔小说，其原因就在这里。而一旦一部作品进入了跨越时代、跨越地理、跨越民族、跨越语言的传播时，其中的创造性叛逆就更是不言而喻了，不同的文化背景，不同的审美标准，不同的生活习俗，无不在这部作品上打上各自的印记。这时创造性叛逆已经超出了单纯的文学接受的范畴，它反映的是文学翻译中的不同文化的交流和碰撞，不同文化的误解与误释。创造性叛逆的这一性质，使得文学翻译的创造性叛逆在比较文学研究中具有了特别的意义。

通常以为，文学翻译创造性叛逆的主体仅仅是译者，其实不然。除译者外，读者和接受环境等同样是创造性叛逆的主体，译介学就要对这三个方面都进行考察。谢天振以寒山诗在美国的流行为例来说明接受者和接受环境的创造性叛逆。寒山诗在中国本土几乎无人知晓，文学史上更没有他的地位。但是他的诗于 1954 年被译成英文在美国发表后却大行其道，不仅成为那“垮掉的一代”青年人的精神食粮，而且还形成了连李白、杜甫都难以望其项背的“寒山热”。有关学者经过研究发现，“寒山热”形成的原因是，充满禅机、崇尚自然的寒山诗正好迎合了当时美国社会的学禅之风和嬉皮士运动。更为有趣的是，诗人寒山的形象——一个衣衫褴褛、站在高山上迎风大笑的狂士形象，使嬉皮士们把他视作自己心目中理想的英雄。这一切都促成了寒山诗在美国的流传。

文学翻译的创造性叛逆必然导致对原作的误译、误释。在传统翻译研究中，误译即错译，除了作为反面的例子外，并没有什么研究价值。但对于译介学来说，误译有时候有着非同一般的研究价值，因为误译（这里的误译不包括译者的疏忽或语言功底欠佳造成的错译）反映了译者对另一种文化的误解与误释，是文化或文学交流中的阻滞点。误译特别鲜明、突出地反映了不同文化之间的碰撞、扭曲与变形。谢天振指出："目前我们国家对误译的研究是很不够的……假如我们能把误译与一般的（因粗制滥译而造成的）错译区别开来，把误译作为一个既成事实，作为一个文化研究的对象来看，那么，我们就不难发现，误译自有其独特的甚至令人意想不到的意义。"（谢天振，2005：204）谢天振举例说，中国古典诗对美国新诗运动的巨大影响已经是众所周知的事实了，而这种影响，在相当程度上也是通过庞德等人的有意误译产生的。例如，为了追求意象并置的效果，庞德把李白的"荒城空大漠"诗句竟译成了 Desolate castle, the sky, the wide desert，造成"荒城""天空""大漠"这样三个意象并置，从而完全背离了原文的意思。然而，正是这种取消了冠词、系词、动词、连接词等的中国式英语使美国读者从"奇异但优美"的原诗直译中"获得新的美"，从而引发了美国诗坛上一大批意象诗的产生。

译介学的另一个研究重点是翻译文学和翻译文学史的编写研究问题。对译介学来说，这是一个更有吸引力也更为广阔的研究领域。长期以来，"在传统的翻译研究和文学研究中，翻译文学往往处于一种无所归属、非常尴尬的处境……在中国文学史上没有它的地位，在外国文学史上也没有它的地位，翻译文学就成了名副其实的'弃儿'。迄今为止，在我们的绝大多数文学词典里，我们还找不到作为专门术语的'翻译文学'词条"（同上：208）。这种对翻译文学的误解和偏见，其主要原因在于人们对翻译文学的真正性质尚不明了。"如果说从语言学，或者从翻译学的角度出发，我们仅仅发现文学翻译只是一种语言文字符号的转换的话，那么，当我们从文学研究、从译介学的角度出发去接触文学翻译时，我们就应该看到它所具有的一个十分重要的意义，即文学翻译还是文学创作的一种形式，也是文学作品的一种存在形式。文学翻译和翻译文学正是从这个意义上取得了它的相对独立的艺术价值。”（同上：209）谢天振教授在《译介学》一书中明确提出了“翻译文学”这一新的文学概念，并细致分析了翻译文学的性质——艺术再创造；翻译文学的独特价值——介绍、传播、普及原作，帮助读者认识原作价值，帮助源语国的读者重新发现某部以前被忽视的作品的价值，以及优秀的译作本身就是一部出色的文学作品，并且具有独立的艺术价值，译作在丰富和发展国别（民族）文学上起着巨大的作用；翻译文学作品的国别判断依据——作品作者的国籍，以及翻译文学与外国文学和民族文学的相互关系，在充分而翔实的论证基础上观点鲜明地提出“翻译文学是民族文学或国别文学中相对独立的一个组成部分”（同上：245）。

在对翻译文学的地位有了明确界定的基础上，谢天振进一步提出了翻译文学史的编写和研究问题。他说，传统翻译研究中的翻译史只不过是以叙述文学翻译的事件为主，记述翻译家的活动，对翻译思想、翻译理论发展脉络进行梳理，而对作为一种文学事实或文学现象的翻译文学本身却不甚关注。所以，确切地说，这些著作只能是一部“文学翻译史”，而不是翻译文学史。所谓翻译文学史，其实质首先是一部文学史，而作为一部文学史，它就应该包括一般文学史三个基本要素，即作家、作品和事件。这里的作家应该是既包括翻译家，还包括已经披上了译入国“外衣”的外国作家；这里的作品应该是译成了译入国语言的外国文学作品；而这里的事件，则应该既有文学翻译事件，还有翻译文学作品在译入国的传播、接受和影响的事件。比较文学家认为，只有包括了以上这样三个基本要素的翻译文学史，才能算得上是真正的翻译文学史。不难发现，这样的翻译文学史，实际上“已经具有了文学交流史、文学关系史、文学影响史的性质了，而这正是比较文学研究者所追求的目标”（同上：20）。

三、译介学的研究意义

译介学研究不是一种应用性理论研究，它的研究意义主要不在指导翻译实践上，而是在文学和文化层面上加深我们对翻译，尤其是文学翻译和翻译文学的认识。

首先，译介学对文学翻译中的创造性叛逆的研究，从理论上肯定了译者的再创造价值，也从理论上确认了翻译家在文学史上的地位，他们和作品一样，为发展国别（民族）文学作出了巨大的、不可抹煞的功绩。

其次，译介学为深化文学关系史的研究提供了重要的切入点，使我们对文学史上的一些文学现象看得更透彻。

再次，译介学研究首次从理论上分析了翻译文学的性质、归属和地位，从而为撰写一部完整的国别（民族）文学史创造了条件。

最后，译介学首次从理论上探讨了撰写“翻译文学史”的方法论问题。

比较文学的翻译研究（即译介学）从文学翻译的创造性叛逆、译者自身文化因素的介入、文化语境的制约等方面入手研究两种不同文化背景的语言在转换过程中表现出来的两种文化的相互理解和交融，相互误解和排斥，以及相互误释而导致的文化扭曲与变形等等，其实质是在文化层面的一种文学研究，反映了比较文学界从文学研究向文化研究发展的一种趋势。同时，从比较文学、比较文化的角度研究翻译（尤其是文学翻译），也拓宽了传统翻译研究的领域，体现了翻译作为人类跨文化传播和交流的主要手段的本质特征。

思考题

〔1〕为什么把文学翻译作为翻译研究中最主要的考察对象？

〔2〕文学翻译具有什么基本特征？

〔3〕为什么说文学翻译是一种艺术活动？其艺术性主要体现在哪些方面？

〔4〕文学翻译对原作的依赖性和文学翻译译者的创造性之间有什么关系？

〔5〕我国古代翻译思想中的“文”与“质”就是指直译和意译吗？为什么？

〔6〕辜正坤教授所提出来的翻译标准“多元互补”之说的内涵是什么？

〔7〕“多元互补论”“优势竞赛论”“和谐说”分别有何积极意义？

〔8〕文学翻译过程中应注意哪六个方面？

〔9〕译者可以有自己的风格吗？译者的风格与原作的风格是什么关系？

〔10〕什么是“译介学”？译介学有何研究意义？

本章参考文献

埃斯卡皮（著），王美华、于沛（译），1987，《文学社会学》，合肥：安徽文艺出版社。

辜正坤，1989，《翻译标准多元互补论》，见《中国翻译》，第 1 期，16—20。

——2000，《英译汉练习》，见《中国翻译》，第 6 期。

黄杲炘，《代再版序言》，见黄杲炘（译），2002，《美国抒情诗选》，上海：上海译文出版社。

黄雨石，1988，《英汉文学翻译探索》，西安：陕西人民出版社。

刘期家，2004，《论“信、达、雅”的历史发展规迹》，见《四川外语学院学报》，第 2 期。

王秉钦，2005，《20 世纪中国翻译思想史》，天津：南开大学出版社。

钱锺书，1979，《旧文四篇》，上海：上海古籍出版社。

——1984，《谈艺录》，北京：中华书局。

谢天振，2003，《翻译研究新视野》，青岛：青岛出版社。

——2005，《译介学》，上海：上海外语教育出版社。

许钧，1997，《文学翻译的“束缚”和“自由”》，见《光明日报》，11 月 11 日第 6 版。

——1998，《在继承中发展》，见《中国翻译》，第 2 期。

——2002，《译事探索与译学思考》，北京：外语教学与研究出版社。

许渊冲，2002，《新世纪的新译论》，见《中国翻译》，第 3 期，2—6。

郁达夫，1924，《读了珰生的诗而论及于翻译》，见罗新璋（编），1984，《翻译论集》，北京：商务印书馆，390—397。

郑海凌，1999，《翻译标准新说：和谐说》，见《中国翻译》，第 4 期，3—5。

Юрий Тынянов. 1965. Проблемы стихотворного языка ,《Советский писат ель》.

第八章
翻译批评

伴随着翻译活动的开展，必然出现对翻译作品、翻译现象和翻译事件的阐释与评价，产生我们通常所说的翻译批评。翻译批评的根本任务是引导翻译朝着健康有益的方向发展。翻译实践需要引导，翻译现象需要辨析，翻译作品需要评介，翻译队伍需要扶持，所有这些都离不开翻译批评。尤其当诸如版权的盲目引进、翻译质量的多重失控、译风的普遍浮躁以及翻译人才的青黄不接等重重危机已经成为“不容回避的事实”时，译界乃至整个学界都期待着翻译批评能承担起应有的责任。“谁来挽回译坛颓势？”这样的发问并非耸人听闻。针对目前翻译界的现状，老一辈翻译家叶廷芳在接受《文汇报》采访时不无忧虑地指出：“当下，我们的翻译队伍确实在不断壮大，但我们的翻译质量却在明显降低。鲁迅文学奖的翻译奖连续三届都没有评出一等奖。显然目前学术界的浮躁风在翻译界刮得不轻。粗制滥造、错误百出、笑话连篇的现象时有听闻。有的人缺乏起码的社会责任心，不顾自己的水平和实力，大干快上，尽出次货。有些有一定实力的人则一心为了牟利，突破道德底线，抢译、快译、重译，只求速度和数量，不顾质量。”（叶廷芳、吴越，2009）翻译危机的出现令人担忧，其原因固然是多重的，但翻译批评的不力恐怕是其中一个重要因素。因此，在翻译质量、翻译风气甚至翻译道德不断遭受质疑的今天，开展科学的翻译批评对保证翻译实践的健康、理性发展，具有十分重要的意义。

除了在实践层面的重要作用外，翻译批评对于翻译理论研究的深入和翻译学科的建设都具有举足轻重的意义，它与翻译理论、翻译史并列组成翻译学的三个组成部分。霍姆斯在提出“翻译学”的名称时提出了翻译学的研究宗旨，构建了翻译学的学科体系。他把翻译学的研究范围分为纯翻译学和应用翻译学两大类，而翻译批评正是应用翻译学中不可或缺的组成部分。目前，国内翻译界十分重视翻译学的学科建设，而翻译批评研究仍处于相对滞后的阶段。在这样的背景下，深入开展翻译批评研究显得尤为重要。对于翻译批评研究的重要性，译学界已经有了比较清醒的认识。例如，文军曾明确指出：“尽管在近期的研究中对批评理论的研究有了大幅度的加强，跨学科研究也给翻译批评带来了活力，但毋庸讳言，翻译批评还远没有形成自己相对独立的理论体系。这一问题当然与批评对象的复杂性有关，但如何运用翻译学和相关学科已取得的成就，研究出适用于翻译批评的、全面而成体系的理论，仍是译界不可回避的重大任务。”（文军、刘萍，2006：41）

第一节　翻译批评的本质与价值

翻译批评与文学批评有着千丝万缕的联系，虽然二者在研究对象和研究目的上有所不同：文学批评的对象是原创作品，而翻译批评的对象是翻译作品，属于理解基础上的再创造；文学批评的主要目的在于通过对作品文化内涵的阐释，揭示现实生活的意义、价值和趋向，引导人们的精神走向，促进社会的进步与人的发展，而翻译批评的首要任务是促进翻译质量的提高，保证翻译事业的健康发展。然而，翻译批评与文学批评在本质上却是一致的，都可以理解为一种广义的阅读，并从阅读出发，达到研究的高度，涵盖鉴赏-阐释-评论三种类型或三个层次。鉴赏、阐释、评论三者都是从主体出发面对文本的接受和评价行为，在接受者与文本之间以一种普遍的“对话-理解”模式出现。正如韦勒克（René Wellek）所言，一切文学研究，无论是理论还是批评，归根结底都旨在“理解文学和评价文学”。他在《近代文学批评史》（*A History of Modern Criticism*）的前言中写道：“‘批评’这一术语我将广泛地用来解释以下几个方面：它指的不仅是对个别作品和作者的评价，‘裁决的’批评，实用批评，文学趣味的征象，而且主要是指迄今为止有关文学的原理和理论，文学的本质、创作、功能、影响，文学与人类其他活动的关系，文学的种类、手段、技巧，文学的起源和历史这些方面的思想。”（韦勒克，1997：1）基于这样的认识，可以说，从广义上讲，翻译批评就是理解翻译与评价翻译；从狭义上讲，翻译批评是对翻译活动的理性反思与评价，既包括对翻译现象、翻译文本的具体评价，也包括对翻译本质、过程、技巧、手段、作用、影响的总体评价，而不论“具体评价”还是“总体评价”，都依赖并建立在阅读、理解和对话的基础上。

那么，翻译批评的价值体现在哪里，又如何实现呢？翻译批评不是翻译的附属品，也不能被简单视为应用翻译学的一个分支，而应该被理解为，如纽马克所言，“将翻译理论和翻译实践连接在一起的一个重要环节”(杨晓荣，2005：7)。翻译批评的对象总是具体的翻译作品或翻译现象，这体现了它的实践性；同时，翻译批评的实践过程又必须以各种理论为基础，翻译批评原则、标准等重要规范的确立与各种翻译观密切相关。正如豪斯所言，“任何关于翻译作品的价值或质量的陈述都包含着关于翻译的性质与目标的理解，或者说预设了一种理论”(辜正坤、史忠义，2006：248)，这体现了它的理论性。因此，翻译批评既是对翻译理论的实际应用，也通过实践反作用于翻译理论，对翻译理论进行检验、促进和指导。“给文学翻译一个方向”，翻译批评承担的这一重大使命具有实践上和理论上的双重含义，因此，翻译批评的价值应在理论与实践两方面得以实现。

翻译批评的理论价值体现在它对翻译理论的建设与发展所起的促进和指导作用，而这首先取决于翻译批评自身理论的构建。对于“批评究竟是什么”的问题，弗莱（Northrop Frye）在《批评之路》(*The Critic Path*）中这样阐述过自己的观点：“我拒绝这样的看法——批评是文学的一个分支，因为那显然是无稽之谈。批评是文学的理论，而不是文学实践中的一个次要的和非基本的因素。”显然，在这段话中，弗莱要强调的是，批评不是文学的附属品，相反，它具有独立性与自主性，并对文学理论的建构起到指导作用。正如文学批评不应被视为文学的附属品一样，翻译批评，作为文学批评的特殊形式，也不应依附于翻译理论或翻译实践。在力图廓清翻译批评的概念，为翻译批评正名时，贝尔曼认为，无论译者“在翻译外来作品时是否从某些批评书籍中汲取养分，他都在各个层面上扮演着批评者的角色”，而正是这种带有批评性质的阐释活动使作品在新的历史空间得到“交流、展现、完善与延续”（Berman，1995：40）。因此，贝尔曼把翻译活动视为广义批评中的一种批评形式，于是，翻译批评应该是“批评的批评”，也就是他所强调的“大写的批评”。作为“大写的批评”，翻译批评必须摒弃其传统的裁决性的否定角色，转而着重于其“肯定性”。贝尔曼所确立的翻译批评的“肯定性”首先针对翻译批评的自身理论建设而言，即翻译批评首先要“肯定”自身，要让翻译批评成为“一种自省的，能以其自身特点为批评主体的，产生自身方法论的评论方式；它不仅要产生出自身的方法论，而且还试图将该方法论建立在有关语言、文本及翻译的明确的理论基础之上”（同上：45）。可以说，翻译批评的科学性在很大程度上立足于其理论体系的独立性和自主性，没有自主理论体系作为依托的翻译批评是非理性的，不仅阻碍翻译及翻译理论的发展，还将导致自身的使命难以完成，自身的价值无法体现。

在《颠覆与重建——后批评中的价值体系》一书中，毛崇杰就文学批评价值的实现有过这样的论述：“就主客体关系之形而上言，批评是一种对象化的活动，就是说，主体应在对象——批评实践的结果——中看到自身的力量。这种主体性的本质力量就是批判的理性。艺术创作活动与艺术批评两者间相互依存的关系有如‘知音’的故事那样，只有子期能从伯牙的琴声中听出‘高山流水’的‘意义’，所以批评主体——子期死后，创作主体——伯牙的演奏失去了意义和价值而破琴而绝。”（毛崇杰，2002：6）通过这一番比喻，著者意欲明确的是，文学批评正是在实现文本价值这一实践活动中实现其自身价值的。推及翻译批评，我们可以说，翻译批评的实践价值正是通过实现其对象的价值而得以实现，也就是说，翻译批评在实现翻译的价值中实现自身作为批评主体的价值。因此，我们有理由先来考察一下翻译的价值何在。作为以符号转换为手段、意义再生为任务的一项跨文化交际活动，翻译具有社会性、文化性、符号转换性、创造性和历史性五大本质特征。基于这样的翻译观，我们认为，翻译的价值主要体现在社会、文化、语言、创造和历史五个方面。

一、翻译的社会价值

翻译的社会价值是由翻译活动的社会性决定的，主要体现在它对社会交流与发展的强大推动作用。翻译对社会的推动作用，首先在于翻译促进人类社会从相互阻隔走向相互交往，从封闭走向开放，从狭隘走向开阔。借助翻译，人类社会不断交流其创造的文明成果，彼此促进。翻译对社会的推动作用，其次在于对民族精神和人们思维方式的影响。精神的塑造和思维的改造是推动社会变革的基本力量，而翻译对于这两者所起的作用往往是直接而深刻的。翻译对社会的推动作用，还在于对社会重大政治运动和变革实践的直接影响。

二、翻译的文化价值

人类相互交流的实现，必须克服语言障碍，而语言障碍的消除又必须依赖于翻译。在这个意义上，寻求思想沟通，促进文化交流，便是翻译的责任所在。任何一个民族想谋发展，都必须走出自我封闭的窠臼，无论自身的文化多么辉煌、多么伟大，都不可避免地要与其他文化进行交流，在不断碰撞，甚至冲突中逐渐相互理解、相互交融。因此，正是翻译促使民族文化在空间上的拓展，在内涵上的丰富。“文化翻译”这一概念的出现正反映了各国翻译界和文化界已经开始从翻译的性质、翻译选择、文化立场、翻译影响、价值重构等各个角度切入，对翻译史上一些重大事件和现象进行文化层面的审视，探寻民族发展与翻译的互动关系。

三、翻译的语言价值

从根本上说，翻译的语言价值就是翻译活动对语言产生的作用和影响。例如，在《翻译文学与佛典》一文中，梁启超从词语的吸收与创造，语法、文化的变化等方面探讨了佛经翻译文学的直接影响，并指出一个值得深刻思考的问题，即以旧语译新观念，新观念必然变质，而在对佛经的翻译中，面对大量的新观念、新事物，倘若固守旧语，翻译的可能性必定大打折扣，并且违背了翻译的初衷，因此不得不进行“大胆的创造”，创造新语译新观念，既扩大了语言的实质内容，又引进了新思想、新思路。如果说梁启超十分清醒地看到佛经翻译对于“汉语实质之扩大”所起的重要作用，那么鲁迅则无论在认识上，还是在实践中，都把翻译视为改造语言、革新思维的重要事业。“在鲁迅那里，翻译并不仅仅是一种手段，而且本身便是目的。把外国语译成汉语，不仅仅是把外国人的思想、情感介绍给中国人，同时本身便是汉语自身的一种实验。或者说，翻译，不仅仅是把外国人的思想、情感介绍给中国人，同时也把外国人的语言方式，也就是产生这种思想、情感的方式，一并介绍给中国。”（王彬彬，2000：147）基于这样的认识，鲁迅主张“直译”“宁信而不顺”，要借助翻译使汉语得到改造，使汉语更细致精密，更富表现力，更具有逻辑性。考察汉语的发展史，可以发现，翻译对于语言改造所发挥的特殊作用在历史的进程中不断地得以体现。

四、翻译的创造价值

从社会角度看，翻译作为一种社会活动，必须以交流为基础，交流有利于思想疆界的拓展，而思想的解放又构成了创造的基础。从文化角度看，翻译中导入的任何“异质”因素，都是激活目的语文化的因子，具有创新的作用。从语言角度看，为了真正引入新的事物、新的观念、新的思路，翻译中就不可避免地要进行大胆的创造。当“本我”意欲打破封闭的自我世界、向“他者”开放、寻求交流、打开新的疆界时，自我向他者的敞开本身就孕育着一种求新求异的创造精神。这种敢于打开封闭的自我，在与“异”的交流、碰撞与融合中丰富自身的创造精神，我们可以视为一种翻译精神。而正是这种翻译精神构成了翻译的创造价值的源泉。翻译的创造性不仅寓于翻译实践本身，又体现在翻译活动的整个过程中。而翻译打开的新世界更是为人们进行新的创造起到间接但却十分广泛的作用。

五、翻译的历史价值

树立翻译的历史价值观，包括两个重大方面的内容。首先，要充分认识翻译对于人类历史的发展所作的实际贡献。考察人类文明发展史，不难发现，历史的每一次重大进步与发展都离不开翻译，每一次重大的文化复兴都伴随着翻译的高潮，如古希腊、古罗马文化的复兴，往往以翻译为先锋。其次，要从历史的角度来看翻译的可能性。翻译作为跨文化的人类交际活动，有着不可避免的历史局限性。就具体的翻译实践而言，对原文本的理解与阐释，往往不是一个译者能够一劳永逸地完成的。我们既要清醒地意识到翻译的历史局限性，又要以发展的眼光来看待这种局限性。翻译的历史价值观意味着：一方面，从人类的翻译活动去考察人类历史的发展；另一方面，从历史的发展来看翻译活动的不断丰富的内涵和不断扩大的可能性。

从本质上看，翻译的社会价值重交流，翻译的文化价值重传承，翻译的语言价值重沟通，翻译的创造价值重创新，翻译的历史价值重发展。交流、传承、沟通、创新与发展，这五个方面构成了翻译的价值所在。为了保证翻译价值的实现，从而实现翻译批评自身的价值，翻译批评必须充分发挥对翻译实践的监督和引导功能，提高翻译质量，促进翻译在民族交流、文化传承、社会发展方面发挥应有的作用。

第二节　翻译批评的主体

就其本质而言，翻译批评是一种评价行为，而评价“是人类实践–认知活动中的一种独特形式，即主体通过实践对于同自身种种欲求和需要有关的对象属性之判断或认知，也就是对价值的认识”（毛崇杰，2002：59）。因此，具有一定价值观念或意识的评价主体与被评价的对象以及评价赖以实行的标准共同构成评价活动的三大要素。翻译批评如何开展，在很大程度上取决于批评主体的身份、视角、素质与精神。

20 世纪早期，法国批评家蒂博代（Albert Thibaudet）把批评划分为自发的批评（即读者的批评）、职业的批评（即教授或学者的批评）和大师的批评（即公认的作家的批评）三种类型，其区别首先在于批评主体的不同身份。作为一种特殊的文学批评形式，翻译批评根据其不同主体也相应地包括读者批评、译者批评和专家批评三种形式。

在以上三类批评中，读者批评是相对边缘化的一种，比较少见，“多散见于非专业报刊上”（杨晓荣，2005：45）。然而，随着网络文化的空前发展，在网络的开放性和虚拟性背景下出现了网络翻译批评这一全新的读者批评形式，表现出自发性、敏感性和时代性等特征，就其形式而言主要包括四种类型：（1）引导讨论型，主要是在有关出版社或图书销售网在其网站开辟的翻译图书评论区内，转载选自报纸杂志的某篇评论文章，引导读者有针对性地发表自己的观点；（2）主题探讨型，主要以某部在社会上产生了巨大反响的翻译作品或在读者心目中具有重要位置的外国作家为中心，读者通过网络自动形成了一个类似于俱乐部的松散圈子，就某部翻译作品或某位外国作家展开探讨；（3）私语批评型，这类批评文字常见于个人开设的网页，在所谓的“网上日记”中，读者发表个人的阅读感受，其中有相当一部分涉及对文学翻译作品的阅读、理解与评论；（4）流散型批评，主要以聊天的形式展开，没有固定的主题，大多是对某部翻译作品或某位外国作家整体性的肯定或否定，少有深入的探讨。网络翻译批评的主体是广大读者，他们有一定的趣味和鉴赏力，阅读翻译作品并发表评价只是为了获得精神上的满足和快乐，而没有任何职业目的。因此，网络翻译批评需要的不是学者日积月累的学识，而是迅速、敏感、热烈的反应，相比批评家们“缜密然而笨重的思考”，它更倾向于“有血有肉、有声有色的体味”（蒂博代，2002：5），使翻译作品“被一种现代的潮流、现代的新鲜感、现代的呼吸和现代的气氛所包围”（同上：55）。翻译批评的根本目的在于促进翻译事业的健康发展，就这一点而言，以网络为媒介的读者批评至少具有以下三点积极意义：（1）批评的广泛性有助于促进更多的读者关心与理解翻译；（2）批评的不拘一格有助于丰富翻译批评的形式，作为学术性翻译批评的有益补充；（3）批评的互动性使出版者、译者与读者的直接交流得以实现，有助于拓展翻译的可能性，提高翻译的质量。然而，网络翻译批评也表现出任何“自发的批评”所不可避免的问题，往往缺乏客观性、深刻性和独立性，容易染上尖酸刻薄、党同伐异、人云亦云等毛病。作为一种新颖并具有强大生命力的批评形式，网络翻译批评的广泛开展将促使翻译批评界对批评主体的地位进行反思，对读者批评的价值和局限性进一步加以关注。

相对于读者批评，译者批评和专家批评具有相似性，都是以一定的翻译实践为基础，对翻译活动进行评价和思考。译者作为翻译主体，其批评的实践基础不言而喻，专家作为翻译理论的研究者和翻译学科的建设者，倘若没有足够的翻译实践经验的积累，而仅仅立足于理论层面对翻译的质量和价值加以评判，可以说，如此的翻译批评好似“无源之水”“无本之木”，不仅难以令人信服，也难以承担起对翻译实践应有的监督、指导和促进作用。没有人苛求文学评论家进行文学创作，然而，没有人能接受翻译评论家不进行翻译实践，这是由翻译批评的理论与实践相结合的本质所决定的。

译者批评和专家批评是翻译批评的主流形式，肩负着体现翻译批评的价值，促进翻译事业的健康、可持续发展这一重要使命。因此，其主体除了应有足够的翻译实践经验作为评价的基础之外，还必须具有基本的职业素养，树立科学的批评精神。董秋斯曾就翻译批评工作指出："正如我们反对翻译工作可以不学而能的说法，我们也反对翻译批评用不着特殊修养的见解。文艺界既然有专业化的文艺批评家，我们翻译界也应当有专业化的翻译批评家。"（转引自杨晓荣，2005：56）可以说，翻译批评者的专业化正体现在职业素养和批评精神两方面。

正如翻译界对翻译主体的素质非常重视，翻译批评界对翻译批评主体的职业素养和职业操守也一直相当关注，近年来出版的翻译批评专著大多有针对这一问题的系统论述。在《翻译批评导论》中，杨晓荣把翻译批评者应具有的基本素质归纳为四方面：(1) 思想道德修养，指翻译批评者应有实事求是、与人为善和严谨的态度；(2) 语言文学修养，包括对语言、文学有敏锐、准确的感受力和鉴赏力，在语言运用方面有较强的动手能力以及有一定的翻译实践经验积累；(3) 理论修养，包括哲学、相关学科理论和翻译理论；(4) 知识储备。（杨晓荣，2005：57—60）其中，第一点涉及批评者的主观态度，另外三点涉及批评者的客观技能，分别就语言、理论和语言外知识三个层面对翻译批评者的素质提出要求。同样，在《文学翻译批评论稿》中，王宏印指出理想的文学翻译批评家应当具备以下七个条件：(1) 精通两种语言及其相关的文化，能够辨别语言的优劣、高下、文野等风采；(2) 懂得翻译方法并具有鉴别力，其一在于识别写进了书本中的技巧以及可能获得的效果，其二在于所谓的知人论世；(3) 具有相当的文学鉴赏力，包括一般的文学修养和具体的分国别的文学作品的认识；(4) 对原作和译作要有研究，在同等水平情况下，即在语言、文学、翻译等方面能力和眼光同等高低的情况下，研究译作和原作越透彻，则评价的权利和资源越有利；(5) 同情心和解释力，所谓同情心要求评论者能够站在译者的位置上，设身处地地理解译者的翻译策略和翻译方法，以及要达到的翻译效果，而所谓解释力指不但能够理解译者和翻译活动，而且能够对于自己理解的东西作出解释；(6) 超越与达观态度，不与译者斤斤计较，不对读者盛气凌人；(7) 评论者的风度，即温良敦厚的长者之风，不计较小节的学者之风。（王宏印，2006：77—84）其中，前四条针对语言、文化、文学等层面论述成为理想的翻译批评家的客观条件，后三条强调任何评论者都必须具有的主观品质。并且，在该章节的附录部分，作者还提出翻译批评主体必须避免的非技术性、非智力性层面上的十大偏向：自私、自执、自傲、自卑、自弃、尖刻、两可、玄虚、势利、褊狭。（同上：84—86）可见，与批评者的客观技能与素质同样重要的是批评者的主观态度与精神，翻译批评主体是否具有良好的批评态度和科学的批评精神，对于翻译批评是否能朝向积极有益的方向发展具有决定性作用。

那么，作为翻译批评主体的译者和专家究竟应当具有哪些素质，树立何种精神呢？我们认为，就批评者应具备的素质而言，主要集中在语言能力、文化知识和文学素养三个维度，以上两位学者的归纳和概括已经相当周全，无需赘述。我们将把讨论的重点放在如何树立科学的批评精神上。文学评论家谭旭东曾在《人民日报》发表题为《批评家缺乏责任感和艺术良知　文学批评呼唤实与真》的文章，指出当下文学批评正面临着既失去学界认同，又遭受作家和读者质疑的尴尬的生存处境，认为造成这一局面的重要原因之一是批评家自身的问题，概括而言，即批评家作风浮躁，缺乏求真务实的精神。诚然，我们不能说翻译批评也像文学批评一样，已经沦落到“无人喝彩”的境地，但不得不正视的事实是，在篇目众多的评论文章所营造的繁荣背后，翻译批评确实潜藏着危机，存在着诸多亟待解决的问题。造成这一现实的重要原因之一，也正是批评主体缺少客观、平等、宽容的批评精神，无论是文本比较批评，还是印象主义批评，无论是鼓吹式批评，还是挑错式批评，都是缺乏科学批评精神的表现。

翻译究竟是什么？翻译活动远远不能被简单地视为一种语言的转换，而是通过理解，通过译者与原文之间的对话，使原文的意义得以再生，从而使作品在新的历史空间得到交流、展现、完善与延续。而翻译主体，正如贝尔曼所说，“无论他在翻译外来作品时是否从某些批评书籍中汲取养分，他都在各个层面上扮演着批评者的角色”（Berman，1995：40）。翻译在本质上具有批评和对话的特性。那么，翻译批评的本质又是什么？杜夫海纳曾说过：“无论我们是否专家，我们都在以自己的方式作为批评家而存在，我们会毫不犹豫地评价呈现在我们眼前的东西。”（毛崇杰，2002：3）批评，无论是文学批评，还是翻译批评，都可以理解为一种广义的阅读，这种阅读在读者与文本之间以一种普遍的“对话-理解”模式出现。因此，作为批评的批评、参与了对话的对话，翻译批评与翻译本身一样，也是基于前理解并等待着后理解的理解循环中的一站。在整个批评过程中，批评者同样不可避免地首先作为解释者，基于自身的前理解对原文和译文进行阐明，并必然遭遇在此之后来自其他批评者的不同的理解和阐明。在这个意义上，批评家“又凭什么可以掌握最高权力呢”（托多洛夫，2002：56）？从另一个角度来看，实践中的翻译归根结底是以理解为前提的一种创造行为。就理解而言，它要消除差异；就创造而言，它却要表现世界的差异与多元。翻译远远不是一种终止性的结果，它的创造必将与它的理解一起并列成为理解循环下一站的起点。翻译批评正是在这一意义上成为译作的“后理解”：它不仅要理解翻译中的“理解”，还要理解并且评价翻译中的“创造”。没有这样的认识，翻译批评便会流入“先决的否定”，在评价之前已经判定译作“低于”原作，进而满足于指责译作因为种种的“不等值”而造成的所谓“失误”。因此，科学的批评精神，首先意味着翻译批评不能把原文本当作批评的归宿与标准；其次，科学的批评精神要求批评者不能赋予自己某种凌驾于译者、译作之上的权威和指点江山的“裁决性”权力；最后，科学的批评精神强调批评主体应具有责任意识，遵循客观公正、善意宽容的批评原则，充分体现“建设性”这一翻译批评的价值与生命的根本所在，不能依赖于某种僵化的批评原则，固守某个理想化的批评标准，对翻译作品进行一种求全责备的消极评判。

第三节　翻译批评的原则

与文学批评一样，只有当“批评是什么”“为什么批评”“如何批评”等问题能够得到回答的时候，翻译批评自身的形象才能得以确立，而要解决“如何进行翻译批评”的问题，一个重要前提就是确立翻译批评的原则。所谓翻译批评的原则，涉及的主要是翻译批评观、翻译批评视野与翻译批评的方法论，既要考虑翻译批评的范畴，又要考虑翻译批评的角度与层次，还要考虑到翻译批评者的条件、态度等。关于翻译批评的基本原则，不少翻译家和翻译研究者都提出过各自的看法，既有感悟式的散论，也有比较深刻系统的论述，其中较有影响和代表性的有许钧、喻云根、刘宓庆、杨晓荣、文军、王宏印等人的观点。

在喻云根主编的《英美名著翻译比较》的“编者的话”中，编著者明确指出了该书采用的五条翻译评析原则：(1) 既要有正误性的评判，又要有对翻译过程的解剖；(2) 既要有文学欣赏的感觉体味，又要有语言分析的理性检验；(3) 既要有局部分析，又要有整体评价；(4) 多视角、多学科地对译文全面透视；(5) 评析时，既要实事求是，又要与人为善。(喻云根，1996：1—3) 这五条翻译批评原则与许钧的观点有相当的一致性，只是补充强调了必须在多学科的语境中从不同维度对译作进行全面剖析。

在《科学翻译批评导论》中，文军提出了“对各种具体翻译批评方法具有指导作用”的翻译批评方法论原则：(1) 客观性原则，指对某一译作的评价，不仅要针对译品本身，考虑翻译中可能涉及的语言问题、文化问题等，同时还应针对该部作品的译者是在什么时期、什么条件下进行翻译的。客观性原则还指批评的态度和译评的笔触应公正客观。(2) 综合性原则，指翻译批评一方面要明确自己的主要研究目的，与此同时，为完成研究目标，则必须在研究中采用多学科、协作攻关的方法。(3) 层次性原则，指翻译批评应根据批评对象和批评实践的不同层次有重点地进行，以保证批评言之有物，同时又作为译评系统的一个要素，不断充实该系统。(4) 归纳-演绎结合的原则，指评论者应从具体译作的具体问题中总结出经验教训，再进行理论升华；或者用已升华了的一般理论，来分析、评述译作中的具体问题。(文军，2006：154—157) 从以上论述中可以看出，“客观性”是从事翻译批评工作应该遵循的首要原则，主观臆断、以偏概全的态度是翻译批评的大忌。“综合性”考虑到批评对象的复杂性，要求翻译批评合理借鉴其他相关学科的理论资源。“层次性”认为翻译批评必须重点突出，只有如此才能使评价更有深度，避免泛泛而谈。“归纳-演绎结合的原则”强调翻译批评中理论与实践相互促进的关系。

杨晓荣在《翻译批评导论》中综合各家之言，把翻译批评原则归纳为三条：(1) 翻译批评应该是善意的、建设性的，即应是平等待人、与人为善，体现对译者的理解。(2) 翻译批评应是全面的、整体的、本质的、历史的，不以偏概全，不片面，不偏颇。(3) 翻译批评应是实事求是的，要客观，要有根据，要讲道理，不凭印象妄下断语，也不迷信权威，要实际而不空泛，深入而不肤浅。(杨晓荣，2005：28) 这三条原则分别从态度、视野和方法三个层面对翻译批评的原则进行了总结。

从以上的举例和分析中可以看出，在翻译批评理论与实践的发展过程中，很多学者以不同的表达方式，从不同角度对翻译批评活动提出了形形色色的规范和原则，但仔细比较之后不难发现，各家观点在很大程度上具有相似性，概括来说，批评的对象、方法、态度等内容是确立翻译批评原则的重要层面。毋庸置疑，对翻译批评的上述层面的关注对保证翻译批评的合理性、有效性与科学性具有重要意义。

然而，随着翻译研究的深度和广度不断加强，尤其是在全球化和多元文化背景下，翻译的文化属性迫切需要得到更多的关注，20 世纪 80 年代末出现的翻译研究的“文化转向”和 90 年代末产生的文化研究的“翻译转向”便是最好的佐证。翻译活动已经越来越被认同为“一种文化传播和文化阐释”（王宁，2006：13）。巴斯奈特和勒弗菲尔更是颇有见地地指出“翻译是一种文化建构”。正如当代西方学者谢莉·西蒙所指出的：“80 年代以来，翻译研究中最激动人心的一些进展属于被称为‘文化转向’的一部分。转向文化意味着翻译研究增添了一个重要的维度。不是去问困扰翻译理论家的传统问题——‘我们应该怎样去翻译？什么是正确的翻译？’——而是把重点放在一种描述性的方法上：‘译本在做什么？它们怎样在世上流通并引起反响？’”（谢天振，2003：12）相比之下，国内的翻译研究，尤其是传统翻译研究，在很大程度上长期局限于对翻译技能与方法的探寻，没有超越单纯、狭隘的语言转换层面，“把翻译理论仅仅理解为对‘怎么译’的探讨，也即仅仅局限在应用性理论上”（同上：6），而翻译界在认识上存在的误区之一也正是“把对‘怎么译’的研究误认为是翻译研究的全部”（同上：2）。更有学者指出，“与国际翻译学术界在近三十年内的发展相比，国内的翻译研究可以说尚处于开始阶段，大多数翻译研究者仍然很难摆脱严复的信、达、雅三原则的讨论之浅层次，并未自觉地将翻译研究纳入全球化时代的文化研究语境下来考察”（王宁，2006：5）。虽然，此番论述中关于翻译研究“尚处于开始阶段”并“很难摆脱严复的信、达、雅三原则的讨论之浅层次”的说法有待商榷，但翻译文化意识与翻译文化观亟待进一步加强与确立，确是不争的事实。诚然，对翻译技巧与方法的探讨，对翻译实践经验的总结，是翻译批评永远不能忽视的经典主题，但翻译的内涵、价值与原则远远不能被局限在单一的语言框架内，而应从广阔的文化层面加以审视与评判。

2002 年 5 月，联合国前秘书长布特罗斯·加利访问南京大学，在接受南京大学名誉博士学位的仪式上，发表了题为《多语化与文化的多样性》的重要演讲。在演讲中，加利先生从多个方面对世界化进程与文化多样性、文化多样性与语言多元、文化多样性与世界民主化、语言多元与和平文化的关系作了透彻的分析。他着重提出，世界化进程会对文化产生直接影响，有可能危及文化多样性。他这样说道："也许，大家并不知道，每两个星期就会有一种语言从世界上消失。随着这一语言的消失，与之相关的传统、创造、思考、历史和文化都不复存在。是否应该将这种现象视为一种必然呢？是否应该屈从于唯一一种语言的霸权呢？我的回答是：不！"（布特罗斯·加利，2003：163）世界化的进程是历史发展的必然，它的积极影响有目共睹，但其隐含的消极因素却有可能在人类的漠然与麻木中酿成人类的悲剧。因此，在全球化和经济一体化日益加快的进程中，维护语言多元和文化多样性对于维护各个民族文化的独特性和生存价值，对于促进世界和平、民主发展具有重要意义。同样，社会和历史的发展使得各民族之间的文化交流成为一种必需。维护文化多样性是一个尊重差异、保持差异的过程；而文化交流必然要寻求一个基本的共同点或者说普遍性作为基础，因为两种截然不同的文化之间很难展开真正的对话。那么，我们如何在文化交流中维护世界的语言多元与文化多样性？对此，联合国教科文组织总干事松浦晃一郎致 2008 年第 18 届世界翻译大会的贺词或许能给我们一点启示。松浦晃一郎认为："求同与存异唯有通过翻译才能并行不悖。"翻译是"一种独一无二的工具，能够开通渠道，在个性与共性、多样化与对话之间找到契合点"（松浦晃一郎，2008：5）。翻译的跨文化交流本质决定了它能够担当这一重任，翻译"突破以往文化思维惯性，还丰富本土文化资源，又促进现代社会变革"；它"打破文化的趋同和单一，演绎异域之美、融合之美、多元之美，促使人们勉力构建世界各民族和谐共存的文化生态"。

维护语言多元和文化多样性，促成不同文化之间的相互理解，实现不同文化的和平共处，这是历史赋予翻译活动的重要使命。中国外文局副局长、中国翻译协会副会长黄友义在第 18 届世界翻译大会闭幕式的致辞中指出："在全球化的今天，文明多样性仍是人类社会的客观现实，是当今世界的基本特征，也比任何时候都更加显得可贵。而维护人类文明多样性、促进不同文明间的对话与交融、促进人类的共同进步是各国翻译工作者义不容辞的使命和职责。”（黄友义，2008：9）在多元文化的语境下，翻译崇高的历史使命要求我们必须具有自觉的文化意识和明确的翻译文化观，进而在翻译文化观的指导下进一步开阔研究视野、拓展研究范围、赋予翻译研究新的维度。基于这样的认识，我们认为，翻译批评也应摆脱重微观轻宏观的倾向，以开阔的文化视野有意识地将翻译作品、翻译过程和翻译现象纳入全球化时代的文化研究语境下来考察。在这个意义上，可以说，坚持翻译批评的文化观，从文化交流与发展的高度评价翻译史和具体翻译活动中诸如翻译选择、文化立场、价值重构等重要问题，是翻译批评活动不可忽视的重要原则。译者无论选择什么文本去翻译，还是采取何种策略去翻译，都不是孤立的行为，都或多或少要受到诸如社会环境、文化价值取向和读者审美期待等因素的影响，且这些因素并非一成不变，而是随着历史的发展处在不断变化的开放姿态之中。坚持翻译批评的文化观，我们必须充分认识到翻译不是一个从文本到文本的封闭过程，对翻译的评价应摆脱以往较为狭隘的文本对比视野的局限，从历史、社会、文化等各个方面去认识翻译活动，解释翻译现象，不仅关注“怎么译”，更要关注“译什么”和“为什么这么译”。

以翻译策略为例。近些年，翻译理论界一直为“归化”与“异化”问题争论不休，翻译评论者对此也众说纷纭，莫衷一是。倘若我们充分认识到翻译的文化本质，以广阔的跨文化视界来看待这个看似属于“翻译策略”的问题，我们将更加有意识地探寻“策略”之中蕴含的深刻内涵，从而作出更加理性与科学的评价。翻译活动不应该是盲目的，任何严肃、认真的译者都必须自觉地运用一定的方法、遵循一定的准则，而任何对方法的选择都包含着对翻译性质、目标和准则的理解。因此，正如汪堂家所指出的，“归化”与“异化”之争“不仅是翻译理论的争论，而且是文化态度的争论。主张译文以读者为依归的人强调译文的可传达性，或者说，两种语言、文化之间的共通性，它的着力点在不同文化之间的‘同’；主张译文要尽可能保持原文的风貌，即便生造许多读者无法理解的新词和特殊表达方式也在所不惜，这种看法强调译文不应牺牲原文不可言传的方面，或两种语言间的不对应性、非共通性，它的着力点在不同文化之间的‘异’”（汪堂家，2001：15）。汪堂家的看法是有道理的，从文化态度的角度出发，并考虑到目的语读者及他所代表的目的语文化因素，这样来看待“归化”与“异化”之争，我们就能更清醒地认识到这个看似属于“翻译方法”层面的争论实际上有着深刻的文化内涵。在我们看来，所谓“归化”与“异化”，实际上是以译者所选择的文化立场为基本点来加以区分的。译者作为跨越两种文化的使者，他所面临的既有出发语文化也有目的语文化。面对这两种文化，出于不同的动机和目的，译者至少可采取三种文化立场：一是站在出发语文化的立场上；二是站在目的语文化的立场上；三是站在沟通出发语文化与目的语文化的立场上。第一种文化立场往往导致所谓“异化”的翻译方法；第二种立场则可能使译者采取“归化”的翻译方法；而第三种立场则极力避免采取极端化的“归化”与“异化”的方法，试图以“交流与沟通”为翻译的根本宗旨，寻找一套有利于不同文化沟通的翻译原则与方法。劳伦斯·韦努蒂曾以日本小说的英译来考察译者所采取的文化立场与“归化”和“异化”这两种翻译策略的确立之间的关系，指出在受多种因素决定的翻译活动中，译者对异域语言与文化的态度与理解，对本土文化价值的认识与立场，是决定翻译方法的一个最重要因素。而对异域文本的选择与翻译策略的制定，反过来又影响着本土文化与异域文化之间的关系。可以说，翻译方法与策略之争实际上表明了译者的文化立场及对翻译性质和目标的理解。因此，对翻译活动的评价不应拘泥于翻译的技的层面，简单化、表面化地看待译者在翻译过程中的种种选择，以至于对翻译结果作出轻率的判断，而是应将翻译方法的运用、翻译策略的选择等决定译文风格与质量的关键因素置于文化立场的表达及文化重构的高度去加以审视与探讨，只有这样，才能凸显翻译批评的科学性与建设性。

第四节　翻译批评的标准

《中国翻译词典》收录的“翻译批评”条目指出，“翻译批评即参照一定的标准，对翻译过程及其译作质量与价值进行全面的评价”（林煌天，1997：184）。因此，开展翻译批评，对翻译过程和翻译作品的质量与价值进行评价，就必须依据一定的标准。早在20世纪50年代，董秋斯在《翻译批评的标准和重点》一文中就提出，翻译批评的根本困难之一是“没有一个公认的客观标准”（陈福康，1992：363）。虽然，“公认的客观标准”从理论上来说是不可能成立的，“公认”只是翻译界美好的向往，“客观”也往往失落在主体的话语权中，但规范的标准对任何形式与目的的批评而言都是不可或缺的，翻译批评当然也不例外，否则，评价将会失去方向，极有可能面临既失去学界的认同，又遭受译者和读者质疑的尴尬境地。而批评之所以比鉴赏和阐释更具有专业性和社会性，其中一个重要原因就在于，批评更依赖于某种普遍的评价尺度和标准。

既然有批评就必须有一定的标准作为评判的依据和准绳，那么，在译学发展的漫漫历程中，究竟有没有建立起科学、规范并得到翻译界公认的翻译批评标准呢？就普遍意义而言，翻译的标准也就是批评的典律，翻译标准不仅是翻译主体在翻译实践中遵循的原则和努力的方向，也是批评主体用以鉴赏、阐释和评论译作的尺度，其重要性对整个翻译活动，包括理论的建设和实践的开展，都不言而喻。可以说，中外翻译界对翻译标准问题的关注和探讨由来已久。我国传统译论中最具代表性和影响力的翻译标准自然是严复的“信、达、雅”，他在《天演论》的《译例言》中指出：“译事三难：信、达、雅。求其信，已大难矣。故信矣不达，虽译犹不译也，则达尚焉。”“三者乃文章正轨，亦即为译事楷模。故信达而外，求其尔雅。”（同上：119—120）“信”指忠实于原文，“达”指译文行文通顺流畅，“雅”指译文典雅，有文采。通过“信、达、雅”三个字，严复不仅指出了翻译的难题，更结合“我国长期翻译活动的历史经验”、“对中外翻译理论成果的研究”及“自己在翻译实践中的体会”（乔曾锐，2000：344），明确提出了以“信”为核心的翻译标准。

作为“中国现代最重视翻译批评建设的人”（陈福康，1992：306），鲁迅虽然没有提出过明确的翻译批评标准，但他关于“直译”与“硬译”等问题鞭辟入里的精湛论述对翻译标准的厘定具有重要的参考意义。反对“歪译”，他主张翻译应采用“直译”的方法，但并不赞成晦涩和拘泥于原文的“直译”，而对经过潜心研究的“意译”求之不得。反对“顺译”（顺而不信），他主张“硬译”，借以把新的表现方法“同化而成为己有”。鲁迅对翻译有过一个著名的“剜眼削鼻”比喻：“凡是翻译，必须兼顾着两面，一面当然力求其易解，一则保存着原作的丰姿，但这保存，却又常常和易懂相矛盾：看不惯了。不过它原是洋鬼子，当然谁也看不惯，为比较的顺眼起见，只能改换他的衣裳，却不该削低他的鼻子，剜掉他的眼睛。

我是不主张剜眼削鼻的，所以有的地方，仍然宁可译得不顺口。”（同上：301）可见，不论“直译”，还是“硬译”，鲁迅强调的是翻译必须忠实原文，当“信”和“顺”产生矛盾，不能兼顾时，宁可牺牲译文的通顺易懂，而必须保存原姿原貌。

罗新璋在《我国自成体系的翻译理论》中把我国传统译学研究中对翻译标准的探讨归纳为“案本—求信—神似—化境”这一发展进程。“神似论”是20世纪20年代末由陈西滢首先提出的。他用美术创作和临摹作比喻，指出翻译的三种境界——形似、意似和神似，认为“一个最好的模拟者是个最忠实的译者”（同上：325），应能看出原文的特点，模仿原文的风格，抓住原作者的神韵。但这种以“神似”为最高境界的翻译标准在当时并没有引起重视，没有形成气候，直到20世纪50年代才由傅雷发展成为一派理论学说，明确提出“重神似不重形似”的翻译观，把“神似”作为翻译的最高标准。他在1951年的《高老头·重译本序》中写道：“以效果而论，翻译应当像临画一样，所求的不在形似而在神似。以实际工作论，翻译比临画更难。临画与原画，素材相同（颜色、画布，或纸或绢），法则相同（色彩学、解剖学、透视学）。译本与原作，文字既不侔，规则又大异。各种文字各有特色，各有无可模仿的优点，各有无法补救的缺陷，同时又各有不能侵犯的戒律。像英、法与英、德那样接近的语言，尚且有许多难以互译的地方；中西文字的扞格远过于此，要求传神达意，铢两悉称，自非死抓字典，按照原文句法拼凑堆砌所能济事。”（同上：394）60年代，傅雷在致罗新璋的信中再次明确指出，“愚对译事看法实甚简单：重神似不重形似”（同上）。“重神似不重形似”的提法似乎有重神似而轻形似之嫌，实际上，“神”与“形”如同译界一直争论不休的“意译”与“直译”一样，具有辩证统一的关系，二者相互依存，不能被割裂开来独立看待。傅雷凭借“自己深厚的中外文化修养”，洞悉“中西思维方式、美学情趣方面的异同”，强调“翻译决不可按字面硬搬，而必须保存原作的精神和美感特征”（同上：392）。可见，“神似论”的本质是强调“神似”，强调在译作中保存“原作的精神”，再现原作的“美感特征”，而并非主张为“神似”而置形似于不顾。正如他在《高老头·重译本序》中所言：“假如破坏本国文字的结构与特性，就能传达异国文字的特性而获致原作的精神，那么翻译真是太容易了。不幸那种理论非但是刻舟求剑，而且结果是削足适履，两败俱伤。”同样，他在致林以亮的信中也明确表达了不放弃“形似”的观点：“我并不说原文的句法绝对可以不管，在最大限度内我们是要保持原文句法的”（同上：395）。因此，傅雷的“神似论”应当被理解为“神”与“形”的辩证统一，在重视“形似”、肯定“形似”的基础上，突出“神似”对于文学翻译作品审美的重要性，所谓“依形写神，以形出神，神形统一”（郑海凌，2000：89）。

“化境说”是钱锺书从汉代文字学家许慎的《说文解字》里的一段训诂文字中引申出的，在翻译学范畴内赋予“诱”“媒”“讹”“化”以新的意蕴：“‘译’‘诱’‘媒’‘讹’‘化’这些一脉通连、彼此呼应的意义，组成了研究诗歌语言的人所谓‘虚涵数意’（manifold meaning），把翻译能起的作用、难以避免的毛病、所向往的最高境界，仿佛一一透视出来了”（罗新璋，1984：696）。所谓“诱”和“媒”是翻译的功用（“能起的作用”），“翻译本来是要省人家的事，免得他们去学外文、读原作，却一变而为导诱一些人去学外文、读原作。它挑动了有些人的好奇心，惹得他们对原作无限向往，仿佛让他们尝到一点儿味道，引起了胃口，可是没有解馋过瘾。他们总觉得读翻译像隔雾赏花，不比读原作那么情景真切”（陈福康，1992：421）。所谓“讹”是翻译必然的困难（“难以避免的毛病”），“一国文字和另一国文字之间必然有距离，译者的理解和文风跟原作品的内容和形式之间也不会没有距离，而且译者的体会和他自己的表达能力之间还时常有距离。从一种文字出发，积寸累尺地度越那许多距离，安稳到达另一种文字里，这是很艰辛的历程。一路上颠顿风尘，遭遇风险，不免有所遗失或受些损伤。因此，译文总有失真和走样的地方，在意义或口吻上违背或不尽贴合原文。那就是‘讹’，西洋谚语所谓‘翻译者即反叛者’（Traduttore traditore）”（罗新璋，1984：697）。所谓“化”是翻译的理想（“所向往的最高境界”），“文学翻译的最高理想可以说是‘化’。把作品从一国文字转变为另一国文字，既不能因语文习惯的差异而露出生硬牵强的痕迹，又能完全保存原作的风味，那就算得入于‘化境’”。“化境说”以“化”为核心，强调翻译的忠实性，入“化”的翻译“对原作应该忠实得以至于读起来不像译本，因为作品在原文里决不会读起来像翻译出的东西”（陈福康，1992：421）。“化”指出了翻译艺术的极致，却很难成为被普遍认同的评价翻译的标准。1964 年钱锺书初次发表《林纾的翻译》一文时，指出文学翻译的最高标准是“化”。1984 年《林纾的翻译》收入《七缀集》时，他把“最高标准”改为“最高理想”。这一修改寓意深刻，也耐人寻味。“理想”意味着不懈的追求，“理想”不能作为衡量行为的标准。彻底、完全的“化”是难以企及的理想，是译者在翻译活动中永恒的追求。“化境说”的本质不仅在于标举“化”，更在于强调了“化”与“讹”的对立统一。“讹”的必然成就了对“化”的无限向往，而翻译在减少“讹”的历程中不断接近“化”。

许渊冲在 20 世纪 80 年代提出了“优势竞赛论”，其核心观点认为文学翻译是艺术，是“两种语言文化的竞赛”，并明确指出在竞赛中取胜的方法是“发挥译文优势，或者说再创造”（许钧，1996：284）。经过二十多年的翻译实践和理论探索，“优势竞赛论”得到了进一步的发展和完善，成为“神似论”和“化境说”之外独树一帜、自成一派的文学翻译理论。在 2005 年撰写的论文《自成一派的文学翻译理论》中，许渊冲对“优势竞赛论”的主要内容进一步梳理和总结，提出文学翻译的“九论”，即优化论、三势论、三似论、三美论、三化论、创译论、三之论、竞赛论和艺术论，对文学翻译的本质、目的和方法等进行了详尽的论述。“优化论”是相对于“对等论”而言的，认为文学翻译应该“用最好的译语表达方式”，“如果对等的方式不是最好的方式，那就要舍‘对等’而取‘最好’或‘优化’”（辜正坤、史忠义，2006：11）。“优化论”的本质是发挥译语优势，原语和译语之间存在三种关系和相互地位，即均势、优势或强势、劣势或弱势，而两种文字各有优势，也各有劣势，因此在翻译过程中，“应该尽可能发挥译语的优势，改变劣势，争取均势”（同上：12），这就是“三势论”。“三似论”指的是译文与原文的“对等”，包括形似、意似和神似三个层次。“三美论”认为，优化的译文，特别是诗歌，应该力求传达原文的意美、音美和形美，而“三美”中“意美”是第一位的、最重要的，“传达意美需要传情达意，不但‘达意’，还要‘传情’”（同上：16）。“三化论”指出，传达原文的“三美”可以通过等化、浅化、深化的方法。而“创译论”是“最高级的深化”，在认同“对等翻译”不可能存在的基础上强调译文充分发挥创造性，赋予原文新的意义。“三化论”和“创译论”针对的是文学翻译的方法，“三之论”则揭示了文学翻译的目的：第一是使读者了解原文的内容，所谓“知之”；第二是使读者喜欢译文，所谓“好之”；第三是使读者在阅读中得到愉悦，所谓“乐之”。“如果读者不但喜欢译文，而且读得不忍释手，觉得是一种乐趣，那就达到了文学翻译的最高目的。”（同上：20）如果说“三势论”说明了两种语言之间的关系，“三似论”揭示了译文和原文之间的关系，那么，“竞赛论”则侧重于对不同译文之间关系的认识，提倡几种译文开展竞赛，“看哪种更能传达原诗的意美、音美和形美，更能使人知之、好之、乐之”（同上：22）。同时，“竞赛论”也鼓励在文学翻译中发挥译语的优势，鼓励译语和原语展开竞赛。“艺术论”就“文学翻译究竟是科学还是艺术”的争论进行探讨，并对文学翻译的艺术性加以肯定。通过上述“九论”，许渊冲对文学翻译的本质、目的和方法等进行了详尽的论述，并把翻译概括为“美化之艺术”，对传统译论中的“忠实”“对等”“以信为本”“宁信不顺”等翻译观进行了彻底的颠覆，并提出文学翻译的最高标准不仅是“化”，还要发挥译语的优势，强调“文学翻译的最高目标是成为翻译文学”（许钧，1996：282）。

对于翻译标准的探讨和追寻，远远不是上述几种“论”和“说”所能概括和穷尽的，我们只是对其中影响颇大的观点和理论进行了粗略的回顾，除此之外，还有深受西方语言学派影响的“等值论”和“等效论”、林语堂的“三重标准（忠实、通顺、美）”、刘重德的“信达切”、辜正坤的“多元互补论”、郑海凌的“和谐说”以及其他林林总总没有“自成一派”的论述。总之，在翻译实践与理论发展的进程中，不同的时代、不同的翻译观和翻译价值观造就了不同的翻译评价标准，即便是影响了中国译论长达一百多年的“信、达、雅”说，虽然在理论界深受关注与青睐，但一直也饱受争议和质疑，引发了多次大规模的讨论。有言辞激烈者甚至认为“这一‘原则’本身的缺陷，以及人们对它的热心推崇，已经给中国的文学翻译事业带来明显的危害”（常谢枫，1981：66），认为坚持“信、达、雅”说使“中国翻译理论界进入了死胡同”。大体而言，对翻译标准“信、达、雅”的争议主要集中在四个方面：（1）“信、达、雅”是否可以作为翻译标准。“信、达、雅”说是严复在《天演论》的《译例言》中提出的，属于“翻译感言”“翻译经验谈”一类，其理论性与科学性值得商榷。有学者曾明确指出：“作为特定译作的《译例言》，谈论该译作的翻译问题乃是常规写法。《译例言》的主旨就是要向世人解说翻译（该书）的艰辛以及为该译作所附资料的用途，而并非要在《译例言》中确立翻译的标准。”（林璋，2000：1）这并非一家之言，对“信、达、雅”本质的质疑得到了其他学者的认同。例如，穆雷曾有过相关的论述：“严复的‘信、达、雅’，是针对《天演论》的翻译有感而发，是他自己的翻译体验，并非明确提出作为翻译标准，也未就此展开全面的铺叙”（杨自俭，2002：248）。(2)“信、达、雅”的含义界定不清。也许，正是由于严复没有明确把“信、达、雅”作为翻译标准提出，也没有针对每个条件进行详细的阐述，所以，对“信、达、雅”三个字的理解一直存在着较大的争议。严复所说的“信”究竟是指“逐字死译”还是指“忠实、正确传达原著的思想、风格和精神”？倘若笼统地理解为“忠实”，那么是指忠实于形式、忠实于内容还是忠实于风格？严复所说的“达”应从修辞角度解释为“通顺”“通畅”，还是从内容传达的角度解释为“达意”？对“雅”字的理解更是仁者见仁、智者见智：究竟是“文字典雅”，还是“保持原作风格”？究竟“是指小说、诗歌等的艺术性和感染力，或者指一般的修辞手段”（陈福康，1992：414），还是指“译者的文风适应于读者的接受习惯”（郑海凌，2000：121）？对“信、达、雅”含义的界定存在的严重分歧直接导致了对“信、达、雅”作为翻译标准的否定和批判。对此，王澍在《关于翻译标准的我见》一文中对1954至1955年中国译学界关于翻译标准的大讨论所作的总结颇具代表性。他认为“严复的‘信、达、雅’说固然有合理部分可以吸收，但也有错误部分必须扬弃”。他不赞成继续沿用这三个字作为指导翻译实践的标准，“因为对这三字本身的讨论还有分歧，再负担一层下定义、作注释的任务，只能产生‘治丝益棼’的后果。另外，限定在这三字内下定义、作注释，会束缚翻译理论的发展”（陈福康，1992：415）。(3)“雅”字值得商榷。“雅”字是“信、达、雅”说中最遭受诟病的，其合理性与必要性历来是各种关于翻译标准的争论的焦点之一。郑振铎曾明确指出，“雅”“是不必提及的”，因为“这不应当是译者首先考虑的问题”，而“严氏的‘雅’往往是牺牲‘信’以得之的，不足为训”（同上：231）。陈西滢把翻译内容分为文学和非文学两大类，认为对这两类翻译而言，“雅”字都是没有必要的，“在非文学的翻译，只要能信能达，便尽了译书者的能事”，所以“‘雅’是根本用不着的”。而在文学作品的翻译中，“雅”不仅是多余的，“而且是译者的大忌”，因为，“原文如果是粗俗的，译者不能使其‘雅’”（同上：323）。艾思奇也对“雅”的必要性提出过质疑，他认为“如果指文字要典雅，那便是从外面勉强加上去的彩色，并不是传出了原著的本身的文字美，是白费力气，而不是尊重原著；如果‘雅’是指原著的文字美，那么，忠于原著，充分地做到了‘信’时，这一种‘雅’也是多少可以传达出来的”（同上：339）。就连对“信、达、雅”顶礼膜拜的郁达夫也曾对“雅”字表示过异议：“不过关于最后一个雅字，因为时代的不同，或者有一点商榷的余地。”（同上：275）（4）单向度、简单化的思维定式。中国译学界对翻译标准的研究不可谓不深入，讨论不可谓不激烈，却始终存在“一种单向度、简单化的思维定式”（杨晓荣，2005：191），一直囿于对“信、达、雅”的含义、辩证关系、解释力等问题的反复言说。

数十年以来，翻译研究的深度和广度不断加强，人们对翻译的认识逐渐丰富，视野日益开阔，同时，翻译研究与翻译实践的时代背景也发生了深刻变化：翻译活动的多样性已经远远超出了文学翻译的领域，活跃而迅速的文化交流对读者接受从观念上到语言上都产生了多方面的影响，国外当代翻译理论自 20 世纪 70 年代以来有了长足的发展并逐渐为我国翻译界所了解（杨晓荣，2005：191）。在这种新形势下，越来越多的学者认识到，影响翻译活动的语言、文化、政治、历史等各方面因素极为复杂，对翻译的评价应由传统的以“信”为基本准绳的单一标准走向多维度、多视角的多元标准。对此，有学者在介绍图里的多元系统论时提出了相当中肯的看法：“假如把多元系统论应用于中国的翻译研究，我们或许能够解释许多现象，例如严复、林纾为何用达旨、译述手法而成功，鲁迅为何主张硬译，当代流行的规范为何与以前的不同。我们可能还会发现，翻译规范因应社会的需要而变化，不同的规范，只是为了迎合不同时代的需要或者达到不同的目的，不一定有正确与错误，或者先进与落后之分。”（陈德鸿等，2000：116）的确，对于翻译批评标准的认识不在于评定其正确或错误，也不在于区分其先进或落后，而在于明确任何形式的翻译批评，无论出于何种需要和目的，都应该在一定规范性的基础上充分考虑翻译观念、翻译价值、时代感、社会性等多种要素。此外，在目前的批评语境中，更值得注意的是，标准的多元化、相对化不能导致标准的随意性，在“颠覆经典”的同时，必须正确把握绝对与相对的辩证关系。这在于不仅打破绝对主义，也反对把相对主义绝对化，即否认相对中包含着一定的绝对。那么，在多元化语境中，翻译批评标准的规范性何以体现？这是在打破对“绝对标准”的依赖之后，翻译批评界应予以重视的问题。总体而言，对翻译批评标准应有以下认识：

一、合理性

翻译批评标准的合理性包含两方面内容：其一，任何翻译评价标准都不是凭空产生的，而是一定翻译观和翻译价值观的体现。例如，鲁迅认为翻译的重要价值之一在于“‘输入新的表现法’，以改进中文的文法”（陈福康，1992：301）。正是基于这样的翻译价值观，他提出“直译”“硬译”的翻译标准。又如，在许渊冲看来，文学翻译是一门艺术，其价值不仅在“求真”，更在“求美”，因此，“真”是文学翻译的低标准，“美”才是文学翻译的高标准。在这样的翻译观下，他所标举的“优势竞赛论”也就不难理解了。其二，不能把翻译的理想境界与翻译批评标准等同起来。设想出一个理想化的抽象标准，并以此标准去衡量、评价翻译作品，这样的翻译批评毫无科学性、合理性可言，相反，只能导致一种求全责备的错误批评态度，使得翻译批评在否定性甚至是破坏性中无法发挥其建设性作用，也就失去了翻译批评存在的最大价值。因此，必须以理性的目光辩证地看待标准与理想之间的关系，充分关注翻译批评的科学性和可操作性，克服标准的虚无化和神秘化。

二、互补性

如前文所说，数十年来，翻译批评取得了长足发展，以“信”为单一标准的批评已经被多维度、多视角的批评所取代，翻译批评呈现出多元化特征和趋势，而翻译批评标准的多元化本身就意味着翻译批评标准的互补性。正如郑海凌在介绍辜正坤的“多元互补论”时所言：“不同的翻译标准代表了译作价值的各个方面，每个标准各自发挥自己功能的同时，其实也就是在和所有的标准相辅相成，起着弥补其他标准缺陷的作用。”（郑海凌，2000：107）同时，互补性也意味着翻译批评标准的建立应全面考虑翻译目的、翻译的社会文化价值以及文本形式、译作的可接受性等多种因素。

三、历史性

翻译批评要坚持历史观，无论对翻译现象、翻译事件的考察，还是对翻译作品的文本评价，都应从特定的历史环境出发，充分关注不同的历史文化因素，因此，翻译批评标准也具有历史性。试图脱离时代背景，好高骛远地制定出一套适用于任何时期、任何年代的标准是不切实际的，是违背批评活动的本质的。焦菊隐在《论翻译批评》一文中就翻译批评标准的厘定问题非常中肯地指出："给翻译批评指出一个原则性的方向，决不是主观地订立一个过高或过低的标准，而是要在今天中国翻译界的一般水平上，从一般严肃的翻译工作者的集体经验中，归纳出一个切乎现阶段实际情况的标准，来扩大翻译工作影响的目的，作为从普及的基础上提高翻译界现阶段水平的指南。"（陈福康，1992：369）焦菊隐的这段颇有见地的论述告诉我们，翻译批评标准并不是"主观性"的产物，其建立的原则是"衡之事实"，不可"过高或过低"，其建立的关键在于通过"归纳"使之符合"现阶段实际情况"，而所谓"事实""实际情况"等总是与特定的时代背景、历史因素息息相关的。

四、发展性

翻译批评标准不可能是永恒不变、静止不前的，而是处于不断修订、不断丰富、不断完善的动态发展过程中。不仅语言、意义（观）和审美观在发展（刘宓庆，2001：521），对翻译活动的认识，对翻译价值的理解，对翻译社会功用的要求也处在不断的发展、变化之中，可以说，批评标准的发展性是翻译批评的本质所决定的。

思考题

〔1〕翻译批评的本质是什么？

〔2〕翻译的价值何在？翻译批评的价值何在？如何保证它们得以实现？

〔3〕谁来进行翻译批评？翻译批评的主体具有哪些特征？

〔4〕作为读者批评的重要形式之一，网络批评的积极意义和局限性何在？

〔5〕翻译批评主体应具有哪些素质？树立何种精神？

〔6〕翻译批评原则的确立应考虑哪些因素？

〔7〕翻译批评的开展应遵循哪些原则？

〔8〕翻译活动的发展进程中出现过哪些翻译标准？它们各自具有哪些特点？

〔9〕随着翻译理论与实践的发展，翻译批评标准呈现出何种特征？

〔10〕在翻译批评标准的多元化语境中可能出现什么样的问题？如何解决这些问题？

本章参考文献

陈德鸿等（编），2000，《西方翻译理论精选》，香港：香港城市大学出版社。

巴特，罗兰（著），温晋仪（译），1999，《批评与真实》，上海：上海人民出版社。

陈福康，1992，《中国译学理论史稿》，上海：上海外语教育出版社。

辜正坤、史忠义（主编），2006，《国际翻译学新探》，天津：百花文艺出版社。

黄友义，2008，《发展翻译事业，促进世界多元文化的交流与繁荣》，见《中国翻译》，第4期，6—9、64。

加利，布特罗斯（著），张晓明、许钧（译），2003，《世界化的民主化进程》，南京：南京大学出版社。

姜治文、文军（编著），1999，《翻译批评论》，重庆：重庆大学出版社。

林煌天（主编），1997，《中国翻译词典》，武汉：湖北教育出版社。

凌晨光，2001，《当代文学批评学》，济南：山东大学出版社。

刘宓庆，2001，《翻译与语言哲学》，北京：中国对外翻译出版公司。

刘云虹，2006，《复译重在超越与创新》，见《中国图书评论》，第9期，16—17。

罗新璋（编），1984，《翻译论集》，北京：商务印书馆。

毛崇杰，2002，《颠覆与重建——后批评中的价值体系》，北京：社会科学文献出版社。

乔曾锐，2000，《译论——翻译经验与翻译艺术的评论和探讨》，北京：中华工商联合出版社。

松浦晃一郎（著），宫结实、苑爱玲（译），2008，《促进文化交流、推动文明发展是翻译工作者的使命——联合国教科文组织总干事松浦晃一郎致世界翻译大会的贺词》，《中国翻译》，第 4 期，5。
谭旭东，2005，《批评家缺乏责任感和艺术良知　文学批评呼唤实与真》，见《人民日报》，3 月 31 日。
托多洛夫，茨维坦（著），王东亮、王晨阳（译），2002，《批评的批评——教育小说》，北京：三联书店。
汪堂家，2001，《可译性、不可译性与思维模式的转换》，见《辞海新知》，第 3 辑。
王彬彬，2000，《为批评正名》，长春：时代文艺出版社。
王宏印，2006，《文学翻译批评论稿》，上海：上海外语教育出版社。
王宁，2006，《文化翻译与经典阐释》，北京：中华书局。
韦勒克（著），杨岂深、杨自伍（译），1997，《近代文学批评史》，上海：上海译文出版社。
文军，2006，《科学翻译批评导论》，北京：中国对外翻译出版公司。
——刘萍，2006，《中国翻译批评五十年：回顾与展望》，见《甘肃社会科学》，第 2 期，38—43。
谢天振，2003，《翻译研究新视野》，青岛：青岛出版社。
许钧（主编），1998，《翻译思考录》，武汉：湖北教育出版社。
——2003，《翻译论》，武汉：湖北教育出版社。
——2006，《翻译的危机与批评的缺席》，见《中国图书评论》，第 9 期，12—15。
杨晓荣，2005，《翻译批评导论》，北京：中国对外翻译出版公司。
杨自俭（主编），2002，《译学新探》，青岛：青岛出版社。
叶廷芳、吴越，2009，《译笔饱蘸思想的墨水》，见《文汇报》，7 月 20 日。
喻云根（主编），1996，《英美名著翻译比较》，武汉：湖北教育出版社。
张柏然、许钧（主编），2002，《面向 21 世纪的译学研究》，北京：商务印书馆。
郑海凌，2000，《文学翻译学》，郑州：文心出版社。

Barthes, R. 1964. *Essais critiques*. Paris: Editions du Seuil.
——1966. *Critique et vérité*. Paris: Editions du Seuil.
——1994. *OEuvres complètes, Tome 2*. Paris: Editions du Seuil.
Berman, A. 1995. *Pour une critique des traductions: John Donne*. Paris: Gallimard.
——1999. *La traduction et la lettre ou L'auberge du lointain*. Paris: Editions du Seuil.
Carloni, J.-C. et Filloux, J.-C. 1963. *La critique littéraire*, collection «Que sais-

je?», Paris: Presses universitaires de France.

Ladmiral, J.-R. 1994. *Traduire: théorèmes pour la traduction.* Paris: Gallimard.

Lederer, M. 1994. *La traduction aujourd'hui*. Paris: Hachette.

Toursel, N. et Vasseviere, J. 1994. *Littérature: textes théoriques et critiques*. Paris: Nathan.

第九章
翻译教学研究

翻译教学是应用翻译学的重要组成部分，也是普通翻译学和特殊翻译学理论具体运用于翻译实践的一部分，它不仅能够连接理论与实践，成为检验应用理论是否正确的一个工具，而且关系到翻译事业是否后继有人，甚至关系到整个翻译学的学科建设是否基础牢靠，因而事关重大，需要引起高度重视。构建完整的翻译教学体系，是翻译学作为一门独立学科存在的重要标志之一；而翻译教学研究不仅要研究翻译教学与翻译学的相互依存和互动关系，研究翻译教学的概念、原则和理论，更要研究翻译教学过程、对象、目标、方法、内容等一系列与之相关的实际问题。

第一节　翻译教学与教学翻译

教学翻译（teaching translation）[1] 与翻译教学（translation teaching）是完全不同的两个基本概念，而且是随之而来的许多相关讨论的基础。尽管二者均与语言和翻译相关，都由“教学”和“翻译”这两个单词构成，

1　对此概念的介绍详见［加拿大］让·德利尔著、孙慧双译《翻译理论与翻译教学法》，北京：国际文化出版公司，1988。德利尔是法国巴黎第三大学高等翻译学校的翻译学博士。这本书译自作者博士论文的一部分。教学翻译又称学校翻译或大学翻译，指在语言学习中运用翻译的教学方法，目的在于提高语言运用水平。

但顺序之差可能就会引起相应的误读误解，正可谓“差之毫厘，失之千里”。对于这一对概念近年来尽管已有一些论述，但我们认为仍有必要澄清基本认识。二者的区别详见下表：

主要区别	教 学 翻 译	翻 译 教 学
学科定位	语言学—应用语言学—外语教学	翻译学—应用翻译学—翻译教学
培养目标	掌握一门外语的语言工作者	职业译员 / 译者 / 双语工作者
教学目的	检验并巩固外语知识 提高语言应用的能力	了解翻译职业的理念与规则 掌握双语转换的能力与技巧
教学重点	外语的语言结构及 外语语言应用能力	双语转换能力与技巧 解决翻译问题的能力
指导思想	重外语语言技能训练	重口笔译实践操作能力
翻译标准	绝对忠实于原文	满足客户需求

从表中可以清楚地看出，从学科定位、教学目的到教学重点和培养目标，二者都有显著的区别。为了进一步了解教学翻译培养目标的定位，我们再来看高等学校英语专业教学大纲（2000 年）中对翻译技能的规定：

入 学 要 求	四 级 要 求	八 级 要 求
能将内容不超过高三课文难度的短语和句子译成汉语，要求理解正确，语言通顺。	能独立完成课程中各种翻译练习，要求译文忠实于原文、表达流畅。	能运用翻译的理论和技巧，将英美报刊上的文章以及文学原著译成汉语，或将我国报纸杂志上的文章和一般文学作品译成英语，速度为每小时 250—300 个英文单词。此文要求忠实原意，语言流畅。能担任一般外事活动的口译。

从高等学校英语专业教学大纲可以看出，翻译课程只有口笔译两门，并且只在三四年级开课。专业知识和相关专业知识两方面都不涉及翻译课程，与要达到的教学要求不相适应；课时远远不能满足达到教学目标的需要。对于多数学校的学生来说，要真正达到大纲要求的翻译能力标准，实际操作比较困难。据我们多年对研究生新生的调查了解，还有大型翻译公司对英语专业本科毕业生的调查[1]，多数学生认为本科高年级的翻译课上没

1　由于涉及“商业秘密”，该公司负责人不同意公开他们的调查结果具体数据，此处根据口头介绍。

有学到什么有用的东西，印象比较浅淡，没有获得明显的技能提高，毕业后很难直接从事职业的翻译活动。因为翻译课的目的仅是提高学生“译”的技能，是外语学生基本技能的一个部分，而不是培养职业译员 / 译者。

关于教学翻译与翻译教学这一对概念，国内从 20 世纪 80 年代末就对国外关于这方面的论述作过介绍（孙慧双，1988；刘和平，1990），一直未引起关注，直到 20 世纪末 21 世纪初开始重新提出并引起争议，刘和平（2002、2004）、张美芳（2001）、穆雷（1996、1999、2000、2004）等人专门撰文讨论，并在有关会议上强调其重要性；刘宓庆（2003）曾提出 TTBS 和 TTPS 的概念[1]，实际上探讨的也就是教学翻译和翻译教学。也有学者认为，是否区分这一对概念无关紧要，反正大家谈的都是翻译和教学。然而，正是因为对这两个概念的认识长期模糊不清，各种类别的教学问题混为一谈，作者们自说自话，内容实质互不相关，既无法解决实际问题，又会使人产生新的误解，以为翻译教学无法研究出实际结果。因此，必须对这一对概念作详细区分和明确定位，目的是要让每一位翻译教师与教学管理者清楚，自己所从事的教学工作的本质究竟是什么，怎样才能达到自己的教学目标。

区分这两个基本概念，能使它们分别找到各自的准确定位，得到更好的研究与实施。《教学翻译：一个同样不容忽视的领域》（许宏，2006）一文于 2005 年底进行的网上搜索发现，在 1999—2005 年这一时段内，探讨“翻译教学”的论文有 369 篇，而有关“教学翻译”的论文只有 27 篇，其中还有 9 篇是讨论二者区别的，真正就“教学翻译”展开论述的仅有 14 篇。其实，在 369 篇“翻译教学”论文中，有相当一部分没有明确二者的区分而将其混为一谈，反而什么都谈不清楚。许宏（2006）指出，当前在“教学翻译”研究中取得的成果大致可以分为三个方面：（1）进一步明确何谓“教学翻译”；（2）强调尽管语言教学法一直在发展，教学翻译仍然是一种重要的有效的方法，在实施教学的过程中应该与其他教学方法有机结合；（3）探索如何运用翻译这一手段来实施促进英语教学。有待加强的方面有：（1）“教学翻译”的定位；（2）“教学翻译”包括哪些形

1 TTBS 指 teaching of translation as a basic skill；TTPS 指 teaching of translation as a professional skill。具体参见刘宓庆著《翻译教学：实务与理论》，北京：中国对外翻译出版公司，2003，第 71—255 页。

式；（3）如何理解与把握“教学翻译”的原则和标准。其实近年来，台湾地区一直有人在研究教学翻译对促进英语语言教学的作用，并且通过实证研究来进行效果验证，取得了一些成果，值得借鉴。

“教学翻译”和“翻译教学”二者并无高下优劣之分，区别在于学科定位、培养目标、教学目的和教学重点不同，如果它们各司其职，都会取得相应的更好的结果。目前，对这两者加以区分的意义已得到译界和外语教学界更多专业人士的肯定，人们在开展翻译专业课程教学研究的同时，也提高了对教学翻译开展研究的意识。我们有理由相信，随着区别性研究的深化，翻译教学和教学翻译将会在各自的领域发挥更好的作用。

第二节　翻译教学的层次

对现行教育体制下的翻译教学层次区分（即本科阶段外语专业高年级的翻译课程与外语专业翻译方向和翻译专业教育之间的区别），这个问题是从 2006 年翻译专业开始招收本科生以来，教师、学生和家长提问最多的，也是较难以回答的。

其实，若不是受现行教育体制特别是考试录取制度所限，翻译专业应该明确对考生的特殊要求，例如：翻译所涉的两种语言的基本功、心理素质、演讲口才、记忆力，甚至身体素质等方面的具体要求。笔者曾在香港浸会大学做过相关调查，他们在录取翻译专业本科生时，对考生中学毕业会考与高考时的国文（汉语）和英文有更高的要求，采取的办法是在录取中增加这两门课程考试成绩分值的系数或权重，以保证学生的双语成绩高于其他专业（其他相关专业也采取增加相关课程分值系数的办法录取）；学生入校后就开设翻译实践课程，同时通过大学的公共语言课程继续提高学生的双语应用能力。本科阶段这三个层面区分清楚，研究生层面就相应好办了[1]。

在国内现存的本科翻译教学[2]（以英语为例）中，主要存在以下几个层面 / 类型：

1　详见穆雷 2007、仲伟合 2006/2007《中国翻译》文章的讨论。

2　为了便于对照讨论教学翻译和翻译教学，暂且将二者列在一起，但并不意味着将二者混为一谈。

名　　称	主要管理方式	学 位 性 质
翻译	翻译学院 / 系	文学学士（翻译专业）
翻译 / 高级翻译	翻译学院 / 系或英文学院	文学学士（英语语言文学专业翻译方向）
4+1 双学位	大学统一管理	其他专业学士 + 文学（翻译 / 英语）学士
4+0 双学位 4+0 双专业	大学统一管理	其他专业学士 + 文学（翻译 / 英语）学士 其他语种学士 + 文学（翻译 / 英语）学士
（翻译课程）	英文学院 / 系 其他专业院系	文学学士（英语语言文学专业） 其他（理工农医文科）学士

上述前四种类型的翻译教学中，双学位与双专业是一种特殊层面，一般在综合性大学设置。学校利用文理交叉或多语种的优势，鼓励学生在学好一个专业或语种的同时，选修翻译专业，同时获得两个专业或方向的学位，因此可将其看作介于外语专业的翻译方向和翻译专业之间的一种探索，预计它会随着翻译本科专业建设的成熟而逐渐向翻译专业靠拢。此类学生的优势在于，不仅有良好的双语基础和专业基础，而且掌握了基本的口笔译技巧，如果进一步深造，可以很快成为专业翻译人才。我们在讨论各层面翻译教学时暂时将其归入翻译专业，不再另外设类，这样，目前高校的本科翻译教育可以分为两个主要层面（为了便于对比说明差异，特将教学翻译列入表中），区别如下表[1]所示。

	（英语专业翻译课）	英语专业翻译方向	翻 译 专 业
课程时数	三四年级少量课时，一般笔译 72 时，口译 36 时，约占专业课教学总学时 2000—2200 的 5% 左右	三四年级开设 5—8 门翻译课程，课时仍然十分有限，约占总课时的 8%—12%	按照职业译员的培养需求专门设课，翻译专业课程约占总课时的 40% 左右，另有 20% 左右的相关专业知识课
培养目标	提高英语语言应用能力	提高双语的翻译转换能力	提高翻译能力与译者能力

1　表中数据以现行相关院校已有的课程设置计算。

（续表）

	（英语专业翻译课）	英语专业翻译方向	翻译专业
学生基础	经过低年级听说 读写基本技能训练	在低年级学习中 英语技能成绩突出	扎实的双语基本功 译员所需基本素质
教学性质	教学翻译	兼有二者的职能	翻译教学
主要的专业课程（各校名称略有不同，但内容大同小异）	笔译 / 英译汉 + 汉译英 口译	英译汉　汉译英 科技翻译　经贸翻译 口译　政治外交口译 交替传译　同声传译	英译汉　汉译英 翻译与思辨　翻译词汇学 科技翻译　经贸翻译 文学翻译　文献翻译 旅游翻译　应用翻译 翻译概论　笔译工作坊 翻译简史　翻译批评与赏析 基础口译　口译观摩与赏析 专题口译　口译工作坊 交替传译　同声传译基础 视译　商务口译

从课程设置中主要的专业课程可以看出，不同层次的教学内容有很大的差别，不仅仅是课时不同，教学内容的选择与衔接也充分考虑了培养目标的需要。以口译为例，英语专业的口译通常只是一门 36 学时最多 72 学时的课程，学校一般无须较大投资，在语言实验室甚至就在普通教室进行即可，对教师的专业要求也不一定很高，不具备条件的学校甚至根本就不开设口译这门课，对整体的语言教学也无太大影响。设置翻译方向的学校一般都会把口译课分成交替传译和同声传译分别教授（尽管是否应该在本科阶段开设同声传译以及如何开设仍在讨论之中），硬件设施也往往有专门的投入，建有专门的语言实验室或同声传译教室，教师多有口译实践经验。如果开设翻译专业，对口译教师与硬件设施的要求则更高、更明确，现有的翻译专业教学单位的软硬件设施可以说明这一点。区分层次的目的是为了让教学管理者与教师清楚自己和培养目标的定位。其中英语专业早就有自己的教学大纲，虽然翻译方向和翻译专业目前还没有正式颁布相对统一的教学大纲，但不少学者已在进行积极的探讨，并取得了一些已获得共识的研究成果[1]。

1　具体参见《中国翻译》2006 年第 5 期“翻译教学论坛”栏目的 6 篇文章。

1949 年以来，中国内地培养了大批外语人才，外语教学大纲的培养目标中也有毕业生能从事翻译工作的要求，因此，许多人就认为，外语人才就是翻译人才，懂外语就会做翻译。然而，几十年过去，人们才看清，仅懂外语并不一定就能从事翻译工作，外语人才绝不能与翻译人才画等号。因为：(1) 翻译专业人才不仅需要精通两门语言，同时还需拥有广博的文化和百科知识及相关的专业知识；(2) 翻译专业人才需要掌握各种翻译技巧，进行大量的实践，将翻译知识和技能内化为译者 / 译员的能力和素养；(3) 翻译专业人才需要具备清醒的译者角色意识、良好的职业道德、踏实进取的工作作风、自觉的团队合作精神和处乱不惊的心理素质等，需通过专门训练才能将这些品质固化成职业行为。翻译人才的培养需要从语言板块（强调包括母语在内的两种语言）、技能板块和知识板块几方面入手，而传统的外语教学仅能部分解决外语语言技能的训练，达不到翻译人才的要求。翻译教学需要培养的知识与技能可以分解为下表（仲伟合、穆雷：2008)：

	模　　块	分　项　指　标
翻译专业所需技能与知识	双语技能	1. 外语语音、词汇、语法等语言知识
		2. 外语听说读写技能、工作语言写作技能
		3. 双语演讲与辩论技能
		4. 语言学习和运用能力
	翻译技能	1. 口笔译操作技能
		2. 口笔译理论基本知识
	相关知识	1. 所学语言国家概况
		2. 跨文化交际能力
		3. 语言学基本知识
		4. 外国文学基本知识
		5. 计算机与网络应用
		6. 职业道德与相关职业知识
	人文素养	1. 政治思想素养
		2. 创新思维
		3. 中外文化素养
		4. 团队合作精神

此表既可让我们对翻译专业教育及其与外语教育的差别有直观的认识，也可作为设计教学大纲和课程、编写教材、培养师资以及教学评估时的基本参数。

值得注意的是，翻译教学虽然有别于语言教学中的教学翻译，其最终目的并非仅仅是翻译技能培训，而应是培养职业译员 / 译者，是一个大学教育的过程，因此，应在教学大纲和课程设置中充分考虑到翻译教育和职业培训的差别。何刚强（2006）提出翻译院系培养人才应有长远的眼光就是这个意思，他提出：（1）翻译院系或翻译专业的设立要考虑到国家翻译事业的长远需求；（2）一个翻译系或翻译专业的建立要考虑到其学科建设的长远发展；（3）要为学生今后的长远发展提供良好的基础条件。他还提出翻译专业学生的培养方案应尽可能达到的四项要求：（1）扎实的双语语言基本功；（2）相当的国学基础；（3）足够的杂学知识；（4）良好的思辨能力。他对翻译专业毕业生的定位不仅仅限于狭义的翻译技能本身："他们可以直接从事口笔头翻译工作，可以从事外事方面的管理工作，可以从事涉外新闻媒体工作，可以胜任各种对外的文化、艺术、经济、贸易、科技、出版等的交流和相关文字工作。"总之，翻译专业本科毕业生应能从事与两种语言相关的交流、转换和管理工作。香港几所大学翻译本科毕业生就业相对容易，文科高考高分学生报考翻译专业者多，就是因为只有翻译专业对两种语言都有较高的要求，翻译专业的课程要求学生提高两种语言的转换能力，因此毕业生的适应面比较宽广，受到社会的广泛欢迎。

课程设置中除翻译专业课程之外，还有非常重要的内容就是教育课程，也就是大学教育区别于一般的社会培训或职业培训的重要内容。香港各大学的通识课程可以作为很好的借鉴。例如，香港理工大学在其 2006—2007 年度下学期的课程安排中介绍，大学通识教育课程"目的是希望借此扩阔同学的视野，训练他们的独立思考能力，使他们能有敏锐的社会触觉，能对我们的国家和我们所生活的社会，有最基本的认识。香港理工大学的通识教育课程具有本身的特色，一方面与主修课程相辅相成，另一方面强调应用与兴趣并重"[1]。具体做法分为中国研读和拓宽视野两部分，每部分分为多门课程，从中必选 1 门，2 个学分，这两部分共 4 个学分是所有本科生都要修的。中

1　详见香港理工大学 2006—2007 年度下学期"中国研读通识课程"。

国研读通识课程由大学通识教育中心管理，并由通识教育中心及其他校内外专家任教。拓宽视野通识课程由不同学院、学系及教学中心开办及管理。中国研读课程包括：中国历史、中国文化与哲学、中国语言与文字、当代中国社会、中国政治制度及组织架构、中国法律体制、中国美术与设计、中国音乐与表演艺术、中国生活文化、中国科技发展、传统中国医药、中国经济最新发展、中国的崛起、中国经济地理、区域发展与竞争。

香港城市大学更是从几年前开始花重金建设了一个中国文化中心，承担全校所有学生的通识课程[1]。其课程丰富多彩，还有各类活动与之相配套。仅以 2007—2008 学年度的活动为例，活动包括客座教授讲座（如老北京的日常生活、北京的寺庙与宗教生活、天桥；一个城市边缘的大众娱乐空间、清代的紫禁城故事、明代的紫禁城故事、大运河与北京、长城与北京、明清京畿；三种文化三个圈、元大都与蒙古帝国的多元文化等)、书画展览、文化研讨会（如昆曲与非实物文化传承国际研讨会)、座谈会(昆曲的现状与前瞻座谈会)、论坛（如亚洲文化合作论坛）等，通识课程有多组。如 CCIV0101 课程组强调多元文化与活泼化的教学模式，内容包括艺术示范讲座、艺术工作坊、导修指导、专题研习、网上讨论、网上练习等不同元素，让同学有机会全面地接触、学习、领悟中国文化之精髓。课程范围包括远古艺术、汉语和汉字、《周易》、《诗经》、《楚辞》、先秦道家、先秦法家、《孙子兵法》、《史记》与《汉书》、汉代的科技、魏晋玄学、道教、佛教和禅宗。具体课程有如传统中国妇女塑型、传统中国两性关系、考古、陶瓷、中外交流、中国传统音乐、儒道思想与中国文化、中国戏曲史等。又如 CCIV 课程组内容包括文化讲座、客座教授讲座、实地考察、小组导修、网上讨论、网上短评、网上练习等不同元素，课程范围包括丝绸之路、唐诗、雕塑、书法、宋明科举与学校、四大发明、宋明理学、天主教、基督教的传播、中西文化交流、宋词、元曲、明清小说、文人水墨画、明清建筑与园林、京剧。具体课程如中外医学文化的交流与比较、传统中国性别问题、中国文学绘画园林艺术中的思想与情感、佛教与中国文化、传统建筑及造型艺术、中国思想与文学、美术考古墓葬文化与中国人的生死观、中西戏剧音乐比较等。

1　详见香港城市大学中国文化中心网站。

诚然，我们的教育研究也谈通识教育，但一般来说思路比较受局限，往往不知从何下手。国内高校目前一般仅在低年级“通选课”模块开设语言文化类的课程，把通识教育简单地当作人文教育。然而，完整的通识教育还应包含科学教育的成分。香港以及国外不少大学则把通识教育千方百计落在了实处，不仅开设社会人文科学类的课程，还开设自然科学类的课程，更没有忽略培养动手能力和社会参与能力的实践类课程。上述丰富多彩的选修课程，正是大学教育有别于社会 / 职业培训的要点所在。教育的目的是培养完整的人，培训的目的是增强某一方面的技能，二者具有本质上的差别，所以对于大学的翻译教学体系来说，应该具有“教育”的理念，重视相关知识和人文素养等模块的设计与实施，在具备条件的学校，不仅开设人文知识课程，同时也要开设自然科学类的入门课程，真正提高未来职业译员 / 译者的全面素质。诚然，这些课程的设置绝非某一院系所能独立承担，必须有大学层面的统筹设计安排和财力人力的支持。

上述介绍，不是说目前的翻译教学马上就要做到这些，只是想开阔思路，探索如何培养综合素质高、专业能力强的翻译人才。虽然我们的客观条件可能一时达不到上述标准，但这让我们看到了努力的方向，也进一步说明，设置翻译专业一定要具备相应的条件、有清晰的教育理念，也要有明确的培养目标。这是对翻译教育设计、管理和实施者的要求。

第三节　翻译教育的体系

根据对国际翻译教学现状的了解，反观国内翻译教学的现状，我们认为，翻译教学要想稳步健康地发展，必须首先对教育体系的构架有一个全盘设想，把各层次的翻译教学准确定位，使之尽量与国际翻译教学体制接轨，再根据这个定位分别制订和实施各自的培养目标与教学计划，这样才能使我们培养的人才符合国际要求，获得国际同行的认可。根据国际翻译教学调查和中国内地的实际情况[1]，提出构建下述翻译教育体系：

1　为了给翻译硕士专业学位（MTI）设置论证提供数据，我们曾对国际翻译教学做过调查，并参考柯平、鲍川运等人的有关研究成果，也参考了笔者自 1996 年起对国内翻译教学状况所作的调查，做过对比分析，重点考察各层次翻译教育的培养目标、课程设置等具体要求，同时结合目前国内已经存在的翻译教学机构的相应数据进行分析。我们设计的该翻译教育体系，应该是可望也可即的，具有实际操作的可能性。

翻译教育层次		学　制	现状
翻译学博士	PhD in Translation Studies & Interpreting	3—4 年	已有
翻译学硕士	MA in Translation Studies & Interpreting	2—3 年	已有
翻译硕士专业学位（MTI）Master of Translation and Interpreting	MTI in Conference Interpreting	2 年	已有
	MTI in Translation / Interpreting	2 年	已有
	MTI in Legal Translation / Interpreting	2 年	已有
	MTI in Business Translation / Interpreting	2 年	已有
	MTI in Media Translation / Interpreting	2 年	已有
	MTI in Science and Technology Translation/ Interpreting	2 年	已有
	MTI in Computer-aided Translation	2 年	已有
	MTI in Translation and Management	2 年	筹建
翻译学士	BA in Translation	4 年	已有
翻译培训层次			
笔译 / 口译硕士培训证书	Graduate Certificate in Translation	2 年	已有
	Graduate Certificate in Interpreting	2 年	已有
笔译 / 口译培训证书	Certificate/Diploma in Translation	1 年	已有
	Certificate/Diploma in Interpreting	1 年	已有

该体系包括了现有的博士、硕士、专业硕士和学士培养，把新增设的翻译硕士专业学位与传统的翻译理论与实践方向研究生重新整合定位，设置成新的翻译学硕士与翻译硕士专业学位，严格区分各自的学术性培养和职业化培养特点，分别侧重翻译理论研究训练和口笔译各种翻译技能训练，同时把翻译专业硕士分为不同的专业方向，针对市场需求和国外各种职业译员考核分类，设置八个类别[1]，使每一个专业方向的学生都有充分了解该专业特点及其相关职业要求的时间和机会。对于培训证书的教学也有待统一设置与管理，目前社会上众多的翻译培训机构急需规范培训目标与课程设置，并与职业资格认定和行业管理结合起来。现有高职高专已经成立的翻译系或翻译方向最好主要以证书培训教学为主要目标，而不要盲目

1　国外还有更加细致的类别，如医药等。

进行学生语言能力达不到的本科以上层次的翻译教学。各高校要根据自己的硬件设施和师资队伍的具体情况明确自己的定位。

需要说明的是，国内的研究生一直使用MA这个英文名称，在境外往往会引起误解，因为硕士（MA）在境外比较明确地专指1—2年学制、以修课程为主取得的学位，毕业生一般直接就业；而以研究硕士（Mphil）来专指2—3年学制、以学术训练为主取得的学位，毕业生适合进一步深造，不少研究硕士在学习的某个阶段达到一定的资格要求即可转入博士阶段的研究而无须重新申请入学资格。按照上表的划分，名为MA的培养实际上相当于Mphil，而MTI则是MA在口笔译领域的专业学位。在设立翻译硕士专业学位之前，由于未加明确区分，人们对翻译方向研究生的培养目标争论不休。目前翻译学硕士只能暂时沿用MA这个并非理想的名称。

鉴于目前中国内地翻译教育的现状，该体系只是一个理想状况，需要几年甚至更多的时间慢慢去建设，逐步前进，而不是说国内所有的翻译理论与实践方向的硕士点都要“一刀切”，按照上述体系进行规划。对于能够在短期内争取到翻译硕士专业学位培养点的学校来说，只要重新调整原有教学计划即可，且各校的翻译硕士专业学位教学可以根据本校的具体情况有所侧重，有所为有所不为，在上述几个方向中重点选择一至几个专业方向，把原有的翻译方向硕士区分为学术型翻译学硕士和职业型翻译专业硕士。对于那些已经在培养“翻译理论与实践”方向硕士生、短时间内暂时无条件申办翻译硕士专业学位培养点的学校来说，则可以参照上述体系，结合本校情况，调整原有培养目标，使之更加明确，定位更加清晰。

各层次学生应达到的基本目标可以初步设定为：

学位层次	语言能力	翻译能力	培养目标
翻译学士	相当于IELTS6.5以上	人事部翻译资格证书三级	培养具有坚实的双语语言基础和娴熟的语言交际能力，掌握多种文本的笔译技能、交替传译技能的专业化翻译人才，重点培养适应各种场合的中级口译人才。毕业生能胜任政府涉外部门、新闻宣传文化传播单位、出版单位、科研院所、学术机构、外贸及商务机构、翻译公司、驻外机构、外资企业等部门的口译、笔译及相关文字交际与沟通工作。

（续表）

学位层次	语言能力	翻译能力	培 养 目 标
翻译专业硕士	相当于IELTS7.0以上	人事部翻译资格证书二级（必须）	翻译专业硕士是高层次、应用型人才，招生对象为有良好的双语基础、具有一定口笔译实践经验的学员。课程内容密切结合实际，加强实践环节。课程安排突出口笔译技能的教学与实践，同时安排必要的理论课程。与理论研究型人才培养所不同的是，翻译专业硕士突出强调学生的翻译实操能力。笔译方面能翻译各种高级别文字资料，如政府文献、专业技术资料等，同时能担任各种文字翻译的译审工作；口译方面能承担各种场合的交替传译工作和大型国际会议的同声传译工作。
翻译学硕士	相当于IELTS7.0以上	人事部翻译资格证书二级（选择）	培养具有专注的学术精神、优良的学术潜质，具有高级口笔译翻译实践能力，并具备翻译学研究基本能力的硕士研究生。毕业生可以胜任高等学校翻译专业各种课程的教学工作，也可以胜任口笔译翻译的实际工作，还可以继续深造，攻读翻译学博士课程，是一种集翻译理论研究、翻译教学和翻译实践能力于一身的高级复合型翻译人才。
翻译学博士	相当于IELTS7.0以上		培养具有专注的学术精神、优良的学术潜质，掌握规范的研究方法，接受过严格的学术训练，具备一定的翻译实践能力和翻译教学能力的高级翻译研究与教学人才。他们对国际国内翻译研究的前沿领域十分熟悉，对其中的某一个领域具有自己独到的、深刻的见解，清楚地了解翻译学的整个框架以及自己的学术定位，有能力指导翻译学的研究生，能够胜任相关翻译课程的教学，继续从事翻译研究，并从事相关的口笔译实践。

需要说明的是，各学位层次学生的语言能力很难以学位的高低来界定，有些本科生的语言能力相当好，而有些研究生的语言能力却不尽如人意，这里仅仅作为一个最低限度的参考要求。翻译能力是否就可以用现有

的资格证书考试来确定也还值得探讨，一是现有的资格证书考试制度还远远没有完善，存在不少问题，考试的理念、命题与评估的方式等都需要理论研究、反复试验、大幅度改进；二是即便资格证书考试比较完善了，也不排除有些人会考试，而有些人不擅长考试，或者说在各种考试中很难正常发挥，关键还是看学生的实际翻译操作能力。上表中的语言能力、翻译能力和培养目标都仅是一种理想状态，并非每一个学生都能达到，因此不必用现有某一毕业生去做比对。

第四节　翻译专业人才培养模式[1]

作为完整的翻译专业教育体系，其中每个层次都应有自己明确的培养目标，以及与之相应的培养重点。具体而言，就是参照翻译专业对知识与技能的模块划分，在不同的层次有针对性地侧重培养不同模块所需的技能，完成相应的知识和素质教育，形成本层次特有的翻译专业人才培养模式[2]。

目前国内翻译本科包括：
- 翻译专业本科教学
- 外语专业高年级翻译方向教学
- 4+0 / 4+1 双学位 / 双专业教学

无论这三类教学中的哪一类，都应以培养基本的翻译技能为主，翻译专业本科阶段的教育主要完成语言板块、技能板块、知识板块和人文素养的培养，其他两类教学可以侧重不同的板块和不同的指标。上述三类教学的对象及其要求的主要区别见下表：

	入学外语要求	教 学 重 点	培 养 目 标
翻译专业本科教学	外语语言能力已接近英语专业四级要求的水平	低年级强调双语应用能力培养并开始融入翻译基本理念	进入翻译专业高级训练阶段继续深造，成为职业翻译，或从事与翻译相关的各类语言文字工作

1　参见仲伟合、穆雷，2008，《翻译专业人才培养模式探索与实践》，见《中国外语》，第 6 期。

2　笔者认为，培养模式更加具有指导性意义，因为一旦该模式得到业界认可，各培养单位便可以根据相应的模式要求和教学大纲的要求，自行制订相关的教学计划，采用相应的教学方法，从而达到一致的教育目标。

（续表）

	入学外语要求	教 学 重 点	培 养 目 标
外语专业高年级翻译方向教学	外语语言能力较好，但需要经过1—2年的学习方能达到英语专业四级要求的水平	高年级开始进行翻译技能的训练和相关专业知识的学习	可在外语为主的职业中承担两种语言为主的工作
双学位/双专业中的翻译课程	达到《大学英语课程要求》中描述的较高要求	在提高外语应用能力的同时增加翻译技能训练	可承担需要两种语言并具有一定专业知识的工作

一、翻译专业本科

为了达到上述目标，翻译专业本科阶段需要重点完成以下四个方面的训练：

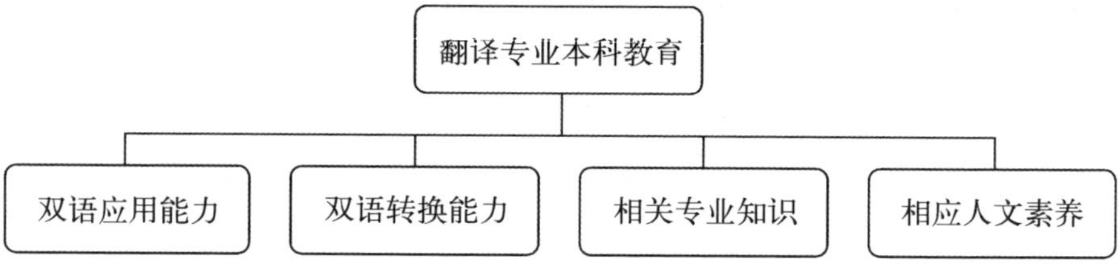

翻译专业本科的培养模式体现为：

扎实的双语应用能力＋熟练的双语转换能力＋基本的相关专业知识＋相应的人文素养。

翻译专业本科阶段的培养目标主要是培养具有扎实的两种语言基础、熟悉中西方文化、掌握多种文本的笔译技能和交替传译技能的初级通用职业翻译人才；外语专业翻译方向和双专业翻译教学如不能达到上述目标，则可以适当降低训练的要求（如翻译方向对相关专业知识的要求、双专业对双语应用能力及相应人文素养的要求等均可适当降低），但在高年级阶段的课程设置中应该体现四个板块的意识，培养目标也要随之降低，毕业生能够承担一般性语言工作，具备基础性的翻译技能。有了这样的认识，各单位才能“量体裁衣”，根据本校的培养目标、师资队伍、生源、硬件等具体情况，设计相应的个性化的翻译教学计划。

二、翻译硕士专业学位

翻译硕士专业学位（MTI）在设置之初已经论证好其培养目标及相应的培养方案[1]，明确指出要培养具备较高口笔译能力的中级职业译员，因此，其培养的重点在于以下四点：

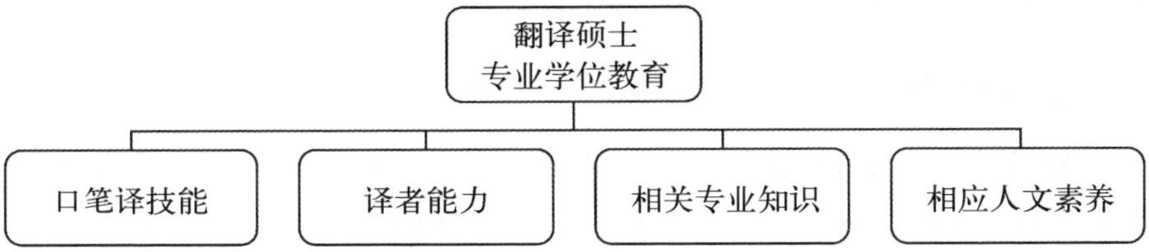

翻译硕士专业学位的培养模式体现为：

过硬的口笔译技能 + 娴熟的译者能力 + 丰富的相关专业知识 + 较强的人文素养。

《翻译硕士专业学位研究生指导性培养方案》规定的课程中，就体现了上述四个方面的要求，例如口笔译技能课程包括基础口译、基础笔译、交替传译、同声传译、文学翻译、非文学翻译、模拟会议传译、专题口译、视译、商务口译、法庭口译、外交口译、经贸翻译、法律翻译、科技翻译、传媒翻译、中国典籍外译等；培养译者能力的课程包括翻译概论、中外翻译简史、翻译批评与赏析、计算机辅助翻译、跨文化交际等；相关专业知识课程包括中国语言文化、第二外国语、中外语言比较、文体概论、国际政治与经济等；相应人文素养方面的课程有政治理论等。由于选修课只规定了七门，其余均可以各校自行设计，因此还有不断探索修改完善的余地，特别在相关专业知识课程和相应的人文素养课程方面，还可以根据翻译职业与行业的需求和发展进行调整。另外，口笔译技能与培养译者能力的课程本身就应该在教学内容中渗入相关专业知识和相应人文素养的训练，如政治理论素养、中外文化素养、创新思维能力和团队合作精神等，关键在于师资。

根据 MTI 培养单位的申请条件，MTI 的教师应该具有丰富的口笔译

1　参见全国翻译硕士专业学位教育指导委员会编写的《翻译硕士专业学位入学考试全国联考指南》，北京：外语教学与研究出版社，2008。

实践经验，师资团队中应该拥有部分或一定比例的高级职业翻译从业人员，这些师资本身就对翻译职业所需素养和技能有着比较深入的体会和理解，通过教学过程逐渐传达给学生，有意识地培养学生相应的职业素养和职业精神。目前 MTI 项目刚刚起步，对师资的要求与培训还在摸索中，转变传统语言教学中对翻译师资要求的理念非常关键，认识到位了，才能在做法上有所改进，有所创新。

三、翻译学硕士

翻译学硕士教育应该针对翻译学博士教育培养优质的生源，其培养目标是具有一定的口笔译技能、具备基本的翻译研究能力（包括方法论训练、学术规范的训练等）、对翻译学基本理论有一定的了解，并对从事翻译教学和研究工作产生兴趣与热情，有进一步深造的愿望。其培养模式为：

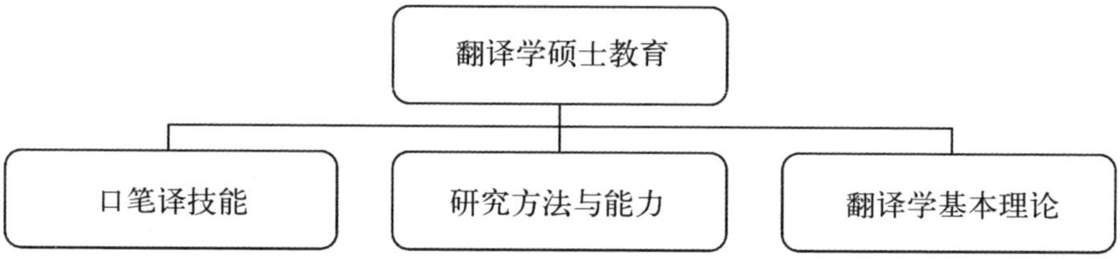

较强的口笔译技能 + 基本的研究方法与能力 + 熟悉翻译学基本理论。

在翻译学硕士教育中要注意的主要是上述模式里三个方面的平衡协调发展。作为翻译学硕士研究生，其口笔译技能或许操作能力不一定比翻译硕士专业学位的要求更高，但是后两个方面的要求一定远比 MTI 学生要求更高更严。其口笔译技能课程可以参考 MTI 培养方案的设置建议，但不一定要面面俱到，涉足口笔译技能的方方面面，尤其是涉及专业知识方面不需要花费过多精力。但一定要强调学科意识、学术规范意识、方法论意识和理论意识的培养，同时也不能忽视团队合作精神和良好的心理素质的培养。如果条件允许，还可以注意提醒学生关注教育学和心理学方面的进展，为培养高素质的翻译教学与研究人员打下坚实的基础。

四、翻译学博士

翻译学博士教育明确是为高等院校培养翻译教学的师资及高层次研究

人员，因此应以下列训练为主：

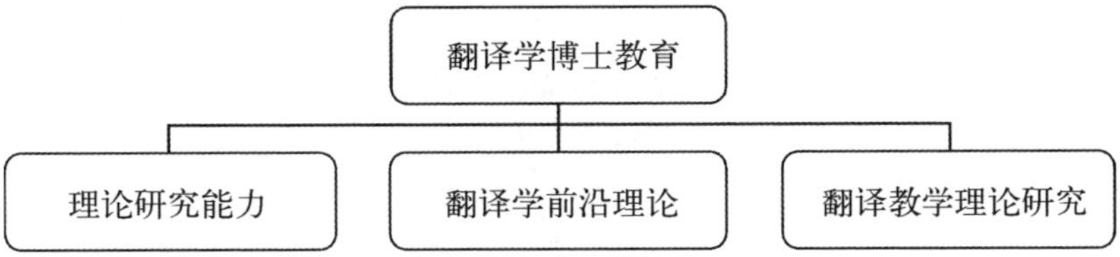

其培养模式为：

较强的理论研究能力 + 熟悉翻译学前沿理论 + 较高的翻译教学理论研究水平。

翻译学博士有别于翻译博士[1]，它不以掌握高水平的口笔译实际操作能力为培养目标，但要求学生具有较强的翻译理论研究能力。作为翻译学这样一门跨学科、综合性的学科，其博士应该具有更加宽阔的理论视野、更加扎实的理论研究基本功，最好能够精通（至少比较熟悉或有所涉猎）相邻某一或某几个专业，如语言学、外国文学、比较文学、哲学、心理学、教育学等人文社会科学的知识。国外的翻译学博士甚至还有人具备自然科学的相关学位。如果从翻译专业本科一路直升上来，学生又不注意相关学科知识的积累，很可能在研究中受到知识面的限囿，很难有广博的学术视野支撑，因而较难于作出可令其他专业有所借鉴的贡献，无法充分体现翻译学作为一门独立学科的优势。

综上所述，对于翻译学研究生来说，学术学位和专业学位学生的培养目标和培养模式有显著区分，每种类型的研究生其基本要求一样，不一样的是培养规格，博士生的要求显著高于硕士生。详见下图[2]。

1. 学术学位翻译学研究生的培养模式

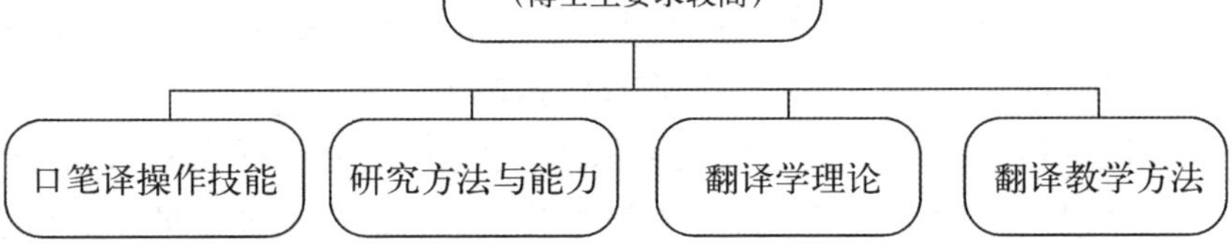

1　国外有翻译博士这个高级专业学位，专门培养掌握高水平口笔译技能的高级翻译实践型人才。

2　参考仲伟合、穆雷《翻译专业人才培养模式探索与实践》，见《中国外语》，2008 年第 6 期，第 4—8 页。

2. 专业学位翻译研究生的培养模式

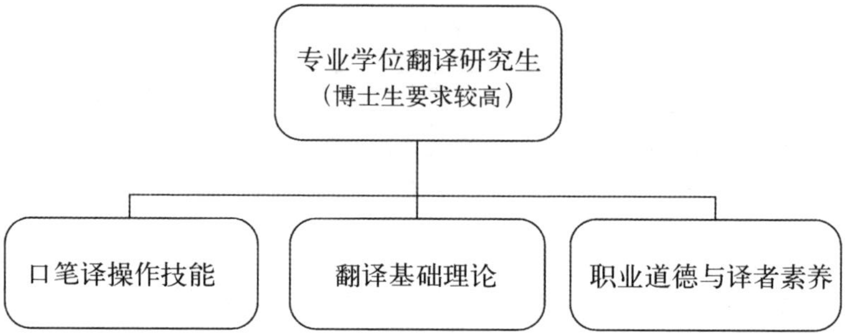

由图可见，无论是学术型还是专业型，无论是硕士生还是博士生，翻译学研究生都必须具备较强的口笔译实际操作能力，这是翻译学研究生区别于外国语言文学其他方向（如文学、语言学）研究生的根本特征，也是翻译学研究生的培养目标、教学大纲和课程设置等必须注意的问题。只有通过大量的实际操作训练，才能显著提高学生的操作技能。对于专业学位研究生来说，口笔译操作技能是他们的“看家本领”，是他们日后工作的本钱。根据对香港和内地翻译专业 / 方向学生的调查，许多人并未打算毕业后以翻译作为职业，但是，翻译专业课程对于两种语言转换操作的训练，却是他们报考本专业的目标。

专业学位研究生的口笔译操作技能要求应该高于学术学位研究生。对于翻译理论来说，专业学位研究生只要求懂得基本的翻译理论，如什么是翻译、翻译的作用与功能、翻译的基本方法，以及翻译实践发展简史等；学术学位研究生则要系统学习翻译学的理论，明白何谓翻译学、翻译学研究的对象与方法、翻译研究的流派与代表人物，以及翻译批评的标准等。学术型研究生侧重“学”的培养而专业型研究生侧重“术”的训练，这就解决了多年来翻译教学界争论不休的基本问题。

明确了上述培养目标和培养模式，才能有的放矢地设计课程，培养师资，编写教材（针对硕士生），制定评估指标等。

我国的研究生教学发展较快是从改革开放以后，尽管如此，仍然在有些领域滞后于国际水平，翻译学就是其中之一。在国外，早在 20 世纪五六十年代，就开始有专业学位翻译研究生的培养，有硕士也有博士。中国的香港、台湾地区从 20 世纪七八十年代起，也开始培养翻译专业学位的研究生。中国内地则从2007年开始正式培养翻译硕士专业学位的学生，至今还没有专业博士。根据国际翻译教育现状，将中国内地翻译学研究生的培养分类如下[1]：

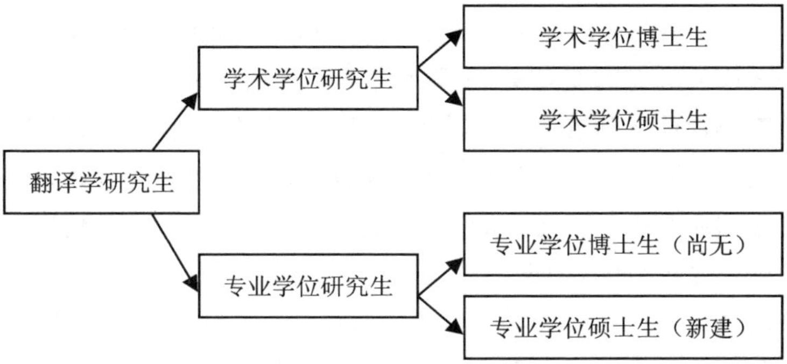

此图清楚地说明了翻译学领域研究生培养的现状和任务。对于学术学位博士生来说，2004年以前的培养一直依附于外国语言文学，至今也只有三个以翻译学命名的博士点；对于学术学位的硕士生而言，也一直有着外国语言文学培养的明显印记，缺少自己鲜明的特点。对于专业学位建设来说，专业学位博士教育尚遥遥无期，专业学位硕士教育还在探索阶段。总而言之，翻译学研究生的教育和培养任重而道远，需要同仁们共同努力。明确了上述定位，才能了解我们的发展方向和奋斗目标，找准当前和今后的立足点与当务之急。

上述各层次翻译人才培养模式与传统的外语人才培养模式的根本区别在于区分翻译专业人才与传统外语专业人才培养理念的不同。从理论上廓清翻译专业的基本概念，包括其重要性、必要性、不可替代性，以及设置专业的可行性与可操作性等，确定了翻译专业各层次的人才培养目标、培养模式和基本教学内容等基本概念与原则。

第五节 翻译教学的主要方面

翻译教学具体涉及的方面主要有：教学大纲、课程设置、教材建设、

1 参考苏日娜《全日制硕士专业学位研究生教育的思考》，见《中国研究生》，2009年第5期，第50页。

师资培养、教学方法、翻译测试与教学评估等。

建设本科翻译专业，首先要统一翻译专业教学的目标和指导思想，在翻译专业教学大纲的指导下规范全国翻译专业本科的教学活动。为了规范和指导高等学校翻译专业建设，保证翻译专业的健康发展和人才培养的质量，制定一个科学合理而又可操作的全国翻译专业的本科教学大纲，不仅十分必要而且具有重要意义。《翻译专业本科教学大纲》也是今后组织翻译专业教学评估、师资培训、教材编写、测试的重要参考依据。《翻译专业本科教学大纲》对各类高等学校的翻译教学均应有指导作用，各学校可以参考《翻译专业本科教学大纲》的要求，根据本校的实际情况，制订个性化的培养方案和教学计划。

我国英语专业教学大纲发展的主要标志有：1956 年，建国后第一个正式的外语教学大纲《高级中学英语教学大纲（草案）》颁布；1962 年，高等工业学校本科五年各个专业适用的《英语教学大纲（草案）》试行；1980/1985/1986 年，《大学英语教学大纲》制定并修正；2000 年《大学英语教学大纲》修订本出版。外语教学大纲的目的是为了培养通用外语人才，翻译只是外语学习中的一种工具，用来提高并检验外语运用能力，翻译课程设置的目的是为了提高外语的理解能力和表达能力，教学内容一般只涉及单纯的翻译技巧。但是，运行多年的英语专业教学大纲集中了英语教学界专家学者多年的经验，其培养目标、课程设置以及对各级别教学要求等内容，对翻译专业教学大纲的制定具有非常重要的参考作用。

我国内地目前还没有一份权威的翻译专业教学大纲可供参考。虽然目前翻译教育事业在我国蓬勃发展，但是翻译教学只能参照教育部制定的外语教学大纲中对翻译评估的要求来安排教学活动、选择翻译教材、实施教学计划。在针对翻译专业设计的教学大纲中，翻译教学的目的是为了培养合格的职业翻译人才，教学的内容要涉及翻译的方方面面，特别是专门的翻译人才培养，不仅包括翻译理论、翻译技能、翻译职业准备等，还应涵盖与翻译实践和研究相关的其他学科内容。翻译教学所采用的教学方法也要综合各种手段，全方位提高翻译人才的综合素质与能力。翻译教学大纲有其自身的目的、性质、内容和方法，不能简单套用普通外语院系的通用教学大纲。

翻译专业教学大纲首先要符合翻译以及翻译教学的特点，其次要符合我国翻译教学的国情。教学大纲一般包括该专业的培养目标、修业年限、学时与学分、知识与技能构成、课程设置、教学要求、教学原则、教学方法与手段、实践教学、测试与评估等基本内容。

翻译专业教学大纲的制定需要一定的内部和外部环境或条件。其内部环境已经基本具备，翻译本科专业已经开始试办，本科方向已经试办十余年，积累了一定的经验，且有迫切的需要，其脱胎而出的外语专业早有教学大纲并已经过数次修改可资借鉴；其外部环境或条件还需要一定的努力，如成立全国性的领导机构，由该机构组织翻译教学专家展开详细的调查和充分的论证。在此基础之上，制定教学大纲草案，再经几上几下的讨论修改，才能最终定稿。

教学大纲确定之后，就有了明确的培养目标。各层次学生的培养目标明确了，就可以根据不同的培养目标设置课程。本科阶段的主要专业课程详见本章第二节的有关表格，庄智象（2007）也做了一份翻译专业课程类型、结构及其描述的表格，涉及课程类型、课程结构、课程描述和具体课程等内容，可供参考。研究生阶段各类方向的主要专业课程建议开设[1]以下一些课程：

学位层次		侧重培养	主要专业课程
翻译硕士专业学位	国际会议传译	口译能力	交替传译、专题口译、同声传译、视译、模拟国际会议同传、口译观摩与欣赏、高级英汉口译、高级汉英口译、公众演讲、外交 / 外事口译、口译工作坊等
	通用笔译（或口译）	笔译能力（或口译能力）	文学翻译、非文学翻译、文献翻译、笔译工作坊、文体与翻译、语言与翻译、翻译批评与赏析、中西翻译史、跨文化交际、语篇分析、术语学、编辑学基础、书刊编辑实务 / 部分口译课程（高级英汉口译、高级汉英口译、公众演讲、交替传译、专题口译、视译、口译观摩与欣赏 + 笔译课程）
	法律翻译 / 口译	口笔译能力	法律英语案例选读、法律文体写作、高级法庭口译、法律翻译工作坊、法律语言学、文体与翻译、翻译理论与实践、法律法规翻译、实用法律文书翻译

1　表中的课程名称不一定与各校实际完全相符，仅供参考。

（续表）

学位层次		侧重培养	主要专业课程
翻译硕士专业学位	商务翻译/口译	口笔译能力	商务英语阅读、商务英语写作、高级商务口译、高级英汉/汉英商务翻译、文体与翻译、跨文化交际与翻译、语言与翻译、商务翻译工作坊、文献翻译
	传媒翻译/口译	口笔译能力	国际传播、新闻口译、新闻传播学、新闻采访与写作、新闻编辑学、新闻编译、中西新闻比较学、影视翻译、公众演讲、新闻视读、对外宣传报道
	机助翻译	笔译能力	机助翻译导论、机助翻译方法、机助翻译专题作业、机助翻译的编辑技巧、双语词典学、语料库语言学、计算机编程、术语学概论
	科技翻译/口译	口笔译能力	科技英语阅读与写作、文体与翻译、术语学、科学技术史、社会科学概论、计算机编程、网络技术、科技翻译、翻译工作坊
	翻译管理	口笔译能力与管理基础	管理学基础、组织行为、项目管理、人力资源、创业管理、口译、笔译、计算机编程、术语学、编辑学、语料库语言学、测试学与统计学
翻译学硕士		翻译能力与研究能力	翻译学概论、翻译研究方法、翻译教学研究、翻译哲学、文体与翻译、翻译工作坊、西方文论、语言学理论、翻译批评与赏析、中西翻译史、统计学、交替传译、文献翻译等

只有明确了培养目标，才能制定出合理的教学大纲，并参照大纲设置课程，编写教材，进一步完善各层次的教学体系。根据国际翻译教学的经验，鉴于翻译实践的时效性较强，在编写本科与翻译专业硕士翻译教材时，可以在基本的翻译规则、翻译技巧和翻译简史等理论教材之外，编写具有地域经济文化特色的口笔译实践补充材料，形成动态的系列教材，尤其是网络练习系统。而翻译学硕士则应参照国际研究型教学的经验，开列书单供学生选择阅读。出版机构也不要一哄而上，出版一些培养目标不够明确的教材，而应与相关团体或机构（如专业教育指导委员会、中国翻译协会翻译理论与教学委员会等）的专家认真讨论，制订出相应的出版计划，有步骤、有计划、有组织、有目的地出版高质量、针对性强、相互呼应、互相衔接的系列翻译教材。在完整的翻译教学体系中，不同层次教学

机构之间才有可能真正交流沟通，达成共识，解决共同面临的问题。

关于翻译教材的编写，张美芳[1]曾经作过系统的研究，她将目前国内出版的翻译教材作了归类细分，作了相应的问卷调查，发现了翻译教师对于各类教材使用的意见，提出了翻译教材编写的基本原则与思路。她将翻译教材从理论上划分为三种流派，即传统的“语法流派”、以专题和翻译功能为指导思想的“功能流派”，以及以翻译新理论为基础的“新译论流派”。2006年，复旦大学陶友兰的博士论文对教材编写问题进行研究，以翻译目的论作为建构教材的理论基础。从已经发表的论著来看，近年来翻译教材研究没有从理论上解决编写教材的理论框架，仅仅依靠某一种现有理论大概无法完全解决编写教材过程中所遇到的种种问题，应该针对具体问题进行具体分析。

不少外国专家表示，翻译（尤其是实践课程）一般没有教材，也很难编写令人满意的教材。这与国情很有关系，国外翻译实践课程一般很少有大量需求，而国内由于人口众多，大学连年扩招，学生数目庞大，为了保证相对一致的教学效果，不得不使用教材。1949年以来，由于外语专业教学对翻译教材的需求，翻译教材出版的速度越来越快。但在调查中往往发现，教师们很少集中表示对某一种教材的满意。其实众口难调并非根本原因。在没有明确的培养目的、培养对象和培养目标，没有教学大纲的时候，的确很难编写出令人满意的教材。

传统的翻译教材多从语言的层次入手，从单词、单句入手，介绍翻译的种种技巧如增词、减词、断句、重组、正译、反译、直译、意译等等，后来增加了篇章翻译，增加了各种文体的翻译，依然没有脱离语言层次的羁绊。有人探讨过翻译教学究竟要不要增加理论的内容，理论与技巧的介绍各占多少比例。也有学者在符号学、功能语言学等理论指导下编写教材，做了种种有益的尝试。如果明确了每一层次的教学目标，确定了课程设置，就可以针对不同的目的、不同的读者对象和不同的教学理念编写教材了。

在信息爆炸的网络时代，要想用一本教材让所有教师和学生都满意，其难度可想而知。比较好的做法或许是，在教学大纲确定之后，针对不同

1　参阅张美芳，2001，《中国英汉翻译教材研究（1949—1998）》，上海：上海外语教育出版社。

类型的课程，组织国内该领域的专家，编写不同难度的系列教材，供各校根据实际情况选用。另外，纸质教材只需包括该门课程的核心概念、基本原理和典型范例即可，大量的练习材料则以光盘和网络的形式出现。这样，一来可以随时更新翻译练习的素材，使之能够及时反映出社会经济文化的变化，有很强的时效性；二来可以让学生自行选择练习的难度。还可以在教育技术方面下功夫，把笔译和口译练习做成训练系统，学生自己练习即刻得到反馈，把教师从繁重的批改作业中解放出来，提高教学效率。

编写教材本来是很不容易的事情，编者应该吃透教学大纲的要求，熟悉翻译教学规律，了解专业翻译与语言教学有不同的目的和需求，还要对翻译学和翻译教学有一定的研究心得，可以说是一个需要较高造诣而且“吃力不讨好”的工作。由于受到各种利益的驱动，眼下编写教材似乎各个教师都可以做，许多教师都有编写教材的经历，遍布市场的种种教材造成了教材市场的虚假繁荣景象。不少出版社枉顾其出版宗旨，对出版教材趋之若鹜，对大量出版没有新意的教材起了推波助澜的作用。

在翻译教学方法方面，传统的讲评练习不能一统天下。对于实践性很强的口笔译教学来说，任务型教学法值得试探。香港浸会大学翻译本科生的笔译课经常使用以学生为中心的任务型方法，由学生组成小组承担一定的翻译任务，每次上课两个组同时担任，一个组汇报翻译的过程与结果，一个组专门负责评论。每位同学每学期都有机会既担任翻译任务，又担任译文评论任务，两方面能力都得到了锻炼。课堂上师生互动，教学相长。

传统外语教学中的翻译课程是为了提高学生的外语应用能力，因此全班同学完成同一篇翻译作业，教师在课堂上讲解译文、常用语法等语言标准衡量译文的对错，学生往往以为教师提供的就是“标准译文”。而且每学期学生参与练习的作业量有限，达不到专业训练的要求。香港中文大学、香港岭南大学等学校的笔译课设有“长篇翻译”课程或作业，一名教师负责指导几名学生分别完成不同的作业，学生一个学期要独立翻译近万字左右的材料，疑难问题有教师指导，既满足了大量练习的需求，又使学生可以充分发挥自己的特长与个性。这个做法可资借鉴，但要做到这点，一是要有足够的师资力量，二是教师要转变教学理念。目前国内许多笔译教师仍然使用传统的以讲解语言点为主的讲评方式，没有意识到翻译专业的笔译课应给学生提供更多的练习和发挥个性的机会。

翻译测试、翻译评估以及翻译教学评估常被混为一谈。翻译测试主要测试学生掌握翻译技能或翻译理论的程度，翻译评估常指对译作质量的考量，翻译教学评估则考察翻译教学的效果。长期以来，翻译的测试与评估一直是困扰翻译界的一个难题，如何评估翻译教学的效果也较少有人探讨。我们所设想的翻译教学评估方式仅提供一个思路，还需要深入探讨，尤其需要经过实证研究。

学生学习翻译的目的是为了提高翻译能力，因此翻译教学的评估主要在于评估学生的翻译能力和课堂教学效果，即将评估分解为：(1) 对学生翻译产品的评估；(2) 对学生翻译过程的观察评估；(3) 教师与学生分别对课堂教学满意程度的评估。

对学生翻译产品的评估关注的重点是翻译作品的质量，主要考查学生翻译作品的语言方面的因素、非语言方面的因素（如文化转换、功能对等）在翻译中的处理结果；而对学生翻译过程的评估主要包括判断学生对翻译中发生问题的解决策略是否妥当，考查其翻译的创造性如何与对翻译工具的使用程度，以及在翻译项目中的团队合作精神、工作态度等。评估方式应发挥老师和学生双方面的主动性，综合小组讨论、学生自评、教师评估等各种手段，以期对学生的翻译能力和教师的教学效果做一个比较全面公正的判断。不排除有的教师上课虽然不够生动活泼，但是态度严谨，备课认真，对学生有很大的帮助，因此评估要考虑到教学的方方面面，不要仅凭一两个参数就下定论。另外，有条件的话还可以组织学生参加社会翻译实践，收集用户对学生翻译作品的反馈。这是评估学生翻译能力的一个重要参照。这种综合评估方式，从学生、教师、用户几个方面来评估学生的翻译能力和教学效果，所得出的结论比单一的课堂评估或考试测试要全面，能诊断学生在翻译方面存在的问题，总结学生翻译的长处和缺点，增强学生日后胜任职业翻译工作的实力。这样，翻译教学的测试和评估不仅检验了学生的翻译能力，更有助于他们发展自身的翻译能力。翻译测试和评估的具体手段可以采用作业评估、学生小组交换翻译作品讨论、教师对学生的评估、阶段和期末考试、对学生翻译社会实践的考查等等（包括参与社会翻译实践，社会对学生提供的翻译服务的反馈以及学生参与各种翻译学术活动的考查等）。翻译教学的测试和评估要贯穿于学生整个学习过程的始终。

第六节　翻译教师的培训与发展

由于各层次的翻译教学对各种类型课程教师的要求不同，教师的提高与培训就会有不同的目标与方式。翻译教师的师资培训可以分为集中培训和个人发展两个方面。各教学单位的领导可根据本单位具体需求和实际情况，做好师资培训的计划。与翻译相关的学术组织如教学指导委员会和翻译协会等，可以精心设计组织各层次翻译教师的集中培训。

对于一般英语专业高年级的笔译课而言，无论哪个方向的英语语言文学的硕士、博士研究生毕业后大都可以担任（目前的实际情况也正是如此），因其主要目标是提高学生的英语语言运用能力，教师只要以英语和汉语语言的对比为基础，讲解基本的翻译技巧，通过作业发现学生的语言问题加以讲评纠正，大致即可达到教学目的。由于课时不多，要求不高，教师只要肯投入精力，很快就能上手。加上不少学校都有平行班级的相同课程，教师之间可以通过集体备课等形式互相交流、互相学习，共同提高。对于口译课，学校一般会选择英语口语较好的教师担任，这些教师大多未经过专门的口译教学培训，很少有学校会为这门课程增加硬件投入，所以许多学校将其上成高级口语课。36 学时的口译课本身也无法深入展开，仅仅是一个概论，上得好也只能让学生初步了解口译的分类、基本要求、基本技巧等内容，否则只能练练口语而已。目前全国约有 900 所高校拥有英语本科专业，按多数学校平均有 3 名翻译课教师（每人承担一门翻译课）的大致比例计算，共约 2 700 名教师。对这些教师的培训，可以采用近年来中国翻译协会和《中国翻译》编辑部暑期翻译教师研讨班的上课方式，以讲授口笔译概论、口笔译技巧和翻译教学的基本概念为主。如果计划得当，每年轮训 500 名，5 年可以完成一轮培训。

开设翻译方向和翻译专业的学校目前粗略估计在 30 个左右，如果各校平均有 10 名专业翻译教师的话，大约共有 300 人，是专业翻译教学师资培训的重点。此类教师最好拥有翻译学、语言学或文学的硕士或博士学位，英语语言学和英美文学的硕士博士上岗前最好接受过翻译教学培训，有过口笔译实践经验。考虑到与翻译硕士专业学位教育（目前已经有15个教学单位，很快会增加到40个教学单位）的衔接，可将本科师资与翻译硕士专业学位师资合并培训。对这些教师的培训，可采用两种方式进行：一是由拥有丰富翻译教学经验的高校协作组织，分口笔译举办暑期短训班；采取小班上课、互动为主、研讨式的教学方式，在硬件设施完备的高校教室或实验室内进行。二是用人单位选派青年教师插入翻译教学经验丰富的高校进修访问，跟随研究生一起学习，或攻读翻译学博士学位。承担培训任务的师资成员中，既要有丰富的口笔译教学经验者，也要有丰富的口笔译实践经验者，还要有一些翻译理论研究者。培训内容主要有几方面：（1）翻译教学的理念与理论研讨；（2）口笔译技能课程的教学法交流；（3）翻译教学和翻译理论研究的动态；（4）口笔译实际操作能力的提高。每次培训可以针对某一两个方面，重点突出，任务明确，而不要面面俱到。按每年培训100人计算，3年可以轮训一次。特别要引起重视的是，一般来说，从事翻译硕士专业学位、翻译学硕士和翻译本科生教学的教师往往一个人要同时进行几个层次的教学，这就特别需要教师们提高认识，明确各层次翻译教学的培养目标，采取不同的教学手段。

师资培训不仅要靠组织行为，更重要的动力应该来自教师本身。从事翻译教学的教师，应有很强的学术认同感和职业认同感，对翻译学的构架、形成与发展有比较清晰的认识和了解，对翻译教学的目标、内容、方法等有钻研的兴趣，对自我发展有较强的信心和明确的方向。翻译学本身就是跨学科的学问，拥有翻译学相关专业的知识背景原本是一件好事，语言学和应用语言学、英美文学、比较文学等相关学科的背景本是翻译研究很好的切入领域，只要自己努力，找到自己擅长的切入点，一定会有所作为。但若“身在曹营心在汉”，从心理上拒绝融入翻译专业，对翻译教学与教学研究毫无兴趣，那就会感到痛苦、迷茫。

翻译专业的青年教师还要注意，由于翻译活动本身的实践性，因此，除了对翻译学及其翻译教学的理论开展研究，不断积累教学经验外，还有非常重要的一点，就是要主动积极地参与口笔译实践活动。我们在设计本科和翻译硕士专业学位的教学目标时，对学生的口笔译实践能力都提出了具体的要求，作为教师如果只能纸上谈兵，那教学也只能是隔靴搔痒了。

诚然，这对翻译教师提出了更高的要求，需要翻译教师投入更多的时间与精力。

思考题

〔1〕区分教学翻译与翻译教学两个概念的意义何在?

〔2〕翻译教学与翻译学学科发展的关系如何?

〔3〕翻译教学主要包括哪些方面的内容?

〔4〕翻译教学研究主要包括哪些内容?

〔5〕是否需要统一的教学大纲和教材? 其作用何在?

〔6〕编写翻译教材者需要有什么样的资质?

〔7〕翻译教材如何处理翻译理论与翻译实践的关系?

〔8〕翻译教学除了讲评还可以有什么其他方式?

〔9〕翻译教材对于教学的利弊何在?

〔10〕翻译教师如何规划自己的发展?

本章参考文献

方健壮，2002，《论口译教材的特点与编写原则》，见《中国科技翻译》，第1期，22—24、47。

冯建中，2005，《论口译测试的规范化》，见《外语研究》，第1期，54—58。

韩哲，2004，《论翻译教材中译例的编选原则》，见《上海翻译》，第3期，31—35。

何刚强，2006，《译学无疆，译才不器——翻译（院）系培养人才应有长远的眼光》，《上海翻译》，第2期，39—42。

——2007，《传统、特色、师资——本科翻译专业建设之我见》，《上海翻译》，第3期，49—51。

——2007，《精艺谙道，循循善诱——翻译专业教师须具备三种功夫》，《外语界》，第3期，24—29。

柯平，1988，《香港大专院校的翻译课程》，见《中国翻译》，第6期，33—34。

——鲍川运，2002，《世界各地高校的口笔译专业与翻译研究机构（上、中、下）》，见《中国翻译》，第 4 期，59—66；第 5 期，52—59；第 6 期，45—51。
连淑能，2007，《翻译课教学法探索》，见《外语与外语教学》，第 4 期，29—34。
林克难，2005，《试论翻译硕士研究生的培养》，见《中国外语》，第 4 期，71—73。
刘和平，2002，《对口译教学统一纲要的理论思考》，见《中国翻译》，第 3 期，56—58。
——2004，《翻译教学方法论思考》，见《中国翻译》，第 3 期，39—44。
刘宓庆，2003，《翻译教学：实务与理论》，北京：中国对外翻译出版公司。
罗选民，2002，《中国的翻译教学：问题与前景》，见《中国翻译》，第 4 期，56—58。
苗菊、高乾，2008，《构建翻译专业教学模式——术语学的借鉴意义》，见《外语与外语教学》，第 10 期，57—60。
穆雷，2005，《翻译学研究生教学探讨》，见《中国翻译》，第 1 期，56—61。
——2006，《翻译能力与翻译测试——英汉 / 汉英翻译测试研究系列（四）》，见《上海翻译》，第 2 期，43—47。
——2006，《翻译测试及其评分问题》，见《外语教学与研究》，第 6 期，466—471、480。
——2006，《翻译批评与翻译标准——英汉 / 汉英翻译测试研究系列（三）》，见《外语与外语教学》，第 4 期，45—47。
——2007，《翻译测试的定义与定位——英汉 / 汉英翻译测试研究系列（一）》，见《外语教学》，第 1 期，82—86。
——郑敏慧，2006，《翻译专业本科教学大纲设计探索》，见《中国翻译》，第 5 期，3—7。
让·德利尔（著），孙慧双（译），1988，《翻译理论与翻译教学法》，北京：国际文化出版公司。
陶友兰，2006，《翻译目的论观照下的英汉汉英翻译教材建设》，见《外语界》，第 5 期，33—40。
——2006，《试论中国翻译教材建设之理论重构》，上海：复旦大学学位论文。
——2007，《新形势下我国翻译专业师资建设的思考——首届全国翻译专业建设圆桌会议（师资建设专题）综述》，见《外语界》，第 3 期，30—34。
王金波、王燕，2006，《口译的特点与口译教材：问题与前景》，见《外语界》，第 5 期，41—47。
许宏，2006，《教学翻译：一个同样不容忽视的领域》，见 *US-China Foreign*

Language，第 2 期。
许钧，2002，《拓展国际学术交流途径　促进研究生的培养工作》，见《中国翻译》，第 1 期，59—60。
叶苗，2007，《翻译教学的交互性模式研究》，见《外语界》，第 3 期，51—56、91。
张美芳，2001，《论两种不同层次的翻译教学》，见《外语与外语教学》，第 5 期，37—39。
仲伟合，2006，《翻译专业硕士的设置——翻译学学科发展的新方向》，见《中国翻译》，第 1 期，32—35。
——2007，《翻译硕士专业学位教育点的建设》，见《中国翻译》，第 4 期，9—10。
——2007，《口译课程设置与口译教学原则》，见《中国翻译》，第 1 期，52—53。
——穆雷，2008，《翻译专业人才培养模式探索与实践》，见《中国外语》，第 6 期，4—8、14。
庄智象，2007，《关于我国翻译专业建设的几点思考》，见《外语界》，第 3 期，14—23。
——2007，《我国翻译专业建设：问题与对策》，上海：上海外语教育出版社。

第十章
信息技术手段与翻译[1]

第一节　机器翻译概述

翻译是一项艰苦和充满挑战的职业。有史以来，人类为了克服语言障碍，沟通思想，从未停止对翻译方法和技巧的探索。21 世纪，翻译需求的急剧增加对翻译手段的革新提出了迫切的要求，结合信息技术手段进行翻译和研究翻译已是大势所趋。20 世纪 90 年代以来，翻译语料库、机器翻译和翻译记忆等计算机辅助翻译工具的开发得到了迅速的发展，翻译研究和翻译实践呈现出新的面貌。在翻译教学过程中，如何把握新的发展趋势，建立和完善培养机制，继承前人的智慧，开创新的辉煌，这无疑是我们每个翻译研究学者和将有志于此的人士应该思考的问题。

一、机器翻译

早在 17 世纪，法国哲学家笛卡尔和德国数学家莱布尼兹首先提出了“使用机械字典克服语言障碍”的设想。1903 年，古图拉特（Louis Couturat）和洛（Léopold Léau）在《通用语言的历史》（*Histoire de la langue universelle*）一书中第一次提到了“机器翻译”这个术语（梁三云，

1　本章节部分内容已发表在《外语界》2007 年第 3 期，略有删改。

2004）。在真正意义上最早提出机器翻译设想的是法国科学家乔治·阿尔楚尼（George Artsouni）。在20世纪30年代初，阿尔楚尼获得了一项“机械脑”的专利。他认为，这个“机械脑”翻译机可以记录火车时刻表和银行账户，尤其适用于机器翻译。后来，由于第二次世界大战的爆发，其安装设想没有得到实现。但是，它的展出却引起法国邮政、电信部门的轰动（吴会芹，2003）。1933年，苏联发明家特罗扬斯基（Peter Troyanskii）设计出了把一种语言译成另一种语言的自动翻译机，但由于种种原因最终未获成功。1946年，在电子计算机问世不久后，美国计算机语言学的先驱韦弗（Warren Weaver）和英国的布斯（Andrew Donald Booth）提出了进行自动翻译的想法。韦弗在1949年发表了题为“翻译”的备忘录，对机器翻译的理论问题进行了阐述，提出了通过一种通用语（universal language）或者中介语（interlingua）将A语言翻译成B语言的想法。1950年，布斯组织研究人员研制出了第一部自动进行翻译的机器，并发表了一系列相关的论文。

早期的机器翻译系统的研制受韦弗思想影响很深，许多机器翻译研究者都把机器翻译的过程与解读密码的过程相类比，试图通过词典查询的方法来实现词对词的机器翻译，因此造成译文的文法不通，意义不明。1954年1月7日，美国乔治敦大学和IBM公司合作，用IBM-701型计算机进行了世界上第一次机器翻译表演，这标志着机器翻译的研究进入了一个繁荣发展的阶段。从那时起，很多国家都投入了大量的人力、物力从事这方面的研究和开发（吴会芹，2003）。但是，机器翻译的研究道路并没有像想象中那么一帆风顺。1966年，美国自动语言处理咨询委员会（ALPAC）发表了一篇名为《语言和机器》的调查报告，该报告认为机器翻译在可预见的未来前途渺茫，不仅速度慢，而且准确率低，这一报告使得机器翻译的研究跌入低谷。70年代，随着计算机技术及计算机语言学的发展，机器翻译的研究重新步入正轨。80年代末期，随着计算机技术的不断成熟，机器翻译的研究和应用进入了一个蓬勃发展的阶段。目前，机器翻译已进入了第三代的研发期。

总的来说，传统的机器翻译方法主要可分为基于规则（Rule-Based）和基于语料库（Corpus-Based）两大类。前者是以词典和语法规则库为基础构建翻译知识库，后者则是以充分利用语料为核心，通过给标注语料库来构成翻译知识库。基于语料库的方法又可以细分为基于统计（SBMT，即 statistics-based machine translation）的方法和基于实例（EBMT，即 example-based machine translation）的方法。语言具有灵活性和开放性的特点，基于语法规则的机器翻译系统由于缺乏人类对语境的思考和辨识能力，其发展受到了极大的限制。相反，基于实例的机器翻译则在 80 年代后得到了空前的发展。随着统计方法和语料库方法的复兴，以语料库为基础，基于统计和基于实例方法的机译系统开始用于大规模的语言资料以及真实文本的处理。

我国是继美国、苏联、英国之后，世界上第四个开展机器翻译研究工作的国家。机器翻译研究从一开始就得到了国家的高度重视。早在 1956 年，我国就把机器翻译研究列入了科学工作发展规划，将课题“机器翻译、自然语言翻译规则的建立和自然语言的数学理论”列入了当时的《科学发展纲要》。以后，机器翻译研究相继列为“六五”、“七五”，以及“863”等重大科研项目。与国外机器翻译发展史相似，国内的机器翻译也经历了类似的发展过程：（1）初创期（1956—1966）；（2）停滞期（1966—1975）；（3）复苏期（1975—1987）；（4）繁荣期（1987— ）。从 1957 年开始，《自动翻译》《语言研究通讯》《中国语文》《电子计算机动态》《语言学论丛》开始陆续刊发机器翻译的文章。1959 年，中科院语言研究所和计算技术研究所进行了第一次俄汉机器翻译演示。然而，随后由于政治因素的影响，我国的机器翻译研究进入了停滞期。当时，在这一领域所取得的唯一研究成果是 1975 年冯志伟以昆明五中教师的名义，在重庆的一家自然科学杂志《计算机应用与应用数学》上发表的长篇论文《数理语言学简介》，该文向国内计算机界和数学界详尽地介绍了数理语言学的最新情况，给中国的机器翻译研究带来了新的信息和希望。1975 年，中国科学技术情报研究所设立了机器翻译协作研究组，从事冶金文献篇名英译汉的机器翻译研究，使机器翻译又开始走向复苏。这一时期的标志性事件有：1978 年，中科院计算机所成功地进行了 20 个标题的机器翻译测试；1983 年，中国中文信息学会组建了自然语言处理专业委员会，主要研究机器翻译。从 1987 年到现在可算是机器翻译的一个繁荣期，“科译 1 号”机器翻译系统的问世成为这一时期的标志。随着机译系统研究的深入，我国机器翻译逐渐迈向了实用化和商品化的阶段（冯志伟，2004）。

近期的机译系统大体上有这样一些特点：多数机译系统都配有大规模的多个领域的专业词典，且可以在网上运行，用户界面比较友好。另外，新的应用领域的机器翻译研究、英汉网络在线翻译系统、面向专业翻译人员的英汉机助翻译平台、英汉跨语言检索查询接口系统和用于实现文献信息系统的英汉翻译及双语言检索服务的研发，也在有条不紊地进行当中。

二、机器翻译的应用

机器翻译是随着电子时代的来临而诞生的。虽然人们对机器翻译的发展和前景曾产生过各种各样的怀疑，但是通过研究人员的不断努力，目前世界上已成功研制出不同语种的机译系统，而且其中有的系统已经迈向了实用化和商品化的道路。

加拿大蒙特利尔大学与加拿大联邦政府翻译局联合开发的机译系统 TAUM-METEO 以其实用性著称，主要用于天气预报文献的翻译。“TAUM-METEO 系统能进行英–法文本的翻译转换，每小时可以翻译 6 万—30 万个词，每天可以翻译 1 500—2 000 篇天气预报的资料，并能够通过电视、报纸立即发行。”（何武、潘学权，2004：154）日本富士通公司的电脑自动翻译系统，内装拥有 5 万条词汇的存储器，翻译速度每小时 6 万条词，可以翻译英文的科技文献和手册等。美国怀特公司的自动系统有英语翻译、英法翻译、英日翻译等 9 种语言翻译系统，其中英日自动翻译系统存储有 5 万条词汇和 2 000 多个词法规则，具有多层次分析功能。中国软件技术公司研制的英汉全自动翻译软件系统“译星”，存储词汇 10 万条，词组 6 000 多条，英语语法分析规则 3 500 条，汉语生成规则 1 500 条，译文的准确率达 80% [1]。此外，SYSTRAN 机译系统实现了英语与其他多种欧洲语言之间的互译。“据每年用它翻译 10 万多页情报资料的美国空军国外技术部的报道，大部分用于情报浏览的译文不作以后编辑即可使用，只有 20% 左右的译文在交付使用之前‘略作加工’，译文准确率达 90%—95%”（柯平，1995：51）。早在 1984 年，日本就开始使用 MEDIUM-PAK 来处理科技文本、新闻报纸与杂志文章的日英翻译，并先后开发出 ATLAS 和 HICATS 等系统。台湾地区则先后开发出功学、译

---

1 http://fan-yi.net.cn

经、译典等机译系统（史宗玲，2004：245—268）。近年来，网上在线翻译系统也获得了快速发展，Google 公司新一代基于统计的机器翻译系统充分利用互联网中的各种并列文档——联合国网站中多种语言并存的文档、欧盟的文件、新闻机构网站中的多语文档、IT 行业技术产品支持的多语网站等总字数约为两万亿，相当于 100 万本书的文本资料，建成自己的基于统计的翻译引擎系统，该系统在机器翻译比赛评估报告（NIST 2006 Machine Translation Evaluation Official Results）各项比赛中占据榜首（刘宓庆，2008）。我国国内的机译系统比较著名的有中软的译星一号，北京的高立系统、863 智能英汉机器翻译系统，陕西的朗威系统，天津的通译系统，广东的桑夏译王系统，以及香港的快译通、易达通等机器翻译系统（冯志伟，1999）。90 年代初期至今，中国的机器翻译发展迅速，出现了许多商品化系统，如：国际上第一个面向餐饮服务领域的汉-英-日口语自动翻译机原型系统，面向旅游信息咨询领域、基于普通手机的中韩双向语音翻译实验系统，基于 PDA 的汉英双向语音翻译实验系统，嵌入式翻译系统，面向 GPS 应用的翻译产品等（宗成庆，2007）。

机器翻译又称为自动化翻译，其目的是在一定范围或者一定领域内取代部分翻译人员的劳动。但众所周知，人的翻译活动是十分复杂的智能活动，而且涉及美学、心理学等学科的内容。在现有语言学研究水平和计算机人工智能研究水平的基础上，要开发出完全取代人工翻译的机器翻译系统，几乎是不可能的。

从现在的研究成果来看，现已研发出来的计算机软件还只能满足部分领域、部分场合、部分文体的翻译需求，机器翻译离工业化应用的标准还有一段距离，翻译语境、理解以及翻译的专业化、专门化等问题依然存在。面对这一现状，在充分认识计算机的优势和局限的基础上，研究人员开始寻找新的解决办法。由于计算机硬件和软件日新月异的发展，翻译语料库的建设吸引了越来越多的关注，一些研发机构尝试采用综合翻译的方法，既运用统计方法，同时注重与语料结合，构建新的翻译系统，国内的华建网上翻译系统（http://www.hjtrans.com）就是代表之一。

三、翻译记忆

什么是翻译记忆（Translation Memory）？它是一个储存所有翻译

句子或句段及其源语言对应的句子或句段的数据库。所谓翻译记忆技术，即用户利用已有的原文和译文，建立起一个或多个翻译记忆库，在翻译过程中，系统将会自动搜索翻译记忆库中相同或相似的翻译资源（如句子、段落），通过模糊对比（fuzzy match）给出相应的参考译文，使用户避免无谓的重复劳动，只需专注于新内容的翻译。翻译记忆库同时在后台不断学习和自动储存新的译文，不断提高翻译的效率。

翻译记忆的研发是一种新的思路。这种研发其实并不复杂，它是基于翻译资源回收的理念，帮助译者从资料库中取得已经译过的资讯，以供译者参考（史宗玲，2004）。在专业翻译领域，译员常常会面临海量的翻译资料，如在上海宝山钢铁这种大型企业里，等待翻译的合同、说明书、参考文件等，他们不说有多少百万字，而常说有多少“吨”！（刘靖之，1991）如果要靠人工翻译，不仅耗时漫长，而且费用将会非常昂贵。今日的翻译市场更是难以想象。一般情况下，译者在面对大量待译文本的时候，不得不在短时间内高质量地完成任务，以达到客户的要求。随着计算机技术的飞速发展，翻译记忆的软件的开发为我们解决这个问题提供了一个很好的选择。“由于专业翻译领域所涉及的翻译资料数量巨大，且范围相对狭窄，这就必然带来翻译资料不同程度的重复。据统计，在不同的行业和部门，这种资料的重复率达到 20%—70% 不等。这就意味着译者至少有 20% 以上的工作是无谓的重复劳动”（奕风，2000：11）。翻译记忆技术一个最大的特点就在于它可以使“相同的句子永远不需要翻译第二遍”，翻译的工作效率不但大大得到提高，而且译文中统一的翻译风格也得到了保证。此外，某些行业或者公司会对译文格式作出严格的要求，译者往往在完成繁重的翻译任务之后还得花费大量的时间和精力以确保原文与译文的格式保持一致，这大大降低了译者的工作效率。翻译记忆产品的自动排版功能使这一问题迎刃而解，其自带的格式处理工具可以使翻译结果自动套用原文的格式，翻译人员不必操心排版方面的事情，可将全部精力投入新内容的翻译，因而翻译记忆系统受到许多翻译公司的青睐。

“目前翻译记忆技术几乎独霸国外专业翻译和本地化市场。企业一旦决定在工作流程中采用翻译软件，首先考虑的就是翻译记忆，要决定的也就是选用哪种翻译记忆产品。事实上，不仅 IBM，Microsoft，Oracle，SAP 等 IT 公司和 Bowne Global（宝捷环球），LionBridge，Berlize 等本地化公司和翻译公司在大量使用翻译记忆产品，欧盟、国际货币基金组织、沃尔沃、大众汽车等国际组织和企业也都是翻译记忆的忠实用户”（奕风，2000：11）。

在翻译记忆软件开发方面，国际上比较受欢迎的翻译记忆产品有Trados，SDLX，Dejavu，Star transit，IBM Translation Manager 等，北京雅信诚公司开发的专业软件雅信 CAT 是国内较成熟的翻译软件之一。但是无论国内还是国外，使用相对比较广泛、最为知名的是德国的 Trados（中文译名：塔多思。2005 年 6 月，SDL 宣布以 6 000 万美元的价格收购了 Trados）。

翻译记忆软件一般具备以下一些特点[1]：（1）翻译过程中自动记忆和匹配功能；（2）自动建库；（3）术语管理；（4）多语种间双向互译；（5）自动排版。

此外，翻译记忆产品支持网络共享记忆库功能。也就是说，当有多名译员同时进行一项翻译工作时，小组成员可以通过局域网共享一个翻译记忆库，每个在线的翻译人员都可以实时地调用他人的工作成果，从而节省大量的时间和精力，并确保统一翻译风格的形成，方便翻译工作的管理。

翻译记忆系统的数据库具有动态、开放性和可拓展性等特征，随着译者翻译实践的积累，数据库将不断得到充实和丰富，并发展成专业译者知识宝库的一个重要部分。换句话说，TM 系统其实是翻译成品的回收再利用系统。这套技术充分利用了电脑记忆容量大以及运算速度快的特点（外加模糊对比技术观念）。在碰到相似的句子的时候，翻译记忆系统会自动进行分析，并提供相应的译文，译员可以在此基础上进行修改，并把修改的译文添加到数据库当中，逐步拓展数据库的内容，使翻译系统得到完善。

翻译记忆系统可以大大减轻翻译工作者的脑力和体力劳动，提高工作效率。另外，由于重复的工作量的减少，译员的工作强度和疲劳程度的减轻，译员对翻译工作的热情也相应地得到一定程度的保障。

在现代社会，信息交流和更新的速度不断加快，传统的翻译方法已越来越难以适应翻译市场发展的要求。对专业译者来说，学会充分利用机器

1　http://www.xishanhotel.com.cn/site90/news_9267.htm 翻译记忆软件特点综述。

翻译和翻译记忆系统将成为高效完成翻译任务当中一项必不可少的工作。然而，要真正用好这些软件，译者需要花费一定的时间和精力，在这个学习和掌握的过程当中，译员培训机构以及翻译院校的重要作用不言而喻。

四、翻译技术教学研究

随着机器翻译、翻译记忆和其他一些翻译工具的逐渐发展成熟，研究人员开始对各种技术的研究和应用以及翻译市场对译者的需求的变化进行系统的研究。

在欧洲、美国以及中国的台湾和香港地区，许多大学已将机器翻译和翻译记忆的知识，整合融入大学部或硕士班翻译课程当中，在专业译员培养方面积累了许多先进的经验。国际上不少大学除了从事包括机器翻译在内的自然语言处理技术的研究外，还在翻译课程中对翻译技术和翻译工具的使用予以重视（柯平等，2002）。然而，中国内地还鲜有高校系统地开设过这方面的培训课程。从国内已开设课程的设置角度看，国内的教学内容涉及翻译技术的情况大致有以下几种：（1）作为专业方向，即将翻译技术（主要是“机器翻译”和“计算机辅助翻译”）设置为专业方向，如香港中文大学翻译系和北京大学语言信息工程系的计算机辅助翻译硕士专业；（2）作为课目，即将翻译技术列入必修或选修课程范围单独开课，如有些院校设置的计算机辅助翻译选修课；（3）作为课程内容的部分，即对翻译技术的介绍在翻译实务课程中占一个或几个单元。这一方面发展的空间还很大。

最近几年，自从翻译专业获批以来，开办此专业或者方向的院系越来越多，翻译开始真正成为一门热门专业。作为培育人才的摇篮，一般说来，教学机构不仅是人才培养目标实施的主体，同时也是考量人才合格与否的考官。办学机构在充分考虑市场要求的前提下，如何使自己认可的“产品”为社会所接受，并实现自己的培养目标，应成为检验办学理念的一条重要标准。袁亦宁（2005：52—53）曾指出：“目前国内大多数高校培养翻译专业人才的目标定位主要是培养高校教师、文学翻译和口译人员，其培养模式基本上是沿袭传统的文学和语言学的翻译理论和实践方法。尽管当今的社会和市场对技术翻译人才的需求量相当大，国内的高校对技术翻译人才却没有予以足够的重视……这种现状无疑不利于我国的翻译人才，尤其是技术翻译人才的培养。”作为传授翻译理论和技能的重要阵地，高校中的翻译教学理念对于翻译人才的培养影响深远。把现代化信息技术融入翻译教学当中，培养尖端技术类翻译人才以满足市场的需求将会是今后翻译教学工作中的重要组成部分。

（一）问题与障碍

人才培养与社会需求、市场发展应该是始终紧密结合在一起的。翻译教学从课堂走向课外不仅仅是空间的延伸，更应该是一种教学理念的延伸。翻译市场的发展变化是制定合理的人才培养目标的基础，因此，教学机构在改革教学手段的同时，应该重视对翻译市场的调查和翻译技术手段的更新，不断学习国内外翻译教学的最新经验，从而形成在教学中应用机器翻译和翻译技术的敏感认识。

香港和台湾一些有规模的翻译公司，基本上都是靠信息技术的发展在竞争中立足，其翻译工作中的高科技含量远远高于内地传统的、手工作坊式的小翻译公司。另外，国外翻译公司以及国内一些大型翻译公司在译员的考核录取方面是相对比较规范的，译员一般要经过专门的翻译培训，并且必须具备翻译软件使用和其他高新技术使用的技能。内地真正使用高科技手段进行日常翻译工作、能够与境外乃至国外同类公司进行抗衡的公司可谓是凤毛麟角。问题主要在于：一、内地翻译行业对高新技术的了解与应用和境外相比还有较大距离；二、我们的翻译教学机构缺乏对学生进行新兴的翻译技术与工具的培训。

目前从事翻译工作的人员大部分是来自外语专业的毕业生，只有少数是翻译方向的研究生，而且一般公司所聘用的翻译人员主要是英语专业的本科毕业生，包括少部分理科的科技英语专业毕业生。市场上翻译从业人员众多，但实际上高级翻译人才却仍然缺乏。一方面，翻译工作的性质和内容仍然未被整个社会所了解，其劳动价值没有得到认可和肯定；另一方面，我们的培养目标还有待进一步调整和完善。翻译市场最近几年发展很快，我们急需在充分重视市场反馈的前提下，研究市场的变化，并制定出明晰的翻译教学目标与任务，培养出受市场欢迎的“高精尖”优秀翻译人才。

机器翻译是涉及人工智能、数学、语言学、计算语言学和语音技术等多种学科和技术的综合性研究课题，属于国际前沿领域，多年来一直被认为是信息社会对计算机技术最具挑战性的研究（宗成庆，2007）。机器翻译和翻译技术的教学对翻译教师来说也是一项不小的挑战，教师不但要熟悉机器翻译的原理、操作过程、适用范围、行业要求，而且要了解和掌握翻译技术和翻译工具的使用与保养知识，跟踪国际上有关发展与研究的最新动态，具备良好的技术功底和开阔的学术视野。以 Trados 为例，该软件包括 Translator's Workbench（翻译工作站）、TagEditor（翻译解决方案）、MultiTerm（术语库）、WinAlign（翻译资料回收）等模块，掌握各个模块的基本功能，充分发挥该软件的效用，教师需要花费大量的时间和精力。但是，"我们的翻译教师除了繁重的教学工作之外，往往还有各自的科研项目或承担校内外大量的翻译任务，长期超负荷运转，普遍无力或无暇解决一些相关的问题。有关专业课教师和教学管理人员对有关的翻译管理软件还不够了解"（何文安，1996：41）。最关键的一点是，过去几十年来，我们培养的翻译师资绝大多数是外语专业科班出身，从高中就开始分文理科教学，文科尤其是外语类的学生数理化普遍不如文科类成绩好，对科学技术发展的了解与操作应用也无兴趣，研究生阶段又没有普遍开设相关课程，因此，虽然很多高校都配备了具有较高学历的青年翻译教师，但往往很难找到愿意并且能够承担术语管理、翻译技术或机器翻译教学的合格师资。

机器翻译教学难于推广与这方面的教材欠缺存在一定的联系，目前国内与翻译教学相结合、专为培养这方面翻译人才而编写的系统教材十分缺乏，但是国外和港台地区已经出版了这方面的教材，为我们的引进和编写工作提供了很多方便。从目前国内的研究现状来看，我们也许可以尝试利用现有的研究成果和条件，组织机器翻译研究人员和专业翻译人员合作进行教材的编写，既可避免过于专业化的问题，又可使教材最大限度地发挥效用。

此外，翻译技术的教学需要资金、设备以及教学环境作保障。缺乏必需的设备，开展这种翻译教学将是纸上谈兵，无法实现。翻译软件的高昂价格也在某种程度上制约了机器翻译在翻译教学培训中的广泛运用，据网上公布的资料，购买一整套最新版的 SdlTrados 翻译服务产品需要花费上千美元，除此之外，设备和软件的升级与维护将又是一笔不小的费用。我们现在所面对的现实是，文科类的学科教学与科研经费极为有限，若没有特殊政策，资金基本没法得到保证。然而如果没有资金的保障或者说找不到突破资金瓶颈的办法，开展这一类的教学与研究将会困难重重，举步维艰。

（二）应对策略

首先，我们应该对翻译市场进行深入分析，结合市场的变化和发展以及学校的实际情况调整教学设置，树立正确的人才培养意识。此外，我们还应积极探索传统翻译教学与现代翻译技术相结合的教学方式，互相借鉴，共同发展；充分把 MT/TM 用于翻译教学及翻译培训，善于运用翻译技术提高翻译教学的效率，培养真正适应市场需求的实用型翻译人才。

从翻译市场的发展来看，我国国内的翻译市场发展潜力巨大，国外及境外翻译公司不断进入中国翻译市场，不但给本地的翻译市场带来了新的竞争，而且给我们的人才培养带来了新的思考。

随着一些翻译公司的发展壮大，教学与培训机构与翻译公司的往来日趋密切。在翻译教学与人才培养过程中，如果双方能够进行有效的合作，那么双方都将从中受益。一方面，翻译教学与培训机构可以充分利用翻译公司的人力和资源优势，缓解资金设备以及师资欠缺的问题，而学生通过参与社会翻译活动，可以增强对专业翻译的规则、要求以及整个翻译行业的了解，从而树立目标，主动朝着社会要求的方向不断努力，最终实现预定培养目标；另一方面，在实际训练的过程中，翻译公司可以增加承接的客户翻译任务，在获得更大的收益的同时，挖掘培养出更多的潜力译员，增强自己的实力。港台的一些翻译机构就非常注重与翻译教学机构的合作，如翻译从业人员直接给翻译专业的学生上课，学生也直接参与翻译机构承接部分翻译工作，学生在学期间就熟练掌握了相关的术语管理和翻译技术，学校的翻译教师也了解了最新的翻译技术及其运用，从长远来看很有益处。

从鲍川运、柯平（2002）的世界各地口笔译教学调查中可以看到，世界各地许多口笔译教学培训机构都成立了自己的研究所或研究中心。如美国卡内基－梅隆大学机器翻译研究中心、英国曼彻斯特大学计算语言学中心等都设有专门的组织机构对机器翻译相关领域的问题进行研究。此外，德国萨尔州大学的语言处理系、计算语言学系与企业界和欧洲的其他大学建立密切合作关系，并建立了研究小组，以探索教学的可能途径。同国外以及港台地区相对完善的教学体系相比，我国内地的机器翻译教学和翻译技术教育还处于初级阶段。因此，翻译教学机构更有必要成立自己的研究机构或者研究小组，加强高新科技的学习与应用以及翻译语料库的研究与建设，为系统进行机器翻译教学和翻译技术教育服务。

现阶段，国内已有部分书刊开始涉及翻译技术的具体使用，这些都是我们学习掌握翻译软件的宝贵资料。另外，翻译教师还可以充分利用网络资源，了解和学习翻译技术。国内外一些翻译网站[1]专门开辟了翻译技术论坛，登录这些论坛或者网站便可以很方便地找到丰富的软件学习资料，解决软件使用过程中碰到的难题。在具体翻译教学过程中，教师可以鼓励采取互动学习的方式，注意培养学生的自主学习能力，老师和学生之间互相交流，互通有无，实现教学相长。

在翻译人才的培养模式方面，我们可以走多元化的道路。外语专业本科生应以培养学生外语应用能力为目标，翻译专业本科生应以培养学生基本的口笔译能力为目标，而翻译专业的研究生则应有多种不同的培养目标，以适应不同的市场需求。过去翻译界一直在争论，翻译专业的研究生在有限的时间内，究竟应该以提高翻译实践能力为主，还是应以培养翻译研究能力为主。现在看来，问题的关键在于我们的培养体制过于单一，统一的三年制，含糊的“翻译理论与实践”，不明确的培养目标，至于如何达到这个“目标”，如何培养学生，谁都有自己的理由。如果我们像境外国外那样，把研究生区分为专业型和研究型，把学制区分为一年、二年或三年，不同的培养类型、不同的学制，都有各自不同的培养目标，各种不同类型的高校也根据自己的实力进行分工合作，“各司其职”，大概情况是会有所改善的。在国家教育体制仅存研究型一种类型期间，各校也可以根据自己的具体情况制定相应的措施，设置不同的课程，理论与实践各有侧重。如能尽快把专业型和研究型的研究生从教学体制上分开培养，效果应该会更好。

---

1 如 www.fane.cn 在经验交流一栏下就设立了 Trados 专区、DejaVu 专区和雅信专区。http://www.chinatrados.com/ 专门讨论 Trados 的操作，而 http://tech.groups.yahoo.com/group/dejavu-l/ 则专门讨论 DejaVu 的使用。

国内外市场交流与融合步伐的进一步加快、国际交流与合作的日益密切，为翻译市场的迅速发展提供了前所未有的大好良机。随着机器翻译以及其他翻译技术的成熟，翻译产业、译者的角色、翻译的评价标准都会相应地发生变化，翻译技术教学的限制也将会逐渐被消除。虽然翻译软件的研究开发还面临着这样或那样的问题，但总体上来说发展空间巨大。如何把翻译技术融入翻译教学和翻译人才培训当中将是一项艰巨而又有着广阔前景的研究课题。

第二节　语料库与翻译研究

一、语料库翻译研究的起源

西方语言学界对语料库语言学的研究已有半个多世纪。自 20 世纪 50 年代语料库语言学兴起之后，语料库被广泛运用于语言学、外语教学、词典编辑、句法学、语义学等各方面的研究，所取得的研究成果对语言研究的许多领域产生了深远的影响。国外已有的语料库有 Longman Lancaster，Corpus，Childes，BNC，LLC，SMSCT，JMSCT，TEC，ECC，PSCT，NPSCT，FLOB，BPC，BCET，BNC，COBULD，NERC，Seu，Linsei（CHIN），Linsei（JAP），Lisnei（FRAN），Linsei（ITA），CLEC，LOB，Brown，JDEST 等等。

翻译研究在过去很长时间没有被纳入语料库语言学研究的范畴，直到 20 世纪 90 年代，语料库翻译研究才逐渐被人们所认识和重视。原因可能是多方面的，但基本可以归纳为以下两点：第一，语言学家过分强调语言的形式因素而忽略了语言发生的社会文化背景；第二，传统语料库语言学家认为翻译语言背离了规范，不同于标准语言，因此翻译文本一直被排除在语料库之外（廖七一，2000）。随着语料库语言学的不断深入发展和描写译学研究的兴起，对于翻译研究者来说，语料库已经不再是一个陌生的概念。

M. 贝克尔（1993、1995）很早就倡导利用语料库进行翻译研究，曼彻斯特大学由她主持建立的翻译英语语料库（Translational English Corpus，TEC）是世界上第一个翻译英语语料库。TEC 的基本框架结构是贝克尔教授1995年首次提出的，其具体的设计原则在拉维奥萨-布雷思维特的博士论文《英语可比语料库：翻译实证研究的资源与方法》（*The English Comparable Corpus: A Resource and a Methodology for the Empirical Study of Translation*）中得到了进一步的阐发。1995年，在英国科学院的资助下，曼彻斯特大学科技学院语言工程系的翻译研究中心开始创建世界上第一个TEC，贝克尔教授负责TEC的建造和管理。TEC从1995年开始建设，1999年用户可在线浏览并免费使用，至2001年其容量已经达到2 000万，TEC最后的目标是5 000万。该语料库包括4个子库，共收集了包括德语、法语、西班牙语、意大利语、阿拉伯语等语言在内的许多原著的英文文本。TEC可以通过词汇密度、词频、句长、搭配模式、特定词汇等的考察，来帮助研究者探索读者对翻译的期望、翻译理论家对翻译的态度和设想，以及专业翻译时间的互动关系（廖七一，2001：396—405）。

贝克尔在前人研究成果（Vanderauwera，1985；Blum-Kulka，1986；Shlesinger，1991；等等）的基础上，提出了基于语料库的翻译普遍特征（universal features of translation）的假设，并（Baker，1993：243）将其定义为"翻译文本而不是原话语中出现的典型语言特征，并且这些特征不是特定语言系统干扰的结果"，即指翻译语言作为一种客观存在的语言变体，相对于目标语原创语言，在整体上表现出来的一些规律特征（吴昂、黄立波，2006：296—297）。它包括六个方面：（1）译文显化程度显著提高；（2）消歧和简化；（3）合乎语法性；（4）避免重复；（5）超额再现目标语语言特征；（6）翻译过程往往会导致某些语言特征表现出特定的分布类型（转引自吴昂、黄立波，2006：296—297）。在对假设进行验证和阐述的过程中，贝克尔的翻译普遍特征被归纳为简略化（simplification）、明晰化（explicitation）和规范化（normalization）三个方面。

简略化：指译者有意识或无意识地简化语言或信息。

明晰化：指译者把翻译中暗含的信息或内容讲得更加明了，比如增加背景知识或使用简单的语言。

规范化或保守：指译文趋向于符合目的语中最常见的模式或做法，从而降低原文的文本特征（Baker，1996：176-177，as cited in Olohan，

2004：91)。

在上述三个翻译普遍性的表现之外，人们对翻译普遍性进行了更深入的研究，并有了新的发现，即“整齐化”(leveling out) 和“集中化”(convergence)。其中“整齐化”指的是翻译文本在诸如简略化等翻译普遍性特征上显示出的更高的一致性，而“集中化”指的是翻译文本“向连续体中间聚集”的倾向，也可以说，翻译文本在特定的语言学特征上倾向于彼此相似（具体参见胡显耀，2004：47—49)。

语料库语言学的快速发展，以及西方翻译理论从最初归纳式经验式的总结到描述性翻译研究的兴起，使得翻译研究的视角不断得到拓展和更新。一方面，学者们可以通过语料库，在占有大量材料的基础上来检验传统的理论研究方法所得出的各种结论，从而获得更为深刻、更为准确和更为全面的认识；另一方面，研究者可以通过自建语料库或者研究已有的语料库，更清晰地了解两种语言之间的差异、翻译的特征、译者的译著风格等等。作为一种研究手段和方法，语料库的适用范围并不仅仅限于研究翻译普遍性（translation universals）问题。除了考察翻译普遍性以外，语料库翻译研究还涉及其他多个领域，如翻译文本词汇的创新（Kenny，2001)、翻译教学（Zanettin et al.，2003)、口译研究（Shlesinger，1998）等等（转引自刘敬国、陶友兰，2006)。自此以后，语料库翻译研究逐渐摆脱了不受重视的境遇，如今，语料库在翻译研究中的应用越来越广泛，而且不断涌现出的重要发现和研究成果常令人耳目一新。

我国语料库的研究起步比较早，早在 20 世纪 20 年代，我国就已经有学者进行过这方面的研究（冯志伟，2002)，但是语料库的翻译研究起步比较晚，语料库语言学以及翻译学自身的发展规律从某种程度上造成了这样一种滞后的现象。近年来，随着我国自主开发的语料库建设的强劲势头，在利用语料库研究翻译的广度及深度上也有了比较明显的变化，语料库与翻译研究结合日趋紧密（具体参见刘康龙，2006)，语料库与翻译研究的范围不断得到拓宽。有人针对中国期刊网 2000 至 2005 年这 6 年间语料库在英语研究中的运用论文进行了调查，发现这 6 年间共有 14 篇语料库翻译研究的论文，其内容涵盖了实证性研究、基于语料库的翻译教学研究和翻译理论与语料库语言学的理论研究，语料库翻译研究显示出“良好的发展势头”(王海，2007：140)。语料库的应用，不但给研究者带来了新的启示，而且一些以往研究者可以想到却由于种种原因无法付诸实施的设想得到了验证的可能。然而，真正要把语料库与翻译研究相结合，我们还需解决许多的问题，这些问题我们将在下文予以具体讨论。

二、可应用于翻译研究的语料库分类

杨惠中教授（2002：333）认为："语料库是按照一定的语言原则，运用随机抽样方法，收集自然出现的连续的语言运用文本或话语片断而建成的具有一定容量的大型电子文本库。从其本质上来说，语料库实际上是通过对自然语言运用的随机抽样以一定大小的语言样本代表某一研究中所确定的语言运用总体。"

汉斯顿（Hunston，2002）曾把语料库分为通用语料库（general corpus）、专门用途语料库（specialized corpus）、比较语料库（comparable corpora）、平行语料库（parallel corpora）、学习者语料库（learner corpus）、监控语料库（monitor corpus）、教材语料库（pedagogic corpus）等等。虽然划分的标准存在差别，但这并不影响人们对语料库研究的认识。

虽然可应用于翻译研究的语料库与语言学研究语料库之间存在着很大的联系，但是翻译研究的语料库更为具体，因此有必要将这一类语料库进行更为详细的分类。按照研究目的可将翻译语料库分为两大类：

（1）描述型：这一类语料库被设计为译语文本分析语料库，将译入语文本语料与源语文本语料进行比较，以发现译文的特点，特别是源语和目的语的结合点（Gelllerstan，1996）以及有可能具有普遍意义的译文文本特点（Baker，1998；Laviosa，1998）。

（2）实用型：实用型语料库主要用于探索人工翻译和机器翻译的过程。具体又分为三类：

A. 单语语料库（monolingual corpora）。可以是源语文本语料库，也可以是译语文本语料库。

B. 多语语料库（multilingual corpora）。设计原理与单语语料库相似。多语语料库用于多种语言的比较，如汉英语料库可以比较两种语言各自的特点。

多语语料库（multilingual corpus）是根据类似设计标准建立起来

的、两个或多个不同语言单语种语料文本组成的复合语料库。其中的文本完全是原文文本，不收集翻译文本。欧洲多语词典编纂委员会现已建立起这样的语料库，其中包括英语、德语、瑞典语、意大利语、西班牙语、匈牙利语和塞尔维亚-克罗地亚语。(廖七一，2000)

C. 平行语料库（parallel corpora）。平行语料库将源语中的原创文本和相应的翻译成另一种文字的译文文本做比较，又可以分为两种：

a. 单向平行语料库（unidirectional parallel corpora）包括一种语言的源语文本及该文本其他语言的翻译文本。

b. 双向（或相互）平行语料库（bidirectional or reciprocal parallel corpora)。包括四个成分：A 语言的源语文本及该文本的 B 语言翻译文本，B 语言的源语文本及该文本 A 语言的翻译文本。由此可见，该语料库结合了单向平行语料库和比较语料库的特点（丁树德，2001)。

平行语料库，顾名思义，是可对源语文本和译语文本进行检索并对照显示的语料库。由于可以提供两种语言的对比，对于翻译研究来说，平行语料库有着其他语料库所不能及的作用和地位，可以广泛用于双语词典的编撰、翻译教学、机器翻译系统的开发等方面。目前的平行语料库大多是西语之间的平行语料库，英汉平行语料库相对较少，国内比较著名的有由北京大学计算语言学研究所同中国科学院计算技术研究所、清华大学智能技术国家重点实验室联合开发的汉英双语平行语料库。该语料库已收集到汉英对照语料中文约 2 000 万字，英文约 1 000 万单词，包括新闻、政府公文、科技文献、学术论文等，该语料库的目标是将成果应用于新闻领域的汉英机器翻译；北京外国语大学中国外语教育中心建设的 2 000 万字的汉日平行语料库和 3 000 万字 / 词的汉英平行语料库（黄俊红、黄萍、范云，2004）是一项非常宏大的工程。王克非曾根据汉英平行语料库对双语平行语料库在翻译教学上的用途进行了一系列探讨，在语料库翻译研究方面取得了丰硕成果。

除此之外，香港的一些高校在语料库建设方面也作了许多尝试：香港公开大学的学者建立了面向英语和汉语学习的英汉、汉英双语平行语料库；香港理工大学建立了英汉法的三语在线小型语料库；在对香港立法委员会自 1997 年以来的会议记录进行收集和整理的基础上，香港科技大学建成了汉英双语语料库。此外，英国伯明翰大学语料库语言学中心还专门建立起了包括小说、散文和其他种类的文章在内的汉英平行语料库（黄俊红、黄萍、范云，2004）。

在现阶段，由于知识产权保护以及成本的问题，语料库资源往往难以实现共享，在语料库的普及方面尚存在很多的限制。若相关的协调机制以及教育资源的分配体制得不到改变的话，语料库未来的发展将会遇到巨大的阻力。如果能把开发出的语料库开放部分功能，做成类似“中国译典”[1]或者是CNKI式的网站，有针对性地对研究机构进行开放，或者学习国外已被证明有效的一些做法，最大程度地利用已有资源，那么不论是对研究者个人，还是对整个语料库翻译研究的发展都将产生极其深远的影响。

三、翻译语料库在翻译研究方面的优势和劣势

语料库与翻译研究结合的优势是显而易见的，罗选民（2005）认为，语料库使翻译研究从直觉式变为具体的可操作的研究，将小规模的、人工的、局限于个别语言和个别文体类型的研究变成大规模的、系统的、比较性的和目标明确的科学研究，把先前零星的不具说服力的研究变成能够解释趋势及其连贯的研究。由于受中国传统研究思维的影响，中国的译学研究往往被认为是思辨式的或者是片断式的论断，缺乏客观性和理论的深度，常遭批评者的诟病。

同传统的研究方法相比，语料库研究方法的优势主要表现在两个方面：一方面，对于研究者来说，语料库可以帮助他们把一些直觉式的设想或者是命题发展成为可操作可验证的理论假设或者是理论，使翻译研究的结果更具说服力；另一方面，语料库可以为译者提供丰富的译文参考资料，包括具体的语言环境以及其他译者的操作手法。或许有人会把语料库当成一本扩大化了的词典，其实不然。语料库除了可以提供丰富的相关的例子外，还可以给译者提供充足的背景信息，如有些语料库可以提供原作以及作者的背景信息，如果语料库是按一定的需要规律编纂的话，译者可以触类旁通，从而更快地提高自己的翻译技能。此外，语料库的研究对于自动翻译系统的研发起着推动和促进作用，基于语料库的自动翻译系统的研究方法为未来翻译系统的研制开创了一条新的道路，相关研究也正在进

1 www.chinafanyi.com

一步地开展当中。

毋庸置疑，语料库翻译研究潜力巨大，但是其缺点也是研究者们有目共睹的。拉维奥萨指出了语料库翻译研究存在的一些问题，例如在使用平行语料库时就存在两个主要问题：一是作为分析工具的词语索引（concordance）有时不能提供足够的语境，从而妨碍对整篇文本及/或语义现象进行分析；二是平行语料库在设计时，针对一个源文本通常只收录一种翻译文本，这样就会遮盖翻译现象的一个重要方面，即同一原文不同翻译版本之间的差异（转引自刘敬国、陶友兰，2006）。

语料库翻译研究具有很强的实证主义倾向，十分强调客观性，因此，若使用不当，很容易扼杀个人的主观能动性和创造性。翻译研究是一个非常复杂的概念，我们不能套用某一种框架去解释这一概念，否则翻译研究将失去其多元性，变得单调，缺乏生气。

此外，在不同的国家，对版权的规定存在着或多或少的差异。语料库的建设，特别是用于商业用途的语料库，它往往涉及两个不同国家的版权法，因此，不论是在西方还是在我国，语料库的建设和普及常会遇到这样或那样的一些版权问题，大型语料库的建设需要耗费大量人力和财力，但若这些好的资源因为体制的原因不能够为更多的人所用，则会造成资源的巨大浪费，如何让这些成果转化成生产力是每一个学者值得认真考虑的问题。

四、语料库与翻译教学

语料库与外语教学的结合已经有了很长一段时间的历史。近年来，语料库与翻译教学的关系变得越来越密切。与传统的翻译教学模式相比较，基于语料库的翻译教学形式具有文本电子化、学习直观化、分析多元化、结论科学化、成果有机化等五大方面的特点和优势（黎土旺，2007）。在传统的翻译教学模式里面，在教师讲解译例的时候，教师往往要花费大量的时间和精力查找相似的例句，但规定的课时又往往不可能让教师花太多的时间进行细致的分析，学生对于一些翻译方法只好被动接受。

将语料库作为教学资源引入翻译课堂教学的最大优势就在于语料本身的真实性和时效性。语料库语境共现的特点使语料库在教学手段上发挥着其他手段不可替代的作用。语料库所创造出的环境，为学习者提供了比较、分析和类比的对象，因此，学生的自主性和积极性也容易得到强化。

J. 辛克莱（J. Sinclair，1997：27—39）指出：语料库只呈现真实的语言例句，凭空臆想的例句容易误导学生。通过在平行语料库中对某些词、短句或者结构的检索，学生可以得到相对应的目的语的多种表达方式，在实际的翻译情境中，学生可以根据自己的需要，通过分析、对比，找出恰当的表达方式，并总结出翻译当中的一些规律和技巧。这种探究式的学习不但可以大大强化学生的分析和观察的意识，培养起学生对翻译学习的兴趣，而且还可以提高学生对翻译的感悟能力。对于翻译教师来说，语料库的资源优势使教师可以在有限的时间内调用大量真实的材料和例证，并针对某一专题展开教学。有了语料库的强大支持，课堂上对译者翻译风格的分析有了基础，对长篇译作的分析也成为可能。通过语料库的查询与搜索功能，教师可与学生一起对译文中暗含的特点以及译者个人偏爱的语言表达形式，如词的频度、句子的长度、句型结构、叙事手法等，进行统计分析，然后对译文的风格特点进行量化，从而最终确认译者的翻译风格，展开译者风格比较的研究。通过这种方式，教师在翻译讲解时可以做到有据可依，并且可以减少或者避免对译者究竟采用的是归化还是异化手段的盲目的争论，帮助学生深化对翻译理论及翻译本质的认识。语料库翻译研究不但可以为翻译教学打开一扇新的窗户，而且还可以为教师和学生提供一个新的交流平台。

在外语教学当中，语料库的驱动学习（corpus-driven）研究已经取得了丰硕的成果，这些研究不但促进了对语言各层次教学效果研究的开展，而且还引发了对外语学习模式、教学理论、教学方法和理念的深刻讨论。在语料库建设方面，随着网络技术和信息交流技术的进步，相关语料库的建设得到了飞速的发展。近几年，翻译教学借鉴了许多外语教学的研究成果，给我们带来了很多的启发，但是，我们不可以一味求快，要求语料库翻译研究达到与外语教学中的研究一样的发展速度，因为翻译研究有其自身的发展特点，翻译涉及语言的转换、文化背景知识、译者的思维以及行为习惯等复杂的因素，语料库的建设以及研究的开展都应遵循规律，不能急躁。

语料库的翻译研究确实还存在着很大的发展空间，许多的领域还有待我们去进一步探索。陈伟（2007：72）在其文中集中论述了 TEC 语料库的应用潜力。他认为它现阶段可开拓的研究领域包括：译语文化中的翻译研究，翻译中的省略问题研究，译者性格和性别对译文的影响的研究，不同时期、同一时期文学作品翻译的共时和历时研究，女性翻译研究，主体文化的规范如何制约和影响翻译政策与策略的研究，不同文体的翻译技巧和翻译策略的差异研究等。文中还提到把类似于TEC翻译语料库与其他类比语料库相结合以研究文本的风格、新语新词（hapax legomena）的翻译特点、语言习惯等问题。作者最后还建议充分利用TEC网站上的资料来进行翻译培训和翻译教学。遗憾的是，若要利用语料库开展英汉方面的翻译教学，可满足这一研究目的的网站非常有限，在大多数情况下，翻译研究人员需根据自己的需要自建语料库以便开展相关的研究。

语料库给翻译教师带来的不仅仅是机遇，它同时也带来许多新的挑战。相当一部分探讨语料库的论文只注重分析利用语料库进行英语教学的积极作用和优势效果以及给教学所带来的启示和效果，对语料库的具体操作问题却很少涉及。而现阶段，翻译教师的语料库实践操作能力又十分欠缺。翻译教师、翻译研究工作者知识结构不完善，如工科以及计算机等方面基础知识缺乏，这些因素皆不利于语料库的后续研发（刘康龙、穆雷，2006）。语料库一些新的术语，以及一些看起来十分复杂的操作步骤和分析工具往往让很多人望而却步，对技术的恐慌给语料库走进我们的日常翻译教学工作和研究工作带来了很大的阻力。大部分教师在实际的教学过程中很少使用翻译语料库的资源，因此造成了大量已有的资源被闲置或者得不到充分的利用。从长远来看，对现有翻译教师的语料库知识的技能培训有必要尽快提上议事日程。

回顾近年的文献，我们发现有一部分研究者已开始为普及语料库的建设和使用努力，如《新型双语对应语料库的设计与构建》（王克非，2004）、《语料库数据驱动技术在科技翻译教学中的应用》（倪传斌、刘治，2005）、《小型翻译语料库的DIY》（赵宏展，2007）、《WordSmith方法在外语教学研究中的应用》（王立非、梁茂成，2007）等。这些文章为那些对语料库感兴趣而又苦于无人指点的教师提供了很大的帮助。此外，网络资源[1]的建设为翻译研究者语料库的建设和使用减少了不少学习

1　语料库语言学论坛：http://www.corpus4u.com。该网站内容丰富，包括语料库的理论探讨，语料库检索、标注与工具开发的介绍等。

的障碍。

总体而言，翻译语料库可以使翻译教学的语料更加真实，使教学形式更加多样。翻译语料库的语料来源于真实译本，所以具有时效性、客观性和真实性。另一方面，由于现代语料库的语料都由电子版本构成，可供教师和学生重复使用，使教学具有自主性和开放性的特点，促进学生的数据驱动学习（罗选民等，2005）。

翻译语料库为翻译研究提供了新的研究动力，扩展了翻译研究的范围，使翻译研究增加了进一步快速发展的可能，从宏观上来说，语料库翻译研究为译学研究引进了一种研究范式，语料库的引入使翻译研究变得更加客观和科学。在翻译教学领域，语料库所提供的丰富的译文实例以及连贯的语境，为翻译的教学提供了客观的有说服力的依据。当然语料库翻译研究也存在一些值得注意的问题，但是随着语料库和翻译研究的进一步深入，我们相信这些障碍和问题终将会被克服。

思考题

〔1〕机器翻译与人工翻译相比较其优点表现在哪些方面？

〔2〕机器翻译与翻译技术有哪些区别与联系？

〔3〕你有没有使用过机器翻译或者是翻译记忆软件？你觉得对你有无帮助？具体表现在哪些方面？

〔4〕你对机器翻译及翻译技术的发展未来怎么看？

〔5〕机器翻译、翻译记忆对翻译教学的启示有哪些？

〔6〕是否可以借鉴语料库在语言研究中的作用，使语料库在翻译研究中发挥类似的推动作用？如果可以，从哪些角度入手？

〔7〕将语料库作为教学资源引入翻译课堂教学具有什么优势和特点？

〔8〕将语料库应用于翻译教学需要解决哪些问题？

〔9〕现阶段，语料库在翻译学内的应用主要体现在应用型研究方面，随着语料库在翻译学以及翻译教学中的应用不断深入，语料库研究方

法是否会对翻译思想产生深刻影响?

〔10〕翻译学的不断发展是否会对语料库研究产生反作用?

本章参考文献

陈伟,2007,《翻译英语语料库与基于翻译英语语料库的描述性翻译研究》,见《外国语》,第1期,67—73。

丁树德,2001,《浅谈西方翻译语料库研究》,见《外国语》,第5期,61—66。

丁信善,1998,《语料库语言学的发展及现状》,见《当代语言学》,第1期,4—7。

冯志伟,1999,《机器翻译——从梦想到现实(上)》,见《中国翻译》,第4期,39—40。

——2002,《中国语料库研究的历史与现状》,见《汉语语言与计算学报》,第12期。

——2004,《机器翻译研究》,北京:中国对外翻译出版公司。

何文安,1996,《翻译教学:现状、评估改革与展望》,见《中国科技翻译》,第2期,38—41。

何武、潘学权,2004,《机器翻译对翻译教学的促进》,见《重庆工学院学报》,第6期,153—155。

胡显耀,2004,《语料库翻译研究与翻译普遍性》,见《上海科技翻译》,第4期,47—49。

黄诞平,2006,《语料库与翻译研究及翻译教学》,见《重庆职业技术学院学报》,第3期,37—40。

黄俊红、黄萍、范云,2004,《专门用途语类翻译平行语料库研究述评》,见《重庆大学学报(社会科学版)》,第6期,91—94。

柯飞,2002,《双语库:翻译研究新途径》,见《外语与外语教学》,第9期,35—39。

柯平,1995,《欧美的机器翻译》,见《中国翻译》,第2期,47—50。

——鲍川运,2002,《世界各地高校的口笔译专业与翻译研究机构(上)(中)(下)》,见《中国翻译》,第4期,59—66;第5期,52—59;第6期,45—51。

黎土旺,2007,《语料库与翻译教学》,见《中国科技翻译》,第3期,46—49。

李睿,2007,《语料库在英语课堂教学中的价值》,见《社科纵横》,第4期,174—176。

梁三云,2004,《机器翻译与计算机辅助翻译比较分析》,见《外语电化教学》,第6期,42。

廖七一，2000，《语料库与翻译研究》，见《外语教学与研究》，第5期，380—384。

——2001，《当代英国翻译理论》，武汉：湖北教育出版社。

刘敬国、陶友兰，2006，《语料库翻译研究的历史与进展——兼评〈语料库翻译研究：理论、发现和应用〉》，见《外国语》，第2期，66—71。

刘靖之，1991，《翻译工作者手册》，香港：商务印书馆。

刘康龙、穆雷，2006，《语料库语言学与翻译研究》，见《中国翻译》，第1期，59—64。

刘宓庆，2008，《翻译基础》，上海：华东师范大学出版社。

罗选民、董娜、黎土旺，2005，《语料库与翻译研究——兼评 Maeve Olohan 的〈翻译研究语料库入门〉》，见《外语与外语教学》，第12期，52—56。

吕立松、穆雷，2007，《计算机辅助翻译技术与翻译教学》，见《外语界》，第3期，35—43。

倪传斌、刘治，2005，《语料库数据驱动技术在科技翻译教学中的应用》，见《中国科技翻译》，第4期，22—25。

秦洪武、王克非，2007，《对应语料库在翻译教学中的应用：理论依据和实施原则》，见《中国翻译》，第5期，49—52。

史宗玲，2004，《电脑辅助翻译》，台北：书林出版有限公司。

谭载喜，2004，《西方翻译简史（增订版）》，北京：商务印书馆。

王海，2007，《21世纪以来我国基于语料库的英语研究述评》，见《湘潭师范学院学报》，第2期，140。

王克非，2004，《双语平行语料库在翻译教学上的用途》，见《外语电化教学》，第6期，27—31。

——2004，《新型双语对应语料库的设计与构建》，见《中国翻译》，第6期，73—75。

王克非等，2004，《双语对应语料库：研制与应用》，北京：外语教学与研究出版社。

王立非、梁茂成，2007，《WordSmith 方法在外语教学研究中的应用》，见《外语电化教学》，第3期。

吴昂、黄立波，2006，《关于翻译共性的研究》，见《外语教学与研究》，第5期，296—297。

吴会芹，2003，《机器翻译的回顾与展望》，见《外语电化教学》，第8期，51—54。

肖维青，2007，《平行语料库与应用翻译研究》，见《中国科技翻译》，第3期，25—28。

谢家成，2004，《小型英汉平行语料库的建立与运用》，见《解放军外国语学院学报》，第 3 期。
徐彬、郭红梅、国晓立，2007，《21 世纪的计算机辅助翻译工具》，见《山东外语教学》，第 4 期，79—86。
徐一平，2002，《中日对译语料库的研制与应用研究》，北京：外语教学与研究出版社。
杨惠中，2002，《语料库语言学导论》，上海：上海外语教育出版社。
弈凤，2000，《专业翻译领域的首选技术——翻译记忆》，见《微电脑世界》，第 28 期，11—12。
于连江，2004，《基于语料库的翻译教学研究》，见《外语电化教学》，第 4 期，40—44。
袁亦宁，2005，《翻译技术与我国技术翻译人才的培养》，见《中国科技翻译》，第 2 期，51—54。
张蓊荟，2005，《〈翻译研究语料库初步〉介绍》，见《外语教学与研究》，第 5 期，395—397。
张政，2006，《计算机翻译研究》，北京：清华大学出版社。
赵宏展，2007，《小型翻译语料库的 DIY》，见《中国科技翻译》，第 2 期。
甄凤超、张霞，2004，《语料库语言学发展趋势瞻望——2003 语料库语言学国际会议综述》，见《外语界》，第 4 期，74—77。
宗成庆，2007，《机器翻译研究进展》，见《科学新闻》，第 23 期，16—17。

Baker, Mona. 1993. "Corpus Linguistics and Translation Studies: Implications and Applications". In M. Baker, G. Francis & E. Tognini-Bonelli (ed.). *Text and Technology: In Honour of John Sinclair*. Amsterdam & Philadelphia: John Benjamins. 233–250.
——1995. "Corpora in Translation Studies: An Overview and Some Suggestions for Future Research". In *Target*, Vol. 7: 2, 223–243.
——1996. "Corpus-based Translation Studies: The Challenges That Lie Ahead". In H. Somers (ed.). *Terminology, LSP and Translation Studies in Language Engineering: In Honour of Juan C. Sager*. John Benjamins. 175–186.
——(ed.). 1998. *Routledge Encyclopedia of Translation Studies*. London/New York: Routledge.
Bemardini, Silvia. 2004a. "Corpora in the Classroom: An Overview and Some Reflections on Future Developments". In John McH. Sinclair (ed.). *How to Use Corpora in Language Teaching*. Philadelphia: John Benjamins.

15–34.

——2004b. "Corpus-aided Language Pedagogy for Translator Education". In Kirsten Malmjr (ed.). *Translation in Undergraduate Degree Programmes*. Amsterdam：John Benjamins.

Bernardini, S., Stewart, F. & Zanettin, F. 2003. "Corpora in Translator Education: An Introduction". In F. Zanettin, S. Bernardini & D. Stewart (eds.). *Corpora in Translator Education*. Manchester: St.Jerome.

Bowke, Lynne. 2002. *Computer-aided Translation Technology: A Practical Introduction*. Ottawa: University of Ottawa Press.

——2003. "Corpus-based Applications for Translator Training: Exploring the Possibilities". In Sylviane Granger et al. (eds.). *Corpus-based Approaches to Contrastive Linguistics and Translation Studies*. Amsterdam & New York: Editions Rodopi B. V. .

Brown, P. F., Cocke, J., Della Pietra, S. A. et al. 1990. "A Statistical Approach to Machine Translation". In *Computational Linguistics*.

Carl, Michael and WAY, Andy. 2003. *Recent Advances in Example-based Machine Translation*. Dordrecht: Kluwer Academic Publishers.

Gellerstam, M. 1996. "Translations as a Source for Cross-linguistic Studies". In K. B. Altenberg Aijmer and M. Johansson (eds.). *Languages in Contrast*. Lund: Lund University Press.

Hunston, S. 2002. *Corpora in Applied Linguistics*. Oxford: Oxford University Press.

Hutchins, John. 2000. *Warren Weaver and the Launching of MT*. In John Hutchins (ed.). *Early Years in Machine Translation*. Amsterdam: John Benjamins.

——2006. *Compendium of Translation Software*. Geneva: EAMT.

Kenny, D. 2001. *Lexis and Creativity in Translation: A Corpus-based Study*. Manchester: St. Jerome.

Laviosa, S. 1998. "Universals of Translation". In Mona Baker (ed.). *Routledge Encyclopedia of Translation Studies*. London: Routledge.

——2002. *Corpus-based Translation Studies: Theory, Findings, Applications*. Amsterdam: Rodopi.

Laviosa-Braithwaite, S. 1996. "The English Comparable Corpus (ECC): A Resource and a Methodology for the Empirical Study of Translation". Unpublished PhD dissertation at UMIST.

Newton, John. 1992. *Computers in Translation: A Practical Appraisal*. London and New York: Routledge.

Nogueira, Danilo. 2006. "Translation Tools Today: A Personal View". Translation Journal. at webpage: http://accurapid.com/journal/19tm.htm.

Olohan, M. 2004. *Introducing Corpora in Translation Studies*. London and New York: Routledge.

Shlesinger, M. 1998. "Corpus-based Interpreting Studies as an Offshoot of Corpus-based Translation Studies". In *Meta*: XLIII, 4. 486–493.

Sinclair, J. 1997. "Corpus Evidence in Language Description". In A. Wichmann et al. (eds.). *Teaching and Language Corpora*. New York: Longman.

Zanettin, F., Bernardini, S. & Stewart, D. 2003. "Corpora in Translator Education: An Introduction". In F. Zanettin, S. Bernardini & D. Stewart (ed.). *Corpora in Translator Education* . Manchester: St. Jerome.

附表

国内语料库建设一览表 [1]

类　型	语料库名称及库容（型符数）	建设单位
英语学习者语料库（书面语及口语）	中国学习者英语语料库 CLEC（1 000 000）	广东外语外贸大学和上海交通大学
	大学英语学习者口语语料库 COLSEC（50 000）	上海交通大学
	香港科技大学学习者语料库 HKUST Learner Corpus	香港科技大学
	中国英语专业语料库 CEMC（148 000）	南京大学
	中国英语学习者口语语料库 SECCL（1 000 000）	南京大学
	国际外语学习者英语口语语料库中国部分 LINSEI-China（100 000）	华南师范大学
	硕士写作语料库 MWC（120 000）	华中科技大学
平行语料库	汉英平行语料库 PCCE	北京外国语大学
	南大-国关平行语料库	南京大学
	英汉文学作品语料库； 冯友兰《中国哲学史》汉英对照语料库； 李约瑟（Joself Needham）《中国科学技术史》英汉对照语料库	外语教学与研究出版社
	计算机专业的双语语料库； 柏拉图哲学名著《理想国》的双语语料库	国家语言文字工作委员会语言文字应用研究所
	英汉双语语料库（15 万对）	中国科学院软件研究所
	英汉双语语料库；LDC 香港新闻英汉双语对齐语料 36 294 段以及香港法律英汉双语对齐语料 31 万句子对，并从英汉双解词典中摘取例句 25 000 个句子对	中国科学院自动化研究所

1　此表由卫乃兴、甄凤超、张霞提供，部分参考冯志伟，《中国语料库研究的历史与现状》，*Journal of Chinese Language and Computing*，11，(2)；甄凤超、张霞，《语料库语言学发展趋势瞻望——2003 语料库语言学国际会议综述》，《外语界》，2004 年第 4 期。

（续表）

类　型	语料库名称及库容（型符数）	建 设 单 位
平行语料库	英汉双语语段库（1 000 000）；网上英汉语段电子词典及网上电子英汉搭配词典（10 000 000）	东北大学
	英汉双语语料库（40 万—50 万句子对）	哈尔滨工业大学
	双语语料库（5 万多对）	北京大学计算语言学研究所
	对比语料库 LIVAC (Linguistic Variety in Chinese Communities)	香港城市理工大学
	平衡语料库（Sinica Corpus）；树图语料库（Sinica Treebank）	台湾
特殊英语语料库	中国英语（China English）语料库	河南师范大学
	军事英语语料库（Corpus of Military Texts）	解放军外国语学院
	新视野大学英语教材语料库	上海交通大学
汉语语料库	汉语现代文学作品语料库（1979 年，527 万字）	武汉大学
	现代汉语语料库（1983 年，2 000 万字）	北京航空航天大学
	中学语文教材语料库（1983 年，106.8 万字）	北京师范大学
	现代汉语词频统计语料库（1983 年，182 万字）	北京语言学院
	国家级大型汉语均衡语料库（2 001 万字）	国家语言文字工作委员会
	《人民日报》语料库（2 700 万字）	北京大学计算语言学研究所
	大型中文语料库（5 亿字，10 分库）	北京语言文化大学
	现代汉语语料库（1 亿字）	清华大学
	汉语新闻语料库（1988 年，250 万字）；标准语料库（2001 年，70 万字）	山西大学
	生语料库（3 000 万字）；《作家文摘》的标注语料库（100 万字）	上海师范大学
	现代自然口语语料库	中国社会科学院语言所
	旅游咨询口语对话语料库和旅馆预订口语对话语料库	中国科学院自动化研究所

附录一

本书参考文献

（按作者姓名字母排序）

埃斯卡皮（著），王美华、于沛（译），1987，《文学社会学》，合肥：安徽文艺出版社。

埃文-佐哈尔，伊塔玛，2002，《多元系统论》，见《中国翻译》，第 4 期，19—25。

艾柯（著），王宇根（译），1997，《诠释与过度诠释》，北京：生活·读书·新知三联书店。

巴特，罗兰（著），温晋仪（译），1999，《批评与真实》，上海：上海人民出版社。

卞之琳、叶水夫、袁可嘉、陈燊，1959，《十年来的外国文学翻译和研究工作》，见《文学评论》，第 5 期，41—77。

陈福康，1992，《中国译学理论史稿》，上海：上海外语教育出版社。

陈鸿德等（编），2000，《西方翻译理论精选》，香港：香港城市大学出版社。

陈久仁（主编），1994，《中国学术译著总目提要（1978—1987）·社会科学卷》，长春：吉林教育出版社。

陈良运，1992，《中国诗学体系论》，北京：中国社会科学出版社。

陈伟，2007，《翻译英语语料库与基于翻译英语语料库的描述性翻译研究》，见《外国语》，第 1 期，67—73。

陈玉刚，1989，《中国翻译文学史稿》，北京：中国对外翻译出版公司。

《辞海》编委会，1979，《辞海》（缩印本），上海：上海辞书出版社。

德利尔，让（著），孙慧双（译），1988，《翻译理论与翻译教学法》，北京：国际文化出版公司。

丁树德，2001，《浅谈西方翻译语料库研究》，见《外国语》，第 5 期，61—66。

丁信善，1998，《语料库语言学的发展及现状》，见《当代语言学》，第 1 期，4—7。

董宗杰，1984，《发展翻译学，建立专业队伍》，见《翻译通讯》，第 8 期，37—38。

杜建慧、杨金良、雷万忠，1998，《翻译学概论》，北京：民族出版社。

方健壮，2002，《论口译教材的特点与编写原则》，见《中国科技翻译》，第 1 期，22—24、47。

方梦之（主编），2004，《翻译学辞典》，上海：上海外语教育出版社。
——2006，《译学的“一体三环”》，见《上海翻译》，第1期，1—6。
——2007，《我国早期的翻译学——简评蒋翼振的〈翻译学通论〉(1927年版)》，见《上海翻译》，第2期，1—3。
冯建中，2005，《论口译测试的规范化》，见《外语研究》，第1期，54—58。
冯志伟，1999，《机器翻译——从梦想到现实（上)》，见《中国翻译》，第4期，39—40。
——2002，《中国语料库研究的历史与现状》，见《汉语语言与计算学报》，第12期。
傅东华，1984，《飘·译序》，见罗新璋（编），《翻译论集》，北京：商务印书馆。
伽达默尔，汉斯-格奥尔格（著），洪汉鼎（译），1994，《真理与方法（上、下卷)》，上海：上海译文出版社。
葛校琴，1999，《翻译“神似”论的哲学-美学基础》，见《中国翻译》，第4期，15—17。
根茨勒，2005，《翻译、后结构主义与权力》，见陈永国（编），《翻译与后现代性》，北京：中国人民大学出版社。
辜正坤，1989，《翻译标准多元互补论》，见《中国翻译》，第1期，16—20。
——史忠义（主编)，2006，《国际翻译学新探》，天津：百花文艺出版社。
谷方，1994，《主体性哲学与文化问题》，北京：中国和平出版社。
桂乾元，1986，《为确立具有中国特色的翻译学而努力——从国外翻译学谈起》，《中国翻译》，第3期，12—15。
郭建中，2000，《当代美国翻译理论》，武汉：湖北教育出版社。
哈琴，林达（著），赵伐（等译），1994，《加拿大后现代主义》，重庆：重庆出版社。
韩哲，2004，《论翻译教材中译例的编选原则》，见《上海翻译》，第3期，31—35。
韩子满，2000，《翻译学不是梦——兼与张经浩先生商榷》，见《外语与外语教学》，第7期，50—52、63。
何刚强，2006，《译学无疆，译才不器——翻译（院）系培养人才应有长远的眼光》，见《上海翻译》，第2期，39—42。
——2007，《传统、特色、师资——本科翻译专业建设之我见》，见《上海翻译》，第3期，49—51。
——2007，《精艺谙道，循循善诱——翻译专业教师须具备三种功夫》，见《外语界》，第3期，24—29。
何三宁，2008，《翻译多元论实证分析研究》，北京：科学出版社。
何文安，1996，《翻译教学：现状、评估改革与展望》，见《中国科技翻译》，第2期，38—41。

何武、潘学权，2004，《机器翻译对翻译教学的促进》，见《重庆工学院学报》，第6期，153—155。
黑格尔（著），贺麟、王太庆（译），1959，《哲学史讲演录》，北京：商务印书馆。
侯向群，1995，《美的认识与美的再现——谈文学作品翻译中的审美标准》，见《外语研究》，第2期，47—52。
——2006，《翻译学——一个建构主义的视角》，上海：上海外语教育出版社。
胡显耀，2004，《语料库翻译研究与翻译普遍性》，见《上海科技翻译》，第4期，47—49。
黄俊红、黄萍、范云，2004，《专门用途语类翻译平行语料库研究述评》，见《重庆大学学报（社会科学版）》，第6期，91—94。
黄龙，1988，《翻译学》，南京：江苏教育出版社。
黄雨石，1988，《英汉文学翻译探索》，西安：陕西人民出版社。
黄振定，1998，《翻译学——艺术论与科学论的统一》，长沙：湖南教育出版社。
霍克斯，特伦斯，1987，《结构主义与符号学》，上海：上海译文出版社。
加切奇拉泽（著），蔡毅等（编译），1987，《文艺翻译与文学交流》，北京：中国对外翻译出版公司。
姜秋霞，1999，《文学翻译中的审美过程：格式塔意象再造》，见《外语与外语教学》，第12期，55—56。
——2002，《文学翻译中的审美过程：格式塔意象再造》，北京：商务印书馆。
——张柏然，1997，《心理同构与美的共识——兼谈文学作品复译》，见《外语与外语教学》，第1期，42—45。
——杨平，2005，《翻译研究实证方法评析——翻译学方法论之二》，见《中国翻译》，第1期，23—28。
姜治文、文军（编），1999，《翻译批评论》，重庆：重庆大学出版社。
蒋骁华，2003，《巴西的翻译："吃人"翻译理论与实践及其文化内涵》，见《中国翻译》，第1期，63—67。
蒋翼振，1927，《翻译学通论》，上海：上海美利印刷公司印刷（商务印书馆发行）。
金元浦，2002，《"间性"的凸现》，北京：中国大百科全书出版社。
卡勒，乔纳森（著），陆扬（译），1998，《论解构》，北京：中国社会科学出版社。
柯平，1988，《香港大专院校的翻译课程》，《中国翻译》，第6期，33—34。
——1995，《欧美的机器翻译》，见《中国翻译》，第2期，47—50。
——鲍川运，2002，《世界各地高校的口笔译专业与翻译研究机构（上、中、下）》，《中国翻译》，第4期，59—66；第5期，52—59；第6期，45—51。
黎土旺，2007，《语料库与翻译教学》，见《中国科技翻译》，第2期，46—49。
李睿，2007，《语料库在英语课堂教学中的价值》，见《社科纵横》，第4期，

174—176。
连淑能，2007，《翻译课教学法探索》，见《外语与外语教学》，第 4 期，29—34。
梁三云，2004，《机器翻译与计算机辅助翻译比较分析》，见《外语电化教学》，第 4 期，42。
廖七一，2000，《语料库与翻译研究》，见《外语教学与研究》，第 5 期，380—384。
——2000，《当代西方翻译理论探索》，南京：译林出版社。
——2001，《当代英国翻译理论》，武汉：湖北教育出版社。
林煌天，1997，《中国翻译词典》，武汉：湖北教育出版社。
林克难，2005，《试论翻译硕士研究生的培养》，见《中国外语》，第 4 期，71—73。
林语堂，1933，《论翻译》，见中国翻译工作者协会、《翻译通讯》编辑部（编），1984，《翻译研究论文集（1894—1948）》，北京：外语教学与研究出版社 259—272。
凌晨光，2001，《当代文学批评学》，济南：山东大学出版社。
刘和平，2002，《对口译教学统一纲要的理论思考》，见《中国翻译》，第 3 期，56—58。
——2004，《翻译教学方法论思考》，见《中国翻译》，第 3 期，39—44。
刘宓庆，1986，《翻译美学基本理论构想》，见《中国翻译》，第 4 期，19—24。
——1995，《翻译美学导论》，台北：书林出版有限公司，修订本，2005，北京：中国对外翻译出版公司。
——1996，《翻译的美学观》，见《外国语》，第 5 期，1—7。
——1999，《当代翻译理论》，北京：中国对外翻译出版公司。
——2000，《文化翻译论纲》，武汉：湖北教育出版社。
——2001，《翻译与语言哲学》，北京：中国对外翻译出版公司。
——2003，《翻译教学：实务与理论》，北京：中国对外翻译出版公司。
刘敬国、陶友兰，2006，《语料库翻译研究的历史与进展——兼评〈语料库翻译研究：理论、发现和应用〉》，第 2 期，66—71。
刘靖之，1991，《翻译工作者手册》，香港：商务印书馆。
刘康龙、穆雷，2006，《语料库语言学与翻译研究》，见《中国翻译》，第 1 期，59—64。
刘云虹，2006，《复译重在超越与创新》，见《中国图书评论》，第 9 期，16—17。
罗新璋（编），1984，《翻译论集》，北京：商务印书馆。
罗选民，2002，《中国的翻译教学问题与前景》，见《中国翻译》，第 4 期，56—58。

——董娜、黎土旺，2005，《语料库与翻译研究——兼评 Maeve Olohan 的〈翻译研究语料库入门〉》，见《外语与外语教学》，第 12 期，52—56。
吕俊，1999，《世纪之交的译学三思》，见《外语与外语教学》，第 10 期，1—7。
——2005，《论学派与建构主义翻译学》，见《中国翻译》，第 4 期，10—15。
吕叔湘，1987，《中国语法学史・序》，见龚千炎，1997，《中国语法学史》（修订本），北京：语文出版社。
毛崇杰，2002，《颠覆与重建——后批评中的价值体系》，北京：社会科学文献出版社。
茅盾，1954，《为发展文学翻译事业和提高翻译质量而奋斗》，见罗新璋（编），1984，《翻译论集》，北京：商务印书馆。
苗菊，2006，《西方翻译实证研究二十年（1986—2006)》，见《外语与外语教学》，第 5 期，45—48。
——高乾，2008，《构建翻译专业教学模式——术语学的借鉴意义》，见《外语与外语教学》，第 10 期，57—60。
——朱琳，2008，《本地化与本地化翻译人才的培养》，见《中国翻译》，第 5 期，30—34、95—96。
穆雷，1989，《关于翻译学的问题》，见《外语教学》，第 3 期，75—79。
——1989—2008，各年“翻译研究综述”，见《中国翻译》《天津外国语学院学报》等。
——2005，《翻译学研究生教学探讨》，见《中国翻译》，第 1 期，56—61。
——2006，《翻译能力与翻译测试——英汉 / 汉英翻译测试研究系列（四）》，见《上海翻译》，第 2 期，43—47。
——2006，《翻译测试及其评分问题》，见《外语教学与研究》，第 6 期，466—471，480。
——2006，《翻译批评与翻译标准——英汉 / 汉英翻译测试研究系列（三）》，见《外语与外语教学》，第 4 期，45—47。
——2007，《翻译测试的定义与定位——英汉 / 汉英翻译测试研究系列（一）》，见《外语教学》，第 1 期，82—86。
——郑敏慧，2006，《翻译专业本科教学大纲设计探索》，见《中国翻译》，第 5 期，3—7。
倪传斌、刘治，2005，《语料库数据驱动技术在科技翻译教学中的应用》，见《中国科技翻译》，第 4 期，22—25。
彭卓吾，2000，《翻译学——一门新兴科学的创立》，北京：北京图书馆出版社。
钱冠连，2000，《向世界贡献出原本没有的东西》，见《外语与外语教学》，第 1 期，10—14。

钱锺书，1979，《旧文四篇》，上海：上海古籍出版社。
——1984，《谈艺录》，北京：中华书局。
乔曾锐，2000，《译论——翻译经验与翻译艺术的评论和探讨》，北京：中华工商联合出版社。
萨义德，爱德华·W（著），王宇根（译），1999，《东方学》，北京：生活·读书·新知三联书店。
塞尔登，拉曼（编），刘象愚等（译），2003，《文学批评理论：从柏拉图到现在》，北京：北京大学出版社。
史宗玲，2004，《电脑辅助翻译》，台北：书林出版有限公司。
谭旭东，2005，《批评家缺乏责任感和艺术良知　文学批评呼唤实与真》，见《人民日报》，3 月 31 日。
谭载喜，1982，《翻译是一门科学——评介奈达著〈翻译科学探索〉》，见《翻译通讯》，第 4 期，4—11。
——1987，《必须建立翻译学》，见《中国翻译》，第 3 期，2—7。
——1988，《试论翻译学》，见《外国语》，第 3 期，22—27。
——1991，《西方翻译简史》，北京：商务印书馆。
——1999，《新编奈达论翻译》，北京：中国对外翻译出版公司。
——2000，《翻译学》，武汉：湖北教育出版社。
——（编），2005，《翻译研究词典》，北京：外语教学与研究出版社。
——2006，《翻译比喻中西探幽》，见《外国语》，第 4 期，73—80。
——2006，《翻译比喻衍生的翻译学思索》，见《中国翻译》，第 2 期，3—8。
——尤金·奈达，1987，《论翻译学的途径》，见《外语教学与研究》，第 1 期，24—30、79。
陶友兰，2006，《翻译目的论观照下的英汉汉英翻译教材建设》，见《外语界》，第 5 期，33—40。
——2006，《试论中国翻译教材建设之理论重构》，上海：复旦大学学位论文。
——2007，《新形势下我国翻译专业师资建设的思考——首届全国翻译专业建设圆桌会议（师资建设专题）综述》，见《外语界》，第 3 期，30—34。
涂纪亮，1988，《英美语言哲学概论》，北京：人民出版社。
托多洛夫，茨维坦（著），王东亮、王晨阳（译），2002，《批评的批评——教育小说》，北京：生活·读书·新知三联书店。
王彬彬，2000，《为批评正名》，长春：时代文艺出版社。
王秉钦，2005，《20 世纪中国翻译思想史》，天津：南开大学出版社。
王海，2007，《21 世纪以来我国基于语料库的英语研究述评》，见《湘潭师范学院学报》，第 2 期，140。

王宏印，2006，《文学翻译批评论稿》，上海：上海外语教育出版社。
王宏志，1999，《重释“信达雅”：二十世纪中国翻译研究》，上海：东方出版中心。
王金波、王燕，2006，《口译的特点与口译教材：问题与前景》，见《外语界》，第5期，41—47。
王克非，1997，《翻译文化史论》，上海：上海外语教育出版社。
——2004，《双语平行语料库在翻译教学上的用途》，见《外语电化教学》，第6期，27—31。
王铭玉，2005，《语言符号学》，北京：高等教育出版社。
王友贵，2003，《意识形态与20世纪中国翻译文学史（1899—1979）》，见《中国翻译》，第5期，11—15。
王岳川，1999，《现象学与解释学文论》，济南：山东教育出版社。
王宗炎，1983，《纽马克论翻译理论和翻译技巧》，见中国对外翻译出版公司，《外国翻译理论评介文集》，北京：中国对外翻译出版公司，1—12。
威尔斯（著），祝玉（等节译），1988，《翻译学——问题与方法》，北京：中国对外翻译出版公司。
韦勒克（著），杨岂深、杨自伍（译），1997，《近代文学批评史》，上海：上海译文出版社。
文军，2006，《科学翻译批评导论》，北京：中国对外翻译出版公司。
吴昂、黄立波，2006，《关于翻译共性的研究》，见《外语教学与研究》，第5期，296—297。
吴会芹，2003，《机器翻译的回顾与展望》，见《外语电化教学》，第8期，51—54。
奚永吉，2000，《文学翻译比较美学》，武汉：湖北教育出版社。
肖维青，2007，《平行语料库与应用翻译研究》，见《中国科技翻译》，第3期，25—28。
谢天振，2003，《翻译研究新视野》，青岛：青岛出版社。
——2005，《译介学》，上海：上海外语教育出版社。
许宝强、袁伟（编），2001，《语言与翻译的政治》，北京：中央编译出版社。
许宏，2006，《教学翻译：一个同样不容忽视的领域》，见 *US-China Foreign Language*，第2期。
许钧，1997，《文学翻译的“束缚”和“自由”》，见《光明日报》，1997年11月11日第6版。
——1998，《翻译思考录》，武汉：湖北教育出版社。
——2002，《译事探索与译学思考》，北京：外语教学与研究出版社。
——2002，《拓展国际学术交流途径　促进研究生的培养工作》，见《中国翻译》，第 1 期，59—60。
——2003，《翻译论》，武汉：湖北教育出版社。
——2006，《翻译的危机与批评的缺席》，见《中国图书评论》，第 9 期，12—15。
许渊冲，2002，《新世纪的新译论》，见《中国翻译》，第 3 期，2—6。
严平（编选），邓安庆等（译），1997，《伽达默尔集》，上海：上海远东出版社。
杨惠中，2002，《语料库语言学导论》，上海：上海外语教育出版社。
杨晓荣，2005，《翻译批评导论》，北京：中国对外翻译出版公司。
——2008，《翻译专业：正名过程及正名之后》，见《中国翻译》，第 3 期，31—34。
杨自俭（主编），2002，《译学新探》，青岛：青岛出版社。
叶苗，2007，《翻译教学的交互性模式研究》，见《外语界》，第 3 期，51—56、91。
弈风，2000，《专业翻译领域的首选技术——翻译记忆》，见《微电脑世界》，第 28 期，11—12。
于警吾，1994，《论文学翻译的美学实质》，见杜承南、文军（编），《中国当代翻译百论》，重庆：重庆大学出版社。
于连江，2004，《基于语料库的翻译教学研究》，见《外语电化教学》，第 4 期，40—44。
喻云根（主编），1996，《英美名著翻译比较》，武汉：湖北教育出版社。
袁亦宁，2005，《翻译技术与我国技术翻译人才的培养》，见《中国科技翻译》，第 2 期，51—54。
章安祺（主编），2003，《西方文艺理论史精读文献》，北京：中国人民大学出版社。
张柏然、许钧（编），2002，《面向 21 世纪的译学研究》，北京：商务印书馆。
——张思洁，1997，《中国传统译论的美学辨》，见《现代外语》，第 2 期，25—29。
张成柱，1984，《试谈文学翻译中的美学问题》，见《翻译通讯》，第 6 期，16—18。
张后尘，1985，《试论文学翻译中的美学原则》，见《翻译通讯》，第 10 期，5—7。
——1999，《翻译学：欢迎深入扎实的基础工作》，见《外语与外语教学》，第 10 期，49—50。
张今，1987，《文学翻译原理》，开封：河南大学出版社。
——张宁，2005，《文学翻译原理（修订版）》，北京：清华大学出版社。
张美芳，2001，《论两种不同层次的翻译教学》，见《外语与外语教学》，第 5 期，37—39。
——2005，《翻译研究的功能途径》，上海：上海外语教育出版社。
张翕荟，2005，《〈翻译研究语料库初步〉介绍》，见《外语教学与研究》，第 5 期，395—397。

张振玉，1992，《翻译学概论》，南京：译林出版社。
赵一凡（等主编），2006，《西方文论关键词》，北京：外语教学与研究出版社。
甄凤超、张霞，2004，《语料库语言学发展趋势瞻望——2003 语料库语言学国际会议综述》，见《外语界》，第 4 期，74—77。
郑海凌，1999，《翻译标准新说：和谐说》，见《中国翻译》，第 4 期，3—5。
——2000，《文学翻译学》，郑州：文心出版社。
郑伟波，1988，《创立具有现代特色的中国翻译理论体系——首届研究生翻译理论研讨会综述》，见《解放军外国语学院学报》，第 1 期，35—40。
中国对外翻译出版公司，1983，《外国翻译理论评介文集》，北京：中国对外翻译出版公司。
中国翻译工作者协会、《翻译通讯》编辑部（编），1984，《翻译研究论文集(1894—1948)》，北京：外语教学与研究出版社。
仲伟合，2006，《翻译专业硕士的设置——翻译学学科发展的新方向》，见《中国翻译》，第 1 期，32—35。
——2007，《翻译硕士专业学位教育点的建设》，见《中国翻译》，第 4 期，9—10。
——2007，《口译课程设置与口译教学原则》，见《中国翻译》，第 1 期，52—53。
——穆雷，2008，《翻译专业人才培养模式探索与实践》，见《中国外语》，第 6 期，4—8、14。
朱纯深，2000，《走出误区踏进世界——中国译学：反思与前瞻》，见《中国翻译》，第 1 期，2—9。
庄智象，2007，《我国翻译专业建设：问题与对策》，上海：上海外语教育出版社。
——2007，《关于我国翻译专业建设的几点思考》，见《外语界》，第 3 期，14—23。
祖保龙，1993，《文心雕龙解说》，合肥：安徽教育出版社。

Alamargot, Danis and Licile Chanquoy. 2001. *Through the Models of Writing*. Dordrecht: Kluwer Academic Publisher.
Alves, Fabio. 2003. *Triangulating Translation: Perspectives in Process Oriented Research*. Amsterdam: John Benjamins Publishing Company.
Amos, Flora Ross. 1920. *Early Theories of Translation*. New York: Columbia University Press. Reprinted. New York: Octagon Books, 1973.
Arnold, Matthew. 1861. *On Translating Homer*. Reprinted in Robinson, 1997. 250–255.
Arrowsmith, W. and R. Shattuck (eds.). 1964. *The Craft and Context of Translation*. New York: Anchor Books.

Augustine. 428 AD. *De Doctrina Christiana* (*On Christine Teaching*). English version edited and translated by R.P.H. Green. 1995. Oxford: Clarendon Press.

Baker, Mona (ed.). 1998. *Routledge Encyclopedia of Translation Studies*. London and New York: Routledge.

——2004. *Rutledge Encyclopedia of Translation Studies*. Shanghai: Shanghai Foreign Language Education Press.

Barkhudarov, Leonid. 1969. "Urovni yazykovoy iyerarkhii i perevod" ["Levels of Language Hierarchy and Translation"]. In *Tetradi perevodchika* [*The Translator's Notebooks*] .6, 3–12.

——1993. "The Problem of the Unit of Translation". In Palma Zlateva (ed. & trans.). 39–46.

Barnstone, Willis. 1993. *The Poetics of Translation: History, Theory, Practice*. New Haven: Yale University Press.

Bassnett, Susan. 1980. *Translation Studies*. Revised edition in 1991. London and New York: Routledge.

——1988. *Translation Studies*. London and New York: Routledge.

——1993. *Comparative Literature: A Critical Introduction*. Oxford UK and Cambridge USA: Blackwell.

——1996. "The Meek or the Mighty: Reappraising the Role of the Translation". In Norman Alvarez and M. Carmen-Africa Vidal (ed.). *Translation, Power, Subversion*. Clevedon: Multilingual Matters Ltd.

——1998. "When Is a Translation Not a Translation?" In *Constructing Cultures: Essays on Literary Translation*. Clevedon: Multilingual Matters Ltd.

——and André Lefevere. 1990. *Translation, History, Culture*. London: Cassell.

——and André Lefevere. 1998. *Constructing Culture: Essays on Literary Translation*. Clevedon: Multilingual Matters Ltd.

——and Harish Trivedi (eds.). 1999. *Post-colonial Translation Theory and Practice*. London and New York: Routledge.

Batteux, Charles. 1747–1748. *Principes de littérature*. Excerpted in English translation (by John Miller) in Robinson, 1997. 195–199.

Benjamin, Andrew. 1989. *Translation and the Nature of Philosophy*. London and New York: Routledge.

Benjamin, Walter. 1916. "On Language as such and on the Languages of Man". In *One Way Street* (Translated by Edmund Jephcott and Kingsley

Shorter). 1979. London: NLB. 107–123.

——1923. "The Task of the Translator" (Die Aufgabe des Übersetzers). In Rainer Schulte, and John Biguenet (eds.). 1992. 71–82.

Berman, Antoine. 1992. *The Experience of the Foreign: Culture and Translation in Romantic Germany*. Translated from the French by S. Heyvanet. New York: State University of New York Press. French original L'Epreuve de l'étranger published in 1984.

Bermann, Sandra and Michael Wood (ed.). 2005. *Nation, Language, and the Ethics of Translation*. Princeton: Princeton University Press.

Bhabha, Homi. 1994. *The Location of Culture*. London and New York: Routledge.

Brower, Reuben A. (ed.). 1959/2000. *On Translation*. New York: Oxford University Press.

Bruni, Leonardo. 1426. *De interpretatione recta*. English translation (by James Hankins) printed in Robinson, 1997. 57–60.

Buber, Martin. 1958. *I and Thou*. New York: Charles Scribner.

Catford, John. 1965. *A Linguistic Theory of Translation: An Essay in Applied Linguistics*. Oxford: Oxford University Press.

Chamberlain, Lori. 1998. "Gender Metophorics". In Mona Baker (ed.). *Routledge Encyclopedia of Translation Studies*. London and New York: Routledge.

Chandler, Daniel. 2002. *Semiotics the Basics*. London and New York: Routledge.

Chesterman, Andrew. 1997. *Memes of Translation: The Spread of Ideas in Translation Theory*. Amsterdam and Philadelphia: John Benjamins Publishing Company.

Chomsky, A. N. 1957. *Syntactic Structures*. The Hague: Muoton.

Cicero. 55 BC. *De oratore* (*On the Orator*). Reprinted in English translation (by E. W. Sutton and H. Rackham) in Robinson, 1997. 7.

——46 BC. *De optimo genere oratorum* (*The Best Kind of Orator*). Reprinted in English translation (by H. M. Hubbell) in Robinson, 1997. 7–10.

——45–44 BC. *De finibus bonorum et malorum* (*The Ends of Good and Evil*). Excerpted in English translation (by Harris Rackham) in Robinson, 1997. 10–12.

Cook, Guy. 1994. *Discourse and Literature*. Oxford: Oxford University Press.

Culler, Jonathan.1981.*The Pursuit of Signs: Semiotics, Literature, Deconstruction*. Ithaca: Cornell University Press.

Davis, Kathleen. 2001. *Deconstruction and Translation*. Manchester and Northampton: St. Jerome Publishing.

Derrida, Jacque. 1982. *The Ear of the Other: Otobiography, Transference, Translation: Texts and Discussions with Jacque Derrida*. Christie McDonald (eds.). Lincoln: University of Nebraska Press.

De Waard, Jan and Eugene A. Nida. 1986. *From One Language to Another: Functional Equivalence in Bible Translating*. New York: Thomas Nelson Publishers.

Dolet, Etienne. 1540. *La maniere de bien traduire dúne langue en aultre* (*How to Translate Well from One Language to Another*). English translation (by David G. Ross) printed in Robinson, 1997. 95–97.

Dryden, John. 1661–1679. *Essays of John Dryden* (edited by W. P. Ker). New York: Russell. 1961.

——1680. Preface to *Ovid's Epistles*. Excerpted in Robinson, 1997. 172–174.

——1697. *Dedication of Aeneis*. Excerpted in Robinson, 1997. 174–175.

Duff, Alan. 1981. *The Third Language: Recurrent Problems of Translation into English*. Oxford: Peramnon Press.

Eagleton, Terry. 1996. *Literary Theory: An Introduction*. Oxford: Blackwell Publishing.

——2000. *The Idea of Culture*. Oxford: Blackwell Publishing.

Eco, Umberto. 1995. *The Search for the Perfect Language* (translated by James Fentress). Oxford: Basil Blackwell.

Even-Zohar, Itama. 1990. *Polysystem Studies*. Special issue of *Poetics Today* 11: 1. Tel Aviv: The Porter Institute for Poetics and Semiotics; Durham: Duke University Press.

——2000. "The Position of Translated Literature within the Literary Polysystem". In Lawrence Venuti (ed.). *The Translation Studies Reader*. London and New York: Routledge. 192–197.

Flotow, Luise von. 1997. *Translation and Gender: Translating in the Era of Feminism*. Manchester and Northampton: St. Jerome Publishing.

Frawley, William. 1984. "Prolegomenon to a Theory of Translation". In William Frawley (ed.). 159–195.

——(ed.). 1984. *Translation: Literary, Linguistic, and Philosophical Perspectives*. London and Toronto: Associated University Presses.

Gadamer, Hans-Georg. 1975. *Truth and Method*. New York: The Crossroad

Publishing Company.
Gentzler, Edwin. 1993. *Contemporary Translation Theories*. London and New York: Routledge.
——2001. *Contemporary Translation Theories*. Clevedon: Multilingual Matters Ltd.
——2004. *Contemporary Translation Studies*. Shanghai: Shanghai Foreign Language Education Press.
Gillett, Grant. 1992. *Representation, Meaning, and Thought*. London: Clarendon Press.
Gorlee, Dinda L. 1994. *Semiotics and the Problems of Translation with Special Reference to the Semiotics of Charles S. Peirce*. Amsterdam-Atlanta, GA: Rodopi.
Green, Jeffrey M. 2001. *Thinking Through Translation*. Athens, GA: The University of Georgia Press.
Gutt, Ernst-August. 1991. *Translation and Relevance: Cognition and Context*. Oxford: Basil Blackwell.
——2004. *Translation and Relevance—Cognition and Contex*. Shanghai: Shanghai Foreign Language Education Press.
Halliday, M. A. K. 1961. "Categories of the Theory of Grammar". In *Word*. Vol.17.
Hatim, Basil and Ian Mason. 1990. *Discourse and the Translator*. London: Longman.
——1997. *The Translator as Communicator*. London and New York: Routledge.
——2001. *Discourse and the Translator*. Shanghai: Shanghai Foreign Language Education Press.
Hawkes, Terence. 1997. *Structuralism and Semiotics*. London and New York: Routledge.
——2003. *Structuralism and Semiotics*, 2nd ed. London and New York: Routledge.
Heidegger, Martin.1985. *Being and Time*, trans. John Macquarrie and Edward Robinson. Oxford: Basil Blackwell.
Hermans, Theo (ed.). 1985. *The Manipulation of Literature*. London: Croom Helm Ltd.
——1999. *Translation in System: Descriptive and Systemic Approach Explained*. Manchester: St. Jerome Publishing.

Hickey, Leo (ed.). 2001.*The Pragmatics of Translation*. Shanghai: Shanghai Foreign Language Education Press.

Hirsch, E. D. 1967. *Validity in Interpretation*. New Haven: Yale University Press.

Holborow, Marine. 1999. *The Politics of English: A Marxist View of Language*. London: Sage Publications.

Holmes, James S. 1972. *The Name and Nature of Translation Studies*. Unpublished manuscript, Amsterdam: University of Amsterdam, Department of General Literary Studies. Reprinted in Holmes, 1988. 66–80.

Horace. 20? BC. *Ars Poetica* (*The Art of Poetry*). Excerpted in English translation (by E. C. Wickham) in Robinson, 1997. 15.

House, Juliane. 1977. *A Model for Translation Quality Assessment*. Tübingen: Gunter Narr.

Howarth, David. 2000. *Discourse*. Buckingham and Philadelphia: Open University Press.

Jakobson, Roman. 1959/2000. "On Linguistic Aspects of Translation". In Reuben A. Brower. 232–239.

——1959. "On Linguistic Aspects of Translation". In *On Translation*, edited by Reuben Brower. New York: Oxford University Press, 1959. 232–239.

Jerome. 395 AD. *Ad Pammachum* (*Letter to Pammachius*) Ep. 57. Reprinted in English translation (by Paul Carroll) in Robinson, 1997. 23–30.

Kelly, Louis G. 1979. *The True Interpreter: A History of Translation Theory and Practice in the West*. Oxford: Blackwell.

Lafont, Christina. 1999. *The Linguistic Turn in Hermeneutic Philosophy*, trans. Jose Medina. Cambridge, MA: The MIT Press.

Langacker, Ronald. 1987. *Foundations of Cognitive Grammar*. Stanford: Stanford University Press.

——1999. *Grammar and Conceptualization*. Berlin: Mouton de Gruyter.

Lawendowski, Boguslaw P. 1978. "On Semiotic Aspects of Translation". In Thomas A. Sebeok (ed.). 264–282.

Lefevere, André. 1977. *Translating Literature: The German Tradition from Luther to Rosenzweig*. Assen: Van Gorcum.

——1992. *Translation, Rewriting, and the Manipulation of Literary Fame*. London and New York: Routledge.

——1992. *Translating Literature: Practice and Theory in a Comparative Literature Context*. New York: Modern Language Association of America.

——1992. *Translating/History/Culture: A Sourcebook*. London and New York: Routledge.

Letter of Aristeas. c.130 BC. English translation (by Moses Hadas) printed in Robinson, 1997. 4–7.

Leuven-Zwart, Kitty M. van and Ton Naaijkens (eds.). 1991. *Translation Studies: The State of the Art. Proceedings of the First James S. Holmes Symposium on Translation Studies*. Amsterdam and Atlanta, GA: Rodopi.

Lyons, John. 1968. *Introduction to Theoretical Linguistics*. Cambridge: Cambridge University Press.

Martinich, A. P. 1996. *The Philosophy of Language*. Oxford: Oxford University Press.

McGowan, John. 1991. *Postmodernism and Its Critics*. New York: Cornell University Press.

Morgan, Bayard Quincy. 1959. "Bibliography: 46 BC–1958". In R. A. Brower (ed.), 1959. 271–293.

Mounin, Georges. 1963. *Les Problèmes théoriques de la traduction*. Paris: Gallimard.

Munday, Jeremy. 2001. *Introducing Translation Studies: Theories and Applications*. London and New York: Routledge.

Newman, Francis. 1861. *The Unlearned Public Is the Rightful Judge of Taste from Homeric Translation in Theory and Practice*. Reprinted in Robinson, 1997. 256–258.

Newmark, Peter. 1981. *Approaches to Translation*. Oxford: Perganmon Press.

——1988. *Approaches to Translation*. London: Prentice Hall.

——2001. *A Textbook of Translation*. Shanghai: Shanghai Foreign Language Education Press.

Nida, Eugene A. 1964. *Toward a Science of Translating*. Leiden: E. J. Brill.

——1964. *Toward a Science of Translating: With Special Reference to Principles and Procedures Involved in Bible Translating*. Leiden: E. J. Brill. Reprint in 2003.

——1984. "Approaches to Translating in the Western World". In *Foreign Language Teaching and Research*. No.2, 9–15.

——2001. *Language, Culture, and Translation*. Shanghai: Shanghai Foreign Language Press.

——2004. *The Theory and Practice of Translation*. Shanghai: Shanghai Foreign Language Education Press.

——2004. *Toward a Science of Translating*. Shanghai: Shanghai Foreign Language Education Press.

——and Charles R. Taber. 1969. *The Theory and Practice of Translation*. Leiden: E. J. Brill.

Nietzsche, Friedrich. 1966. *Beyond Good and Evil*. trans. Walter Kaufmann, Vintage Books.

Niranjana, Tejaswini. 1992. *Siting Translation: History, Post-Structuralism, and the Colonial Context*. Berkely: University of California Press.

Nord, Christiane. 1991. *Text Analysis in Translation*. Amsterdam: Rodopi.

——1997.*Translating as a Purposeful Activity: Functionalist Approaches Explained*. Manchester: St. Jerome Pubishing.

Philo. 20? BC. *De viva Mosis* (*The Life of Moses*). Excerpted in English translation (by F. H. Colson) in Robinson, 1997. 13–14.

Popovič, Anton. 1976. *Dictionary for the Analysis of Literary Translation*. Edmonton: Department of Comparative Literature, The University of Alberta.

Quine, Willard Van Orman. 1960. *Word and Object*. Cambridge, MA: The MIT Press.

Reiss,Katharina. 2000. *Translation Criticism: The Potentials and Limitations*. trans. Erroll F. Rhodes. Manchester: St. Jerome Publishing.

Rener, Frederick M. 1989. *Interpretatio: Language and Translation from Cicero to Tytler*. Amsterdam and Atlata, GA: Rodopi.

Rescher, Nicholas. 2001. *Cognitive Pragmatism: The Theory of Knowledge in Pragmatic Perspective*. Pittsburg: University of Pittsburg Press.

Rice, Philip & Patricia Waugh (eds.). 2001. *Modern Literary Theory*. Oxford: Oxford University Press.

Robinson, Douglas. 1997. *Western Translation Theory: From Herodotus to Nietzsche*. Manchester: St. Jerome Publishing.

——1997. *Translation and Empire: Post-colonial Theories Explained*. Manchester: St. Jerome Publishing.

——2001. *Who Translates? Translator Subjectivities Beyond Reason*. Albany: State University of New York Press.

——2002. *Western Translation Theory: From Herodotus to Nietzsche*. Manchester: St. Jerome Publishing.

Schleiermacher, Friedrich. 1813. *Über die verschiedenen Methoden des Übersezens* (*On the Various Methods of Translation*), English translation (by Douglas

Robinson) reprinted in Robinson, 1997. 225–238.

Schulte, Rainer and John Biguenet (eds.). 1992. *Theories of Translation: An Anthology of Essays from Dryden to Derrida*. Chicago and London: The University of Chicago Press.

Sebeok, Thomas A. (ed.). 1978. *Sight, Sound, and Sense*. Bloomington: Indiana University Press.

Shuttleworth, Mark. 1998. "Polysystem Theory". In Mona Baker (ed.). *Routledge Encyclopedia of Translation Studies*. London and New York: Routledge.176–179.

——2004. *Dictionary of Translation Studies*. Shanghai: Shanghai Foreign Language Education Press.

——and Moira Cowie. 1997. *Dictionary of Translation Studies*. Manchester: St. Jerome Publishing.

Simon, Sherry. 1996. *Gender in Translation: Cultural Identity and the Politics of Transmission*. London and New York: Routledg.

——and Paul-Pierre (ed.). 2000. *Changing the Terms: Translating in the Postcolonial Era*. Ottawa: University of Ottawa Press.

Snell-Hornby, Mary. 1988. *Translation Studies: An Integrated Approach*. Revised edition. 1995. Amsterdam and Philadelphia: John Benjamins.

——1991. "Translation Studies — Art, Science or Utopia?" In Kitty M. van Leuven-Zwart and Ton Naaijkens (eds.). 13–23.

——, Franz Pöchhacker and Klaus Kaindl (eds.). 1994. *Translation Studies: An Interdiscipline*. Amsterdam and Philadelphia: John Benjamins Publishing Company.

Sperber, Dan & Deirdre Wilson. 1986. *Relevance: Communication and Cognition*. Oxford: Blackwell.

Spivak, Gayatri Chakravorty. 2000. "The Politics of Translation". In Lawrence Venuti (ed.). *The Translation Studies Reader*. London and New York: Routledge.

Steiner, George. 1975. *After Babel: Aspects of Language and Translation*. Oxford: Oxford University Press.

Storig, Hans J. (eds.). 1973. *Das Problem des Übersetzens*. Darmstadt: Wiss. Buchgesellschaft.

Todorov, Tzvetan. 1981. *Theories of the Symbol*. Ithaca: Cornell University Press.

Toury, Gideon. 1980. *In Search of a Theory of Translation*. Tel Aviv: The Porter

Institute for Poetics and Semiotics.
——1995. *Descriptive Translation Studies and Beyond*. Amsterdam and Philadelphia: John Benjamins.
Tytler, Alexander Fraser. 1790. *Essay on the Principles of Translation*. Reprinted. New York: Garland. 1970. Also see excerpts in Robinson, 1997. 209–212.
——1790. *Essay on the Principles of Translation*. London: Dent.
Tymoczko, Maria. 1999. *Translation in a Postcolonial Context: Early Irish Literature in English*. Manchester: St. Jerome Publishing.
——and Edwin Gentzler (eds.). 2002. *Translation and Power*. Amherst: University of Massachusetts Press.
Venuti, Lawrence. (ed.). 1992. *Rethinking Translation: Discourse, Subjectivity, Ideology*. London and New York: Routledge.
——1995. *The Translator's Invisibility: A History of Translation*. London and New York: Routledge.
——(ed.). 1998. *Translation and Minority*. Manchester: St. Jerome Publishing.
——(ed.). 2000. *The Translation Studies Reader*. London and New York: Routledge.
Verlag, Gunter Narr. 1993. *Cognitive Linguistics and Poetics of Translation*. Tübingen: Ronald Langacker.
Vieira, Else Ribeiro Pires. 1999. "Liberating Calibans: Readings of Antropofagia and Haroldo de Campos' Poetics of Translation". In Susan Bassnett and Harish Trivedi (eds.). *Post-colonial Translation Theory and Practice*. London and New York: Routledge.
Vinay, Jean-Paul & Jean Darbelnet. 1958. *Stylistique comparée du français et de l'anglais: Méthode de Traduction*. Paris: Didier.
——1958/1995. *Comparative Stylistics of French and English: A Methodology for Translation* (translated and edited by Juan C. Sager & M.-J. Hamel). Amsterdam & Philadelphia: John Benjamins Publishing Company. [Translation of Vivay & Darbelnet 1958.]
Williams, Raymond. 1998. "Marmism and Literature". In David H. Richter (eds.). *The Critical Tradition: Classic Texts and Contemporary Trends*. Boston and New York: Bedford/St. Martin's.
Wilss, Wolfram. 1982. *The Science of Translation: Problems and Methods*. Tübingen: Gunter Narr Verlag.
——1996. *Knowledge and Skills in Translator Behavior*. Amsterdam and

Philadelphia: John Benjamins Publishing Company.

Wolf, Michaela. 2000. "The Third Space in Postcolonial Representation". In Sherry Simon and Paul-Pierre (ed.). 127–145.

Yang, Hsien-yi & Gladyns Yang (trs.). 1960. "The True Story of Ah Q". *Selected Stories of Lu Hsun*. Beijing: Foreign Language Press. 65–112.

附录二

重要的中外翻译理论参考书目

（中文部分，按出版年份排序）

思果，1972，《翻译研究》，香港：友联。

涂克超，1972，《翻译之理论与实际》，香港：志文。

钱歌川，1973，《翻译的技巧》，台北：台湾开明书局。

朱传誉，1973，《谈翻译》，台北：商务印书馆。

陈鹏翔，1975，《翻译史·翻译论》，台北：弘道文化事业。

乐秀章，1975，《电脑翻译》，香港：香港中文大学出版社。

孙述宇、金圣华，1975，《英译中：英汉翻译概论》，香港：中文大学校外进修部。

罗斯，1976，《翻译常识浅谈》，香港：大光。

刘季伯，1978，《新译余漫谈》，香港：大光。

黄宣范，1979，《中英翻译：理论与实践》，香港：译林。

张远聪，1979，《翻译之原理与技巧》，香港：东雅。

程镇球，1980，《翻译问题探索》，北京：商务印书馆。

杨耐冬，1981，《翻译理论与实际》，台北：联亚。

萧君石，1982，《汉英、英汉翻译初探》，北京：商务印书馆。

中国对外翻译出版公司（选编），1983，《外国翻译理论评介文集》，北京：中国对外翻译出版公司。

——（选编），1983，《翻译理论与翻译技巧论文集》，北京：中国对外翻译出版公司。

宋淇（编纂），1983，《翻译丛论》，香港：香港中文。

奚明远，1983，《翻译管见》，台北：天工。

中国翻译工作者协会、《翻译通讯》编辑部（编），1984，《翻译研究论文集(1894—1948)》，北京：外语教学与研究出版社。

——（编），1984，《翻译研究论文集（1949—1983)》，北京：外语教学与研究出版社。

林以亮，1984，《文学与翻译》，台北：皇冠出版社。

罗新璋（编），1984，《翻译论集》，北京：商务印书馆。

刘重德，1984，《翻译漫谈》，西安：陕西人民出版社。
许渊冲，1984，《翻译的艺术》，北京：中国对外翻译出版公司。
巴尔胡达罗夫，1985，《语言与翻译》，北京：中国对外翻译出版公司。
余立三，1985，《英汉修辞比较与翻译》，北京：商务印书馆。
刘靖之（主编），1986，《翻译丛论一九八六》，香港：商务印书馆。
——（主编），1987，《翻译丛论一九八七》，香港：商务印书馆。
黄雨石，1988，《英汉文学翻译探索》，西安：陕西人民出版社。
陈玉刚（主编），1989，《中国翻译文学史稿》，北京：中国对外翻译出版社。
何伟杰，1989，《译学新论》，台北：书林。
钱锺书，1989，《林纾的翻译》，台北：书林。
胡晓吉，1990，《实用英汉对比翻译》，北京：中国人民大学出版社。
吴新祥、刘宏安，1990，《等值翻译论》，南昌：江西教育出版社。
陈定安，1991，《英汉比较与翻译》，北京：中国对外翻译出版公司。
刘重德，1991，《文学翻译十讲》，北京：中国对外翻译出版公司。
刘靖之，1991，《翻译工作者手册》，香港：商务印书馆。
——（主编），1991，《翻译新论集》，香港：商务印书馆。
谭载喜，1991，《西方翻译简史》，北京：商务印书馆。
J. C. 卡特福德（著），穆雷（译），1992，《翻译的语言学理论》，北京：旅游教育出版社。
杨自俭、刘学云（编），1994，《翻译新论（1983—1992）》，武汉：湖北教育出版社。
方梦之，1994，《英语汉译实践与技巧》，天津：天津科技翻译出版公司。
申丹，1995，《文学文体学与小说翻译》，北京：北京大学出版社。
方梦之、马秉义（编选），1996，《汉译英实践与技巧》，北京：旅游教育出版社。
何刚强，1996，《最新英语翻译疑难详解》，上海：华东理工大学出版社。
孙致礼，1996，《1949—1966：我国英美文学翻译概论》，南京：译林出版社。
邹振环，1996，《影响中国近代社会的一百种译作》，北京：中国对外翻译出版社。
林煌天（主编），1997，《中国翻译词典》，武汉：湖北教育出版社。
马祖毅、任荣珍，1997，《汉籍外译史》，武汉：湖北教育出版社。
王克非，1997，《翻译文化史论》，上海：上海外语教育出版社。
陈生保，1998，《英汉翻译津指》，北京：中国对外翻译出版公司。
陈文伯，1998，《英汉翻译技法与练习》，北京：世界知识出版社。
郭延礼，1998，《中国近代翻译文学概论》，武汉：湖北教育出版社。
何刚强，1998，《现代英汉翻译操作》，北京：北京大学出版社。
黄振定，1998，《翻译学：艺术论与科学论的统一》，长沙：湖南教育出版社。

金惠康，1998，《汉英跨文化交际翻译》，贵阳：贵州教育出版社。
金隄，1998，《等效翻译探索》，北京：中国对外翻译出版公司。
刘宓庆，1998，《文体与翻译》（增订版），北京：中国对外翻译出版公司。
马祖毅、黄又林，1998，《中国翻译简史（五四以前部分）》（增订版），北京：中国对外翻译出版公司。
沈苏儒，1998，《论信达雅》，北京：商务印书馆。
许钧，1998，《文学翻译批评研究》，南京：译林出版社。
穆雷，1999，《中国翻译教学研究》，上海：上海外语教育出版社。
孔慧怡，1999，《翻译·文学·文化》，北京：北京大学出版社。
刘宓庆，1999，《文化翻译论纲》，武汉：湖北教育出版社。
——1999，《当代翻译理论》，北京：中国对外翻译出版公司。
姜治文、文军（编著），1999，《翻译批评论》，重庆：重庆大学出版社。
谭载喜，1999，《新编奈达论翻译》，北京：中国对外翻译出版公司。
蔡毅、段京华，2000，《苏联翻译理论》，武汉：湖北教育出版社。
陈德鸿等（编），2000，《西方翻译理论精选》，香港：香港城市大学出版社。
陈福康，2000，《中国译学理论史稿》，上海：上海外语教育出版社。
谭载喜，2000，《翻译学》，武汉：湖北教育出版社。
谢天振，2000，《翻译的理论构建与文化透视》，上海：上海外语教育出版社。
杨自俭（主编），2000，《英汉语比较与翻译（3）》，上海：上海外语教育出版社。
郑海凌，2000，《文学翻译学》，郑州：文心出版社。
包惠南，2001，《文化语境与语言翻译》，北京：中国对外翻译出版公司。
陈廷祐，2001，《英文汉译技巧》，北京：外语教学与研究出版社。
廖七一，2001，《当代英国翻译理论》，武汉：湖北教育出版社。
吕俊，2001，《跨越文化障碍——巴比塔的重建》，南京：东南大学出版社。
程镇球，2002，《翻译论文集》，北京：外语教学与研究出版社。
冯庆华（主编），2002，《文体翻译论》，上海：上海外语教育出版社。
何炳威，2002，《容易误译的英语》，北京：外语教学与研究出版社。
黄忠廉，2002，《变译理论》，北京：中国对外翻译出版公司。
申雨平（编），2002，《西方翻译理论精选》，北京：外语教学与研究出版社。
思果，2002，《译道探微》，北京：中国对外翻译出版公司。
萧立明，2002，《英汉比较研究与翻译》，上海：上海外语教育出版社。
杨自俭（主编），2002，《译学新探》，青岛：青岛出版社。
——（主编），2002，《英汉语比较与翻译（4）》，上海：上海外语教育出版社。
张柏然、许钧（主编），2002，《面向21世纪的译学研究》，北京：商务印书馆。
刘靖之，2003，《翻译新焦点》，香港：商务印书有限公司。

刘宓庆，2003，《翻译教学：务实与理论》，北京：中国对外翻译出版公司。
谢天振，2003，《翻译研究新视野》，青岛：青岛出版社。
许钧，2003，《翻译论》，武汉：湖北教育出版社。
刘宓庆，2005，《中国翻译美学导论》，北京：中国对外翻译出版公司。
马祖毅，2006，《中国翻译通史》，武汉：湖北教育出版社。
刘宓庆，2007，《翻译与语言哲学》，北京：中国对外翻译出版公司。

（英文部分，按作者姓名字母排序）
Baker, Mona (ed.). 1998. *Routledge Encyclopedia of Translation Studies*. London and New York: Routledge.
Barnstone, Willis. 1993. *The Poetics of Translation: History, Theory, Practice*. New Haven: Yale University Press.
Bassnett, Susan. 1980. *Translation Studies*. Revised edition in 1991. London and New York: Routledge.
——and André Lefevere. 1990. *Translation, History, Culture*. London: Cassell.
——and André Lefevere. 1998. *Constructing Culture: Essays on Literary Translation*. Clevedon: Multilingual Matters Ltd..
——and Harish Trivedi (eds.). 1999. *Post-colonial Translation Theory and Practice*. London and New York: Routledge.
Bermann, Sandra and Michael Wood (ed.). *Nation, Language, and the Ethics of Translation*. Princeton: Princeton University Press.
Benjamin, Andrew. 1989. *Translation and the Nature of Philosophy*. London and New York: Routledge.
Bhabha, Homi. 1994. *The Location of Culture*. London and New York: Routledge.
Catford, John. 1965. *A Linguistic Theory of Translation: An Essay in Applied Linguistics*. Oxford: Oxford University Press.
Davis, Kathleen. 2001. *Deconstruction and Translation*. Manchester and Northampton: St. Jerome Publishing.
Dryden, John. 1661–1679. *Essays of John Dryden* (edited by W. P. Ker). New York. 1961.
Duff, Alan. 1981. *The Third Language: Recurrent Problems of Translation into English*. Oxford: Peramnon Press.
Even-Zohar, Itama. 2000. "The Position of Translated Literature within the Literary Polysystem". In Lawrence Venuti (ed.). *The Translation Studies*

Reader. London and New York: Routledge.

Flotow, Luise von. 1997. *Translation and Gender: Translating in the Era of Feminism*. Manchester and Northampton: St. Jerome Publishing.

Gentzler, Edwin. 1993. *Contemporary Translation Theories*. London and New York: Routledge.

Green, Jeffrey M. 2001. *Thinking Through Translation*. Athens, GA: The University of Georgia Press.

Gutt, Ernst-August. 1991. *Translation and Relevance: Cognition and Context*. Oxford: Basil Blackwell.

Hatim, Basil and Ian Mason. 1990. *Discourse and the Translator*. London: Longman.

——1997. *The Translator as Communicator*. London and New York: Routledge.

——2001. *Discourse and the Translator*. Shanghai: Shanghai Foreign Language Education Press.

Hermans, Theo (ed.). 1985. *The Manipulation of Literature*. London: Croom Helm Ltd..

——1999. *Translation in System: Descriptive and Systemic Approach Explained*. Manchester: St. Jerome Publishing.

Holmes, James S. 1972. *The Name and Nature of Translation Studies*. Unpublished manuscript, Amsterdam: University of Amsterdam, Department of General Literary Studies. Reprinted in Holmes, 1988.

House, Juliane. 1977. *A Model for Translation Quality Assessment*. Tübingen: Gunter Narr.

Howarth, David. 2000. *Discourse*. Buckingham and Philadelphia: Open University Press.

Jakobson, Roman. 1959/2000. "On Linguistic Aspects of Translation". In Reuben A. Brower. 232–239.

Kelly, Louis G. 1979. *The True Interpreter: A History of Translation Theory and Practice in the West*. Oxford: Blackwell.

Lefevere, André. 1977. *Translating Literature: The German Tradition from Luther to Rosenzweig*. Assen: Van Gorcum.

——1992. *Translation, Rewriting, and the Manipulation of Literary Fame*. London and New York: Routledge.

——1992. *Translating Literature: Practice and Theory in a Comparative Literature Context*. Modern Language Association of America.

——1992. *Translating/History/Culture: A Sourcebook*. London and New York: Routledge.

Munday, Jeremy. 2001. *Introducing Translation Studies: Theories and Applications*. London and New York: Routledge.

Newmark, Peter. 1981. *Approaches to Translation*. Oxford: Perganmon Press.

——1988. *Approaches to Translation*. London: Prentice Hall.

——2001. *A Textbook of Translation*. Shanghai: Shanghai Foreign Language Education Press.

Nida, Eugene A. 1964. *Toward a Science of Translating*. Leiden: E. J. Brill.

——2004. *Toward a Science of Translating*. Shanghai: Shanghai Foreign Language Education Press.

——and Charles Taber. 1969. *The Theory and Practice of Translation*. Leiden: E. J. Brill.

Niranjana, Tejaswini. 1992. *Siting Translation: History, Post-Structuralism, and the Colonial Context*. Berkely: University of California Press.

Nord, Christiane. 1997. *Translating as a Purposeful Activity: Functionalist Approaches Explained*. Manchester: St. Jerome Publishing.

Reiss,Katharina. 2000. *Translation Criticism: The Potentials and Limitations*, trans. Erroll F. Rhodes. Manchester: St. Jerome Publishing.

Robinson, Douglas. 1997. *Western Translation Theory: From Herodotus to Nietzsche*. Manchester: St. Jerome Publishing.

——1997. *Translation and Empire: Postcolonial Theories Explained*. Manchester: St. Jerome Publishing.

——2001. *Who Translates? Translator Subjectivities Beyond Reason*. Albany: State University of New York Press.

Schulte, Rainer and John Biguenet (eds.). 1992. *Theories of Translation: An Anthology of Essays from Dryden to Derrida*. Chicago and London: The University of Chicago Press.

Shuttleworth, Mark and Moira Cowie. 1997. *Dictionary of Translation Studies*. Manchester: St. Jerome Publishing.

Simon, Sherry. 1996. *Gender in Translation: Cultural Identity and the Politics of Transmission*. London and New York: Routledge.

——and Paul-Pierre(ed.). 2000. *Changing the Terms: Translating in the Postcolonial Era*. Ottawa: University of Ottawa Press.

Snell-Hornby, Mary. 1988. *Translation Studies: An Integrated Approach*. Revised edition. 1995. Amsterdam and Philadelphia: John Benjamins.

Steiner, George. 1975. *After Babel: Aspects of Language and Translation*. Oxford: Oxford University Press.

Toury, G. 1980. *In Search of a Theory of Translation*. Tel Aviv: The Porter Institute for Poetics and Semiotics.

——1995. *Descriptive Translation Studies and Beyond*. Amsterdam and Philadelphia: John Benjamins.

Tytler, Alexander Fraser. 1790. *Essay on the Principles of Translation*. Reprinted. New York: Garland. 1970. Also see excerpts in Robinson, 1997. 209–212.

Tymoczko, Maria. 1999. *Translation in a Postcolonial Context: Early Irish Literature in English*. Manchester: St. Jerome Publishing.

——and Edwin Gentzler (ed.). 2002. *Translation and Power*. Amherst: University of Massachusetts Press.

Venuti, Lawrence. (ed.). 1992. *Rethinking Translation: Discourse, Subjectivity, Ideology*. London and New York: Routledge.

——1995. *The Translator's Invisibility: A History of Translation*. London and New York: Routledge.

——(ed.). 1998. *Translation and Minority*. Manchester: St. Jerome Publishing.

——(ed.). 2000. *The Translation Studies Reader*. London and New York: Routledge.

Verlag, Gunter Narr. 1993. *Cognitive Linguistics and Poetics of Translation*. Tübingen: Ronald Langacker.

Wilss, Wolfram. 1982. *The Science of Translation: Problems and Methods*. Tübingen: Gunter Narr Verlag.

——1996. *Knowledge and Skills in Translator Behavior*. Amsterdam and Philadelphia: John Benjamins Publishing Company.

附录三

术语汉英、英汉对照

术语汉英对照

B

变异 variation
表达功能 expressive function
表达性 expressive
表情 expressive
补偿 compensation
不可通约 incommensurability
部分翻译 partial translation

C

操控学派 School of Manipulation
操作规范 operational norms
层次 levels
层级转换 level shift
差异 to differ
差异的伦理 the ethics of difference
产品规范 product norms
超然 detachment
呈现 presence
成分分析法 componential analysis
承诺 commissive
充分性 adequacy
重组 reconstructure

抽象词 abstracts
纯语言 pure language
传递知识的翻译 informative translation
传输光明 translumination
传统规约性 prescriptive
创译 transcreation
创造性叛逆 creative treason
词汇翻译 lexical translation
词类 parts of speech

D

单位 unit
单元 element
单子论 monadist
第三语言 third language
第三语码 third code
第三对比项 tertium comparationis
第三空间 third space
抵抗式翻译 resistant translation
东方主义 orientalism
动态对等 dynamic equivalence
多元系统 polysystem

F

法则符号 legisign
翻译单位 Unit of Translation/Translation Unit
翻译的规范 norms
翻译的规律 translational laws
翻译的文化研究 Cultural Approach
翻译的哲学研究 Philosophical Approach
翻译即符号阐释过程 Translation is semiosis
翻译科学 the science of translation
翻译能力 competence

翻译普遍性 translation universals
翻译腔 translatese
翻译体 translationese
翻译细节 anecdotalism
翻译行为 performance
翻译性 tranlationality
反思和情感 reflection and feeling
范围 extent
非个性化 depersonalized
非疆界化 deterritorialization
非强制性 non-obligatory
分析 analysis
符号 sign
符号等同 identity across codes
符号学 semiotics
符号学 Semiology
符号域 semiosphere
副本 reproduction

G

改编式翻译 adaptation
感知经验模型 perception and experiential models
个体符号 sinsign
根本翻译 Radical Translation
功能 function
共生关系 symbiosis
共享的视角 shared perspective
构成成分 constitutive
关联翻译理论 Relevance theory
关系词 relationals
关系范畴 relation
关系实体 relational entity
观念科学 science of ideas
规范 norms

规范或习俗 norms and conventions
规则 rules

H

含义对等 significational equivalence
贺拉斯模式 The Horace Model
后顾式翻译 retrospective translation
话语指示词 discourse deixis
互文性 intertexuality
会话分析 conversation analysis
会话隐含意义 conversational implicature
会话原则 maxims of conversation
活动词 events

J

基本核心句 Kernel sentence
级阶 rank
集体聚合 collective assemblage
间接翻译 indirect translation
交际翻译 communicative translation
接触区 contact zone
接受度 acceptability
接受美学 reception aesthetics
结构 structure
解释 interpretation
解释性 hermeneutic
解释者 interpreter
进攻 aggression
经典化与非经典化 canonized and non-canonized
精化 refinement
精密阶 delicacy
距离的矛盾 antinomy of distance

决策过程 decision making process
绝对翻译 absolute translation
绝对的意义 absolute meaning

K

可接受的翻译 acceptable translation
可接受性 acceptability

L

来世 afterlife
滥用的忠实 abusive fidelity
类别 class
理解即翻译 understanding as translation
连贯 coherence
连续 seriality
连续体 continuum
联想性 associative
联想意义 associative meaning
论证符号 argument

M

媒介实体 medium substance
媒介形式 medium form
描述性 descriptive
明晰化的控制法 dominance of transparency
命题符号 dicisign/decent sign
模仿 copy
母体规范 matricial norms
目标 aim
目的 purpose
目的语 receptor language

N

内容中心的文本 content-focused text
能产 productive
拟作 imitation
黏着性或衔接 cohesion

P

篇际连贯 inter-textual coherence
篇内连贯 intra-textual coherence
篇章语言学规范 textual-linguistic norms
普世性 universalism

Q

起始规范 initial norms
前瞻式翻译 prospective translation
前知识 pre-knowledge
情景–框架语义 scenes-frames semantics
区别性特征 distinctive features
全文翻译 full translation
缺席的在场 an absent presence

R

人类心灵的行为方式 modes of action of the human soul
人为的行为模式 artificial behavior stereotypes
认知发展模型 cognitive developmental models
认知环境 cognitive environment
认知机器 cognitive apparatus
认知性 cognitive
任务 assignment

S

萨丕尔-沃尔夫假说 Sapir-Whorf Hypothesis
三分定义的模式 triadic model
上下文意义 / 语境意义 contextual meaning
少数语言的翻译 translation in minority
社会指示词 social deixis
深入和掳取 penetrate and capture
生产规范 process or production norms
生命的延续 continued life
施为作用 illocutionary force
实施性 operative
实体 substance
适当的翻译 adequate translation
适当性 adequacy
事物词 objects
弑父记忆消失 a patricidal dis-memory
输血 transfusion of blood
述位 rheme
说明阶 exponence
溯因推理 abduction
索引符号 index

T

特异倾向 idiosyncrasies
同情关系 sympathetic bond
同一的伦理价值观 ethics of sameness
透明性 transparency

W

完全翻译 total translation
完全理解 complete comprehension
文本的目的 text skopos

文化不可译 cultural untranslatability
文化翻译 translational culture
文化介入和文化协调 cultural involvement and mediation
文化侵越 transgression
文化特性 culture-specificity
文化意义的概念 cultural specific concepts
文化转向 cultural turn
文学性 literariness
无所为而为的观照 disinterested contemplation

X

吸收 incorporation
戏仿 parody
系统 system
系统的变异 mutation of system
系统规律 systematicism
下到上的研究方法 bottom up
显性翻译 overt translation
显形 visible
象似符号 icon
象征符号 symbol
相对性 relativism
协调者 mediator
心理转换 mental transfer
信任 trust
信息 informative
信息处理模型 information-processing models
信息度 informativity
信息功能 informative function
形式对等 formal equivalence
形式对应 formal correspondence
形式关系 formal relations
形式意义 formal meaning
性质符号 qualisign

序列 sequence
宣告 declarative

Y

延迟 to defer
延异 différance
言后作用 perlocutionary force
言内意义 linguistic meaning
言语 parole
言语行为 speech acts
言中行为 locutionary act
扬弃 Aufhebung
伊始规范 preliminary norms
移植海伦 transhelenization
移植魔鬼 transluciferation
移植天堂 transparadisation
以词译词 verbum pro verbo/word for word translation
以形式为中心的文本 form-focused text
以义译义 sense for sense [translation]
义素 rheme/seme
意识 consciousness
意识形态国家机器 ideological state apparatus，ISA
意图 intention
意向性 intentionality
意义 meaning
意义 senses
意译 free translation
意指 significance
译介学 Medio-translatology
译入语 target language
译者腔 translatorese
音位翻译 phonological translation
隐含意义 implicature
隐性翻译 covert translation

有限翻译 restricted translation
语段 utterance
语法翻译 grammatical translation
语法与词汇形式 grammatical/lexical form
语境 situation
语境关系 contextual relations
语境意义 contexual meaning
语境因素 siuationality
语内翻译 intralingual translation
语篇 text
语篇结构 textuality
语言 langue
语言不可译 linguistic untranslatability
语言学转向 linguistic turn
语义翻译 semantic translation
语义范畴 semantic category
语义连贯性或连贯 coherence
语义学 semantics
语用学 pragmatics
语用阅读 pragmatic reading
预设 presupposition
原型–副本 model-copy

Z

再现与想象 representation and imagination
哲罗姆模式 The Jerome Model
真实意义 literal meaning
整体 holistic
政治直接关联 political immediacy
知觉 perception
直接翻译 direct translation
直觉 intuition
直译 literal translation
指称对等 referential equivalence

指称意义 designative
指令 directive
指涉 object
指示词 deixis
指示词 deictic expressions
质量对等 qualitative equivalence
中介语言 mediating language
中介状况 in-betweenness
中心与边缘 centre and periphery
逐词翻译 word-for-word translation
逐行对照式翻译 interlinear translation
逐字翻译 metaphrase
主题化 topicalization
主体间性 intersubjectivity
主体身份的塑造 interpellation
主位 theme
转换 transformation
转换生成语法 generative transformation grammar
转移 transfer
字位翻译 graphological translation
总体性 totality
最大的语境效果 maximum context effects
最大最小原则 minimax principle
最小的处理努力 minimum processing efforts

术语英汉对照

A

abduction 溯因推理
absolute translation 绝对翻译
absolute meaning 绝对的意义
abstracts 抽象词
abusive fidelity 滥用的忠实
acceptable translation 可接受的翻译
acceptability 接受度

acceptability 可接受性
adaptation 改编式翻译
adequacy 适当性
adequacy 充分性
adequate translation 适当的翻译
afterlife 来世
aggression 进攻
aim 目标
an absent presence 缺席的在场
analysis 分析
anecdotalism 翻译细节
a patricidal dis-memory 弑父记忆消失
argument 论证符号
artificial behavior stereotypes 人为的行为模式
assignment 任务
associative 联想性
associative meaning 联想意义
antinomy of distance 距离的矛盾
aufhebung 扬弃

B

bottom up 下到上的研究方法

C

canonized and non-canonized 经典化与非经典化
centre and periphery 中心与边缘
class 类别
cognitive 认知性
cognitive apparatus 认知机器
cognitive developmental models 认知发展模型
cognitive environment 认知环境
coherence 连贯
cohesion 黏着性或衔接

collective assemblage 集体聚合
commissive 承诺
communicative translation 交际翻译
compensation 补偿
competence 翻译能力
complete comprehension 完全理解
componential analysis 成分分析法
consciousness 意识
constitutive 构成成分
contact zone 接触区
content-focused text 内容中心的文本
contextual meaning 上下文意义 / 语境意义
contextual relations 语境关系
continued life 生命的延续
continuum 连续体
conversation analysis 会话分析
conversational implicature 会话隐含意义
copy 模仿
covert translation 隐性翻译
creative treason 创造性叛逆
cultural approach 翻译的文化研究
cultural involvement and mediation 文化介入和文化协调
cultural specific concepts 文化意义的概念
cultural untranslatability 文化不可译
cultural turn 文化转向
culture-specificity 文化特性

D

declarative 宣告
defer 延迟
decision making process 决策过程
deictic expressions 指示词
deixis 指示词
delicacy 精密阶

depersonalized 非个性化
descriptive 描述性
designative 指称意义
detachment 超然
deterritorialization 非疆界化
dicisign/decent sign 命题符号
différance 延异
directive 指令
direct translation 直接翻译
discourse deixis 话语指示词
disinterested contemplation 无所为而为的观照
distinctive features 区别性特征
dominance of transparency 明晰化的控制法
dynamic equivalence 动态对等

E

element 单元
ethics of sameness 同一的伦理价值观
events 活动词
exponence 说明阶
expressive 表达性
expressive 表情
expressive function 表达功能
extent 范围

F

form-focused text 以形式为中心的文本
formal correspondence 形式对应
formal equivalence 形式对等
formal meaning 形式意义
formal relations 形式关系
free translation 意译
full translation 全文翻译

function 功能

G

generative transformation grammar 转换生成语法
grammatical/lexical form 语法与词汇形式
grammatical translation 语法翻译
graphological translation 字位翻译

H

hermeneutic 解释性
holistic 整体

I

icon 象似符号
identity across codes 符号等同
Ideological State Apparatus，ISA 意识形态国家机器
idiosyncrasies 特异倾向
illocutionary force 施为作用
imitation 拟作
implicature 隐含意义
in-betweenness 中介状况
incommensurability 不可通约
incorporation 吸收
index 索引符号
indirect translation 间接翻译
information-processing models 信息处理模型
informative 信息
informative function 信息功能
informative translation 传递知识的翻译
informativity 信息度
initial norms 起始规范
intention 意图

intentioanlity 意向性
interlinear translation 逐行对照式翻译
interpretation 解释
interpreter 解释者
interpellation 主体身份的塑造
intersubjectivity 主体间性
intertexuality 互文性
inter-textual coherence 篇际连贯
intra-lingual translation 语内翻译
intra-textual coherence 篇内连贯
intuition 直觉

K

kernel sentence 基本核心句

L

langue 语言
legisign 法则符号
levels 层次
level shift 层级转换
lexical translation 词汇翻译
linguistic meaning 言内意义
Linguistic Turn 语言学转向
linguistic untranslatability 语言不可译
literal meaning 真实意义
literal translation 直译
literariness 文学性
locutionary act 言中行为

M

matricial norms 母体规范
maxims of conversation 会话原则

maximum context effects 最大的语境效果
meaning 意义
mediating language 中介语言
mediator 协调者
Medio-translatology 译介学
medium form 媒介形式
medium substance 媒介实体
mental transfer 心理转换
metaphrase 逐字翻译
minimax principle 最大最小原则
minimum processing efforts 最小的处理努力
model-copy 原型–副本
modes of action of the human soul 人类心灵的行为方式
monadist 单子论
mutation of system 系统的变异

N

non-obligatory 非强制性
norms 规范
norms and conventions 规范或习俗

O

object 指涉
objects 事物词
operational norms 操作规范
operative 实施性
orientalism 东方主义
overt translation 显性翻译

P

parody 戏仿
parole 言语

partial translation 部分翻译
parts of speech 词类
penetrate and capture 深入和掳取
perception 知觉
perception and experiential models 感知经验模型
performance 翻译行为
perlocutionary force 言后作用
Philosophical Approach 翻译的哲学研究
phonological translation 音位翻译
political immediacy 政治直接关联
polysystem 多元系统
pragmatic reading 语用阅读
pragmatics 语用学
pre-knowledge 前知识
preliminary norms 伊始规范
prescriptive 传统规约性
presence 呈现
presupposition 预设
process or production norms 生产规范
productive 能产
product norms 产品规范
prospective translation 前瞻式翻译
pure language 纯语言
purpose 目的

Q

qualisign 性质符号
qualitative equivalence 质量对等

R

Radical Translation 根本翻译
rank 级阶
reception aesthetics 接受美学

receptor language 目的语
reconstructure 重组
referential equivalence 指称对等
refinement 精化
reflection and feeling 反思和情感
relation 关系范畴
relational entity 关系实体
relationals 关系词
relativism 相对性
Relevance theory 关联翻译理论
representation and imagination 再现与想象
reproduction 副本
resistant translation 抵抗式翻译
restricted translation 有限翻译
retrospective translation 后顾式翻译
rheme/seme 义表
rheme 述位
rules 规则

S

Sapir-Whorf Hypothesis 萨丕尔-沃尔夫假说
scenes-frames semantics 情景-框架语义
School of Manipulation 操控学派
science of ideas 观念科学
semantic category 语义范畴
semantics 语义学
semantic translation 语义翻译
Semiology 符号学
semiosphere 符号域
semiotics 符号学
sense for sense translation 以义译义
senses 意义
sequence 序列
seriality 连续

shared perspective 共享的视角
sign 符号
significance 意指
significational equivalence 含义对等
sinsign 个体符号
situation 语境
siuationality 语境因素
social deixis 社会指示词
speech acts 言语行为
structure 结构
substance 实体
symbiosis 共生关系
symbol 象征符号
sympathetic bond 同情关系
system 系统
systematicism 系统规律

T

target language 译入语
tertium comparationis 第三对比项
text 语篇
text skopos 文本的目的
textual-linguistic norms 篇章语言学规范
textuality 语篇结构
the ethics of difference 差异的伦理
the Horace Model 贺拉斯模式
the Jerome Model 哲罗姆模式
theme 主位
the science of translation 翻译科学
third code 第三语码
third language 第三语言
third space 第三空间
topicalization 主题化
totality 总体性

total translation 完全翻译
transcreation 创译
transfer 转移
transformation 转换
transfusion of blood 输血
transgression 文化侵越
transhelenization 移植海伦
translatese 翻译腔
translational culture 文化翻译
translationality 翻译性
translational laws 翻译的规律
translationese 翻译体
translation in minority 少数语言的翻译
translation is semiosis 翻译即符号阐释过程
translation universals 翻译普遍性
translatorese 译者腔
transluciferation 移植魔鬼
translumination 传输光明
transparadisation 移植天堂
transparency 透明性
triadic model 三分定义的模式
trust 信任

U

unit 单位
unit of translation/translation unit 翻译单位
universalism 普世性
utterance 语段

V

variation 变异
visible 显形

W

word for word translation 逐词翻译 / 以词译词

再版后记

时间过得真快，《翻译学概论》首版问世已经十一年了。感谢翻译学界和译林出版社的厚爱，这部著作有机会推出第二版。借此机会，我想着重说明三点：

一、编撰《翻译学概论》，是翻译学人的梦想，也是翻译学人的使命。说梦想，是因为几代翻译学人一直在努力，致力于把翻译学科建设成一个独立的学科；说使命，是因为翻译学的确立，需要以学术为根本，而"翻译学概论"的撰写，便是其基础，这是翻译学人必须担当的使命。《翻译学概论》是在2009年10月出版的。四年之后，"翻译学"得以立名，其重要标志在于翻译学科得到了国务院学位委员会的认可，被列为外国语言文学学科的五大研究领域之一，也正式列入外国语言文学学科目录，系十三个二级学科中的一个。我清楚地记得，国务院学位委员会第六届外国语言文学学科评议组成立不久，就领受了撰写一级学科简介和修订学科目录的任务。对于外国语言文学学科而言，这两项工作的有效推进，具有里程碑的意义。五大研究领域的确定，拓展了外语学科的建设领域，深化了外语学科的建设内涵，为外语学科的发展指明了方向。可以说，我们所撰写的《翻译学概论》为翻译学科的最终确立起到了重要的学术支撑作用。

二、编撰《翻译学概论》，是前瞻性的学术探索。译林出版社的《翻译学概论》出版九年后，国务院学位委员会办公室下达"学位办【2018】16号"文，委托国务院学位委员会学科评议组编写《研究生核心课程指南》。国务院学位委员会第七届外国语言文学学科评议组于2018年与2019年先后召开了三次会议，部署并推进外国语言文学学科核心课程的建设与指南撰写，最终确定了六门核心课程，撰写了核心课程指南，其中翻译学科有两门，分别为“翻译学概论”和“翻译研究方法”。应该说，十一年前出版的《翻译学概论》，在“翻译学概论”核心课程教材编写的探索方面先行了一步，对翻译学科的建设，尤其是课程建设与学术研究起到了前瞻性的导向作用。

三、《翻译学概论》集中展现了中国翻译学界的科学探索精神。《翻译学概论》的撰写，集中了国内翻译学界的学术力量，其主要章节的撰写者，都是国内翻译学科各方向的领军学者。我欣喜地看到，当初参与该著撰写的几位青年学者，如刘云虹、蓝红军、邵璐，经过十余年的不断努力，已成长为翻译学科具有代表性的优秀青年学者。作为主编之一，我尤为感到欣慰的是，《翻译学概论》一书，无论是结构的安排，章节的确定，还是内容的撰写，确实在系统性和科学性上下了一番功夫，基本实现了我们当初定下的目标：反映当今翻译学概貌，把握翻译学发展方向，为翻译学研究者提供方法论参照。《翻译学概论》出版后，受到了国内翻译学界的普遍鼓励和认可，《中国翻译》与《东方翻译》发表了重要书评，认为该书是“一部兼收并蓄、承前启后的译学研究新指南”，是对“译学研究的反思与前瞻”。该著于2013年获得教育部第六届高等学校科学研究优秀成果奖（人文社会科学）二等奖。

回望中国翻译学科建设所走过的路，我深深地感到，学术贵在坚持，重在探索。借《翻译学概论》的再版，我们对翻译学的发展作了新的思考，对该著的文字作了仔细修订，对有关思考题和参考书目作了个别调整。

最后，我要感谢翻译学界的肯定；感谢译林出版社一如既往地对翻译学研究的大力支持。

2020年12月24日

于南京黄埔花园